本专著获西南民族大学中国文学博士一级学科
培育经费资助

《續高僧傳》詞彙研究

李明龍　著

中国社会科学出版社

圖書在版編目(CIP)數據

《續高僧傳》詞彙研究 / 李明龍著．—北京：中國社會科學出版社，2014.8

ISBN 978-7-5161-4684-2

Ⅰ.①續… Ⅱ.①李… Ⅲ.①僧侶—列傳—中國—南朝時代～唐代②《續高僧傳》—詞彙—研究 Ⅳ.①B949.92

中國版本圖書館 CIP 數據核字(2014)第 193467 號

出 版 人 趙劍英
責任編輯 闞 桐
責任校對 張春雷
責任印製 王炳圖

出　　版 中国社会科学出版社
社　　址 北京鼓樓西大街甲 158 號（郵編 100720）
網　　址 http：//www.csspw.cn
　　　　 中文域名：中國社科網 010－64070619
發 行 部 010－84083685
門 市 部 010－84029450
經　　銷 新華書店及其他書店

印　　刷 北京君昇印刷有限公司
裝　　訂 廊坊市廣陽區廣增裝訂廠
版　　次 2014 年 8 月第 1 版
印　　次 2014 年 8 月第 1 次印刷

開　　本 710×1000 1/16
印　　張 25.25
插　　頁 2
字　　數 415 千字
定　　價 75.00 元

民族文學與文化研究文庫
編委會

民族文學與文化研究文庫
已出書目

《苦粒齋養新録》	鐘如雄
《西方現代主義與中國當代民族文學》	涂　鴻
《中古上清經行為詞新質研究》	周作明
《20 世紀上半葉中國民間文藝學基本話語研究》	劉　波
《〈續高僧傳〉詞彙研究》	李明龍

目　錄

緒　論

第一節　釋道宣生平及其著述

釋道宣，生於隋開皇十六年丙午四月八日（596）。俗姓錢，其祖爲陳吳興太守錢道戢[①]，父錢申，曾做過陳吏部尚書[②]，母姚氏。道宣是佛家南山宗的創始人，在佛學界具有崇高的地位。

關於道宣的籍貫，文獻記載有分歧。大致有三說：（1）丹徒說。宋宗曉《法華經顯應錄·南山澄照律師》："律主道宣，丹徒人也。"《神僧傳》卷六："釋道宣，姓錢氏，丹徒人也。"（2）吳興說。《開元釋教錄》卷八："沙門釋道宣，俗姓錢氏，吳興人也，彭祖之後胤。"（3）京兆說。宋志磐《佛祖統紀·諸宗立教志·南山律學》："法師道宣，京兆錢氏。"宋宗鑑《釋門正統·律宗相關載記》："道宣字法徧，京兆錢氏，母姚夢月貫懷而孕。"

關於京兆說已經沒有爭議。這是因爲陳朝滅亡以後，隋高祖楊堅將江南地方大族遷往長安，吳興錢氏就是其中之一，故道宣被稱爲京兆人是正常的。宋元照《四分律行事鈔資持記上·釋序題》："京兆者，即古長安城，今之永興軍也……即律師行化之境，亦即本所生地。有云長城或云丹徒者，此謂祖宗之所出，非生處也。行狀云：'大師在京華生長'，足爲

---

① 參藤善真澄《道宣伝の研究》，（日）京都大學出版會 2002 年版，第 57—60 頁。又弘一大師《南山道宣律祖年譜》認為道宣"曾祖陳附馬都尉，祖陳留太守，父名士申，母姚氏。"此說與藤氏觀點有異。

② 據藤善真澄考證，正史中並無錢申之記載，而且陳朝 13 位尚書中根本插不進其他人。此語只出現於宋贊寧《宋高僧傳》："考諱申府君，陳吏部尚書。"藤善先生認為這可能是追贈。詳參藤善真澄《道宣伝の研究》，（日）京都大學出版協會 2002 年年版，第 57 頁。

明據。"

至於丹徒說和吳興說，我們更偏重於吳興，因爲道宣常常自稱吳興人。如《釋迦方志》卷下跋云："終南太一山豐德寺沙門吳興釋道宣，往參譯經，旁觀別傳，文廣難尋，故略舉其要，並潤其色，同其類，庶將來好事用裨精爽云。"《釋門章服儀》卷末跋文云："終南山沙門吳興釋道宣記其程器時序。"吳興錢氏與陳朝關係極爲密切，因此在陳滅後被遷至長安，[①] 從這一點看，吳興說更符合實際。

道宣生而奇異，九歲便能作賦。"十歲遍覽群書，十二善閑文藻。十五歸心於釋門，事日嚴寺慧頵法師。"[②] 和尚慧頵俗姓張氏，清河人，學識淵博，勤於教誨。"故得《中百》、《般若》、《唯識》等論，皆飲沐[③]神化，披閱文言，講導相仍，用爲己任。"[④] "講筵初闢，負笈相趨，談疏纔成，名都紙貴。加以博通內外，學海截其波濤，鴻筆彫章，文囿開其林藪。"[⑤] 道宣能在律學上有如此大的成就，與慧頵的點撥和教育是分不開的。道宣回憶說："初受具後，性愛定門，啟陳所請。乃曰：'戒淨定明，道之次矣。宜先學律，持犯照[⑥]融，然後可也。'一聽律筵，十有餘載，因循[⑦]章句，遂欣祖習。"十六歲，兩旬之間誦《法華經》一部。十七歲在日嚴道場剃落。大業十一年已亥（615），年在二十，奉詔依智首律師受具。唐高祖武德四年，二十有六，又在智首門下聽受律學。智首是當時新興律學之大家，"鈔疏山積，學徒雲湧。"[⑧] "始於隨[⑨]文末紀，終於大

---

① 參藤善真澄《道宣伝の研究》第二章"道宣の出自——吳興の錢氏"，（日）京都大學出版會2002年版。

② （後唐）景霄：《四分律鈔簡正記》卷二《釋鈔題目十一字》。又高觀如誤"十五"為"十歲"，可能是與其師慧頵出家年齡相混了。見《中國佛教》（二），中國社會科學出版社2004年版，第116頁。

③ "飲沐"，資、磧、普、南、徑、清作"欽沐"。按，本文中的《續高僧傳》語料以《中華大藏經》為底本，同時對有異文的文字出校。其他版本為資福、磧砂、普寧、永樂南、徑山、清藏、房山石經、高麗藏，簡稱資、磧、普、南、徑、清、石、麗。

④ 參《續傳》卷十四"釋慧頵"。按，為行文方便《續高僧傳》以下常簡稱《續傳》。

⑤ 同上。

⑥ "照"，資、磧、普、南、徑、清作"昭"。

⑦ "循"，資、磧、普、南、徑、清作"修"。

⑧ 參道宣《量處輕重儀·序》。

⑨ "隨"，資、磧、普、南、徑、清作"隋"。

漸之前，三十餘載，獨步京輦，無敢抗衡。”[①] 道宣“纔聽一遍，方議修禪，頵師呵曰：‘夫適遐自邇，因微知章，修捨有時，功願須滿，未宜即去律也。’抑令聽二十遍。”在兩位大師的教育下，道宣奠定了堅實的佛學基礎。武德七年（624），高祖廢日嚴道場，道宣等七人被配住崇義寺。道宣於是年撰寫《釋門集僧軌度圖經》一卷，開始了其一生之寫作，時年二十九歲。武德九年（626），高祖沙汰僧尼，道宣隱於終南山豐德寺。六月，創制《四分律删繁補缺行事鈔》。從太宗貞觀元年（627）起，道宣開始了長達十幾年的遊方學習。自稱“居無常師，追千里如咫尺；唯法是務，跨關河如一葦。周遊晉魏，披閱累于初聞；顧步江淮，緣構障於道聽。”[②] 在此期間他開始了《續高僧傳》的創作，並撰寫了一大批佛學著作。貞觀四年（630），到魏郡訪問名德法勵律師。貞觀九年（635），到沁部綿上撰《四分律删補隨機羯磨》一卷，《疏》二卷。隨後又撰《四分律比丘含注戒本》一卷，《疏》三卷。十一年（637），在隰州益詞谷撰《量處輕重儀》。十六年（642），母姚氏去世，道宣開始隱居終南。貞觀十九年（645），完成《續高僧傳》初稿。同年被召入長安弘福寺譯場協助玄奘譯經，任綴文大德[③]。貞觀二十年（646）移居終南山豐德寺。二十一年，重修《隨機羯磨》，分爲二卷。仲冬删定《僧戒本》一卷。二十二年（648），重出《隨機羯磨疏》，增廣爲四卷（今作八卷）。高宗永徽元年（650），重修《重修教戒新附比丘行護律儀》一卷。重修《含注戒本》及《疏》。永徽二年（651），出《删定尼戒本》一卷。顯慶三年（658），受召任西明寺上座。四年（659），制《釋門服章儀》一卷，並重修。又制《護僧物制》一卷，又制《教俗士設齋儀》一卷。高宗龍朔元年（661），出《釋門歸敬儀》一卷。乾封二年（667），創築壇戒於終南山淨業寺。出《壇戒圖經》一卷、《淨廚誥》一卷、《律相感通傳》一卷、《祇洹寺圖經》一卷，並重修《量處輕重儀》。十月三日，設無遮大會，午時遷化。

道宣在佛教上的主要成就是他對《四分律》的開宗弘化，以及綜括

---

① 參《續傳》卷二十二“釋智首”。

② 參《關中創立戒壇圖經·序》。

③ 《續續》卷四“玄奘傳”：“其年五月創開翻譯《大菩薩藏經》二十卷。余為執筆，并删綴詞理。”

諸部會通小大的創見。他對律學的整理正如其說："用諸部文意統明律藏，本實一文，但爲機悟不同，致令諸計岳立。所以隨其樂欲，成立己宗。競采大眾之文，用集一家之典。故有輕重異勢，持犯分塗，有無遞出，廢興互顯。今立《四分》爲本，若行事之時必須用諸部者，不可不用。"[①] 他以《四分》爲本，並對《四分》有義無文的地方參取諸部律，而最後以大乘爲歸極。同時他所撰律學著作也是"包異部誠文，括眾經隨說。及西土賢聖所遺，此方先德文紀，搜駁同異，並皆窮覈。長見必錄，以輔博知，濫述必剪，用成通意。"[②] 這一集眾家之長於一身的學風受到當時佛學界的廣泛推崇，乃至從那時以來的中土律家，幾乎均以其著述爲圭臬。對於《行事鈔》的解記之作，在唐宋兩代就已經多至六十多家，從而形成了盛極一時的南山宗。

道宣以心識戒本爲依據，將佛所說的一切教法分爲三種：小乘是性空教，小菩薩行是相空教，大菩薩行是唯識圓教。他又將佛陀的一切教授教誡分爲化行二教。即把屬於教理方面的大小乘經論稱爲化教，把屬於行持方面的戒律典籍稱爲行教。基於以上理解，他主張《四分》圓融三學，並以大乘三聚淨戒爲律學的歸宿。這一主張正好符合中土學者對大乘佛教的愛樂，因此他所倡導的南山律學也從那時開始廣泛流行。

道宣對佛教文學、史學、目錄學的貢獻也很大。他於貞觀十九年(645）年撰成《續高僧傳》三十卷，於永徽元年（651）撰成《釋迦方志》二卷，顯慶五年（660）撰成《佛化東漸圖贊》一卷，龍朔元年(661）撰成《集古今佛道論衡》三卷。麟德元年（664）又撰成《大唐內典律》十卷、《廣弘明集》三十卷、《集神州三寶感通錄》三卷。又於麟德三年（665）撰成《釋迦氏譜》一卷。此外還撰有《聖跡現在圖贊》、《後集續高僧傳》十卷、《法門文記》若干卷。其中《續高僧傳》、《釋迦方志》、《集古今佛道論衡》、《大唐內典律》、《廣弘明集》均是佛教文學、史學、目錄學重要的名著。唐智昇稱他"外博九流，內精三學，戒香芬潔，定水澄奇，存護法城，著述無輟。"[③]

① 參道宣《四分分律刪繁補缺行事鈔·標宗顯德篇》。

② 參道宣《四分分律刪繁補缺行事鈔·序》。

③ 參智昇《開元釋教錄》卷八。

第二節　《續高僧傳》的寫作及版本

有關《續高僧傳》的寫作，有幾個問題是值得深入探討的，因爲《續傳》對中古佛經研究的價值絕不會比之前的《高僧傳》小。藤善真澄說："如果南北朝及隋代唐初佛教史的決定性資料基本上是道宣編纂的著作，那麼，對其進行嚴謹的分析和整體的把握，就是必不可少的了。"①在本節中我們主要想弄清《續傳》的寫作和版本的演變問題。討論《續傳》的寫作是爲了弄清《續傳》的內容變化及與《後集續高僧傳》的關係。討論版本演變是爲了弄清中華大藏經版《續傳》之優劣及版本價值。

一　《續高僧傳》之寫作

《續傳》的寫作有兩個所有研究者都關心的大問題：一是關於《續傳》的增補問題，二是關於《續傳》與《後集續高僧傳》的關係問題。下面分別論之。

（一）《續傳》的增補問題

《續高僧傳》初稿完成於貞觀十九年（645），而定稿於高宗麟德二年（665）。在二十年間道宣對《續高僧傳》進行了不斷的修改和補充，這一點從各個時期對該書的記載就能得到大致的印證。道宣在《續傳·序》中明確交待了貞觀十九年稿所記之人數，正傳爲331人②。而現在日本所見到"被認爲撰寫於貞觀二十三年（649）的"③興聖寺本"序"中，所記載的本傳人數爲340人，實際人數爲390人。也就是說，在短短的四年時間裏增補了59人。《隨函錄》所記載的人數爲406人，中華大藏經（實爲高麗藏系統，後詳）所記載的人數爲414人。可見《續高僧傳》是在不斷增補的。

《續傳》的增補有兩種情況：一是道宣自已的增補，一是後人的增補。首先來看道宣自已的增補情況。

① 藤善真澄：《道宣伝の研究》，（日）京都大學出版會2002年版，第246頁。

② 宋高麗本"序"記載數目為340人。

③ 藤善真澄：《道宣壇の研究》，（日）京都大學出版會2002年版，第248頁。又載於《域外漢籍研究集刊》第一輯，中華書局2005年版。

從道宣初稿“序”與興聖本“序”對照看，道宣在此期間增加了九人。這九人究竟是誰現在無法弄清。其他的幾十人中，有的是道宣把《後集續高僧傳》中僧人的傳記加入到了《續傳》中，這部分内容我們在後文討論。興聖本中有一個現象比較引人注意，即有些人在標題中沒有而又在傳記中出現。最典型的就是卷十七中的“釋慧實”。興聖本明確標示正傳十人，而實際寫作中卻出現了十一人。這不可能用偶誤來解釋，只能理解爲道宣在增補的過程中添加了此人，而標題還未及時作出修正。這也證明興聖本確實是一個正在修改的未定稿。藤善真澄先生曾經對《續傳》標題的排列進行研究，發現其深受費長房的影響，以“從宋、齊、梁，將北魏、北周和陳與隋朝相接，並延續到唐”①。而在爲生人立傳時以生卒年的先後來排列。他用這一規律討論了卷五“義解第一”，發現“從法申傳到法護傳爲止是初次執筆，從智欣傳至法寵傳、從僧遷傳到法雲傳分別各爲一組，依次隨時編纂增補上去的。”② 現展示如下：

梁楊都安樂寺沙門釋法申傳一（430—503）

梁楊都建元寺沙門釋僧韶傳二（447—504）

梁楊都建元寺沙門釋法護傳三（439—507）

梁鍾山宋熙寺沙門釋智欣傳四（446—506）

梁吳郡虎丘山沙門釋僧若傳五（451—520）

梁楊都宣武寺沙門釋法寵傳六（451—524）

梁楊都靈根寺沙門釋僧遷傳七（465—523）

梁楊都莊嚴寺沙門釋僧旻傳八（467—527）

梁楊都光宅寺沙門釋法雲傳九（467—529）

梁南海隨喜寺沙門釋慧澄傳十（476—527）

梁鍾山上定林寺沙門釋法令傳十一（433—522）

梁鍾山開善寺沙門釋智藏傳十二（458—522）

這一研究表明《續傳》在成書之前可能就已經經過多次修改。

---

① 參藤善真澄撰，劉建英、韓昇譯《〈續高僧傳〉管見》，《域外漢籍研究集刊》第一輯，中華書局2005年版。

② 同上。

我們再用興聖本與中華大藏經本進行對照，可以發現人員的增補情況。[①] 具體如下：

正傳：

卷四：那提。

卷十三：功逈、神照、法護、玄續、慧壁[②]。

卷十五：義褒。

卷十六：法常、法京、法懍、惠成、法忍。

卷二一：慧詵。

卷二七：法凝。

卷二八：法建。

附傳：（按，圓括號中均爲新增）

卷一：僧伽婆羅（曼陀羅、木道賢、僧法、道命）、寶唱（梁武帝、僧朗、梁簡文、僧昭[③]）曇曜（曇靖）、菩提流支（常景、李廓、寶意、覺定、法場、智希、楊衒之、曇顯、智賢、法希、藏稱）、拘那羅陀（高空、德賢、善吉）、法泰（智愷、曹毘、智敫[④]、道尼）

卷二：那連提黎耶舍（萬天懿）、闍那崛多（僧就、法智）、達摩笈多（侯君素、徐同卿、劉憑、費長房）、彥琮（行矩）

卷七：寶瓊（明解）

卷十七：智越（波若、法彥）

卷十九：灌頂（智晞）

卷二六：慧藏（法順[⑤]）

卷二七：普濟（普濟[⑥]）

---

① 詳參李明龍南京師范大學2011年博士論文《〈續高僧傳〉詞彙研究》附錄1《聖興寺本與大藏經本僧傳人名差異表》。

② “壁”，諸本作“璧”。

③ “僧昭”，諸本作“僧紹”。

④ “智敫”，諸本作“智敷”。又此句下諸本胡“梁揚都正觀寺扶南沙門僧伽婆羅傳一”一行。

⑤ “法順”，資、磧、普、南、作“法顚”。

⑥ “又普濟”，資作“普濟”；磧、普、南、徑、清無。

卷二八：道積（僧思[①]、智曄）、慧銓[②]（智證、宋公[③]）

由此可見，《續傳》在初稿形成後仍在不斷增補是不可置疑的。

《續傳》在定稿之前，道宣曾反復修改，這不僅表現在人物的增補上，還表現在語言表達上。這一事實日本學者已經通過對興聖寺本與後來的其他版本對照得出了結論。[④] 例如卷四《玄奘傳》：

興聖本："釋玄奘，本名俗姓陳氏，漢洲偃師人，二親早喪，昆季相養。"

中華大藏經本："釋玄奘[⑤]，本名禕，姓陳氏。漢太丘仲弓後[⑥]也，子孫徙於河南，故又[⑦]爲洛州緱氏人焉。祖康，北齊國子博士。父慧早通經術，長八尺，明眉目，拜江陵令。解纓而返[⑧]，即大業末[⑨]年，識者以爲剋終，隱淪之候故也。"

通過對比可以發現，道宣在定稿之前對該段文字作了很大的改動。

《續傳》不只僅僅被道宣反復修改，而且還有後人修改的痕迹。最典型的就是卷四《玄奘傳》中，玄奘改葬樊川的史實。道宣逝世於乾封二年（667），而唐慧立撰《大唐大慈恩寺三藏法師傳》明確記錄玄奘改葬樊川之時間爲總章二年（669）[⑩]，因此這段記載肯定是後人添加的。同時，伊吹敦認爲"指要錄本和隨函錄本之間相互出入的傳記，難以看做是道宣撰述的。"[⑪] 可見還有少量傳記有後人添補的可能。

綜上所述，《續傳》在定稿之前已經道宣反復的修改和增加，在定稿

---

① "僧思"，諸本作"僧恩"。

② "慧銓"，諸本作"慧齡"。

③ "宋公"，諸本作"宗公"。

④ 由於興聖寺本遠在日本，而且沒有公布，所以我們只能轉用藤善真澄先生所公佈的部分材料。

⑤ 清藏本在本行上有"唐京師大慈恩寺釋玄奘傳"一行。

⑥ "後"，諸本（不含石本，下同）作"之後"。

⑦ "又"，諸本作"今"。

⑧ "返"，資、磧、普、南、徑、清作"退"。

⑨ "末"，諸本無。

⑩ 《大唐大慈恩寺三藏法師傳》："至總章二年四月八日，有勅徙葬法師於樊川北原，營建塔宇。"

⑪ 參伊吹敦《關於〈續高僧傳〉之增補》，原載《東洋思想與宗教》第七號。又載臺灣《諦觀》第69期，1992年。

以後也有被後人增改的地方。

（二）《續高僧傳》與《後集續高僧傳》之關係

關於《續高僧傳》與《後集續高僧傳》之關係一直是研究《續傳》增補的一個重要問題。陳垣說："頗疑今宋、元本所增之七十餘傳，即《後集》之文，宋人取以入之《續傳》，故其中多卒於貞觀十九年以後、麟德二年以前，若不是宣公原文，則有卒於乾封二年以後者。又疑《舊唐志》何以連出《續高僧傳》二部，其一部本爲《後傳》十卷，傳寫誤也。"① 與陳氏持相同觀點的人還有林傳芳、王壽仁及日本學者山崎宏。② 但《續傳》中究竟有哪些是從《後集續高僧傳》來的，《後集續高僧傳》是在什麽時候合併到《續傳》的，以上學者沒有討論。前川隆司認爲："《續高僧傳》的添補，可全視爲糅合自《後集續高僧傳》，這可推測爲：在道宣滅寂後，約七世紀後其門人所做的。"③ 並認爲現行諸本的底本可追溯到"開元錄"時代。伊吹敦氏批駁了前川的觀點，認爲"《續高僧傳》的層層增補的最後，是從三十卷福州本增廣三十一卷福州本。那時，有所增添的主要傳記是'習禪六'的全部（福州本，卷第二十二）和'感通中'的全部（同上，卷第二十七）……可是，可知的是，到了福州版，補充的部分是完全根據新發現的《後集續高僧傳》添補的。……《續高僧傳》和《後集續高僧傳》完全是個別的東西；在唐以前的增添，可推論爲與《後集續高僧傳》沒有關係。即《後集續高僧傳》，如前川氏所言，確實被糅入《續高僧傳》，但是，并非如氏之主張，是在唐代，而是在宋代由三十卷本增廣爲三十一卷本的過程中。"④ 而且伊吹氏認爲補

① 參陳垣《中國佛教史籍概論》，上海書店出版社 2005 年版，第 27 頁。

② 參釋果燈《唐道宣〈續高僧傳〉批判思想初探》，台北：台灣東初出版社 1992 年版，第 44 頁。

③ 參前川隆司《關於道宣的〈後集續高僧傳〉》，《龍谷史壇》第四六號，昭和三十五年。按，此觀點未看到原文，而是轉引至伊吹敦《關於〈續高僧傳〉之增補》。另外，藤善真澄在《道宣の研究》第 180 頁也轉述了前川的觀點："《後集續高僧傳》十卷，由其門下弟子于麟德二年所著，參考了脫稿于麟德元年（664）至《內典錄》完成之間的《大唐故三藏玄奘法師行狀》的內容，對現行的《續高僧傳》進行增補，並添加了以前的《玄奘傳》；成書於道宣圓寂後不久（即七世紀後半葉，《開元錄》的編撰時間下限），是一部雜糅的作品。"可比較。

④ 參伊吹敦《關於〈續高僧傳〉之增補》，臺灣《諦觀》第 69 期，1992 年版，第 202—203 頁。《後集續高僧傳》是殘缺本；其與福州本《續高僧傳》相雜糅。

入《續傳》的《後集續高僧傳》是一個缺本。“首先，此時發現的《後集續高僧傳》，不是完本，而是殘缺本。”① 藤善真澄也基本贊同伊吹氏觀點。② 伊吹氏的研究應該是當今對《後集續高僧傳》研究最好的總結。

因此，現在可以確定的是《後集續高僧傳》在宋代還存在，在福州本從三十卷增廣至三十一卷時，它的殘本被編入到了《續高僧傳》中。

二 《續高僧傳》版本及價值

（一）《續高僧傳》版本的三個體系

《續高僧傳》在其寫成後一直存在于大藏經之中未有單行，只是到了民國才有單刻本，名爲《續高僧傳二集》③，現金陵刻經處印有《高僧傳》合刻本，分爲《高僧傳初集》（梁）、《高僧傳二集》（唐）、《高僧傳三集》（宋）、《高僧傳四集》（明）四部，其中《高僧傳二集》就是《續高僧傳》。該書爲板刻，宣紙印刷，線裝，十冊二函，板心均有“高僧傳二集卷××”字樣。以揚州瓦廠本爲底本④，共四十卷，可稱金陵本。據蔡運辰《二十五種藏經目錄對照考釋》，二十五種藏經皆收《續傳》。⑤以上版本分爲三個體系：

（1）中原系：開寶藏、磧砂藏、高麗藏、趙城藏、頻伽藏⑥、南藏、縮刻等十六種均爲三十卷。

（2）南方A系：崇寧藏、毗盧藏、天海藏、義門藏、緣山藏爲三十一卷。

（3）南方B系：北藏、嘉興藏（徑山藏）、清藏爲四十卷。⑦

（按，（2）、（3）其實在大藏經中均屬南方系，此處爲好區分《續傳》卷次的差別，故分爲A、B兩系，這不是從大藏經的角度進行劃分的。）

---

① 參伊吹敦《關於〈續高僧傳〉之增補》，臺灣《諦觀》第69期，1992年版，第218頁。

② 藤善真澄在《道宣伝の研究》第251頁說：“本章贊成以下觀點。”

③ 見陳垣《中國佛教史籍概論》，上海書店出版社2005年版，第22頁。

④ 本人親自請教過刻經處先生該書版本來源。

⑤ 參蔡運辰《二十五種藏經目錄對照考釋》，台北：新文豐出版公司1983年版，第236頁。

⑥ 以日本弘教藏為底本，刪去了部分日本著述。

⑦ 揚州本、金陵本均為四十卷本。

究其原因，是南方 A 系於中原系卷二十“習禪五”後加了一卷“習禪六”。又在中原系第二十五卷後增加了“感通上”一卷。A 系又將中原系第二十七、第二十八兩卷合爲一卷。這樣南方 A 系就比中原系多出一卷，爲三十一卷。慧琳《一切經音義》和五代晉可洪《隨函錄》均爲《續傳》注有音義，且均爲三十卷，然而卻沒有 A 系卷二十一和卷二十六所增諸傳之音義，這說明 A 系比中原系增多的七十餘傳是在可洪《隨函錄》以後。

B 系與 A 系在內容上無差别，唯一不同的就是卷數的劃分。我們用中華大藏經本與金陵本進行了比較[①]。金陵本與中華大藏經的不同具體表現爲：

（1）金陵本將中華大藏經的卷四一分爲二，成四、五兩卷。

（2）金陵本將中華大藏經的卷七“義解篇三”一分爲二，成爲卷七、卷八。

（3）金陵本將中華大藏經的卷十五“義解篇十一”一分爲二，成爲卷十七、卷十八。

（4）金陵本將中華大藏經的卷十六“習禪初”一分爲二，成爲卷十九、卷二十。

（5）金陵本增加卷二五“習禪六”。

（6）金陵本增加卷二六“習禪六之餘”。

（7）金陵本增加卷二九“明律下之餘”。

（8）金陵本將中華大藏經的卷二四“護法下”進行了補充，並一分爲二，成爲卷三十一、卷三十二。

（9）金陵本將中華大藏經的卷二五“感通上”一分爲二，成爲三十三、三十四卷。

（10）金陵本增加卷三五“感通篇中”。

這樣 B 系就比中原系多出十卷，成爲四十卷本。此書何以分爲四十卷？陳垣認爲：“此書自《開元錄略出》以來，即分爲四帙，編入內、左、達、承四號，宋、元藏因之。慧琳、可洪音義均作三十卷四帙可

① 具體比較詳參李明龍南京師范大學 2011 年博士論文《〈續高僧傳〉詞彙研究》附錄 2《金陵本與中華大藏經本版本卷次比較》。

證，明本蓋每一帙分爲十卷也。”陳垣先生之說有一定道理，但關於分帙字號可能值得商榷，因爲趙城金藏雖也分爲四帙，但字號卻分別是“左（1—8 卷）、達（9—16 卷）、承（17—22 卷）、明（23—30 卷）”①，較陳先生所說推後一字。三十一卷變爲四十卷的原因，是爲了消除體例上的不一致現象。伊吹敦說：“明北藏本始有四十卷本，基本可視爲就是三十一卷本的改編。經由長卷的分卷、消除體裁的不統一、傳記順序的變更、將不完備的道胄傳、曇逞傳予以刪除等，使得連亙數次增補而成、體裁極不一致的《續高僧傳》，一掃其向來的拘泥，成爲一完整的書籍。可是，這時的改變，並不是重新增入傳記，且以上所言之變更，也不過是在體裁上加以整合而已。因此，從三十一卷本發展成四十卷本，儘管外表上有很大的不同，但內容上可以說幾乎沒有什麼變化。”②

（二）中華大藏經本《續高僧傳》版本及其價值

我們所採用的中華大藏經是以趙城金藏爲底本，如果有殘缺，則以同屬中原系的高麗藏進行補充。趙城金藏是金代河東南路（今山西省南部）民間集資刻的一個版本，屬宋開寶藏的翻刻本。磧砂藏《大寶集經》卷第二十九尾鮑善恢的題跋中所錄《趙渢碑》記載了金藏成立之經過：“潞州長子縣崔進之女，名法珍，自幼好道。年十三歲，斷臂出家。嘗發誓愿，雕造藏經。垂三十年，方克有成。大定（1178）十（有）③八年，始運經一藏進於朝。奉敕旨，令左右街十大寺僧香花迎經，於大聖安寺安置。既而宣法珍見於宮中尼寺，賜坐設齋。法珍奏言：‘臣所印藏經已蒙聖恩安置名剎，所造經板也願上進。庶得流布聖教，仰報國恩。’奉詔許之，乃命聖安寺爲法珍建壇，落發受具爲比丘尼。仍賜錢千萬，洎內閣賜五百萬，起運經板。至二十年（1181）進到京師。其所進經板凡一十六萬八千一百一十三，計陸千九百八十卷。上命有司選通經沙門導遵等五人校正。至二十三年，賜法珍紫衣，號弘教大師。其導遵等也賜紫衣德號。

① 參陳垣《中國佛教史籍概論》，上海書店出版社 2005 年版，第 28 頁。

② 參伊吹敦《關於〈續高僧傳〉之增補》，臺灣《諦觀》第 69 期，1992 年版，第 219—220 頁。

③ 李際寧錄文無“有”字，但任繼愈《中華大藏經總目序》，李富華、何梅《漢文佛教大藏經研究》所錄均有“有”字，疑漏。

其同心協力雕經板楊惠溫等七十二人，並給戒牒，許禮弘教大師爲師。仍置經板於大昊天寺，遂流通焉。”[①] 這一碑記十分重要。它不僅准確記載了板刻的時間，原板的數量，還明確交待了經板在金代就已經進行過校正。刻板年代記在板片上最早的是上圖“鳴”字號《妙法蓮花經》，題記是熙宗天眷二年（1139）[②]，最晚的是國圖“雁”字號《大乘智印經》，題記爲大定十三年（1173）。金藏刻版在元初就因兵火損失了一半。太宗八年（1236）年，耶律楚材以半官半私的性質發動捐助，進行補刻。由於刻工拙劣，補版有些草率。

金藏《續高僧傳》每篇一般二十三行，每行一般十四字。但常有誤刻修改的地方。如卷第八“釋慧遠”（第620頁）“七十矣……氣盡”一段七行，每行十九字。卷十四“釋法恭”傳（第716頁）上欄和中欄每行均爲十八字。翻刻可能出自不同人之手，有些版面的刻寫風格明顯有不同。

在文字校勘上也不太嚴謹。有的有段落重出。如卷十六“釋僧稠”：“誠有圖矣……京邑西南置禪定寺”在卷二十“論”中又出現。而此段長達577字。有的文字有脫落。如卷一“菩提流支”：“以魏永平（之初來遊東夏，宣武皇帝下勅引勞。）”括號中的部分均脫落。

但金藏明顯具有自己獨特的風格，具有重要的版本價值。下面分文字學和版本校勘兩方面論述。

1. 文字學上的價值

中華大藏經版《續高僧傳》保留了唐代寫本的書寫風格，保存了大量的文字形體，在文字學研究中具有重要的價值。具體表現如下。

（1）可以爲文字演變規律提供材料

一）類化異體字

類化異體字就是受字符上下、左右、內外等參照結構的影響而使部件

① 見李際寧《佛經版本》，江蘇古籍出版社2002年版，第109頁。

② 上圖館收藏的“鳴”字號《妙華蓮花經》有金熙宗天眷二年題記，這是現在所知道的最早的題記。呂澂在《中國佛教》第五冊《金刻藏經》（第269頁）認為最早是皇統九年（1149），晚。

趨同而形成的異體字①。

1）顛——顛

午後還上，初無顛墮。（卷十九，釋智藏）

按，“顛”是“顛”的俗字。《字匯·八部》：“顛，俗顛字，與顛同。揚雄《并州牧箴》：‘太上曜德，其次曜兵，德兵具顛，靡不悴荒。’”浙藏敦煌文書027《大智度論》：“以顛倒心起屬業報果。”“顛”是“顛”右半部“頁”受左半部同化而形成的俗字。

2）比——北

乃超步京鄴，比悟燕趙。（卷二一，釋曇隱）

按，“比”是“北”的俗字。“北”可寫作“北”，φ096《雙恩記》：“在上茅東北十五里。”“北”左半部受右半部同化，於是變成“比”

3）傑——傑

而幼抱貞亮，夙標雄傑。（卷二二，釋智首）

按，“傑”是“傑”的俗字。“傑”可以寫作“傑”，S. 2832《願文等範本·亡兄弟》：“文傑詞雄，百姓畏而愛之；憂恤孤寒，得一言而獲暖。”右上部“牛”受到左面“歹”的影響而類化。如唐碑《馬府君墓誌》：“奉桀歸我。”②《新集藏經音義隨函錄》卷二九《弘明集》第九卷“桀懷”條，“桀”作“桀”。均為類化結果。

4）儒——儒

其中高者，僧休、法繼、誕禮、牢宜、儒果等是也。（卷七，釋道寵）

按，“儒”是“儒”的異體字。P. 2173《御注金剛波若蜜經宣演卷上》：“遒凝睿思，暢述儒道。”《五經文字·人部》：“儒，作儒。訛。”《干祿字書》：“儒儒：上通，下正。”“儒”右上部“雨”受右下部“而”同化而變成“儒”。

① 異體字與俗字有密切聯繫，黃征先生認為“俗字就是歷代不規範的異體字”，基於這一原因，我們有時把俗字也放到異體字中討論，不再作更詳細區分。同時，黃征先生關於俗字十類四十一種的標準對異體字研究也有指導作用，這裏套用先生之說。參黃征《敦煌俗字典》，上海教育出版社，2005年。

② 參吳鋼輯，吳大敏編《唐碑俗字錄》，三秦出版社2004年版，第108頁。

二）簡化異體字

所謂簡化異體字是指比正字少了筆畫的異體字。這類異體字包括省筆簡化異體字，省旁簡化異體字，換旁簡化異體字等。

1）宜——宜

故有法相之宜興，俗務之宜廢，發談奏議，事無不行。（卷十六，釋僧實）

按，“宜”爲“宜”之異體字。《玉篇·宀部》：“宜，今作宜。”《字鑑·平聲上·五支》：“宜，魚奇切。《說文》作‘宜’，所安也。从宀之下一，之上‘多’省聲。隸作‘宜’。凡‘誼’、‘疊’之類从‘宜’。俗作‘宜’。”“宜”省略宀上之點由來已久，在《睡虎地秦簡》中“宜”就寫作“宜”，在漢《史晨碑》中隸書作“宜”。其他如：

2）寇——寇

至隋季多難，寇賊交横，民流溝壑，死者太半。（卷二十，釋智超）

3）窟——窟

仁壽下勅令置塔于慈州之石窟寺，寺即齊文宣之所立也。（卷二六，釋明芬）

4）遍——遍

故顯之臨刑，遍禮十方，口詠《般若》。（卷二七，釋智命）

5）雍——雍

開皇六年隨遷入雍，住興善寺。（卷二六，釋靜凝）

6）褊——褊

末爲靈曜褊隘，更求閑靜。（卷二六，釋智顗）

7）文——文

博覽經藝，文義洞開。（卷二十，釋慧斌）

從以上分析我們可以看出，在《續傳》中，如果一點在中間，常常將其省略，從而形成異體字。這可能跟書寫美觀有關，由於書寫時上面一點很孤立，不好處理，於是在不影響語言表達的基礎上將其乾脆省略。

（2）可以爲某些字的字體演變研究提供材料

張涌泉先生曾說：“漢字歷經幾千年的流傳演變，在這漫長的流傳過程中，不同的字體，不同的時代，甚至在不同的人筆下，字形的結體往往會呈現明顯的差異。"[①]《續傳》保留了大量這方面的文字材料，可以爲我們研究字體演變提供線索。

一）猛

藹求道情猛，欣所聞見。（卷二三，釋靜藹）

此"猛"應是"猛"之俗體。《續傳》卷二十三"釋僧猛"中。"釋僧猛，俗姓段氏，京兆涇陽人。""昔魏文西位[②]，勑猛在右[③]寢殿闡揚《般若》，貴宰咸仰味其道訓。"此句中"猛"作"猛"，而在其他句子，如：

1）猛退屏人事，幽栖待旦。

2）猛分爲九十五門，後退一乘，更進三十有生之善。

3）黃中[④]之徒紛然搆聚，猛乃徐搖談柄，引敵深渦，方就邪宗一一窮破。

4）以猛年德俱重[⑤]，玄儒湊集[⑥]，追訪至京，令崇法宇。

以上句中"猛"均寫作"猛"，可見，"猛"應是"猛"的俗字。《王昭君變文》："猛將降喪，計竭窮謀。"項楚先生注："'猛'當是'猛'字形誤。"黃征、張涌泉二先生注："'猛'原錄作'猛'，徐校：'猛'當作'猛'。"《經律異相》卷二一"提婆達多先身殺金色獅子"："王聞是語，悲喜交懷，信心益猛。"（T53/116a）此"猛"字中華大藏經本也作"猛"，與《續傳》正好可以互證。

"猛"字是如何變成"猛"的呢？是草書楷化的結果。"孟"在《新集藏經音義隨函錄》卷二十六《集古今佛道論衡·論文·卷甲》"孟軻"條中草書作"孟"。同上卷二十九《弘明集》第八卷"孟軻"條作"孟"。而在S388《正名要錄》"正行者揩（楷），腳注稍訛"例中，"孟"訛作"孟"。而在S. 63《太上洞玄靈寶無量度人上品妙經》中："八威吐毒，猛馬四張。""猛"寫作"猛"。在《唐清河郡夫人張氏墓誌》中又

① 參張涌泉《漢語俗字叢考·前言》，中華書局2000年版，第7頁。

② "西位"，資、磧、普、南、徑、清作"西征"。

③ "右"，資、磧、普、南、徑、清無。

④ "黃中"，諸本作"黃巾"。

⑤ "年德俱重"，資、磧、普、南、徑、清作"年俱德重"。

⑥ "湊集"，資、磧、普、南、徑、清作"湊進"。

進一步訛作“盇”①。

可見“猛”訛爲“猛”是草書楷化的結果。《新集藏經音義隨函錄》卷二七《高僧傳》卷十四“僧猛”，“猛”又寫作“猛”。

二）遻

楊都道俗聞誌此告，皆遻禮拜。（卷二八，釋智湛）

“遻”應是“遙”的俗字。“遙”的右上部“夕”在隸書中可以放得很平，如《張平子碑》：“逍遙故墟。”② 續古逸叢書本《龍龕手鏡·口部》：“𠻬（俗）嶠（正），渠遥反。不知也。二。”其中的“遙”寫作“遙”，高麗本《龍龕手鏡·蟲部》：“蠡（俗）蠡（正），音離，又音螺。瓠瓢也。……瓠音胡，瓢音扶遥反。二。”其中的“遙”寫作“遙”。這一結構很容易訛爲“罒”，從而變成“遻”。高麗本《龍龕手鏡·人部》：“佋，市遙反。”其中的“遙”寫作“遻”。然而行均在“遙”字條中卻未收此字。

三）躭

仁正致懷，聲色無染，受持戒護，躭詠文言。（卷二六，釋道生）

按，“躭”應是“耽”的訛字。“耽”與“躭”同。“躭”在俗寫中可寫作“躭”，如 S. 527《顯德六年正月三日女人社再立條件》：“若本身死亡者，仰衆社盖白，躭拽便送。”也可寫作“躭”，如 S. 6981V《十恩德》：“弟一懷躭守護恩，說著起不蘇。”書手很可能是在書寫該字時誤將“冘”寫成“九”，由於最後一點不好再放到彎鉤外，於是干脆點到中間，從而變成“躭”。

四）晃

加以明解經論，每晃③元席，文義弘遠，妙思霜霏，難問銳指，擅步漳鄴。（卷二十，釋道昂）

按，從文章意思分析，“晃”應是“昇”的訛字。“昇”可寫作“昇”，如 S. 512《歸三十字母例》：“審：昇傷申深。”最後一筆如果靠近左撇向右彎曲，就可能變成“晃”。佛教文獻中有把豎筆寫成彎鉤的例

① 參秦公《碑別字新編》，文物出版社 1985 年版，第 56 頁。

② 參顧藹吉《隸辨》，中華書局 1986 年版，第 49 頁。

③ “晃”，資、磧、普、南、徑、清作“即”。

子。如《新集藏經音義隨函錄》卷一二《增一阿含經》第三一“屈电”，“申”寫作“电”。《龍龕手鏡·人部》：“伸，音申。”“伸”即“伸”字。

五）致

師友致累，恚恨日殷。（卷二三，釋道安）

按，“致”是“致”的訛體。“致”可以寫作“致”，如《續傳》卷二四“釋法琳”：“方欲興上皇之風，開正覺之道，洽致太平，永隆淳化。”也可以寫作“致”，如卷二四“釋慧乘”：“今將敘大致，理具禮儀。”如果右上方一横丢失，就可能訛爲“致”。

除以上五個字外，《續傳》中還有許多俗誤字，這些字前賢尚未對其進行討論，因此研究清楚這些俗誤字的變化，對漢字學研究是有積極作用的。

（3）可以爲漢字文化的研究提供新材料

漢字是極爲獨特的文字，其本身的結構，包含着豐富的文化信息。郭沫若曾經指出：“捨中國古代文字，無由洞悉中國古代社會的真相。”①《續傳》豐富的文字材料爲我們研究漢字文化提供了條件。

《續傳》中出現了多處缺筆避諱字，爲我們研究避諱提供了材料。如：

一）欿

1）遷既爲帝王挹欿，侯伯邀延，抗行之徒是非紛起。（卷二八，釋曇遷）

2）道次逢迎，禮謁修欿。（釋慧瓚）

3）時又有沙門滿德、善智、真懿、欿道者，同璡所學，慕義朋從。（卷二二，釋慧璡）

4）既而天子迴光，欿美其道，群公拜手，請從弘業。（卷二四，釋慧乘）

5）飾以朱粉，搖動物欿。（卷二四，釋知實）

二）鏡

1）其實則不然，譬猶明鏡現形，空谷應聲，影響之來豈云②遠乎。

① 轉引自曾憲能、張桂光《香港人學漢字》，中華書局1988年版，第3頁。

② “云”，諸本作“足”。

（卷十八，釋智通）

三）竟

1）至十五日，令遣藏共竟陵公[①]檢校度僧百二十人，並賜法服，各還所止。（卷十九，釋法藏）

2）爾日村人登山參疾，食竟辭還。（卷十九，釋智晞）

四）殷

1）後復綴講，眾重殷矣。（卷二一，釋法超）

2）陳群[②]殷均[③]爲之檀越，故使相趨常聽二百許人。（卷二一，釋智文）

五）京

1）并《法華經疏》隨使入京也。（卷十九，釋灌頂）

“敬”是避趙匡胤祖父簡恭皇帝趙敬之正諱，而“鏡”、“竟”、“京”是爲避其嫌名。[④]“殷”是避趙匡胤之父宣祖弘殷之諱。[⑤]

在《續傳》中這些字在大多數時候又並不缺筆避諱。這一現象只可能有兩種原因：第一，原文如此。第二，在雕刻印版時，書手或刻工們對原文中的避諱字已經不太看重，隨意處理，這樣才造成了缺與不缺混雜的局面。由於《趙城藏》的主體部分是依靠宋《開寶藏》覆刻的[⑥]，我們認爲第二種可能性更大。金人在覆刻時已經不在意是否爲宋朝趙氏祖宗避諱，因此對宋刻本原字隨意進行處理，形成了完整字與避諱字同出的現象。

（4）可以爲文字學史的研究提供幫助

---

① “竟陵公”，諸本作“景陵公”。

② “群”，諸本作“郡”。

③ “均”，資、磧、普、南、徑、清作“鈞”。

④ 王彥坤《歷代避諱字匯典》云：“宋高宗御書石經，‘敬’字或缺其左下角之‘口’字作‘敬’……諸‘敬’字即書如是。又避嫌名‘鏡’。”（中州古籍出版社 1997 年版，第 239 頁）趙城藏來源於宋開寶藏，可見“敬”字缺筆諱是針對趙敬而言。而“鏡”、“竟”則為避其兼名。“京”與“敬”音近，故我們認為也是避其兼名。另有向熹先生《避諱與漢語》（三）對此也有詳細記載，可參。

⑤ 參王彥坤《歷代避諱字匯典》，中州古籍出版社 1997 年版，第 549 頁。按王文說“‘殷’或缺筆作‘殷’。”其性質應與“殷”同。

⑥ 參方廣錩《佛教大藏經》，載於中國佛教協會編《中國佛教》（五），中國社會科學院出版社 2004 年版，第 182 頁。

漢字有其自身產生、發展和演變的歷史，每一個漢字的出現都在爲漢字歷史的研究提供幫助。《續傳》中有些字就可以起到這一作用。如“**伱**”：

1）是**伱**干健不返，放使入山餧虎。（卷二十五“釋圓通”）

2）帝語此人曰：“我國法急，不許道人民間。**伱**復助急，不許道人山中。若爾，遣他何處得活？宜放入山，不須檢校。”（卷二十七“釋普安”）

“伱”在傳統上一直被看着是人稱代詞“你”的俗體。如《廣韻·止韻》：“伱，秦人呼傍人之稱。”《正字通·人部》：“伱，汝也。俗作你。”太田辰夫也說“‘伱’是‘爾’的古體，‘尔’作爲略字來使用，在它左邊加上‘亻’旁而成的，是保留了‘尔’的古音。”但是對比以上例子可以發現明顯不同。例1）中的“**伱**”是指示代詞，應爲“爾”之訛體。太田辰夫先生曾舉《月上女經上》：“今遣我來至伱所。”這個“‘伱’在別的版本中作‘爾’。”並認爲這個“伱”“實際上是排印時將‘你’臆改而成的?”① 但先生也未肯定，故加問號。從《續傳》情況看，校刊記並未對該字出校，說明其他版本也同爲“伱”，不存在臆改行爲。因此可以看出，在唐代“伱”不僅是人稱代詞“你”的俗字，也是指示代詞“爾”的訛字。搞清這一現象對漢語的語言和文字研究都是有意義的。

綜上所述，《續傳》中大量的文字現象爲我們深入研究漢字的構成、演變、運用以及漢字學本身都具有材料和參考價值。

2. 校勘學上的價值

《中華大藏經》所採用之趙城藏是從開寶藏翻刻而來，而開寶藏是最早的刻本藏經，雖然在翻刻的過程中會出現一些失誤，但總體上保持了原版的語言面貌，因此，以之作爲材料來對其他各藏中的《續傳》進行校勘，其意義是不言而喻的。我們對中華大藏經版《續高僧傳》校勘記進行了統計，共有1161條與標有“諸本”字樣的不同，而中華本與資福、磧砂、普寧、永樂南、徑山、清等藏程度不同的差異有近萬條。這些差異爲《續傳》本身的校勘提供了豐富的材料。其價值大致有三：

（1）與麗藏版相互支持，使校勘更有說服力

① 參太田辰夫《中國語歷史文法》，北京大學出版社2003年版，第106頁。

衆所周知，金藏和麗藏都來源於開寶藏，因此二者有極爲密切的版本關係。金藏和麗藏共同存在，不僅可以相互印證，也可以與其他藏經相同內容互勘，從而使校勘更具說服力。如：

一）崛多遂捨具戒，竭力供待。（卷二，闍那崛多）

“待”，資、磧、普、南、徑、清作“供侍”。“供待”、“供侍”均可成立，而且均在《續傳》中有例證，在此情形之下，如何判定誰是誰非？根據詞義是不可能了，我們只能根據版本。此字麗藏作“待”，同系的大正藏也作“待”，而且開寶藏爲官刻，開刻時間又比其他五藏早。根據這一現象，我們判定此處“待”字是。

二）沆於道術，澹於名利，不欲高衒，其備六也。（卷二，釋彥琮）

“沆”，資、磧、普、南、徑、清作“躭”，而麗藏作“沈”。“躭於道術”和“沈於道術”均成立，唯一的辦法也只有比較版本。“沆”應是“沉”的異體。佛經中“沆”常寫作“沉”，《龍龕手鏡·水部》：“泿（通），沆（正），沉（今）。胡朗反。”因此“沆”即是“沉”，也即“沈”。而同屬中原系而來的大正藏也作“沈”，因此，我們認爲“沈”字是。

（2）可以糾正其他藏經的錯誤

趙城藏雖與麗藏同出一源，但有的地方也不盡相同，同時也與其他各藏有所不同，這爲我們校正《續傳》提供了條件。如：

一）至如⿰登火寺九百，神道映於趙都，遠林不刊，戒德流於晉世。（卷二二，論）

“⿰登火”即“燈”，其他各藏均爲“澄”，“燈”、“澄”又均爲孤例，究竟孰是？細推原文，應爲“燈”是。佛家認爲佛教相遞猶如傳燈，因此“燈寺”更合其意。

二）追領往復，了無漏失，賓撫其首曰：“令使吾門不墜者，其在爾乎？”（卷六，釋僧詢）

“令”其他各藏均爲“今”，然而我們認爲“令”是。“令使”是同義并列，在佛典中大有存在。如隋闍那崛多譯《佛本行集經·發心供養品中》：“受食訖已，食不可盡，彼人生念：‘此百味食，既不可盡，必是如來威神德力，令使充溢。餘食既多，我今可喚所看如來白衣人衆，布施此食，皆食飽滿。然後我心得大歡喜。’”（T3/661a）吳支謙譯《撰集百緣經·比丘尼品·差摩比丘尼生時二王和解緣》："汝今云何欲令使我同彼諸王，受地獄苦，而作妄語？"（T4/201a）如用"今使"，則此句為一種陳述語氣，而後文又是猜測語氣，這樣就前後矛盾。

（3）可以提供其他各藏沒有的信息，爲《續傳》的深入研究提供幫助。

金藏中有些材料是其他各藏均未有的，這種材料爲《續傳》的研究所提供的幫助不言而喻。如卷十四"釋慧遠"："將遷化時，索香水洗浴，即在外宿，坐倚繩床。問徒眾曰：'早晚？'答云：'今可卯時。'乃曰：'吾今覺冷氣至臍，去死可二三寸在，可除倚床。'自加其足，正身斂目，不許扶持。未言其卒，驗方知化。香若栴檀，久而歇滅。後乃臥之，手足柔軟。身分並冷，唯頂上煖焉。"這段材料在其他各藏中均未見，特別是與之同源的高麗藏也沒有這段內容，這一現象不得不令人思考。這段文字前面部分就與其他藏有出入，很可能是在金代通經沙門導遵等校勘時根據其他文獻補入的，不然很難有如此大的出入。

第三節 《續高僧傳》的語言研究價值

一 《續高僧傳》之語料性質

方一新說："材料的選擇固然重要，材料的鑑別同樣重要。"①《續高僧傳》作爲漢語史研究之語料有何特徵，這是必須首先弄清楚的問題。從詞彙研究的角度來講，語料的性質不外兩個方面：一，口語詞、特色詞是否較多。二，時代是否明確。關於第一個問題，董師志翹曾指出："隨着時間的推移，這種（特殊混合語）譯經語言在影響漢語的同時，也受着漢語的影響，逐漸與漢語趨於融合。在這一走向融合的過程中，開始時純粹的譯經語言與純粹的中土語言差別甚爲明顯，而與兩者均有關係的中土佛教著述在這種融合中起了決定性的作用，這種決定性的作用近乎一種中介作用。這就是爲什麼《法顯傳》、《洛陽伽藍記》、《出三藏記集》、《高僧傳》、《續高僧傳》、《宋高僧傳》……等文獻口語化程度大大高於

---

① 參方一新《東漢魏晉南北朝史書詞語箋釋》，黃山書社 1997 年版，第 7 頁。

同時期的其他中土文獻的原因之一。”[①]《續高僧傳》雖然受當時流行的駢麗文風影響甚深[②]，但其中也包含了大量的口語詞。這一事實已經得到研究者的認同。王紹峰說：“道宣文獻多有口語詞、俗語詞以及新詞新義，在漢語詞彙史上應當有自己的地位。”[③] 帥志嵩也說：“保留了豐富的口語詞和俗語詞。”[④] 這一問題我們在後文還要討論，因此這裡不再贅述。

至於《續高僧傳》的時代問題。據劉保金研究[⑤]，《續傳》“所據資料來源有三：一爲當時存在之書，如《洛陽伽藍記》、《僧崖菩薩傳》、《十德記》、《智者大師別傳》、《知已沙門傳》、《感應傳》、《眾經目錄》等等。二爲碑銘，如梁明帝、陳叔寶、庾信、道安、法宣、明則等所撰碑銘。三是作者親自採訪資料。如功迥、慧頵、慧休、僧達、老超[⑥]、慧熙、智首、明瓚、智則等傳，其中包括作者師友在內。”而據道宣自敘，其材料來源有四個。《續傳·序》云：“今余所撰恐墜接前緒，故不獲已而陳之[⑦]。或博諮先達，或取訊行人，或即目舒之，或討讎集傳。南北國史附見徽音，郊郭碑碣旌其懿德，皆撮其志行，舉其器略。”“或博諮先達，或取訊行人，或即目舒之”爲自已採集創作；“或討讎集傳”爲當時所存在之僧傳、行狀之類；“南北國史附見徽音”，應爲從史書材料中來；而“郊郭碑碣，旌其懿德”則是從碑銘而來。不論怎樣分類，這些材料不外分爲歷時材料和共時材料兩大類。共時材料即道宣親自採集的部分，歷時材料即已存在之文獻。

共時文獻作爲同時材料不必討論，而作者在歷時文獻的使用中究竟進

---

① 參董志翹師《〈高僧傳〉詞語通釋：兼談漢譯佛典口語詞向中土文獻的擴散》，《漢語史研究集刊》第二輯，巴蜀書社 2000 年版，第 251—255 頁。

② 虎關師錬《元亨釋書·序說志［十］》云：“唐傳者，敘事艱澀，傳論文同，宛似銘詞。”

③ 參王紹峰《唐釋道宣文獻價值散論》，《阜陽師範學院學報》（社會科學版）2005 年第 1 期。

④ 參帥志嵩《淺談〈續高僧傳〉在漢語史研究中的價值》，《北京廣播電視大學學報》2009 年第 3 期。

⑤ 參《中國佛典通論》，河北教育出版社 1997 年版，第 553 頁。

⑥ 按，作者可能有筆誤，《續傳》中不存在“老超”之名。據推斷應為卷二十的汾州光嚴寺釋志超，因為劉氏所列之人均按傳記排列的先後，而僧達後慧熙之前道宣親自採訪到的僧人中只有志超帶有“超”字。

⑦ “之”，諸本無。

行了多大程度的改寫、怎樣改寫成爲我們判定該文獻時代的重要依據。由於道宣交待得十分清楚，這就爲我們探討《續傳》語料的時代提供了有利條件。

釋果燈在討論《續傳》材料的來源與揀擇時，把道宣之史料分爲四類："一、口述史料的實證；二、自身見聞的考察；三、宗教史料與俗世史料的印證；四、碑刻史料的徵引。"她特別討論了有關道宣引用史料的態度問題。她說："這段話批評道宣與贊寧的唐、宋僧史皆不善於翰墨，文體不一，如戶婚按檢，只是一些資料的堆砌罷。……由於考慮到原資料的客觀性，道宣採用'類聚眾文'的方式編寫史料，所以在文體風格上的銜接，當然不如全部一手自撰來得一氣呵成。"[①] 這證明道宣對材料的改寫是有限度的。在談到宗教史料與俗世史料中傳記的引用方式時，果燈又說："對於這些傳記，道宣的引用方式，有時是一字不易地照錄原文，有時摘要剪裁，有時因原稿深奧隱晦，翻譯成通行的文字或增加些說明，有時則加以改寫，使內容更爲清晰確實。"[②] 在碑刻史料的徵引中，果燈將釋信行的碑文與傳相比較後說："從以上碑文與傳記相印證……除了簡略一些過多的讚頌之辭，大部份都可以直接引用於僧傳。"[③] 因此，我們通過對《續傳》具體內容與其編撰思想的研究可以得出結論：道宣對所引用的材料基本上是如實的直接引用，其中爲敘述流暢對某些局部作了一定的改寫，但總體影響不大。

由於《續傳》所收語料起自北魏迄至唐初，而道宣的改寫有限，所以它的時間界限可能更寬一些，總體上它應該被視作中古後期之語料。

二 《續高僧傳》在詞彙研究中的價值

漢語史研究是一個很大的課題，要研究漢語的發展史，不僅要熟知每個斷代的語言歷史，還要知道每部有代表性的專書的具體情況。要研究每個斷代的語言歷史，不僅需要探究傳世文獻的語言情況，還需要考查出土文獻的語言情況，不僅需要總結一般文獻的語言情況，還需要調查一些特

---

① 參果燈《唐道宣〈續高僧傳〉批判思想初探》，台北：台灣東初出版社 1992 年版，第 48—50 頁。

② 同上，第 65 頁。

③ 同上，第 74 頁。

殊文獻的語言情况。中古漢語中世俗的有價值的語料並不多，而佛典文獻爲其提供了豐富的語料。在佛典語料中，人們對漢譯佛經研究得比較多，但對本土的佛典撰述重視程度並不夠，而對漢語佛典僧傳的研究更是寥寥無幾。僧傳是佛典的一個重要組成部分，有其特殊的語言特徵。它既受佛典語言的影響，帶有佛典語言的獨特個性與口語性，又受當時文學的總體語言的風格影響，因而形成了一種既不同於口語，又不同于文言的特殊語體。因此，對其進行研究也是漢語史研究的一個重要的課題。《續高僧傳》是這種僧傳體的典型代表之一，通過對它的研究，不僅有利於揭示僧傳體本身的語言特徵，也有利於把中古漢語研究推向深入。具體而言，《續傳》在詞彙學研究價值有如下幾點：

（一）記錄了大量中古和初唐詞彙，反映了當時社會的歷史與文化，爲漢語詞彙研究提供了新的材料

詞語是社會生活的真實反映，"一種語言的歷史和使用這種語言的人民的歷史分不開，尤其是詞彙的歷史最能反映人們生活和思想的變化。"①《續高僧傳》成書於初唐，但所收集材料包括了中古後期齊至隋一百多年間的僧人傳記，充分反映了中古時期的社會生活。如：

【白書】平輩間的書信。

又追入內，於修文殿翻《發智》等論。降手詔，飛白書，慰問優洽。（卷四，釋玄奘）

按，"白書"是當時書儀中一個固定的習語，意爲平輩間的書信。如：

（1）與卿等同發遐原，枝流異土。追惟在昔，猶或依依。言念四魔，不覺撫劍。故先遣白書，略陳成敗。曾改迷徒，尋光赴命。相與齊轡道場，比肩輪下。（道宣《廣弘明集·歸統篇·佚名〈慰勞魔書〉》，T52/343c）

（2）春寒尚重，願動止休宜，謹遣白書，諸無所具。賈敦賾等和南。（唐釋慧立《大唐大慈恩寺三藏法師傳》，T50/260b）

（3）僕風疾增瘵，蹇廢蓬門，不獲執離，彌深傾濊。願敬勗，白書不次。王筠頓首頓首。（道宣《廣弘明集·啟福篇·王筠〈與長沙王別

① 參呂叔湘《南北朝人名與佛教》，載《呂叔湘文集》第四卷，商務印書館1992年版。

書〉》，T52/326c）

敦煌卷子 P3637 杜友晉《書儀鏡》“通例二”中規定了尊卑、親疏不同，則書信用語不同：“凡與祖父母疏云，言疏、言違離、違侍……凡與伯父母疏云，言疏、言違離、尊體……凡與兄疏云，白疏、馳結、連奉、體常等語……凡傾仰、枉問、白書、勤仰、咨敘、翹企、所履清適、休宜、敬重、敬厚等語皆平懷；自敘得云諸弊等語。”①

“平懷”即平輩，可見“白書”是平輩人之間的書信用語。“白書”和“白疏”均爲書信之意，其區別就在於對象的身份不同。曾良釋“白書”爲書信②，未確。

由此，我們來看中古前期的書信中的“白”。我們把王羲之《法帖》中的“白”字窮盡性收集於下：

（4）七月十五日羲之白：秋日感懷深，得五日告，甚慰，晚熱盛，君比可不？遲復後問，僕平平，力及不一一。王羲之白。

（5）得書，知足下且欲顧，何以不進耶？向與謝生書，說欲往，知登停山。停山非所辯，故可共集謝生處，登山可他日耶？王羲之白。

（6）七月二十一日羲之白：昨十七日告，爲慰，極有秋氣，君比可耳。力及不一一。王羲之頓首。

（7）足下行穰久，人還竟應快不？大都當任，縣量宜其令，因便。因便任耳，立俟。王羲之白。

（8）十二日告李氏甥，得六日書，爲吾劣劣，力不一一。羲之白。

（9）良深路滯久矣，況今季末，無所多怪，足荒何恤於此？足下志嶠，外有由來，及然以勢觀之，卿人貴於不令耳，書政當爾。王羲之白。

（10）十二月十日羲之白：近復追付期，想先後皆至。昨得二十七日告，知君故乏劣腹痛，甚懸情。災雨比日復何似？善消息遲後問復，平平不一一。王羲之白。

（11）六月十九日羲之白：使還，得八日書，知不佳，何爾耿耿！僕日弊而得此熱，忽忽解日爾，力遣不具。王羲之白。

我們發現“白”作爲一種固定的格式語言，其使用條件也是有定的。

---

① 參周一良、趙和平《唐五代書儀研究》，中國社會科學出版社 1995 年版，第 10 頁。

② 參曾良《敦煌文獻字義通釋》，廈門大學出版社 2001 年版，第 5 頁。

八個例子都只使用在同輩或下輩身上。

曾良認爲"白，指書奏。"① 可見"白書"是同義連言而成詞。

"白書"一詞反映了中古及唐代嚴格的尊卑觀念。

【蒼精】房星。

玄圭啟運，不屈伯夷之節，蒼精得曆，豈捐②嘉遁之志。（卷七，釋亡名）

按，"蒼精"在此句中是"房星"。房星是東方蒼神之精，故稱"蒼精"。《文選·謝玄暉〈始出尚書省〉》："青精翼紫軑，黃旗映朱邸。"李善注："《春秋元命苞》曰：'殷紂之時，五星聚房。'房者，蒼神之精，周據而興。然青即蒼也。齊，木德，故蒼精翼之。"古人以天象配德運，周朝興而五星聚房，故以房代周。"蒼精得曆"即"北周得天下"，此句乃亡名奉承宇文氏政權的話，讚揚北周是繼周朝而來，應得天佑。清嚴可均《全後周文·唐瑾〈華岳頌〉》："曁水德告終，蒼精肇運，獄訟知歸，人神胥悅。"此句中"蒼精"也指北周。西魏爲水，水來土掩，故五行爲土德所掩。唐温大雅《大唐創業起居注》卷二："日者蒼精云謝，炎運將啟，上天眷命，屬乎隋室。"隋室代北周，故曰"蒼精云謝"。

又古人以天文配五行，齊屬木，蒼精爲土，故爲蒼精所護，故又稱齊朝爲蒼精。如：

（1）在蒼精之將季，翦洪柯以銷落；既觀蠍而逞刑，又施獸而爲謔。（《梁書·張緬傳附張纘》）

（2）是應玄德，實啟蒼精，風后之陣，師尚之兵。（《全北齊文·邢劭〈文宣帝哀策文〉》）

以上二例均是以房星代齊。

《續傳》中不僅有大量的反映中古時期社會生活的詞語，作爲初唐文獻，其中還有大量反映唐代社會生活的詞語。如：

【九井】手相術語，極富貴之相。

容色玉潤，狀若赤銅。聲若洪鍾，響發林動。兩足輪相，十角分明。

---

① 參曾良《敦煌文獻字義通釋》，廈門大學出版社 2001 年版，第 5 頁。

② "捐"，資、磧、普、南、徑、清作"損"。

二手九井，文理如畫。（卷十八，釋僧淵）

“九井”指人手中有九個“井”字，是極富貴之相。《太清神鑒》卷五《相掌文》：“井紋貴。”在唐代，看相風俗極爲流行，據高國藩記載，敦煌民間《相書》詳細記錄了人體36處觀相點，“它幾乎概括了人體從頭到腳的全部。”① 其中一篇爲“相手掌文”。如：

（1）[illegible]，掌中有此文，封公侯之位，女挾四夫。（P2797《相書·看手掌文第三十三》）

（2）[illegible]，掌中三井文，男女並富，一井及夫，二井及父母。（P2797《相書·看手掌文第二十九》）②

《麻衣相法》卷三《手紋》“玉井紋”條：“一井紋為福德人，二三重井玉梯名。此人必定能清貴，出入朝中一宰公。”掌中有三井文已經是富貴之相，有“九井”可謂富貴之至。因此，“九井”生動地反映了唐代看相的風俗。與之相似的還有“黑子”。如：卷十六“釋僧實”：“加又口繞黑子，欹若外③形，目有重瞳，光明外射，腋懷鳳卵，七處俱④平，奇相超倫，有聲京洛。”“黑子”猶黑痣。《史記·高祖本紀》：“高祖爲人，隆準而龍顔，美須髯，左股有七十二黑子。”高國藩說：“看來身體及軀幹有黑子者，對男子都是貴人之相，而對女性都相反，是爲凶相。這沿於漢代以來的風俗觀。”⑤

【閉鼓】日暮擊鼓，表示休息。

別勑引入深宮之內殿面奉天顔，談敘真俗，無爽帝旨，從卯至酉，不覺時延，迄于閉鼓。（卷四，釋玄奘）

清嚴可均《全宋文·沈亮〈陳營創城府功課〉》：“比見役人，未明上作，閉鼓乃休。”閉鼓警眾可能是中古時期的通常作法。《舊唐書·馬周列傳》：“先是，京城諸街，每至晨暮，遣人傳呼以警眾。周遂奏諸街置鼓，每擊以警眾，令罷傳呼，時人便之，太宗益加賞勞。”從此句話來

① 參高國藩《敦煌古俗與民俗流變》，河海大學出版社1989年版，第28頁。

② 以上兩則語料摘自於高國藩《敦煌古俗與民俗流變》，河海大學出版社1989年版，第51—52頁。

③ “升”，資、磧、普、南、徑、清作“斗”。

④ “俱”，徑、清作“皆”。

⑤ 參高國藩《敦煌古俗與民俗流變》，河海大學出版社1989年版，第28頁。

看，長安城原來是遣人傳呼以警眾，馬周改爲擊鼓警眾。實質上馬周只是恢復了原來的作法，因此時人便之。《太平廣記》卷三六三“韋滂”：“尚於京師暮行，鼓聲向絕，主人尚遠，將求宿，不知何詣。”（出《原化記》）可見“閉鼓”以後不能出行。“閉鼓”一詞反映了唐代長安作息制度。

《續傳》作爲佛教文獻，自然記載了不少與佛教和印度、西域文化有關的生活。反映在詞彙中的如：

【秋賊】盜賊。

忽被秋賊須人祭天，同舟八十許人悉被執縛，唯選奘公堪充天食。（卷四，釋玄奘）

“秋賊”是古印度特有的一種盜賊。常常在秋八月出現，故稱秋賊。如義淨譯《根本說一切有部毘奈耶・入王宮門學處第八十二之二》：“時憍薩羅國至八月半後多有賊盜，名爲秋賊。”（T23/871c）明釋弘贊輯《四分律名義標釋・離衣過六夜・迦提月》：“然迦提月是西國賊興發之時，故《五分律》云：‘八月賊常伺捕人，殺以祠天。一切人民及諸比丘無不警備。’又《善見律》云：‘迦提月無雨，秋賊起，見諸賊殺人、奪物，恐怖，畏失三衣。三衣中，隨一一衣，寄聚落中。’《薩婆多論》云：‘後安居始過七月十五日，未滿八月。從七月十六日，次第六夜，聽阿練若安居比丘處離衣宿。所以聽者，西國盜賊有時，此六夜中間是賊發時，是故聽也。’”（X44/481a）

《續傳》還可以爲民族語言的滲透研究提供語料。如：

【年別】每年。

國家年別大度僧尼，以藏識解淹明，銓品行業。（卷二一，釋靈藏）

“年別”即每年。如卷十二“釋道判”：“薛國公及夫人鄭氏夙奉清訓，年別至此，諮承戒誥，決通疑議。”《續傳》卷四“釋玄奘”：“城之東南三百餘里，大崖兩室各一羅漢，現入滅定，七百餘年。鬚髮漸長，左近諸僧年別爲剃。”《續傳》中還有“月別”、“日別”等詞。如卷十六“釋僧稠”：“爾後詔書手勑月別頻至，寸尺小緣必親言及。”卷二十五“釋轉明”：“後覆梟感，逆黨並被誅剪長夏門外，日別幾千，遠應斯舉。大業十年，無故卒於雒邑。”

“別”有“每一”義，董師志翹先生[①]、王啓濤[②]、李麗[③]均已有研究。但“時間詞 + 別”這種結構在漢語中是沒有其他同類結構的，這種結構從何而來？日本漢學家入矢義高曾說：“從北魏、六朝早期到唐代一段時間內偶爾在文獻中出現過一些奇妙的詞彙：‘年別’、‘月別’。‘年別’即‘每年’的意思，還有‘日別’、‘人別’、‘家別’等，《北齊書》和《齊民要術》中有很多帶‘別’字的用例。小川環樹先生推測這或許是烏拉爾·阿勒泰語系的詞彙摻雜在漢語的痕迹。”[④] 在中古由於西晉政權的崩潰，大量的少數民族紛紛南遷，並建立起自已的政權，“年別”這一類語詞很可能是由北方的少數民族在南遷過程中與漢民族融合而植入漢語的。這反映出西北少數民族語言對漢語的影響。

以上詞語對研究南北朝和唐代早期的歷史、文化、民俗、民族問題都有所幫助。

（二）可以爲其他文獻的詞彙研究提供證據

在詞彙研究中，某些文獻中有個別特殊的詞出現頻率極低，可能僅有一次，從而成爲孤證。這樣就需其他材料來進行支持，使之具有說服力。

【勘儅】勘驗。

曾負人錢百有餘貫，後既辦得，無人可送。乃將錢寺門，伺覓行人。隨負多少，倩[⑤]達西市，眾皆止之，而達付而不禁。及往勘儅[⑥]，不失一文。（卷二五，釋通達）

王雲路先生認爲“當”是詞尾，作詞尾時可以寫作“擋”、“譡”、“檔”、“儅”。[⑦] 如“屏當”可以寫作“併擋”。梁僧伽婆羅譯《解脫道

① 參董志翹師《唐五代文獻詞語考釋五則》，《中國語文》2000 年第 2 期。

② 參王啟濤《中古及近代法制文書語言研究：以敦煌文書為中心》，巴蜀書社 2003 年版，第 105 頁。

③ 參李麗《〈魏書〉詞彙研究》，南京師范大學 2006 年博士論文，第 112—113 頁。

④ 參入矢義高《中國口語史的構想》，《漢語史學報》第四輯，上海教育出版社 2004 年版。

⑤ “倩”，資、磧、普、南、徑、清作“償”。

⑥ “儅”，南、徑、清作“償”。

⑦ 參王雲路《中古漢語詞彙史》，商務印書館 2010 年版，第 320—322 頁。按，董師志翹先生認為“當”是結構助詞，用在動詞之後，動詞一般為單音節。江藍生有相同看法。我們在此想說明的是“當”是個記音字，有不同的寫法。參董志翹、蔡鏡浩《中古虛詞語法例釋》，吉林教育出版社 1994 年版，第 102—103 頁；江藍生、曹廣順《唐五代語言詞典》，上海教育出版社 1997 年版，第 85 頁。

論·分別行品》：“欲行人眠不駛，眠先併擋臥處，令周正平等，安隱置身，屈臂眠，夜中有喚即起，如有所疑即答。”（T32/409b）也可寫作“併譡”。蕭齊僧伽跋陀羅譯《善見律毗婆沙》卷十五：“波夜提，若上座囑下座教敷床已，若上座置衣著床上，下座得去；若不置一物，下座應爲併譡，若不併擋，囑上座已去無罪。”（T24/781a）也寫作“併當”。《敦煌變文校注·佛說觀彌勒菩薩上生兜率天經講經文》：“地獄興心全併當，畜生有意總教空。”王說甚是，但遺憾的是王先生所舉之例只有“屏當”一詞。而“勘儅”的出現使王說得以印證。

“勘儅”即“勘當”。可洪在《新集藏經音義隨函錄》卷二八《續高僧傳》卷二五釋此條云：“勘儅，都浪反，正作‘當’。”唐僧詳撰《法華經傳記·諷誦勝利第八之四·唐西京勝業寺二僧》：“又見同寺寺主僧智感、都維那阿六被縛極急，勘當食肉用僧物罪。”（T51/77a）唐張鷟《朝野僉載》卷五：“敕令差能推事人勘當取實，僉曰張楚金可，乃使之。”

“勘當”寫作“勘儅”，說明“當”作詞尾時確實僅僅是一個記音字，可以有多種寫法。南藏、徑山藏、清藏將此字改爲“儐”可能是因爲改動者不了解“當”在中古時有這一用法而誤致，亦可能形近而訛。

【借】乞求。

四更起坐，告寺主寶度曰：“憶年八歲往龍泉寺借觀音，未至耆闍，已講三遍，皎如目前。”（卷十四，釋慧稜）

“借觀音”就是乞求觀音保佑。“借”有“乞求”義見俞平伯《說“借”字古今音讀與〈牡丹亭·驚夢〉》。俞先生認爲在唐代“借”就有“求”義。並引李濟翁《資暇錄》“借書條”：“借借，上子亦反，下子夜反（此原注）書籍，俗曰‘借（求也，入聲，音跡）一癡，借（予也，去聲，如今音）二癡，索三癡，還四癡。’”以此證明《牡丹亭·驚夢》：“已分付催花鶯燕借春看”中“此‘借’字自是乞求之意。”[①] 但俞先生之說無旁證，《續傳》中的“借”正好可補。

（三）可以爲漢語史研究提供詞彙和語法材料

漢語史研究中，確定一個詞或一種語法現象最早的出現時間是極爲重

① 參俞平伯《論詩詞曲雜著》，上海古籍出版社1983年版，第795—798頁。

要的。通過專書研究往往可以使某些語言現象出現的時間變得更加具體，《續傳》詞彙研究也有這一價值。如：

【地】詞綴。

提每見洛下人遠向嵩高少室取薪者，自云："百姓如許地擔負辛苦，我欲暫牽取二山枕洛水頭，待人伐足，乃還放去[①]，不以爲難。此但數術耳，但無知者誣我爲聖，所以不敢。"（卷二五，勒那漫提）

"地"用於狀語和中心語之間[②]。向熹先生認爲產生於六朝[③]，所舉例證爲《世說新語·方正》："劉作色而起曰：'使君如馨地，寧可鬥戰求勝?'"但柳士鎮先生說"我們認爲，此'地'尚未虛化，還只是一個實詞。"[④]認爲"如馨地"是"如馨之地"之意[⑤]。汪維輝先生也持同樣看法[⑥]。柳先生說"'地'作後綴用法，一般認爲產生於唐代，廣泛用於宋代。"[⑦]因此，除去此孤例，從其他舉例來看，最早的也是唐王建的《華清宮前柳》詩："楊柳宮前忽地春，在先驚動探春人。曉來唯欠驪山雨，洗却枝頭綠上塵。"王建生於約 767 年，比《續傳》定稿時間晚一百餘年。

【被】帶關係語；零被句。

（1）遂脫衣仰臥，經于三宿乃起，而曰："幾被火炙殺我。（卷二五，釋道英）

王力先生說："帶關係語的被動式發展的結果，也和處置式一樣，同使成式結合起來。"[⑧]而王力先生所舉的第一例是"於是王郎既被唬倒，左右宮人扶起，以水灑面，（醜女緣起變文）"董師志翹先生認爲："此例

① "放去"，南、徑、清作"故去"。

② 呂叔湘先生稱之為描寫性加語，認為這是一種類似于歐語的副詞語尾。參呂叔湘《漢語語法論文集》，載於《呂叔湘文集》（第二卷），商務印書館 1990 年版，第 122 頁。

③ 參向熹《簡明漢語史》，商務印書館 2010 年版，第 487 頁。

④ 參柳士鎮《魏晉南北朝歷史語法》，南京大學出版社 1992 年版，第 142 頁。柳士鎮先生認為是形容詞和副詞詞綴。

⑤ 同上書，第 142—144 頁。

⑥ 汪維輝先生認為此句應斷為："使君，如馨地寧可鬥戰求勝！"意為"這樣的地方難道是可以憑借鬥戰來求勝的。"參《〈世說新語〉"如馨地"再討論》，《古漢語研究》1996 年第 4 期。

⑦ 太田辰夫認為："這個詞是否以唐代為上限有一些疑問，或可更往上溯。"參其《漢語史通考》，重慶出版社 1991 年版，第 77 頁。

⑧ 參王力《漢語史稿》，中華書局 1980 年版，第 435 頁。

中‘被’後不帶關係語，所以不能作數。其他幾例，都取自宋末及明代作品，也顯得太晚了些。從《太平廣記》中看來，這種句式六朝已經出現，到唐代已很普遍。”① 先生所言極是，但先生所舉諸例均爲中後唐時期的例證，《續傳》中此例正可補初唐之缺。

(2) 忽被秋賊須人祭天，同舟八十許人悉被執縛，唯選奘公堪充天食②。(卷四，釋玄奘)

“被＋N＋動詞”蔣紹愚先生認爲是“零被句”，“表示遇到某種情況，所以導致某種結果。其因果的意義是句式造成的，‘被’仍然是‘零被句’中的介詞。”③ 向熹先生指出這種句式產生於唐代，但所舉例證最早爲敦煌變文④。然而從《續傳》看，在初唐這一句式就已經存在了。

【如何……未若……】

方土乃淨，非吾願也。如今所願，化度眾生。如何在蓮花中十劫受樂，未若三途處苦救濟也。(卷七，釋慧布)

“如何……未若……”表選擇在現有其他文獻中還未有發現，這對選擇句式的研究應該是很有意義的。

綜上所述，《續高僧傳》在詞彙研究對漢語史研究中確實有着一定的參考價值。

三　《續高僧傳》在辭書編纂中的價值

我國有悠久的辭書編纂歷史，在先秦出現了《爾雅》，西漢寫成了《方言》，東漢出現了第一部真正意義上的字典《說文解字》。其後歷代總有反映其時代風貌的辭書出現。新中國成立後，辭書編纂走上了科學發展的道路，出現了劃時代的兩部工具書——《漢語大字典》和《漢語大

① 參董志翹師《中古漢語中的三類特殊句式》，載於《中古文獻語言論集》，巴蜀書社 200 年版，第 313 頁。

② 據藤善真澄所作興聖寺本與現存本之比較，此段文字在內的 158 字是興聖本所沒有的。但現存各本均有此語。而藤善先生認為興聖本成立後，到定稿的 665 年間，道宣曾用其他材料對《玄奘傳》作過修改。前川隆司和伊吹敦也有類似看法。因此，把這一語料看作是 665 年定稿前補入的文字應當是可靠的。

③ 參蔣紹愚《近代漢語語法史研究綜述》，商務印書館 2005 年版，第 245 頁。

④ 參向熹《簡明漢語史》，商務印書館 2010 年版，第 538 頁。

詞典》[①]。

呂叔湘先生曾經談論過詞彙和詞典的關係："一個語言的所有語素和所有具有特定意義的語素組合，總起來構成這個語言的語匯。羅列一個語言的語匯，解釋每一個語匯單位的意義的是詞典。詞典是語匯研究的成果。"[②] 而要"從根本上提高漢語語文辭書編纂的質量，關鍵在於漢語語義研究的深入。"[③]《漢語大詞典》是代表當今詞彙研究成果的巨著。作爲一部大型語文詞典，《漢語大詞典》與中小型詞典比較，它具有很明顯的特點："1、收詞範圍更廣，特別注意收集古代和近代的詞語；2、舉例更全，釋義更細；3、儘量追根溯源，探求詞語的最早出處。"[④] 但是隨着漢語詞彙研究的不斷擴展和深入，這部辭書也逐漸顯現出不足，有待進一步完善。現就《續傳》具體情況進行討論。

（一）詞目失收

《漢語大詞典》作爲大型綜合類工具書，其編纂宗旨就是"古今兼收，源流并重"，因此盡量多收詞目是該書的應盡義務。但是隨着漢語史研究對象的不斷擴大，專書研究的不斷深入，愈顯其詞目收集之不足。如：

【奔散】逃散。

行值飲噉非法，無不面諫[⑤]訶毀。極言過狀，不避強禦。或與語不受者，便碎之酒器，不酬其費。故諸俗士聚集醺飲，聞鑒來至，並即奔散。（卷十五，釋玄鑒）

"奔"有"逃跑"之意，故"奔"、"散"成詞有"逃散"之意。如：

（1）貞觀年中與諸法侶登山遊觀，野燒四合，眾並奔散。（卷十五，釋靈潤）

（2）帝乃親臨，四面攻憲，三日，復大破之，眾皆奔散。（《後漢

---

① 為表述簡潔，本文下簡稱《大字典》、《漢語大詞典》。

② 參呂叔湘《語言和語言學》，收入《呂叔湘語文論集》，商務印書館 1983 年版，第 37 頁。

③ 參蘇寶榮《詞義研究與辭書釋例》，商務印書館 2000 年版，第 3 頁。

④ 參阮劍豪《〈元典章〉詞彙研究》，浙江大學 2009 年博士論文，第 36 頁。

⑤ "面諫"，磧、普、南、徑、清作"面陳"。

書·龐萌列傳》)

(3)及東軍來迎，百官奔散，遂流離鄠、杜之間，轉入南山中，糧絕饑甚，拾橡實而食之。(《晉書·皇甫謐列傳》)

【本日】往日。

於大眾前側手指胸云："爾輩頗識真佛不？泥龕畫像，語不能出脣，智慮何如？爾見真佛不知禮敬，猶作本日期[①]我，悉墮阿鼻。"(卷二五，釋道豐)

"猶作本日欺我"即"還像往日一樣欺負我。""本"有原來、過去之義，《周禮·地官·大司徒》："以本俗六安萬民。"鄭玄注："本，猶舊也。"《廣韻·混韻》："本，舊也。"《莊子·則陽》："吾觀之本。"成玄英疏："本，過去也。"故"本日"有往日之義。佛經中的例子如：

(1)瓦師如爾言，本毘婆陵伽，難提婆瓦師，迦葉優婆塞，孝事於父母，梵行盡於漏，彼與我親友，我亦爲彼親，如是諸大人，本日相親近，善修身口意，住於最後身。(失譯《別譯雜阿含經》卷九，T2/442c)

(2)爾時，大王告諸臣言："汝不知我本日所願常欲利益諸眾生耶!"(吳支謙譯《菩薩本緣經·月光王品第五》，T3/64b)

(3)有臣名曰羅提毱，即是本日隨喜童子，以斯福故得爲輔臣，智慧淵博，善能言辭。(元魏吉迦夜共曇曜譯《付法藏因緣傳》卷四，T50/309b)

(4)夫答婦言："我父在時積財滿藏，富溢難量，至我身上貧窮困極。本日雖有，而不布施，今日值僧，貧無可施。前身不施，今致此貧，今又不施，未來轉劇。吾思惟此，是以懊惱。"(唐道世《法苑珠林·富貴篇·引證部》)

其他文獻的用例如：

(5)帝遣世隆語以大理，后曰："天子由我家置立，今便如此。我父本日即自作，今亦復決?"世隆曰："兄止自不爲，若本自作，臣今亦得封王。"(《北史·爾朱榮列傳》)

可見"本日"應是中古的一個口語詞。

---

① "期"，麗藏作"欺"。

【超挺】出眾。

及終成後，乃高二丈有二。相好端嚴，色相超挺。殆由神造，屢感徵迹。（卷一，釋寶唱）

“超挺”在《續傳》中凡8出，均爲“出眾”之意。如卷十二“釋慧隆”：“隆當入室，獨冠群英。既解慧超挺，命令敷述。”卷十三“釋僧鳳”：“昔在志學，聰慧夙成。文翰曾映，聲辯超挺。所製雜文[1]百有餘首。冠出儒林，識者咸誦。”卷二九“釋慧雲”：“曉得本金，委雲成就。光相超挺，今在山閣。”

“超挺”之“出眾”義僅出現於唐代佛典文獻。如：

（1）時賢守等五百長者遙見如來威嚴超挺，眾所樂觀，成就金色之身大丈夫相三十有二。（唐玄奘譯《大寶積經·菩薩藏會第十二之一·開化長者品》，T3/195a）

（2）於彼中天竺國請得擬摩揭陀國鷲峯山說法花經金像一軀，通光座高三尺，色相超挺，妙絕人功。（唐惠詳撰《弘贊法華傳·圖像第一》，T51/13a）

“超”有“出色”義。《太平御覽》卷三九四引晉郭澄之《郭子》：“王丞相拜司空，廷尉作兩角髻，葛裙拄杖，臨路邊窺之，歎曰：‘人言阿龍超，阿龍故自超。’”“挺”有“突出、傑出”義。《晉書·宣帝紀論》：“宣皇以天挺之姿，應期佐命。”南朝梁劉勰《文心雕龍·物色》：“若夫珪璋挺其惠心，英華秀其清氣，物色相召，人誰獲安?”故“超”、“挺”同義連文有“出眾”義。

【厨庫】厨房。

別立厨庫，以表尊崇。（卷二，那連提黎耶舍）

“厨庫”一詞在《續傳》中很多。如卷二十“釋靜琳”：“今則堂房環合，厨庫殷積，客主混同，去留隨意。”卷二二“釋玄琬”：“故京輔士庶繼踵煙隨，禮供相尋，日盈厨庫。”

“厨庫”在南北朝佛經中就已經存在。如：

（1）不畜寶藏，若金若銀，飲食厨庫，衣裳服飾。（北涼曇無讖譯《大般涅槃經·大般涅槃經聖行品第七之一》，T12/432c）

---

① “雜文”，諸本作“新文”。

（2）觀是沙門多積飲食衆藥，如似瓶沙王厨庫。（姚秦佛陀耶舍共竺佛念等譯《四分律·藥揵度之一》，T22/869c）

其後該詞進入到中土文獻中。如：

（3）乾道七年，天申節貢院賜齋筵。予時以少蓬兼内直，乃督院吏治具。吏白："厨庫乏錢，兼近以不講。"予曰："故事既難廢，况予身貳秘書而罷此禮乎？"命如故例，然不過盤餐之類爾。（宋周必大《玉堂雜記》卷下[①]）

厨房由於兼有貯藏功能，可能由此而被稱爲"厨庫"。

【摧變】毀壞異常。

（1）送傘蓋山上露坐，有同寺全律師臨永尸曰："願留神相待至七日滿。"至期全亡，送尸永側，永尸颯然摧變。（卷十六，釋慧意）

（2）氣屬炎熱而加坐如生，接還廬阜，形不摧變，都無臭腐，返有異香。（卷二七，釋智鍇）

"摧變"一詞僅出現於佛典中，且用例很少，唐及以前文獻僅此兩例[②]。其他如：

（3）至七日，全亡。舁尸永側，而永之尸始摧變。（元曇噩《新脩科分六學僧傳·定學·證語科·隋慧意》，X77/314a）

（4）即大業六年六月也，壽七十八。奉全身石室中，顔色略不摧變，至今如生。（元曇噩《新脩科分六學僧傳·慧學·傳宗·隋智鍇》，X77/93a）

例（3）、（4）明顯來源於例（1）、（2），可見該詞應是唐時口語。

【大寶】皇位。

煬帝奉以周旋，重猶符命。及臨大寶，便藏諸麟閣。（卷十七，釋智顗）

"大寶"即皇位。此詞《續傳》5出。如卷二三"釋智炫"："猶如至尊享國，嚴設科條，不妨逆子叛臣相繼而出。豈以臣逆子叛，遂欲空於大

① 《學津討源》，廣陵古籍刻印社1990年版。

② 按，《法苑珠林·感應緣·隋襄州景空寺釋慧意》所引注明出《唐高僧傳》，故不列入計算。

寶之位耶?”卷二六“釋法周”:“高祖昔任[1]岐州，登有前識[2]。既承大寶，追憶往言，圖像立廟，爰彰徽號。”

其他文獻如:

(1) 皇曾孫故臨洮王寶暉世子釗，體自高祖，天表卓異。大行平日養愛特深，義齊若子，事符當璧，允膺大寶，即日踐祚。(《北史·魏本紀·肅宗孝明帝》)

(2) 於是上書天子，數論得失，訾毀乘輿，威侮朝廷。藉此微庸，冀玆大寶，溪壑可盈，禍心不測。(《北史·周本紀上·太祖文帝》)

(3) 梁帝高謝萬邦，授以大寶，諱自惟菲薄，讓德不嗣，至於再三，辭弗獲許。(《陳書·高祖本紀下》)

【荒險】荒蕪兇險，也指荒蕪兇險之地。

至于峻頂，見有人鬼二路。人道荒險，鬼道利通。行客心迷，多尋鬼道。漸入其境，便遭煞害。(卷二，那連提黎耶舍)

“荒險”指荒蕪兇險。如釋灌頂《隋天台智者大師別傳》:“於當陽縣玉泉山而立精舍，蒙勅賜額號爲‘一音’，重改爲‘玉泉’。其地本來荒險，神獸蛇暴。諺云:‘三毒之藪，踐者寒心。’創寺其間，決無憂慮。”(T50/191a)

“荒險”一詞在唐代中土文獻中也存在。如:

(1) 往來四十里，荒險崖谷大。(杜甫《信行遠修水筒》)

(2) 至湖嶠荒險處，所出貨皆賤弱，不償所轉，晏悉儲淮、楚間，貿銅易薪，歲鑄緡錢十余萬。(《新唐書·劉晏列傳》)

在其後的歷代文獻中該詞也存在。如:

(3) 孤城斗大，眇乎在窮山之巔，煙火蕭然，強名曰縣。四際荒險，慘目而傷心。(金王若虚《滹南集·門山縣吏隱堂記》)

(4) 且邊外荒險，餓死於邊墻下者皆永蔔部落，非盡是插部。(佚名《崇禎長編·崇禎二年四月丙戌朔帝親祭太廟》)

“荒險”也可以指“荒蕪兇險之地”。如:

(5) 栖遲荒險，不避豺虎。(卷二七，釋普濟)

---

① “任”，普、南、徑、清作“住”。

② “前識”，資、磧、普、南、徑、清作“前誡”。

【葵子】葵花子

其骨並碎，如葵子大，可穿之，今在城西古寺中素像[①]手上[②]。（卷二五，釋慧達）

“葵子”在唐代已經常用。如唐伽梵達摩《千手千眼觀世音菩薩治病合藥經》：“若有人患大便不通，取葵子二升，以水四升，煮取一升汁。呪三七遍，數服即下。”（T20/105a）唐義淨譯《根本說一切有部毘奈耶雜事·第二門第二子攝頌之餘》：“佛言：‘紐有三種：一如蔓薁子，二如葵子，三如棠梨子。’”（T24/233c）

《漢語大詞典》收“葵花子”而未收“葵子”，應補。

【欻爾】忽然，迅疾貌。

故賦云：“咄哉失念，欻爾還覺”是也。（卷十七，釋慧命）

“欻爾”在《續傳》中共4出。此詞出現甚早，在漢代就有記錄了。如《全漢文·孔臧〈與侍中從弟安國書〉》：“人之所欲天必從，舊章潛於壁室，正於紛擾之際，欻爾而見，俗儒結舌，古訓復申。”其後歷代均有用例。如：

（1）僕不想欻爾夢搏赤猿，其力甚於貔虎，良久反覆。（《全三國文·魏·阮籍〈搏赤猿帖〉》）

（2）欻爾解其綬，遺之如棄靰。（皮日休《二游詩·任詩》）

（3）四大假合，五蘊成形，欻爾無常，颯然空寂。維摩居士尚悟如斯，況我輩之徒，如何不覺。（《敦煌變文校注·維摩詰經講經文》）

（4）人生欻爾待鑽石，世故紛然勞算沙。（《全宋詩·賀鑄〈書國志陳登事後〉》）

“欻爾”在唐代佛典中甚夥。如：

（5）復有勝慧欻爾現前，咸作是思：“布施、調伏、安忍、勇進、寂靜、諦觀，遠離放逸，修行梵行，於諸有情慈、悲、喜、捨，不相撓亂，豈不善哉！”（玄奘《大般若經初分緣起品第一之一》，T5/2b）

（6）《瑜伽》第七云：“何因緣故彼諸外道起如是見，立如是法？”答：“謂見世間無有因緣，或時欻爾大風卒起，或時一日寂然止息，……

① “素像”，諸本（不含石，下同）作“塑像”。

② “手上”，徑、清作“于上”。

由如是故，起無因見，立無因論。”（澄觀《大方廣佛華嚴經隨疏演義鈔》卷十三，T36/99b）

可見，“欻爾”在當時是一個極常用的詞語。

（二）義項漏失

《漢語大詞典》還存在着義項收集不全的情況。如：

【拔俗】離俗、出家。

釋僧韶，姓王，齊國高安人。幼願拔俗，弱年從志，斂服道俗，恭敬師宗。（卷五，釋僧韶）

按，此“拔俗”應爲離俗、出家。此義佛典中甚多，如：

（1）至如顏淵好學，不遷怒，不貳過；揚雄談學，行之爲上，言之爲次。在儒尚然，況超世拔俗之教而專以誦文爲學耶？（唐道宣《四分律行事鈔資持記中四上·釋持犯篇》，T40/338b）

（2）六明出家行聖道行，但出聖道，無始未曾，皆由著世，慣習難捨，今既拔俗，必行聖業。（宋元照《四分律刪繁補闕行事鈔卷下一·沙彌別行篇》，T40/148b）

（3）釋圓脩，姓潘氏，福州閩人也。生而岐嶷，長而俊邁。忽思拔俗，尋事名師。（宋贊寧撰《宋高僧傳·習禪篇·唐杭州秦望山圓脩傳》）

（4）釋道膺，姓王氏，薊門玉田人也。生而特異，神彩朗然。處于重丱，峌峒稟氣。宿心拔俗，爭離火宅之門；拭目尋師，遂攝鍛金之子。（宋贊寧等撰《宋高僧傳·習禪篇·唐洪州雲居山道膺傳》）

此義項《漢語大詞典》失收。

【本支】源流。

從志念法師受學小論，加雜《婆沙》各聞數遍。窮其本支，曉其固執。（卷十五，釋慧休）

“本支”爲“源流”之義。如卷十五“釋靈潤”：“於後深心至道，通贍群師，預在見聞，包蘊神府。當即斧[①]藻人法，珪璋解行，皆統其本支，該其成敗。”卷二八“論”：“義當纔登解髮，即須通覽。採酌經緯，窮搜名理。疑僞雜錄，單複出生，普閱目前，銓品人世。然後要約法句，誦鎮心神，廣說緣本，用疎迷結。遂能條貫本支，釋疑滯以通化，統略玄

① “斧”，磧、普、南、徑、清作“黼”。

旨，附事用以徵治。”智昇《開元釋教錄·總括群經錄上·釋玄應》：“沙門釋玄應，大慈恩寺翻經沙門也。博聞強記，鏡林苑之宏標，窮討本支，通古今之互體。”

“本”本指樹之根，“支”指樹之枝，故“本”、“支”並列可指事件的源流。此義項《漢語大詞典》未收。

【奔注】奔投。

每舉法輪，諸講停務，皆傾渴奔注[①]，有若不足也。（卷十八，釋曇遷）

“注”有“聚集”義。《周禮·天官·獸人》：“令禽注于虞中。”賈公彥疏：“注猶聚也。”故“奔注”又有“奔投”義。如卷十八“釋曇遷”：“每舉法輪，諸講停務，皆傾渴奔注[②]，有若不足也。”卷十九“釋智滿”：“智滿蒸仍國化，引而廣之，故使聞風造者負笈奔注。”唐義淨《根本說一切有部毘奈耶·入王宮門學處第八十二之三》：“能令人獸等歸依，各競奔注無停息。”（T23/883c）

《漢語大詞典》未收此義。

【遲疑】碩疑。

（1）沙門玄會匠剖《涅槃》，删補舊疏，更張琴瑟。承斯令問，親位席端。諮質遲疑，煥[③]然祛滯。（卷四，釋玄奘）

（3）然其識用淹華，言辯清富。每至商推玄理，頓徙遲疑。雖復談柄屢撝，言鋒時礪，而碩難自撤，簡綽澄遠。（卷十二，釋慧隆）

（4）未結[④]數旬，法門開發，諮質遲疑，乃惟反啟。（卷十七，釋慧命）

（5）凡有遲疑，每爲銷釋。（卷十九，釋法喜）

以上“遲疑”均是名詞，即長期以來的疑問，與《漢語大詞典》“猶豫；拿不定主意”之“遲疑”不同。此義應由“猶豫；拿不定主意”引申而來。如卷八“釋慧順”：“因講而睡，聞有言曰：‘此解乃明，猶未爲極。’心遂遲疑，伺決其病。”因猶豫而遲疑，遲疑的結果就是疑難。

① “注”，諸本作“往”。

② “注”，諸本作“往”。

③ “煥”，諸本作“渙”。

④ “結”，資、磧、普、南、徑、清作“經”。

“遲”有“久”義。《禮記·樂記》:“敢問遲之遲而又久,何也?”鄭玄注:“遲之遲,謂久立於綴。”

【先舊】原來,過去。

又令①沙門曇顯等依大乘經撰《菩薩藏眾經要》及《百二十法門》。始從佛性,終盡融門。每日開講,即恒宣述,以代先舊。五時教迹,迄今流行。(卷一,菩提流支)

先舊有“原來、過去”之意。如卷十六“釋信行”:“以時勘教,以病驗人。蘊獨見之明,顯高蹈之跡。先舊解義,翻對不同,未全聲聞,兼揚菩薩。”“先舊解義”即過去的義解。此義佛經中甚多。北涼曇無讖譯《大般涅槃經·憍陳如品第十三之一》:“諸仁者,我昔曾從先舊智人聞說是事,過百年已,世間當有一妖幻出。”(T12/590c)隋闍那崛多等譯《起世經·最勝品第十二之餘》:“諸比丘,以此因緣,先舊勝人,造作村城聚落、國邑王都宮室、諸餘住處,莊嚴世間,次第出生。”(T1/362a)隋闍那崛多譯《佛本行集經·娑毘耶出家品上》:“而彼波梨婆闍道人於先舊時已曾修得於諸禪定,如是次第,即教其子禪定之法。”(T3/832c)北齊那連提耶舍譯《大寶積經·四轉輪王品第二十六之一》:“我昔曾從先舊人聞,本有大王名無量稱,王四天下,與其四兵昇忉利天。”(T11/427b)

《漢語大詞典》“先舊”條:“猶故舊。《後漢書·李固傳》:‘表舉薦達,例皆門徒;及所辟召,靡非先舊。’”與此無涉,應補。

(三)釋義有誤

【服勤】從事勤務。

又隨靜住剡之梵居寺,服勤就養,年踰一紀。(卷六,釋慧約)

“服勤”意爲服持職事,是動賓結構。如卷七“釋寶瓊”:“通初見而嗟重,深爲道器也,不使服勤。”卷十二“釋道慶”:“釋道慶,姓戴。其先廣陵,後進②度江,家于無錫。年十一出家,事吳郡建善寺藏闍梨。服勤盡禮,同侶所推。”

《漢語大詞典》“服勤”條釋爲“謂服持職事勤勞。”明顯把“勤”

---

① “令”,諸本作“命”。

② “進”,諸本作“遁”。

釋爲“勤勞”，把詞語變成了主謂結構。究其原因，編纂者對“服持勤苦勞辱之事”可能一時誤解，於是對本詞作了錯誤解釋。

【名匠】名家。

搜選名匠，惠益民品①。（卷一，拘那羅陀）

“名匠”在《續傳》中凡 4 出，均爲“名家”之意。如卷十四“釋慧頵”：“有解法師，《成論》名匠，因從累載，聽談玄義。”卷二一“釋洪遵”：“暉寔律學名匠，而智或先圖。遵固解冠時倫，全不以曲私在慮。”

匠可指在某一方面造詣高深的人。慧皎《高僧傳・義解・竺道潛》：“往在京邑，維持法綱，内外俱瞻，宏道之匠也。”故“名匠”可指名家。他如梁慧皎《高僧傳・義解・釋僧導》：“時有沙門僧因，亦當世名匠。”隋智顗《妙法蓮華經玄義》卷十上：“前代諸師或祖承名匠，或思出神衿。雖阡陌縱橫，莫知孰是。”（T33/800a）唐齊已《渚宮莫問詩一十五首》：“六年滄海寺，一別白蓮池。句早逢名匠，禪曾見祖師。冥搜與真性，清外認揚眉。”

《漢語大詞典》“名匠”條：

【名匠】2. 指文學名家。宋翁卷《晚秋送徐璣赴龍溪丞因過泉南舊里》詩：“卷中風雅句，名匠亦難如。”

“名匠”僅指文學名家，釋義過窄。

（四）疏證有誤

【元匠】譯主。

（1）七百梵僧，勅以留支爲譯經之元匠也。（卷一，菩提流支）

（2）爾時耶舍已亡，專當元匠。（卷二，闍那崛多）

以上“元匠”均指譯經時的譯主。例（1）梵僧極多，而留支第一，故充當譯主。例（2）“爾時耶舍已亡，專當元匠”是指耶舍在時，菩提流支有時不能充當譯主，而耶舍物故以後，無人敢與之爭奪此位。《漢語大詞典》：

【元匠】巨匠；大師。南朝梁慧皎《高僧傳・義解三・釋僧濟》：

① “民品”，諸本作“氓品”。

"濟年始過立，便出邑開講，歷當元匠。"范文瀾、蔡美彪等《中國通史》第三編第一章第五節："善提流支譯出經論三十九部，一百二十七卷，被稱為'譯經之元匠'。"

按，在《高僧傳》"僧濟傳"中，"元匠"也應是"譯主"之意。從語意上看，"大師"是他人對"学者、专家的尊称"。(《漢語大詞典》所釋義）如果把"專當元匠"換成"專當大師"，在漢語中不通。而范文瀾、蔡美彪對原文的理解是錯誤的，不能成爲詞條之書證。

（五）書證遲後

汪維輝先生曾說："揭示詞的時代性和地域性是詞彙史學科的基本任務之一，也是正確訓釋詞義的一個重要因素。"① 一本辭書的價值也表現在書證準確與否方面。《漢語大詞典》書證遲後現象歷來備受詬病，以《續傳》爲標準測之，這一弱點也暴露無遺。據我們統計，《漢語大詞典》義項首見書證遲於《續傳》材料的有1412條，由於其例過多，我們按唐、宋、元、明、清、現代這一時間順序各舉一例。如：

【率多】大多。

（1）當時有沙門菩提流支與般若流支前後出經，而眾錄傳寫率多輕略，各去上字，但云流支，而不知是何流支。(卷一，菩提流支)

（2）昔來《攝論》十二住義，中表銷釋十有二家，講次誦持，率多昏漠，而奘初聞記錄，片無差舛，登座敘引，曾不再緣，須便爲述，狀逾宿構。(卷四，釋玄奘)

（3）其潛濟益被，率多如此。(卷五，釋智藏)

（4）然尼眾②在道，染附情深，戒約是投，率多輕毀。(卷二二，釋智首)

《漢語大詞典》引唐封演《封氏聞見記·貢舉》。

【赤露】裸露而無遮蔽。

① 參汪維輝《論詞的時代性和地域性》，《語言研究》2006年第2期。

② "尼眾"，資、磧、普、南、徑、清作"居眾"。

大萬村[①]中田遺生者，家途壁立而有四女。妻著弊布，齊膝而已。四女赤露，迥無條綫。（卷二七，釋普安）

“赤露”一詞出現於初唐。唐孫思邈《千金要方》卷八十一“養性”：“北方仕子遊宦至彼，遇其豐贍，以為福祐所臻，是以尊卑長幼恣口食噉，夜長醉飽，四體熱悶，赤露眠臥，宿食不消，未逾期月，大小皆病。”孫思邈為道宣摯友，因此其所用詞語應與道宣同時。道世《法苑珠林·十惡篇·偷盜部·述意部》：“是知偷盜之衍寧非大罪，所以朝餐無寄，夜寢無依，鳥棲鹿宿，赤露攣捲，傍路安眠，循廛求食。”（T53/842c）道世乃道宣師弟，其所用語也應與道宣同時。稍晚，釋慧琳《一切經音義·十疑論》：“倮體，華瓦反，赤露身體。”慧琳以“赤露身體”釋“倮體”足見“赤露”應為當時流行通語。《漢語大詞典》引蘇軾《乞增修弓箭社條約狀》之一。

【砥途】平路。

嗟迷方[②]之弗遠，睠砥途而太息。（卷三，釋慧淨）

上句道宣引自唐褚亮《金剛般若經注序》。“砥途”猶平路、大道。釋慧琳《一切經音義·續高僧傳》：“眷砥途，下音止，磨石也，平也。顧平道而如磨石而嘆息。《古今正字》：‘從石，氐聲也。’氐音丁禮反，亦作底也。”

《漢語大詞典》引元方回《石硤書院賦》。

【慈惻】仁慈惻隱。

惟恐福業不成，實未懷諸慈惻，是則不聞大聖之明誡也。（卷二二，論）

“慈惻”一詞首見於隋朝中土佛經。費長房《歷代三寶記》卷十一“摩訶般若波羅蜜子注經五十卷”：“悲愍黎元，慈惻若是。”（T49/99b）唐初甚為流行。周鬻熊《鬻子》卷下“道符五帝三王傳政甲第五”：“除去天下之害謂之仁。”唐逄行珪注：“兼愛萬物，慈惻外施。”陳子昂《陳伯玉集·為宗舍人謝贈物表（二）》：“陛下慈惻，哀念孤窮，復憂齋祭，恐有闕禮。既賜束帛，又降上宮，恩慈再三，若猶未足。”

① “大萬村”，資、磧、普、南、徑、清作“大方村”。

② “方”，徑作“林”。

《漢語大詞典》明唐順之《封知縣張公墓誌銘》。

【名師】有名的老师或师傅。

舍年十七發意出家，尋值名師，備聞正教，二十有一得受具。（卷二，那連提黎耶舍）

"名師"即"有名的老师或师傅"。《續傳》有5例，如卷四"釋玄奘"："本中印度人，少出家，名師開悟，志氣雄遠，弘道爲懷。"卷十七"釋智顗"："屬元帝淪沒，北度硤州，依乎舅氏。而俊朗通悟，儀止溫恭。尋討名師，冀依出有。"卷十九"釋法喜"："且喜學年據道，事仰名師。青溪禪眾天下稱最，而親見奉養，故得景行成明，日光聲采。"卷二三"釋道安"："俊後歷尋華土，縱學名師，凡所霑耳，皆義通旨得。"

《漢語大詞典》引袁枚《隨園詩話補遺》卷三清石學仙《感舊》詩。

【並存】都存在。

營建塼塔，并爲立碑，今並存焉。（卷六，釋曇鸞）

《漢語大詞典》引艾思奇《辯證唯物主義歷史唯物主義》第九章。

《續傳》作爲初唐語料，其對《唐五代語言詞典》的書證提前同樣具有幫助。如：

【生】未經調理、加工。

韶便出外，坐於曠路樹下，見一少童以漆柳箕擎生袈裟，令韶著之。（卷六，釋慧韶）

此條《法苑珠林·六道篇·感應緣》作："韶出外，坐於曠路樹下，見一少童以漆柳箕擎生袈裟，令韶著之。"生袈裟應是指用未經漂煮的絲織物織成的袈裟。"生"有"未經調理、加工"之意。唐詩中有"生衣"之說，如白居易《雨後秋涼》："夜來秋雨後，秋氣颯然新。團扇先辭手，生衣不著身。"花蕊夫人《宮詞》詩："端午生衣進御床，赭黃羅帕覆金箱。"生衣爲未經漂煮的絲織物織成的夏衣，生袈裟也應是這樣一種夏衣。慧韶去世時刻爲農曆七月三日，正是一年最熱的季節，因此穿絲織夏衣是可能的。江藍生《唐五代語言詞典》"生"條："②未經調理、加工者稱之爲'生'"舉參看"生馬"、"生衣"。"生馬"最早的書證是張籍的《老將》詩"不能騎生馬，猶能挽硬弓。""生衣"最早書證即白居易

《雨後秋涼》，二者均比本例晚[①]。

以上所舉的例子，僅僅是《續傳》中極小的一部分，但從這些材料中可以看到辭書編纂與詞彙研究密不可分，只有扎扎實實地做好專書研究和斷代研究，才可能爲辭書的編纂與研究提供豐富可靠的材料，才能編出經得起歷史檢驗的工具書。

第四節　有關《續傳》的研究及選題緣由

《續高僧傳》作爲一部極爲重要的佛教史籍，在佛教史和中古史學、文學、目錄之學上佔有舉足輕重的地位。幾乎所有中古後期的佛學史研究都是建立在它的基礎上，如范文瀾《唐代佛教》、湯用彤《隋唐佛教史稿》等。许多著作的資料來源也與之密切相關，如梁啟超的《佛學十八講》就大量運用了《續傳》資料。但是關於道宣及其作品研究的論著並不多見。

目前所見到的對道宣及作品進行研究的論著有：

（1）《弘一大師全集·佛學卷·傳記卷》［七］："南山道宣律祖年譜"[②]

該年譜詳細記載了道宣的人生經歷和主要作品。但有些事件和作品未提及。如貞觀十九年被召入長安弘福寺譯場協助玄奘譯經事。在佛教史上有重要影響的龍朔元年撰成《集古今佛道論衡》，麟德元年（664）撰成的《大唐內典律》、《廣弘明集》及貞觀十九年《續傳》的初稿完成等均未提及。

（2）日本學者藤善真澄《道宣伝の研究》

該書分十二章，全面詳盡地研究了道宣的生平、思想、著述。可謂迄今爲止道宣研究之大成。作者在該書中對道宣和《續傳》的研究達到了能致其微，能盡其極的境界，其功力著實讓中土學人汗顏。特別是第六、七、八章運用中土失傳的興聖寺本對《續傳》版本的研究，解決了前人

① 按"生"之"未經調理、加工"義早在東漢就已經存在，參張能甫師《鄭玄註釋語言詞彙研究》，巴蜀書社2000年版，第290頁，"生帛"條。

② 參《弘一大師全集》編纂委員會《弘一大師全集》（七），福建人民出版社1991年版，第401—403頁。

無法解决的問題。

（3）釋果燈《唐道宣〈續高僧傳〉批判思想初探》

該文分八章，詳細討論了道宣撰寫《續高僧傳》的緣由及意義。第三章“《續高僧傳》的版本與史料來源之檢討”對《續傳》的史料來源進行了深入研究。

（4）劉林魁《〈廣弘明集〉研究》①

劉林魁的博士論文《〈廣弘明集〉研究》也對道宣的生平進行了研究。同時對《廣弘明集》的成書背景、材料來源、版本與編纂等問題進行了深入研究。

（5）帥志嵩《雙重因素影響下的僧傳語言——〈續高僧傳〉語言研究》②

該文從語言學的角度闡述了《續傳》語言與其他中土文獻的關係，並以舉例方式揭示了《續傳》中一些詞彙與語法現象。提出《續傳》是在文體和語體雙重影響下的語言產物。

關於《續傳》的有關論文大致可分爲四類：

一 文獻介紹與版本研究

（1）毛雙民《研究佛教史的重要資料——三朝〈高僧傳〉》。（原載《文史知識》1986年10月。又載《佛教與中國文化》，中華書局1988年版，第167頁。）

毛氏從佛教史的角度研究了三傳的價值。其中對《續傳》的介紹與陳垣《中國佛教史籍概論》中的《續高僧傳》內容大致相同。

（2）伊吹敦《關於〈續高僧傳〉增補的研究》。（原載《東洋思想與宗教》第七號。又載臺灣《諦觀》第69期，1992年。）

（3）前川隆司《道宣〈後集高僧傳〉與〈續高僧傳〉的關係》。（載《龍谷史壇》四六號，昭和三十五年。）

（4）藤善真澄《〈續高僧傳·玄奘傳〉的成立》。（原載《鷹陵史學》第五號，現收入《道宣伝の研究》。）

① 西北大學2007年博士論文。

② 四川大學2002年碩士論文。

陳士強、張建木、楊海明諸先生也有論述①。

二　道宣的生平與思想

（1）藤善真澄《道宣的前半生》。（原收於新野、儲戶兩教授退休紀念歷史論集《中國史和西洋世界的展開》，現收入《道宣伝の研究》。）

（2）如覺《道宣律師僧制思想初探——兼論其處罰理論》。（《法音》2003 年第 2 期）

該文對道宣實施僧制的態度、原則和處罰方式進行了討論。

（3）諏訪義純《〈四分律含注戒本疏行宗記〉にみる道宣の自敍と三種の道宣伝：道宣伝の再検討》。（《愛知學院大學文學部紀要》20，第 375—369 頁，1990 年）

（4）前川隆司《道宣の仏教史観》。（《印度學仏教學研究》9（2），第 599—602 頁，1961 年第 3 期）

三　與道宣和《續傳》有關之問題

（1）李新玲《唐道宣律師有關法門寺著述之研究》。（《文博》2003 年第 5 期）

（2）曹仁邦《續、宋兩〈高僧傳〉中的寺廚史料》。（載於新加坡《南洋佛教》雜誌社，《南洋佛教》，1988 年第 234 期。）

（3）佐藤達玄《道宣の吉蔵伝について》。（《印度学仏教学研究》9（1），第 225—228 頁，1961 年第 1 期。）

四　道宣作品與漢語史研究

（1）王紹峰《唐釋道宣文獻價值散論》。（《阜陽師範學院學報》，2005 年第 1 期。）

該文從道宣的生平、道宣創作的特點、道宣文獻的價值三個方面進行了闡釋。並認爲"道宣文獻多有口語詞、俗語詞及新詞新義，在漢語詞

① 參陳士強《〈唐高僧傳〉新證》，載《内明》第 218 期；張建木《讀〈續高僧傳・那提傳〉質疑》，載張曼濤主編《現代佛教學術叢刊》，臺北大乘文化出版社 1977 年版；楊海明《簡析〈高僧傳〉與〈續高僧傳〉成書目的及作傳理念之異同》，《西北石油大學學報》2008 年第 4 期。

彙史上應當有自己的地位。”

（2）帥志嵩《淺談〈續高僧傳〉在漢語史研究中的價值》。（《北京廣播電視大學學報》，2009年第3期）

這是唯一一篇從漢語史角度來闡釋《續高僧傳》的研究價值的文章，該文分爲四個部分：第一，保存了豐富的俗語詞和口語詞。第二，保留了大量的唐代典型詞彙。第三，可以結合《續高僧傳》解決文獻整理中的疑難。第四，可以結合《續高僧傳》廓清詞語發展的軌跡。帥氏認爲：“由於《續高僧傳》保存了豐富的俗語詞、口語詞以及大量有唐一代的典型詞彙，我們可以結合《續高僧傳》解決文獻整理中的疑難和廓清詞語的發展軌跡。因此，在漢語史的研究中，應該重視對《續高僧傳》的研究。”

總而言之，《續傳》作爲一部重要的佛教史典籍，作爲初唐重要的詞彙語料①，對於它的語言研究並不充分。呂叔湘先生曾說“研究方向的確定，最好選擇在語言和社會發生較大變化的歷史關頭。”② 蔣紹愚先生說：“迄今爲止，對上古漢語詞彙研究得比較充分，而對六朝以後漢語詞彙的研究還相當薄弱。這種情況，對漢語歷史詞彙學的研究是十分不利的。因爲六朝以後還有一段很長的發展歷史，在這個時期裏，漢語詞彙出現了許多重要變化，不弄清這一段詞彙的面貌和發展歷史，漢語詞彙的研究就只能是半截子的；而且，從晚唐五代開始，逐步形成了古白話，不對古白話的詞彙進行深入研究，對現代漢語也就不能有透徹的理解。所以，漢語歷史詞彙學面臨的一個重要的任務，就是把這段空白填補起來。”③《續傳》收集了從梁到唐初期間的僧傳，並對其進行了加工，其語料明顯有中古後期與唐代相交織的特點。其語言正處在中古末期與近代漢語交替的歷史點上，弄清這一歷史時期的語言面貌，對承上的中古漢語是個總結，對啟下的近代漢語是個開端或萌芽，因此有必要對其進行全面系統的研究。更爲重要的是僧傳是佛典的重要組成部分，但是這種史傳的語言究竟有什麼特

---

① 王紹峰《初唐佛典詞彙研究》也把《續傳》列入考察範圍，但所見用例極少（安徽教育出版社2000年版，第9頁）。

② 參呂叔湘《浙江省語言學會成立暨學術報告會上的講話》1980年11月，轉引于顏洽茂《佛教語言闡釋：中古佛經詞彙研究》，杭州大學出版社1997年版，第5頁。

③ 參蔣紹愚《近十年間近代漢語研究的回顧與前瞻》，《古漢語研究》1998年第4期。

點，它與傳世中土文獻和翻譯佛經語言究竟有什麼關係，這些問題歷來很少有人具體研究。

基於以上考慮，我們把《〈續高僧傳〉詞彙研究》作爲論文選題。

第一章 《續高僧傳》中的文言詞

《續傳》中的詞語大致可以分爲四個部分：文言詞，通用詞，佛教詞和口語詞。這四種詞有機地結合在一起就形成了極具特色的僧傳語言。所謂文言詞是指使用於書面表達的使文章顯得典雅的詞語。

從魏晉南北朝開始，漢語語言系統出現了言文分離的現象，書面語開始出現文言與白話的分離。相對而言，由於刻意模仿上古語言特徵的就呈現出典雅的形式，成爲文言，而堅持使用當時口語來進行表達的就成爲白話。文言作爲強勢的書面語言在漢語的書面表達體系中長期佔據統治地位。在魏晉，駢體文突然崛起，這種文體用詞典雅華麗，音韻和諧鏗鏘，句式工整簡潔，因此深受當時知識分子推崇。一代有一代之文體①，佛教典籍的翻譯與創作在這樣一個大環境下不可能不受到影響，因此語言從先前的口語佔據主要地位變成了文白夾雜。"隨着時間推移，漢文佛教文獻的文言色彩愈來愈濃，由本土人士撰寫而非譯自其他語言的中土撰述尤其如此。"②《續傳》語言就是典型代表之一。

文言詞在漢語詞彙史上的作用雖然不如口語詞大，但也有其自身的特點。首先，文言詞在漢語書面詞彙系統中佔據着主要地位。化振紅先生認爲"在整個漢語書面語的詞彙發展史中，起主導作用的並非各個時期的口語詞語，而是文言詞語。上古漢語中，文言詞語的重要性是不言而喻的，即使在近代漢語的作品中，文言詞語也被知識階層乃至整個社會看作是高於口語詞語的東西。"③ 因此，研究詞彙，特別是專書詞彙時如果刻

① 參陳垣《中國佛教史籍概論》，上海書店出版社 2005 年版，第 107 頁。

② 參梅維恒《佛教與東亞白話文的興起：國語的產生》，發表於 The Journal of Asian Studies 53，no. 3. 轉載於朱慶之編《佛教漢語研究》，商務印書館 2009 年版，第 365 頁。

③ 參化振紅《〈洛陽伽藍記〉詞彙研究》，中國文史出版社 2002 年版，第 38—39 頁。

意避開最主要的成分，整個研究是不完整的。其次，“在二千多年里頭，文言自身也有了相當的變化，時代的變遷怎麼樣也得留下他的痕迹。”①從歷史發展來看，文言並非僅僅指上古漢語流傳到後來時代的詞，每一個時代，特别是中古也形成了大量的書面詞彙，這一部分詞在當時就已經只用於書面系統之中了。這説明文言詞彙也有一個不斷發展變化的歷史，這一歷史也需要進行研究。第三，在中古文言與口語有密切的關係。“所謂文言詞語、口語詞語，實際上只是兩個相對的概念：從共時的角度講，有相當一部分詞語是難以確切地確定其歸屬的。以歷時的眼光看，隨着時間的推移，兩者之間也往往存在着相互轉换的可能，尤其是白話詞語向文言詞語的轉變，幾乎各個時期都在進行着。”②

《續高僧傳》中存在大量的文言詞語，這爲研究該類詞語的特徵提供了可能，根據詞語的來源，我們把它分爲承古文言詞，典故文言詞，擬古文言詞和創新文言詞四類。

第一節 承古文言詞

承古文言詞是指在上古口語中存在而到中古只用於書面表達的文言詞。在漢語史研究中，目前最流行的觀點是，在漢以前，漢語口語和書面語差别並不大，因此不存在文言與口語的區别。但是語言是不斷發展的，到了魏晉以後，由於崇尚古代語言的表達形式，書面語言開始與當時口語脱節，一部分後來已經在口語中不再使用的古代“死亡”詞語由於文人的世代傳習而繼續使用，從而使文章顯得典雅，這一部分詞就是承古文言詞。承古文言詞大致可以分爲實詞和虚詞兩大類。

一 承古實詞

承古實詞也可以分為兩類：A 類：在上古非常流行的詞語在中古口語中已經不再使用，但在書面語中仍然存在。B 類：在上古本來用例極少，而到中古反而在書面語中大量使用。

---

① 參吕叔湘《中國文法要略》，商務印書館 1982 年版，第 4 頁。

② 參化振紅《〈洛陽伽藍〉詞彙研究》，中國文史出版社 2002 年版，第 38 頁。

（一）A 類

例如：

【哀哀】悲伤不已貌。

哀哀父母，載生載育。亦既弄璋，我履[①]我復。一朝棄予，山州滿目。（卷二十，釋慧斌）

“哀哀”出於《詩經·小雅·谷風》：“蓼蓼者莪，匪莪伊蒿。哀哀父母，生我劬勞。蓼蓼者莪，匪莪伊蔚。哀哀父母，生我勞瘁。”後在漢代極流行。劉向《九嘆》：“聲哀哀而懷高丘兮，心愁愁而思舊邦。”《全漢文·卓文君〈司馬相如誄〉》：“雁鳴哀哀兮吾將安如，仰天太息兮抑鬱不舒。訴此淒惻兮疇忍聽予，泉穴可從兮願殞其軀。”《全後漢文·蔡邕〈濟北相崔君夫人誄〉》：“維延熹四年，故濟北相夫人卒。嗚呼哀哉，世喪母儀，宗殞憲師，哀哀孝子，靡所瞻依。”

在中古此詞開始專用於詔、策、墓誌等文學性極強的作品中。如《三國志·吳書·薛綜傳》：“哀哀先臣，念竭其忠，洪恩未報，委世以終。”《漢魏南北朝墓誌彙編·北魏·魏故鎮遠將軍華州刺史楊（舒）君墓誌銘》：“忪忪遺嗣，哀哀弟姪。書宮寂寥，琴庭蕭瑟。”《南史·梁武帝本紀》：“憫憫縉紳，重符戴天之慶，哀哀黔首，復蒙履地之恩。”

【寧處】安处，安居。

笈多遂將四伴於國城中二年停止，遍歷諸寺，備觀所學。遠遊之心，尚未寧處。（卷二，達摩笈多）

“寧處”一詞上古常用。《左傳·襄公八年》：“君命敝邑，脩而車賦，儆而師徒，以討亂略。蔡人不從，敝邑之人，不敢寧處，悉索敝賦，以討于蔡。”《國語·晉語二》：“群臣莫敢寧處，將待君命。”《詩經·國風·召南·殷其雷》毛傳：“殷其雷，勸以義也。召南之大夫遠行從政，不遑寧處，其室家能閔其勤勞，勸以義也。”

至中古就只用於文學性較強的書面文獻中了。《宋書·王弘列傳》：“伏念惶赧，五情飛散，雖曰厚顏，何以寧處。”《魏書·崔浩列傳》“故即位之初，不遑寧處，揚威朔裔，掃定赫連。”《全北齊文·魏收〈爲武成帝以三台宮爲大興聖寺詔〉》：“凝華生白，經歷歲年，不翦茅茨，事頗

① “履”，資、磧、普、南、徑、清作“顧”。

逼下，卑其宫室，有可庶幾，顧茲侈麗，豈伊寧處。”據我們對漢籍全文檢索系統的調查，“寧處”一詞在中古幾乎均出現於表、奏、詔、策這些文獻中，而在中古這些體式絕大部分寫得非常典雅。

【踵武】比喻繼承前人的事業。

受學者數百人。如汲郡洪該、趙郡法懿、漳濱懷正、襄國道深、魏郡慧休、河間圓粲、俊儀[①]善住、汝南慧凝、高城道照、洛壽明儒、海岱圓常、上谷慧藏並蘭菊齊芳，踵武傳業。（卷十一，釋志念）

“踵武”最早見於《楚辭·離騷》：“忽奔走以先後兮，及前王之踵武。”王逸注：“踵，繼也。武，跡也。”“踵武”一詞可能到漢末在口語中就已經不使用了，不然王逸不會給它作注。其後文獻中也有，如《史記·司馬相如列傳》：“伊上古之初肇，自昊穹兮生民，歷撰列辟，以迄于秦。率邇者踵武，逖聽者風聲。紛綸葳蕤，堙滅而不稱者，不可勝數也。”在中古也作爲書面語存在。《全後漢文·闕名〈封丘令王元賓碑〉》：“其先出自周室，歷秦及漢，有國有家，宰相牧守，踵武相襲，皆能輸力盡規，紀功載籍。”《全三國文·魏·陳王植〈孔子廟頌·序〉》：“故自受命以來，天人咸和，神氣煙熅。嘉瑞踵武，休徵屢臻。”《晉書·溫嶠、郗鑒列傳·論》：“道徽儒雅，柔而有正，協德始發，頗均連璧。方回踵武，弈世登臺。露冕爲飾，援高人以同志，抑惟大隱者歟！”

【殄】灭绝、绝尽。

有天竺沙門真諦，挾道孤遊，遠化東鄙。會虜冠[②]勍殄，僑寓流離一十餘年，全無陳譯。（卷二，釋法泰）

“殄”在上古非常流行。《左傳·僖公十年》：“臣聞之，神不歆非類，民不祀非族，君祀無乃殄乎。”《國語·周語下》：“唯不帥天地之度，不順四時之序，不度民神之義，不儀生物之則，以殄滅無胤，至於今不祀。”《呂氏春秋·禁塞》：“若令桀、紂知必國亡身死，殄無後類，吾未知其厲爲無道之至於此也。”

而到東漢末此詞已經被“絕”取代。《尚書·舜典》：“帝曰：‘龍，朕堲讒說殄行，震驚朕師，命汝作納言，夙夜出納朕命，惟允。”孔傳：

① “俊儀”，資、磧、普、徑作“浚儀”。

② “冠”應為“寇”之訛。前“拘那羅陀”傳：“屬道銷梁季，寇羯憑陵。”

“殄，絕也。”《詩經·國風·召南·新臺》：“新臺有灑，河水浼浼，燕婉之求，蘧篨不殄。”毛傳：“殄，絕也。”《詩經·大雅·桑柔》：“菀彼桑柔，其下侯旬。捋采其劉，瘼此下民。不殄心憂，倉兄填兮。倬彼昊天，寧不我矜。”鄭箋：“殄，絕也。”孔安國、毛亨、鄭玄均爲東漢人，可見在東漢人們對此詞就已經不熟習了，後代運用只是一種擬古。

【隧】墓道。

以貞觀十年四月六日終於所住，春秋五十有七。葬于京郊之東。列隧立碑，頌其芳德。(卷三，釋慧賾)

“隧”在上古是一個極其常見的詞。如《左傳·僖公二十五年》：“戊午，晉侯朝王，王饗醴，命之宥。請隧，弗許。”但是這個詞到東漢就已經退出口語了，這一事實可以從鄭玄注中看出。《周禮·春官·冢人》：“及竁，以度爲丘隧，共喪之窆器。”鄭注：“隧，羨道也。”古人注疏是以今釋古，可見，漢代的口語中已稱“隧”爲“羨道”。這一現象也可以從文獻中看到。如《後漢書·禮儀志下》：“皇帝白布幕素裹，夾羨道東，西向如禮。容車幄坐羨道西，南向，車當坐，南向，中黃門尚衣奉衣就幄坐。”直到唐宋，墓道一直稱作“羨道”。如《漢魏南北朝墓誌彙編·北魏·魏故平州刺史钜鹿郡開國公于君妻和（醜仁）夫人之墓誌銘》：“埏門落旐，羨道回輴，壟霜易白，松風不春，冥冥長夜，何當復晨。”《南史·裴松之列傳附裴子野》：“邵陵王又立墓誌堙於羨道。羨道列志自此始焉。”《新唐書·禮樂志·諸臣之喪》：“卑者拜辭，主人以下婦人皆障以行帷，哭於羨道西，東面北上。”

但在中古書面語言中，“隧”仍然大行其道。《晉書·孝友·許孜列傳》：“明日，忽見鹿爲猛獸所殺，置於所犯栽下。孜悵惋不已，乃爲作冢，埋於隧側。”《漢魏南北朝墓誌彙編·北魏·魏司徒參軍事元誘命婦馮氏志銘》：“命筮告祥，煬龜誨吉，長㙬深陰①，高松騷瑟，鐫石傳芳，千齡有述。”

（二）B 類

例如：

---

① 毛遠明師云：“‘㙬當是‘隧’的換形專字，但並沒有通行於世。”參毛遠明師《漢魏六朝碑石刻校注》，線裝書局 2009 年版，第 4 頁。

【弱喪】谓少而失其故居。

而稟性虚廓，不捐[①]世務。惟以法事，餘全無敘。鄉邑二親哀其弱喪，數因行李寄以書信。榮得而焚之，顧諸友曰："余豈不懷乎？廢余業也。書中但二字耳，復何開乎？"人問是何，答"吉凶"也。（卷八，釋慧榮）

"弱喪"出於《莊子・齊物論》："予惡乎知惡死之非弱喪而不知歸者邪！"郭象注："少而失其故居，名爲弱喪。夫弱喪者，遂安於所在而不知歸於故鄉也。""弱喪"一詞除《莊子》一書外，其他上古文獻中我們均未見用例，這説明該詞在上古並不通用，而到了中古佛典文獻中此詞卻大量出現，如：

（1）《本起經》云："九十六種道術，各信所事，皆樂生安"，孰知其惑夫欣得惡失，樂存哀亡？蓋弱喪之常滯，有生所感同。（《弘明集・郗中書〈奉法要〉》）

（2）大人規玄度，弱喪升虚遷，師通資自廢，釋迦登幽閑。彌勒承神第，聖錄載靈篇，乘乾因九五，龍飛兜率天。（《全晉文・釋氏・支遁〈彌勒贊〉》）

（3）仰攀玄根，俯提弱喪；超邁三域，獨蹈大方。（僧肇《肇論・覈體》，T45/158a）

【怛化】去世。

生也有涯，庚侯長逝，永言怛化，不覺流襟。（卷三，釋慧淨）

《莊子・大宗師》："俄而子來有病，喘喘然將死，其妻子環而泣之。子犂往問之，曰：'叱！避，無怛化！'"郭象注："夫死生猶寤寐耳，於理當寐，不願人驚之，將化而死，亦宜無爲怛之也。"意謂人之死乃自然變化，不要驚動他，故後謂人死爲"怛化"。

"怛化"一詞在上古僅此一例，但中古卻大量使用。如《高僧傳・習禪篇・釋玄高》："有沙門法達爲偽國僧正，欽高日久，未獲受業。忽聞怛化，因而哭曰：'聖人去世，當復何依？'累日不食，常呼高上：'聖人自在，何能不一現？'"《隋書・隱逸列傳・徐則》："誠復師禮未申，而心許有在，雖忘怛化，猶愴於懷，丧事所资，随须供给。"

① "捐"，諸本作"指"。

【玄同】相一致；混同。

然則佛陀之與先覺，語從俗異。智慧之與般若，義本玄同。習智覺若非勝因，念佛慧豈登妙果？（卷三，釋慧淨）

“玄同”本出自《老子·德經》：“塞其兑，閉其門，挫其鋭，解其紛，和其光，同其塵，是謂玄同。”本意爲“冥默中與道混同爲一”。《莊子·胠篋》：“削曾子之行，鉗楊墨之口，攘棄仁義，天下之德玄同矣。”成玄英疏：“與玄道混同也。”

“玄同”一詞在上古並不多見，但在中古突然大量的出現。如葛洪《抱朴子·詰鮑》：“萬物玄同，相忘於道。”《漢魏南北朝墓誌彙編·北齊·齊故樂陵王（高百年）墓誌銘》：“王之育德，隔世玄同，爰自弱年，含章挺映。”《晉書·郭璞列傳》：“陛下宜恭承靈譴，敬天之怒，施沛然之恩，諧玄同之化，上所以允塞天意，下所以弭息群謗。”並引申出“相一致，混同”的意義。如《晉書·陸玩傳》：“臣聞至公之道，上下玄同，用才不負其長，量力不受其短。”《弘明集·正誣論》：“夫佛經自謂得道者，能玄同彼我，渾齊修短。涉生死之變，泯然無概，步禍福之地，而夷心不怛。”而在《續傳》中就出現了三次，除上例外，還有：

（1）斯實莊釋玄同，東西理會。而吾子去彼取此，得無謬乎？（卷三，釋慧淨）

（2）將令守雌顏厚，獨善靦容。乃理異之顯哉，豈玄同之可得。（卷三，釋慧淨）

B類詞語所出現的反常現象，有其深刻的歷史原因。《晉書·愍帝紀·論》有一段史臣對西晉的社會風氣和思想文化狀態的描述：“風俗淫僻，恥尚失所，學者以老莊爲宗而黜六經，談者以虛蕩爲辨而賤名檢，行身者以放濁爲通而狹節信，進仕者以苟得爲貴而鄙居正，當官者以望空爲高而笑勤恪。”因此在“以老莊爲宗而黜六經”的社會思潮中，老莊學說得以空前發展，原來很少在其他文獻出現的道家詞語此時也作爲一種時髦而廣泛運用，“玄同”等詞的大量使用應該就是這一風氣的產物。而佛教在“西晉元康、永嘉年間以前，這種外來的思想只停留於引進階段，並沒有在中國的土壤上生根。”① 因此，爲了擴大佛教的影響，早期佛教大

① 余敦康：《中國哲學論集》，遼寧大學出版社 1998 年版，第 318 頁。

量采用中國舊有哲學名詞和概念來解釋和比附佛教的哲學和概念，這就是佛教所謂的格語。其中最主要的吸收成分應該是道家，許理和說："至於翻譯佛經時採用漢語固有術語的情況……明顯源於儒家傳統的術語借用總的來說很少見，一些基本術語顯而易見是來自流行較廣的道家。"[①] 而任繼愈更明確的指出："從早期佛典譯文中可以見到佛教遷就中原道教的跡象。這一時期雖說佛、道融合，實際上是佛教融於道教，佛教迎合了道教。"[②] 後來由於"佛教般若學者也主動地依附於玄學，舉止言談力求模仿當時的名士風度，對般若學的解釋也力求迎合玄學的學風。"[③] 玄學詞語也就在中古佛教文獻中大量的存在。

二　承古虛詞

除了文言實詞外，文言虛詞在《續傳》中也大量使用。虛詞由於其明顯的語法特徵，因此帶有較強的時代標誌。古人由於泥古，經常使用口語中已經消失的虛詞，從而使文章顯得更加典雅。如指示代詞"是"和"之"。

【是】

"是"在《續傳》中大量用作判斷系詞，但是它作指示代詞在《續傳》中也出現了205次。而且基本中保留了上古漢語的用法。如：

1. 作主語、定語、賓語，譯為"這"、"這個"、"這裏"。

（1）故留心釋典，以八部《般若》爲心良[④]，是諸佛由生，又即除災滌累。（卷一，釋寶唱）

（2）阿育王者，此號無憂，恨不覩佛，興諸感戀，絓[⑤]是聖迹，皆起銘記，故於此處爲建石塔，高三十餘丈。（卷四，釋玄奘）

（3）彼阿羅漢乃兢兢若此，此生死人平平若是，豈將不以知法者猛

---

① 參許理和著、顧滿林譯《關於初期漢譯佛經的新思考》，《漢語史研究集刊》（第四輯），巴蜀書社2001年版。

② 參任繼愈《中國佛教史·序》，《中國佛教史》卷1，中國社會科學出版社1981年版，第8頁。

③ 同上書，第320頁。

④ "良"，諸本作"良田"。

⑤ "絓"，諸本作"繼"。

乎。(卷二，釋彥琮)

2. 複指前面的主語。

(1) 遂隱於南部太行山百梯寺，即所謂中朝山是也。(卷八，釋曇延)

(2) 其中高者，僧休、法繼、誕禮、牢冝[①]、儒果等是也。(卷七，釋道寵)

(3) 言未發而涕零，容不改而傷慟，所謂終身之憂者是也。(卷一，僧伽婆羅)

3. 放在動詞前，複指前置的賓語。

(1) 貧道藉以受業家門，朋從是寄。(卷三，釋慧淨)

(2) 然偃始[②]離俗，迄于遷化，唯學是務。(卷七，釋洪偃)

(3) 大法獲傳，於焉是賴。(卷七，釋慧勇)

(5) 學徒滿席，法輪之盛莫是過也。(卷十二，釋慧覺)

柳士鎮說“當然，我們在此朝的載籍中仍然可以看到不少賓語前置的現象……這類現象在書面語色彩較濃的作品中並不罕見，但在口語化程度較高的作品中卻較少見到，想來已經是文人筆下的一種仿古結構了。”[③]

“是”又大量複合成“如是”、“自是”、“是以”、“由是”、“是知”等結構，這些結構在現代漢語中被認定爲詞，本身就包含着一個對“是”的重新認識的過程。董秀芳認爲：“從句法形式變爲詞彙形式，其中一個重要誘因是句法系統在某方面所發生的演變。句法演變造成某類結構形式不再是合法的句法形式，其中的一部分通過詞彙化的方式進入了詞庫。”[④]以上形式被認定成詞，其根本的原因在於“是”在當時作系詞的功能已經普遍，而作代詞的功能已經衰退，從而使之喪失了句式的合法性，成爲古老句法的化石而保留在詞庫中。後人仿用，因而使文句顯得很典雅。

【之】

據帥志嵩統計，“之”在《續傳》出现次数达 5131 次，作代詞出現

---

① “冝”，磧、普、南、徑、清作“宜”。

② “始”，資、磧、普、南、徑、清作“始自”。

③ 參柳士鎮《魏晉南北朝歷史語法》，南京大學出版社 1992 年版，第 278 頁。

④ 參董秀芳《漢語的句法演變與詞彙化》，《中國語文》2009 年第 5 期。

293 次[1]。它也保留着上古特有的賓語前置的語法形態。如：

（1）乃携音手於松林，相顧笑曰："即斯兩處便可終焉。"侍者初聞，未之悟也。（卷十七，釋慧命）

（2）給侍之人與虎同住，視如[2]家犬，曾莫之畏。（卷十八，釋道舜）

（3）麏麚伏其前，山禽集其手，初未之異也。（卷二十，釋僧邕）

另外它還保留了一種上古漢語常用的典型句型，如：

（1）此寺即蕭齊高帝之所立也。林崖重映，松竹交參。前帶環川，北背峻嶺。江流縈繞，寔爲清勝。（卷二六，釋曇瑎）

（2）仁壽下勅召送舍利于本州弘業寺，即元魏孝文之所造也。舊號光林，依峯帶澗，面勢高敞。多挾徵異，事遵清肅。（卷二六，釋寶巖）

（3）有晉嘉相，雜遝臻焉，曇翼之感育王，陶侃之逢妙德，自後繁華，難具陳矣。（卷二六，論）

這種主謂成分之間加"之"代取消句子獨立性的仂語是上古漢語所具有的典型結構。王力先生說："我們把這種'之'字譯成現代漢語的'的'字覺得不順口，就是因爲現代漢語沒有這種結構。而古代漢語（特別是上古漢語）則必須使用這種語法結構。這種'之'字是必需的，不是可有可無的。"[3]《續傳》中大量的這種仂語結構的存在也使其語言顯得典雅。

綜上所述，承古文言詞的存在是《續傳》的語體顯得典雅的原因之一。同時道宣由於受中古佛教整體傾向的影響，在承古文言詞中保留了許多魏晉玄學的常用詞語，反映了當時佛學與玄學合流的現狀。

第二節 典故文言詞

典故文言詞是指通過用典的方式形成的文言詞[4]。

---

① 參帥志嵩《雙重因素影響下的僧傳語言：〈續高僧傳〉語言研究》，四川大學 2002 年碩士論文。第 13 頁。

② "視如"，諸本作"親如"。

③ 王力：《漢語語法史》，商務印書館 1989 年版，第 231—232 頁。

④ 向熹先生在《簡明漢語史》第 515 頁有"超層次複合詞"一说，也認為"大都是通過用典而形成的。"向先生所指範圍要狹窄一些。

古人崇尚用典與古代文學思想密切相關。古人作文，其目的在於傳道。所謂“道沿聖以垂文，聖因文而明道。”（《文心雕龍·原道》）以文明道就得向聖人學習，而聖人的言行在經書，因此得宗經。劉勰在《文心雕龍·宗經篇》中說：“三極彝訓，其書言‘經’。‘經’也者，恆久之至道，不刊之鴻教也。故象天地，效鬼神，參物序，制人紀；洞性靈之奧區，極文章之骨髓者也。”因此，“若稟經以制式，酌雅以富言，是即山而鑄銅，煮海而爲鹽也。”正因爲對經書的極端推崇，形成了大量引用經典語句的風氣，在這一過程中便產生了典故文言詞①。

一　引用所形成的典故詞

古人用典的方式很多，其一就是引用。通過引用來說明道理，即所謂“據事以類義，援古以證今者也。”②（《文心雕龍·事類》）而古人在引用經典的時候又極爲強調意引，劉勰說“觀夫屈宋屬篇，號依詩人，雖引古事，而莫取舊辭。”（《文心雕龍·事類》）《顏氏家訓·文章》：“邢子才常曰：‘沈侯文章，用事不使人覺，若胸臆語也。’深以此服之。”宋蔡絛《西清詩話》引杜甫云：“作詩用事，要如禪家語：‘水中著鹽，飲水乃知鹽味。’”在這種風氣的影響下，爲表達自己的觀點，便隨意提取或刪節古代經典中的語句作爲典故，在許多時候將語句提煉成爲詞語的形式化爲已用，即所謂“綜學在博，取事貴約，校練務精，捃理須核。”（《文心雕龍·事類》）這樣，有些提煉出的詞語形式反復出現，從而凝結爲典故詞。《續傳》由於受南北朝文風的影響，也保存了大量的典故文言詞。就引用成詞的方式而言，大致可以分爲三類：提取、截割、縮略。

（一）提取

所謂提取是指提取原句不相鄰的語法成分組成新的詞語。

---

① 羅積勇也說：“而用典現象與古人崇經（經典）的文化思想有關，其所引用的一般為典籍、經典，所追求的修辭效果一般為權威、典雅和曲折，故習稱為用典。”參羅積勇：《用典研究》，武漢大學出版社 2005 年版，第 1 頁。

② 按，此處“事”包括了事典和語典。朱自清《經典常談·文》云：“梁昭明太子在《文選》裡第一次提出‘文’的標準……他所選的只是‘事出於沉思，義歸乎翰藻’之作。‘事’是‘事類’，就是典故；‘翰藻’兼指典故和譬喻。”我們根據典故的分類，把語典稱為引用所形成的典故，把事典稱為提取所形成的典故。

【卑牧】謙遜。

而卑牧自居，克念成治。（卷八，釋曇延）

“卑牧”即謙遜。如卷十一“釋慧海”：“故英雄敬其卑牧，傳芳又甚於昔。”卷二八“釋道積”：“而卑牧自處，蒙俗罕知。”

其他文獻中也有此詞。如：

（1）省表，遠擬隆周經國之體，近述大《易》卑牧之志，三復沖旨，良用憮然。（《宋書·王弘列傳》）

（2）於穆祁公，誕靈信厚。有倬其慶，天子外舅。高以卑牧，盈將沖守。（《全唐文·張說〈贈太尉益州大都督王公神道碑奉敕撰〉》）

（3）遭值亂離，知時命不偶，安貧守分，不爲風俗所移；旅食僅足，而繼困之義無廢，年德俱茂，而卑牧之心愈篤。（姚奠中編《元好問全集·碑銘表誌碣·真定府學教授常君墓銘》）

“卑牧”一詞來源於《易·謙》：“謙謙君子，卑以自牧。”孔穎達疏：“恒以謙卑自養其德也。”後來“卑以自牧”廣爲流傳，人們就將“卑以自牧”進行提取，於是出現了“卑牧”。與此同時從這句話中又截取出了“自牧”一詞，其意義與前者同。《漢語大詞典》收了後者而未收前者。

【風樹】對父母的追念。

又大慈恩寺，聖上切風樹之哀，追造壯麗，騰實之美勿過碑頌，若蒙二公爲致①，則不朽之迹自形於今古矣。（卷四，釋玄奘）

《韓詩外傳》卷九：“臯魚曰：‘吾失之三矣：少而學，游諸侯，以後吾親，失之一也；高尚吾志，閒吾事君，失之二也；與友厚而小絕之，失之三矣。樹欲靜而風不止，子欲養而親不待也。往而不可追者，年也，去而不可得見者，親也。吾請從此辭矣。’”“樹欲靜而風不止，子欲養而親不待也”之語出現後也廣爲人們引用。如《孔子家語·致思》：“夫樹欲靜而風不停，子欲養而親不待。”《說苑》卷十：“樹欲靜乎風不定，子欲養乎親不待。”人們常用這句話來表達對父母的追念，從而出現了“臯魚之悲”的典故。

到中古，文人們對“臯魚之悲”已經了熟於心，爲了使它更簡潔，

① “致”，資、磧、普、南、徑、清作“致言”。

於是對其成分進行提取。如：

（1）既而脱然靡驗，並走無徵，禮踰絕漿，慕深泣血，永懷風樹之不靜，長悲欲報之匪從。（《漢魏南北朝墓誌彙編·北魏·魏故使持節散騎常侍安南將軍都官尚書冀州刺史元（子直）公墓誌銘》）

（2）何期風樹未靜，欲養靡留。春秋五十六，以普泰二年三月十日卒於洛陽城休里。（《漢魏南北朝墓誌彙編·東魏·夫人姓姜氏墓誌》）

這樣原來的對偶句變成了簡潔的"風樹之不靜"、"風樹未靜"之類的單句，爲後來"風樹"成爲典故詞提供了條件。後來的文人爲了表達的需要，又對這些單句進行截取，從而產生出一個新詞——風樹。如：

（3）屬屬如在，哀哀罔極，聚薪流慟，銜索興嗟，矚風樹以隕心，頫寒泉而沫泣，追遠之情也。（《晉書·孝友列傳·序》）

（4）風樹之酷，萬始不追；霜露之哀，百憂總萃。（《梁書·元帝紀》）

【綸言】帝王詔令的代稱。

開皇七年，文帝承敬德音，遠遣徵請。蒲輪既降，無爽綸言。（卷九，釋智藏）

《禮記·緇衣》："王言如絲，其出如綸；王言如綸，其出如綍。""綸"在此句中本意是粗絲繩。孔穎達注云："綸粗於絲。"在中古常用"王言如絲，其出如綸"來形容天子之玉言。如：

（1）夫王言如絲，其出如綸，臨事改制，示短天下，人聽有惑，臣竊惜之。愚以王命無貳，憲制宜信。（《晉書·孔愉列傳附子安國傳》）

（2）服闋，除中書侍郎。王言如絲，其出如綸。恪居官次，智效惟穆。（《文選·王仲寶〈褚淵碑文〉》）

正是由於這一廣泛引用，文士們在用典時將這句話進行提取，用"綸言"來表示帝王的詔令。如：

（3）雖尊儒勸學亟降於綸言，東序西膠未聞於弦誦。（《晉書·儒林傳·序》）

（4）綸言一降，庶政畢行。（柳宗元《代韋中丞賀元和大赦表》）

此詞最早的記錄是隋文帝仁壽四年的《棲巖道場舍利塔碑》："爰發

綸言，興復像法。”① 它如師資、屺岵、言筌等均爲此類。

（二）截割

所謂截割就是直接從原句中截取部分結構來表現整個句子的意思。這一截割成分常常會產生新的意義，從而使截割成分變成一個詞。王雲路說：“利用先秦古語，截取一句話及至一段話的某兩個詞素構成詞語，這是中古文人詩作中習見的一個詞語創新的方式。”② 其實不僅詩歌如此，其他文獻中也如此。以《續傳》爲例：

【來儀】杰出或愛慕人物的降臨。

沙門道岳，宗師《俱舍》，闡弘有部，包籠領袖，吞納喉襟，揚業帝城，來儀群學，乃又從焉。（卷四，釋玄奘）

“來儀”一詞本出《尚書·益稷》：“簫韶九成，鳳皇來儀。”孔穎達疏：“簫韶之樂作之九成，以致鳳皇來而有容儀也。”“來儀”本不是一個短語，更不是一個詞語，而僅僅是“鳳皇來儀”這個句子的一部分。然而風凰之來自古爲家國之瑞應，故“風凰來儀”在上古作爲國家祥和的象徵，被反復徵引於歷代文獻中。如：

（1）堯使夔典樂，擊石拊石，百獸率舞；簫韶九成，鳳皇來儀：此以聲致禽獸者也。（《列子·黃帝篇》）

（2）《書》不云乎？“鳳皇來儀，庶尹允諧。”（《漢書·宣帝紀》）

（3）太皇太后聖明，安漢公至仁，天下太平，五穀成孰，或禾長丈餘，或一粟三米，或不種自生，或蠒不蠶自成，甘露從天下，醴泉自地出，鳳皇來儀，神爵降集。從四歲以來，羌人無所疾苦，故思樂內屬。（《漢書·王莽傳上》）

正是由於這種反復的使用，“鳳凰來儀”變得具有習語的性質。於是在這一背景下，後來的人們爲求簡潔，只用“來儀”來表示整個習語的意思。如：

（4）漢世良吏，於玆爲盛，故能降來儀之瑞，建中興之功。（《後漢書·左雄傳》）

① 參許建平《中古碑志與大型辭書編纂》，《唐研究》（第三卷），北京大學出版社 1997 年版。

② 參王雲路《漢魏六朝詩歌語言論稿》，陝西人民教育出版社 1997 年版，第 85 頁。

李賢注曰："宣帝時鳳皇五至，因以紀年。"

(5) 朕聞明君之德，啟迪鴻化，緝熙康乂，光照六幽，訖惟人面，靡不率俾，仁風翔於海表，威霆行乎鬼區。然後敬恭明祀，膺五福之慶，獲來儀之貺。(《後漢書·章帝紀》)

以上"來儀"所表示的意思仍然是"鳳凰來儀"之意。然而"來儀"截取出來以後由於受本身意義焦點的影響，不再強調原來所指，而強調"來"，"儀"可以說變成了一個只起音節作用的羨餘。於是結構的意義變成：

來儀：×［到來］［方］［+像鳳凰一樣］

如：

(6) 處士法真，體兼四業，學窮典奧，幽居恬泊，樂以忘憂，將蹈老氏之高蹤，不爲玄纁屈也。臣願聖朝就加衮職，必能唱《清廟》之歌，致來儀之鳳矣。(《後漢書·逸民列傳·法真》)

此句"來儀"中的"鳳凰"已經變成隱性義素。隨着隱性義進一步變化，"來儀"的語義結構變成：

來儀：×［到來］［方］［+像鳳凰一樣尊貴］

於是"來儀"的意義就變爲"杰出或愛慕人物的降臨"。如：

(7) 何時當來儀，將須聖明君。(劉楨《贈從弟》詩之三)

(8) 桓玄在南郡，論四皓來儀漢庭，孝惠以立。而惠帝柔弱，呂后凶忌，此數公者，觸彼埃塵，欲以救弊。(《晉書·殷仲堪列傳》)

【期頤】一百歲。

朗齒迫期頤，鍾鳴漏盡，今古意[①]絕，生死路分，乃於汶水之陰九逵之會建義井一區[②]。仍樹豐碑，用裨其德。(卷二十，釋慧斌)

"期頤"源於《禮記·曲禮上》："百年曰期、頤。"鄭玄注："期，猶要也；頤，養也。不知衣服食味，孝子要盡養道而已。"可見"期頤"是沒有任何理據的。但是由於"百年曰期、頤"極爲流行，於是在中古把"期頤"截取出來來表示原句的意思。

【友于】兄弟友愛之義。

---

① "意"，資、磧、普、南、徑、清作"斯"。

② "區"，資作"切"。

又有高麗沙門智晃，善薩婆多部，名扇當塗，爲法城塹。並一見而結友于，再敘而高冲奥。（卷十八，釋曇遷）

“友于”出自《尚書·君陳》：“惟孝友于兄弟，克移有政。”“友于兄弟”在上古是極流行的格言。《論語·爲政》：“或謂孔子曰：‘子奚不爲政？’子曰：‘《書》云：“孝乎惟孝，友于兄弟，施于有政。”是亦爲政，奚其爲爲政？’”可見當時此語之盛行。到漢代此語也極爲流行，於是到東漢此語被文人截取出來，成爲兄弟友愛的代稱。如《後漢書·史弼傳》：“陛下隆於友于，不忍遏絶。”

“友于”在中古極爲流行。應劭《風俗通義·十反》“則其友于，則褒兄委榮，盡其哀情矣。”王利器注引錢大昭曰：“案《袁紹傳》亦云：‘友于之性，生于自然。’六朝人好用此語，《三國志·陳思王傳》：‘今之否隔，友于同憂。’《吳三嗣主傳》：‘友于之義薄矣。’《許靖傳》注：‘處室則友于不穆。’……”

這種方式叫藏詞，周俊勛稱之為“割裂”[①]。“從其發展和運用來看，‘藏詞’自東漢產生後，在魏晉時期即得到廣泛採用，文人們頗多傚仿，唐宋亦不見衰，杜甫、韓愈、白居易、陶淵明等人詩文中都用得不少。”[②]

“友于”之產生可能與歇後語的影響有關。《苕溪漁隱叢話·杜少陵》：“洪駒父《詩話》云：‘世謂兄弟爲友于，謂子孫爲貽厥者，歇後語也。子美詩“山鳥山花皆友于”，退之詩“誰謂詒厥無基址”，韓、杜亦不能免俗，何也？’”歇後語前半爲迷面，後半爲迷底，在民間廣泛流行。因此騷客受此影響，把兄弟友愛以藏頭的方式表現出來。

【猶子】晚輩。

弟子道恭、猶子道順，德惟上首，業盛傳燈。敢[③]樹高碑，用旌景行。（卷十，釋智聚）

“猶子”在上古並不成詞，如《禮記·檀弓上》：“喪服，兄弟之子，猶子也，蓋引而進之也。”《論語·先進》：“顏淵死，門人欲厚葬之，子

① 參周俊勛《中古漢語詞彙研究綱要》，巴蜀書社2009年版，第116頁。

② 參曹文安《“藏詞”並非逆流》，《古漢語研究》1991年第4期。中古還出現了“歇後詩”，運用的就是藏詞的手法。參陳新、黎東編著《中國諧趣文字奇觀》，蘇州大學出版社1994年版，第302頁。

③ “敢”，資、磧、普、南、徑、清作“咸”。

曰：‘不可。’門人厚葬之。子曰：‘回也視予猶父也，予不得視猶子也。非我也，夫二三子也。’”直至漢代，人們稱侄子也不叫“猶子”，而是稱“從子”。

但作爲禮之經典，“兄弟之子，猶子也”是一條成規。如《漢書·孔光列傳》：“方進、根以爲定陶王帝弟之子，《禮》曰‘昆弟之子猶子也’，‘爲其後者爲之子也’，定陶王宜爲嗣。”《北史·豆盧寧列傳》：“初，寧未有子，養弟永恩子勣。及生子讚，親屬皆請讚爲嗣。寧曰：‘兄弟之子猶子也，吾何擇焉。’遂以勣嗣。”

也正是如此，人們從這句話中截取出“猶子”來代表侄子才有了文化基礎。如：

（1）太祖高皇帝篤猶子之愛，降家人之慈；世祖武帝情等布衣，寄深同氣。(《文選·任昉〈為齊明帝讓宣城郡公表一首〉》)

由於“猶子”成詞後對“子”的理解並不固定，所以在特定時候又可以指“侄女”。如：

（2）妻潸然曰：“妾郡守之猶子也，非其女也。”（唐李復言《續玄怪錄·定婚店》）

“猶子”由於大量使用，於是範圍擴大，產生出了“後輩”之意。如：

（3）法師昔在俗緣，門稱通德。飛纓東序，鳴玉上庠。故得垂裕後昆，傳芳猶子。(卷三，釋慧淨)

（4）弟子周長胤等有猶子之慕，創造二碑，立于墓所。(卷五，釋法雲)

《漢語大詞典》“猶子”條：

第4義項：晚輩自稱。宋王讜《唐語林·補遺二》：“何（何文哲），武臣也，以需（趙需）進士稱猶子謁之。大喜，因召入宅。”清陳密山《與尹健餘書》：“八月初旬抵任，忽聞賢母考終，猶子情殷，深爲悲悼。”

按，此條釋義可能過窄。從（3）例看，“猶子”並非自稱，而是他稱。故此條釋爲“晚輩”爲宜。

它如辯囿、孺慕、抱麟、抱素、抱德等。

（三）缩略

所謂縮略是對已有句子進行壓縮，除去次要信息，保留主要信息，從而形成新詞。呂叔湘先生說“漢字不表音，便於一個字代表一個複音詞，比如嘴裏說‘眉毛和頭髮’，筆底下寫‘眉髮’，既省事，又‘古雅’，一舉兩得。”① 董師志翹先生說：“由短語的凝縮進而詞化，這是漢語詞彙發展中經濟原則的具體體現。”② 王艾錄稱之爲意義支點。並說：“它存在於口語，也存在於書面語；存在於句子，也存在於語詞；存在於現代，也存在於古代。”③《續傳》中這種形式的文言詞大量存在。如：

【勞生】辛苦勞累的生活。

慨彼勞生，悟兹常樂。（卷三，釋慧淨）

“勞生”語出《莊子・大宗師》：“夫大塊載我以形，勞我以生，佚我以老，息我以死。”“勞我以生”語法結構應分析如下：

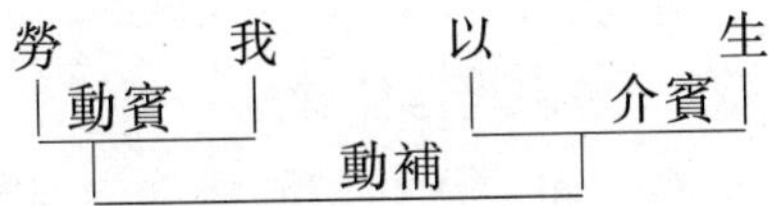

在動賓結構中，語義重心在動詞上，在偏正結構中，語義重心在中心語上。因此在縮略時次要信息被省略，留下了“勞生”組成新詞。由於在組合中原來的內部結構完全被打破，於是新詞中語素被重新分析（re-analysis），原來動補結構就變成了偏正結構。這樣，新的詞語開始產生。④如：

（1）往事只應隨夢裏，勞生何處是閒時。（唐許渾《旅懷作》⑤）

（2）勞生故白頭，頭白未應休。（唐張喬《江南別友人》）

（3）伊人強猛猶如此，顧我勞生何足恃。（唐羅隱《芳樹》）

【來蘇】因其來而於困苦中獲得蘇息。

故法雨常流，仁風普扇。致使道俗慶其來蘇，蒙心重其開奬。（卷

① 參《呂叔湘語文論集》，商務印書館 1983 年版，第 78 頁。

② 參董志翹《中古文獻語言論集》，巴蜀書社 2000 年版，第 207 頁。

③ 參王艾錄《複合詞內部形式探索：漢語語詞遊戲規則》，中國言實出版社 2009 年版，第 103 頁。

④ 曹廣順先生認為“重新分析標誌著這個詞彙單位語法化過程的完成”。參曹文《論誘發詞彙語法化的若干因素》，《中國語文》，1995 年第 3 期。

⑤ 按，此詩《全唐詩》兩出，卷五百二十六題為杜牧著，卷五百三十六題為許渾著，查《樊川詩全集》，未收。

九，釋智藏）

“來蘇”語本《尚書·仲虺之誥》：“攸徂之民，室室相慶曰：‘徯予后，后來其蘇！’”孔傳：“湯所往之民皆喜曰：‘待我君來，其可蘇息。’”據孔傳，“后來其蘇”是一個條件複句。因此其結構應爲：“后來，其蘇”。於是在省略時語義重心的動詞得以保留，新的詞語的語義結構仍爲“來而蘇”，語義結構也被重新分析。這一詞語也是在中古才產生。如：

（1）久值亢旱，飛塵天塞，又感甘澤，地如油塗。日朗空清，來蘇數萬。（卷十一，釋慧海）

（2）大開法觀，導引慧蹤。遂使道俗來蘇，聞所未有。（卷十三，釋僧鳳）

（3）激秦人以歸德，成劉后之來蘇。（潘岳《西征賦》）

（4）横制八極，克復兩京，俗畜來蘇之歡，人多徯后之望。（李白《爲宋中丞請都金陵表》）

【書紳】把要牢記的話寫在紳帶上。

故使馳名冀都，擊響河渭。抱帙横經，肩排日謁。結疑懷籤，踵接登堂。皆總爲書紳，永開冥府。（卷十五，釋慧休）

“書紳”語本《論語·衛靈公》：“子張書諸紳。”邢昺疏：“紳，大帶也。子張以孔子之言書之紳帶，意其佩服無忽忘也。”“書諸紳”的語法結構爲：

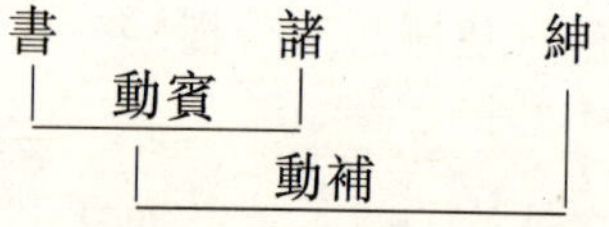

所以縮略以後保留了整個結構的主要構架，成爲“書紳”。這一詞語也是中古形成的。如：

（1）且戢讜言，永以書紳。（晉孫綽《答許詢》詩之九）

（2）雖不能觸類是長，且書紳以自示。（《全晉文·傅咸〈叩頭蟲賦〉》）

【語默】說話或沉默。

遂語默於賢聖之間，談授於經緯之理。（卷三，釋慧賾）

"語默"本出《易·繫辭上》:"君子之道,或出或處,或默或語。"到中古,文士們在引用此語時將"或"字去掉,從而形成一個新詞。如南朝陳張正見《白頭吟》:"語默妍媸際,浮沉毀譽中。"也寫作"語嘿"。如白居易《唐故撫州景雲寺律大德上弘和尚石塔碑銘》:"自生至滅,隨跡示教,行止語嘿,無非佛事。"

它如弄璋、弄瓦等也均屬此類。

馬清華說"短語意義直接反映人類認知焦點。"① 因此我們在考察引用典故詞時可以發現,所有用於構詞的語素均爲意義的焦點,反映出用典者極力保持原有語句信息的心理。同時由於保留了意義焦點,所以在表達意義時顯得極爲簡潔。

二 提典所形成的典故詞

所谓提典所形成的典故詞是指人們在無法直接對典故進行引用,於是對其進行概括成爲一個詞語。

【版蕩】動亂不安。

逮梁室版②蕩,有陳建業。(卷七,釋寶瓊)

"版蕩"即"板蕩"。《板》和《蕩》本是《詩·大雅》兩篇詩歌的題目。《詩·大雅·板》毛傳:"凡伯刺厲王也。"《詩·大雅·蕩》毛傳:"召穆公傷周室大壞也。厲王無道,天下蕩蕩,無綱紀文章,故作是詩也。"這兩篇詩歌皆刺周厲王暴虐無道,而致天下不寧。而且兩詩在《詩經》中又前後相連,這一條件爲後人把二者組合起來提供了心理聯想的基礎。由於具有相同的文化隱喻,又具有組合的鄰接條件,人們便將此二篇的篇目組合起來,喻指社會動亂不安。如《晉書·惠帝紀·論》:"長樂不祥,承華非命;生靈版蕩,社稷丘墟。"《續傳》卷九"釋慧暅":"值梁室版蕩,京寺荒殘。乃裂裳杖錫,來止南徐。寔報地恩,兼修法事。"卷二二"釋慧蕭":"逮中原版蕩,妖氣一亂,河東郡丞丁榮敬服德音,招住仁壽。"

【對日】形容幼年聰慧。

---

① 參馬清華《文化語義學》,江西人民出版社2000年版,第225頁。

② "版",資、磧、普、南、徑、清作"叛"。

髫年對日，丱歲參玄。（卷三，釋慧淨）

“對日”出处有二：（1）《後漢書·黄琬傳》：“建和元年正月日食……太后詔問所食多少，瓊思其對而未知所況。琬年七歲，在傍，曰：‘何不言日食之餘，如月之初？’瓊大驚，即以其言應詔，而深奇愛之。”（2）南朝宋劉義慶《世説新語·夙惠》：“晉明帝數歲，坐元帝膝上，有人從長安來……因問明帝：‘汝意謂長安何如日遠？’答曰：‘日遠。不聞人從日邊來，居然可知。’元帝異之。明日，集群臣宴會，告以此意，更重問之。乃答曰：‘日近。’元帝失色曰：‘爾何故異昨日之言邪？’答曰：‘舉目見日，不見長安。’”後因以“對日”爲形容幼年聰慧之典。

【郢匠】巨匠。

承苞山明法師興皇遺屬，世稱郢匠，通國瞻仰。因往從之，諮奉無倦。備清遐道[①]，遂得廣流，部帙恢裕興焉。（卷十三，釋慧暠）

“郢匠”出《莊子·徐無鬼》：“郢人堊漫其鼻端，若蠅翼，使匠石斲之。匠石運斤成風，聽而斲之，盡堊而鼻不傷，郢人立不失容。”後來用於指某一方面有杰出才能的人。如卷十六“釋曇詢”：“初夏既登，還師定業。承僧稠據于蒼谷，遂往問津[②]。稠亦定山郢匠，前傳所敘。”卷二二“論”：“有宋文世，彌沙塞部《五分》一本開譯楊都。覺壽所傳，生嚴其筆。文極鋪要，深可弘通。郢匠輟斤，流味無日，可爲悲夫。”費長房《歷代三寶紀》卷四：“右七部合一十卷，臨淮清信士嚴佛調當靈帝世在雒陽出，理得音正，盡經微旨，郢匠之美見述後代焉。”（T49/54a）以上例子“郢匠”均指在佛學上有極深造詣的人。徐鉉《賦得霍將軍辭第》：“郢匠雖聞詔，衡門竟不移。”此句“郢匠”指霍去病。《漢語大詞典》釋此義爲：“喻指文学巨匠”，釋訓有誤。

典故詞具有鮮明的特徵：第一，文學性。由於典故詞的詞源均爲上古經典，而結構上力求保持當時語言的焦點，因此詞語顯得既富有古典意味，又凝練生動，充滿一種文學色彩。[③] 第二，文化性。典故詞的形成與

① “遐道”，諸本作“遐邇”。

② “津”，資、磧、普、南、徑、清作“律”。

③ 羅積勇稱之為“典雅性效果”。參羅積勇：《用典研究》，武漢大學出版社2005年版，第257頁。

中古時期盛行用典的文學風氣密不可分。由於崇尚用典，所以一些經典語句或故事被概括成二字結構，由於崇尚用典，所以二字結構形成以後被後學者廣泛地使用，逐漸凝固成詞。第三，文人性。從典故詞的使用範圍來看，它完全是一種文人墨客書面表達的工具，僅僅出現於極具文學意味的語句中，在日常口語中可能很難使用。第四，時代性。典故詞的來源雖然在上古，但其形成卻在中古，特別是魏晉。因此它并不屬於承古詞彙，而是中古新詞。這一現象的出現除了受中古文學思潮的影響外，還與中古時期詞彙的雙音化趨勢密不可分。雙音節爲典故詞提供了濃縮概括經典的工具，使原典的信息得以保存，不至於使人無法識別；雙音節又使語言得以最大程度的有效利用。例如原先已經是成語的典故，經過雙音壓縮成爲一個詞語，這樣既使原典意義不受影響，又使音節形式進一步簡化，從而實現最佳利用效能。

第三節 擬古文言詞

在上古有些特定的詞頭和詞尾，它們在中古已經消失，但在書面語中仍然被反復借用，從而形成新詞，這種詞我們稱之爲擬古文言詞。董秀芳曾強調後代引用對詞彙化的影響，她說："在本文所討論的與句法演變相關的這些詞彙化的例子中，發生詞彙化的形式往往在作爲句法結構使用時出現頻率較高，或是在後代書面語中經常被仿古性地使用。這兩點同樣重要。高頻使用作爲發生語法化和詞彙化的必要條件，在以往的文獻中被強調得已經非常多了，這裏我們要強調一下後代書面語中的引用在詞彙化中的重要作用。在本文所討論的例子中，很多詞彙化的形成都是由於有後代文人在書面語中的引用或仿古性使用，因爲不少詞並不是出現在口語中，而是書面語詞彙。"[①] 王雲路也提出六朝詩歌詞語的"一些構詞方式也源於先秦"[②]。其中就舉到了"薄"、"於"、"言"作前綴，以及"言"作後綴的形式。

① 參董秀芳《漢語的句法演變與詞彙化》，《中國語文》2009年第5期。

② 參王雲路《六朝詩歌詞語研究》，黑龍江教育出版社1999年版，第63頁。

一　運用上古詞頭所構成的文言詞

關於上古漢語的詞頭，至今存在很大爭論。[①] 我們根據《續傳》詞語的實際情況，結合王力先生的觀點，認爲有詞頭存在。

（一）有×（62 次）

1. "有"可以作為詞頭放在專有名詞的前面。(34 次）如：

（1）加以有梁之盛，明德云繁。(序）

（2）有隋御寓，重隆三寶。(卷二，那連提黎耶舍）

（3）釋僧旻，姓孫氏。家于吳郡之富春，有吳開國大皇帝其先也。(卷五，釋僧旻）

（4）又撰《安樂集》兩卷等，廣流於世。仍自號爲有魏玄簡大士云。(卷六，釋曇鸞）

（5）逮梁室版[②]蕩，有陳建業。武帝尊法，嗅味特深。（卷七，釋寶瓊）

（6）有齊之時，早扇名實。(卷十二，釋慧遷）

（7）和上諱[③]慧頵，俗姓張氏，清河人也。有晉永嘉，避地居于建業焉。(卷十四，釋慧頵）

（8）有宋文世，彌沙塞部《五分》一本開譯楊都。覺壽所傳，生嚴其筆。文極鋪要，深可弘通。郢匠輟斤，流味無日，可爲悲夫。（卷二二，論）

以上均是將"有"放在朝代名前構成專有名詞。值得注意的是"有"只能放在以往朝代的名稱前，不能放在本朝名稱前。同時《續傳》中出現了放在地名前的"有"。如：

（9）濟番禺人，未[④]還嶺表，德被南越。交[⑤]義風宣，有廣被焉。並天監中卒。

---

① 參王克仲《是詞綴還是副詞》,《古漢語研究》2003 年第 2 期。在該文中王先生介紹了各家認定之分歧，同時對所列舉的 24 個詞進行討論後認為："不是詞綴而是助詞"。

② "版"，資、磧、普、南、徑、清作"叛"。

③ "和上諱"，南、徑、清作"釋"。

④ "未"，資、磧、普、南、徑、清作"末"。

⑤ "交"，諸本作"文"。

“有廣”指“嶺南”。

“有”作爲專有名詞詞頭，在甲骨文中就已經存在了。[①]“常見的有上古的朝代名、國名、部落名。”[②]“秦漢以後，除了朝代名稱以外，基本不用了。”[③]但是在《續傳》中卻出現置於地名前的詞頭“有”，這說明“有”的使用還在擴大。

2. “有”放在動詞前（23 次）如：

（1）學士弟子等千餘人哀泗傷心，恐芳儀之有絕，乃樹高碑。（卷十四，釋慧頵）

（2）入侍[④]讌筵，既摛雅什。田衣作詠，仍即賜縑。有感聖衷，深見顏色。（卷十四，釋法恭）

（3）報分有在，鳧鶴自忘其短長；業理相因，草蜂各任其飛化。（卷三，釋慧淨）

（4）登即銳辯如流，帝有嘉之，仍降家僧之禮。（卷六，釋僧遷）

（5）時年三十有九，爲建元寺講主。臨終遺令傳法，韶遵崇餘烈，即坐演之。受業之賓，有逾師保。（卷七，釋警韶）

（6）時有雄雞一頭常隨眾聽，逮于講散，乃大鳴高飛西南樹上，經夜而終，俄爾疾遂有瘳。（卷九，釋靈裕）

（7）屬炎曆有終，鋒鏑騰沸。（卷十四，釋智琰）

向熹先生說：“此外‘有’和‘其’也有用作動詞詞頭的，如‘有鳴’、‘有來’、‘其獲’等。不過這類例子極爲罕見，意義上它們和動詞單用沒有什麼不同，我們不準備詳細討論了。”[⑤]而《續傳》中如此多的例子存在，說明這一結構有發展的跡象。

3. “有”用在形容詞前（3 次）如：

（1）豈非版金成寶，方資銑鏤[⑥]，瑄玉有美，必待刮摩，誠有由矣。

---

① 參喻遂生師《甲骨文的詞頭》，載《甲骨文語言文字研究論集》，巴蜀書社 2002 年版，第 75 頁。

② 參郭錫良《古代漢語》（上），天津教育出版社 1991 年版，第 358 頁。

③ 參向熹《簡明漢語史》，商務印書館 2010 年版，第 41 頁。

④ “侍”，清作“待”。

⑤ 參向熹《詩經裏的複音詞》，載《語言學論叢》（六），商務印書館 1980 年版，第 46 頁。

⑥ “銑鏤”，資作“乃鏤”；磧、普、南、徑、清作“刻鏤”。

（卷七，釋慧勇）

（2）而書畫有工[①]，頗愛篇什。（卷八，釋靈詢）

（3）言行有濫，即令出眾。非律所許，寺法不停。（卷九，釋靈裕）

徐朝華認爲“在《詩經》中，‘有’也加在某些形容詞前。形容詞前面加了‘有’以後，其意義和用相同的形容詞性語素組成的重疊式複合詞相當……但這些單音形容詞前面加了有以後，與不加‘有’時詞義有所不同。”[②] 而我們看到《續傳》中的“有”加在形容詞前並不與不加有所不同，因此可以認定爲詞頭[③]。

4.“有”用於普通名詞前。（2 次）如：

（1）於是欝居宗匠，盛轉法輪。受業求聞，寔繁有眾。（卷十，釋智琳）

（2）或遇勍手，時逢命的[④]。薄麾象扇，灌[⑤]已冰消。故寔繁有徒，服而無斁。（卷七，釋寶瓊）

楊春燕、蔣宗許說“先秦而後，詞頭‘有’在方言中呈萎縮趨勢，雖然歷代文獻中均可見用例，但多是仿古或稱引前稱時使用，如我們上邊所舉書證已明顯地看出這一點來。但在白話系統中，作動詞詞頭卻頗常見，如‘有勞’、‘有請’、‘有煩’‘有玷’、‘有辱’等等，這當是仿比類化而然。”[⑥] 而《續傳》明顯表面出與上古不同的特點。使用範圍明顯擴大，滲透到了動詞系統中。而在形容詞系統中“有”也完全詞綴化。

“有”字的大量使用可能與佛教典籍的四字句式有關，由於“有”意義比較寬泛，具有廣泛的使用範圍，在湊足音節時有較強的適應性，而佛教典籍常常采用四字句式，這一句式常常要求以音節來湊句，基於“有”的意義的寬泛性，於是人們就常常選擇“有”來構詞，從而造成“有 X”

① “工”，資、磧、普、南、徑、清作“功”。

② 參徐朝華《上古漢語詞彙史》，商務印書館 2003 年版，第 307 頁。

③ 同時，在漢魏六朝詩歌中，有也可以作為形容詞和名詞的前加成分，如“有爛”、“有違”，說明“有”作詞頭已經很成熟。詳見王雲路《中古詩歌附加式雙音詞舉例》，《中國語文》，1999 年第 5 期。

④ “命的”，資、磧、普、南、徑、清作“的匠”。

⑤ “灌”，磧、普、南、徑、清作“漼”。

⑥ 參劉春燕、蔣宗許《古代漢語詞頭研究》，載項楚編：《中國俗文化研究》（第三輯），巴蜀書社 2005 年版，第 93 頁。

構式的流行。

由於有較強的適應性，“有”還用來修飾雙音節詞，以湊足四字結構。如：

（1）便即四時長講，屢有升堂。（卷十五，釋智徽）

（2）僧寺十餘，有一石像上施金銅圓蓋，人有旋遶，蓋亦隨轉。（卷四，釋玄奘）

（3）勑給東園秘器，凶事所資，隨由備辦。主者監護，有崇敬焉。（卷六，釋明徹）

（4）是歲舊疾連發，聽者復疎。止於小室，許有諮問。懷不能已，情有斐然，乃著《成論疏》數十卷。（卷七，釋洪偃）

黃征“敦煌俗語法研究之一”“襯字”條指出變文韻文中也存在加入襯字的現象，其中就有“有”字①。可見“有”的這一用法應該是這一時期的新特色。

（二）言×（13次）

“言”作詞頭，置於動詞之前。如：

（1）奘少離桑梓，白首言歸，訪問親故，零落殆盡。（卷四，釋玄奘）

（2）隨②師伐罪，陳運受終。思報地恩，言旋故里。（卷九，釋慧弼）

（3）又以其年閏九月八日於招隱東山式構方墳，言遵卜兆，全身舍利，即窆山龕。（卷十，釋智琳）

（4）後言遊建業，歷詢宗匠。（卷十四，釋法恭）

（5）荷錫遠遊，言追勝友。（卷十六，釋法懍）

（6）住既異林，精融理極。思展言造，每因致隔。（卷十六，釋曇詢）

（7）齊主既敞教門，言承付屬。（卷二一，釋洪遵）

徐朝華說：“在《詩經》中，有些單音動詞前面加‘言’、‘曰’、‘聿’、‘于’等，它們是動詞詞頭還是助詞，學術界看法不一致。由於這種語言現象主要見於《詩經》，在先秦時使用并不普遍，且秦漢以後大都

---

① 參黃征《敦煌語言文字學研究》，甘肅教育出版社2002年版，第241頁。

② “隨”，諸本作“隋”。

已消失，對於漢語構詞法的發展并未產生影響，故暫存而不論。"[1] "言"作詞頭在先秦時很少見，使用範圍也很狹窄，而在《續傳》中卻大量使用。

（三）載×（30次）

"載"作詞頭，用於動詞或形容詞之前。

1. 作動詞詞頭。（21次）

（1）那提挾道遠至，投俾北冥，既無所待，乃三被毒，載充南役。（卷四，那提傳）

（2）大業之始，載蕩妖氛[2]。招引義學，充[3]諸慧日。屢詔往徵，頻辭不赴。（卷十一，釋志念）

（3）學徒載萃，誨誘如初。（卷十二，釋道慶）

（4）于時載揚律藏，學徒雲集。（卷十三，釋神照）

（5）及智者徵上闕庭，觀便孤園敷說，大流法味，載廣俗心。（卷三十，釋真觀）

2. 作形容語詞頭。（9次）

（1）重蒙令旨，恩渥載隆，追深悚怍。（卷三，釋慧淨）

（2）事類因果，於此載明。（卷六，釋神照）

（3）大隋運興，載昌釋教。（卷九，釋靈裕）

（4）杼軸之勞，載盈懷抱。（卷十，釋智聚）

（5）承三藏本義並錄在南方[4]，思見其言。載勞夢寢，乃重賂遺南道商旅。（卷十三，釋道岳）

何樂士認爲"載"是助詞，並說："'載'單獨用在句首或句中，一般都出現在動詞之前，起加強語氣的作用。"[5] 張雙棣、陳濤則說"載"爲"動詞或形容詞詞頭。"[6] 從《續傳》來看，"載"作爲詞頭是成立的。

（四）式×（2次）

（1）四儀式序，三業惟安。（卷十二，釋道慶）

---

① 參徐朝華《上古漢語詞彙史》，商務印書館2003年版，第307頁。

② "氛"，資作"氣"。

③ "充"，磧、普、南、徑、清作"光"。

④ "方"，諸本無。

⑤ 參何樂士《古代漢語虛詞通釋》，北京出版社1985年版，第768頁。

⑥ 參張雙棣、陳濤《古代漢語字典》，北大出版社1998年版，第1023頁。

（2）斯原不殄，至教式虧。（卷二四，釋法琳）

向熹說“式”：“句首語氣助詞，無實義，表強調。”[①] 而上述“式”已經不用在句首，明顯表現出一種發展態勢。

（五）云×[②]（28 次）

“云”作詞頭置於動詞或形容詞前。

1. 作動詞詞頭（21 次）

（1）至壬辰年，太武云崩。子文成立[③]，即起塔寺，搜訪經典。（卷一，釋曇曜）

（2）及愷之云亡，諦撫膺哀慟，遂來法准房中，率尼響敫等十有二人，共傳香火，令弘攝、舍兩論，誓無斷絕。皆共奉旨，仰無[④]墜失。（卷一，釋法泰）

（3）值隋氏云喪，法事淪亡。（卷三，釋慧賾）

（4）及隋綱云頹，郊壘煙構。（卷二，達摩笈多）

（5）初積云疾，的無所苦，自知即世，告門人曰：“吾今七十有五，吾[⑤]卒今年矣。”（卷二九，釋道積）

“云”作動詞詞頭在《續傳》中都與表“死亡”、“滅亡”等消極意義的動詞組合。

2. 用作形容詞詞頭（7 次）

（1）至六年冬，勘閱既周，繕寫云畢，所司詳讀，乃上聞奏。（卷三，波羅頗迦羅蜜多羅）

（2）武德年內，釋侶云繁，屢建法筵，皆程氣宇。（卷三，釋慧賾）

（3）屬齊曆云季，周喪道津。（卷十一，釋慧海）

上古詞頭在《續傳》中表現出三個特點：第一，應用的不平衡性。所謂應用的不平衡性是指有的詞頭使用頻率很高，如“有”、“載”、“云”；有的使用頻率較低，如“式”；而有些詞頭根本就未使用，如

---

① 參向熹《簡明漢語史》，商務印書館 2010 年版，第 209 頁。

② 關於“云”，一般認為是助詞。但本人認為“云”從在上古所構成的一些詞，如云何、云若、云胡、云已、云亡等來看，與其他詞頭功能沒有區別，故將其納入詞頭。

③ 《開元釋教錄》：“孫文成立。”

④ “仰無”，諸本作“無敢”。

⑤ “吾”，資、磧、普、南、徑、清無。

“於”“其”、“薄”。這一現象産生的原因可能是由於詞義表達的明確性原則的制約。在中古“於”“其”、“薄”、“式”或作爲介詞，或作爲副詞，大量用於動詞前面起修飾限制作用，如果再繼續使用這些語素作爲詞頭，既表現不出古典氣息，又影響詞義的明確性，因此盡量避免使用。而“有”、“載”、“云”則很少以副詞或介詞身份出現於動詞前，所以它們作爲一種擬古手段出現并不影響詞義的表達，同時又古典色彩鮮明，因此被大量運用。第二，語法功能擴大。如“有”的結構就已經出現於動詞結構中，這一用法在上古都極少見。第三，使用範圍擴大。王力先生曾說“除了‘有’字之外，這些一般只用於詩歌，散文中很少用到。”[①] 而我們看到以上“言X”、“載X”、“式X”構式均出現於《續傳》中。這正好是說明這些構式是模仿前人用語而來。因爲是模仿，所以使用時并不考慮其文體特徵，只要顯得典雅就可以爲我所用。

二　用上古詞尾所構成的文言詞

向熹說：“上古‘然、而、如、爾、若’等狀態形容詞和副詞詞尾，到了中古，除‘然’繼續應用外，其餘在口語中大都逐漸被淘汰。這種趨勢從上古未期已經開始，到中古更明顯。”[②] 然而《續傳》大量襲用上古附加式文言詞，如率爾、莞爾、確乎、穆如等，同時，又以這些詞尾來構成新的詞語[③]。如：

（一）×如

“如”作詞尾用在形容詞後，相當於“然”。

（1）顔色恬和，儼如神在。（卷十二，释慧海）

（2）憶年八歲往龍泉寺借觀音，未至耆閣，已講三遍，皎如目前。（卷十四，釋慧稜）

（3）遺旨不令哭，奄如入定，乃窆於獨龍之山。（卷十六，釋智遠）

（二）×若

（1）經營彫麗，奄若天宮。（卷一，釋寶唱）

---

① 參王力《古代漢語》第二册，中華書局1981年版，第466頁。

② 參向熹《簡明漢語史》，商務印書館2010年版，第290頁。

③ 由於“然”在中古仍然在口語中存在，因此我們不把它列入討論範疇。

(三) ×爾

“爾”可用於形容詞和副詞之後作詞尾。

1. 形容詞詞尾

(1) 放身倚壁，背未至間，霍爾開悟，法華三昧、大乘法門，一念明達，十六特勝、背捨除入[①]，便自通徹，不由他悟。(卷十七，釋慧思)

(2) 寂爾無爲，則言語道斷，湛然常住，則心行處滅。(卷三，釋慧淨)

(3) 邈爾絶俗，超出埃塵。(卷二三，釋道安)

(4) 孑爾隻身，投於林壑。(卷二四，釋慈藏)

(5) 但以世接無常，生涯有寄，將修論疏，溘爾而終。(卷十四，釋道基)

(6) 俄而風雨晦冥，雷霆振擊，群賊驚駭，惻爾求哀。(卷二九，釋明達)

(7) 故泰雖屢演，道俗無受，使夫法座絶嗣，闃爾無聞。(卷一，釋法泰)

2. 作副詞詞尾

(1) 尋爾而卒於勝光寺，春秋六十有九。(卷三，波羅頗迦羅蜜多羅)

(2) 頻爾數轉[②]，詞逾懇到。(卷七，釋寶瓊)

(3) 遂爾長講少林。(卷八，釋慧遠)

(4) 忽爾失去，乃在此耶。(卷十，釋慧最)

(5) 今去，勿爾鬧亂於吾也。(卷十九，釋智晞)

(6) 果爾開模，鍾破[③]缺，仍即倍工修造。(卷十九，釋普明)

(7) 大業四年，忽辭上曰：“天命不常，復須後世。惟願弘護，荷負含生。”便爾坐卒。(卷二五，釋法安)

(8) 正於闕側，欻爾相值，紀曰：“卿從何來，殊[④]無禮也，如何師範輒抗拒耶？既不傾屈，理宜下道。”(卷三十，釋道紀)

---

① “除入”，資、磧、普、南作“徐入”；徑、清作“陰入”。

② “數轉”，資、磧、普、南、徑、清作“轉數”。

③ “破”，資、磧、普、南、徑、清作“便破”。

④ “殊”，資、磧、普、南、徑、清作“乃殊”。

詞尾的特徵與詞頭有相似之處，也表現出應用的不平衡性，其原因與詞頭相同。“如”、“若”等詞尾與介詞“如”、“若”詞形相同，而且位置重複，容易造成區別困難，因此盡量避免使用，而“爾”區別性特徵明顯，所以大量運用。

通過分析可以發現，在中古，上古的詞頭詞尾與詞語之間的關係已經成爲一種固定的構式，這些構式性質的結構爲文人們任意擬古造詞提供了可操作性手段，從而使這些本已失去生命力的詞頭和詞尾得以在文言中繼續存在，並煥發出新的生機。同時，正是由於在中古漢語書面語中對這類結構大量的高頻率的使用，促成了以上結構的詞彙化。

第四節　新生文言詞

所謂新生文言詞是指中古新出現的只用於書面表達的詞語。這一類詞和典故詞、擬古詞不同，后者雖然產生於中古，但其源頭在上古，而新生文言詞是在中古新產生的。根據實際情況，可以分為以下幾類：

一　以上古特徵語素為基礎組成新生文言詞

【哀泗】哀泣。

以貞觀四年十月終于通玄，春秋六十有七。其年十一月墳于白虎之南嶺。學士弟子等千餘人哀泗傷心，恐芳儀之有絕，乃樹高碑。（卷十四，釋慧頵）

“泗”本爲鼻涕。《詩·陳風·澤陂》：“寤寐無爲，涕泗滂沱。”毛傳：“自目曰涕，自鼻曰泗。”引申指鼻涕和眼淚。又引申爲流淚。唐劉肅《大唐新語·友悌》：“朝野之人，莫不涕泗。”“哀泗”即悲哀流淚貌。

【隅隩】奧秘、精髓。

初寶意沙門神理標異，領牒魏詞，偏盡隅隩。（卷一，菩提流支）

按，“隅隩”就是奧秘、精髓之意。此詞文中兩出，卷四“釋玄奘”有：“又僧景《攝論》道振迦延，世號難加，人推精覆[①]，皆師承宗，據

① “覆”，諸本作“覈”。

隅隩明銓。”“隅”“隩”均有角落之意。釋慧琳《一切經音義》:“隅隩,上遇俱反,《考工記》云:‘隅,角也。’《說文》:‘陬也。’走侯反。下音奥。郭注《爾雅》云:‘隩,隱曲處也。’《蒼頡篇》云:‘隩,藏也。’《說文》云:‘隅隩二字並从阜。’形聲字。”《可洪音義·續高僧傳》卷一:“上音愚,下烏告反。《爾雅》曰:‘西南隅謂之奥。’注云:‘室中隱奥處也。’”二者同意并列,指內室。如《文選·劉孝標〈廣絕交論〉》:“蹈其閫閾,若升闕里之堂,入其隩隅,謂登龍門之阪。”古人用升堂入隩來形容得其精髓。如《文選·孔融〈薦禰衡表〉》:“初涉藝文,升堂睹奥,目所一見,輒誦於口,耳所暫聞,不忘於心,性與道合,思若有神。”於是“隩”、“隅”并列也引申出奥秘、精髓之意。

“隅隩”一詞其他文獻中也有記載。如:

(1)神游隅隩,理合精微。(邢邵《韓太尉墓誌》)

(2)既而疏襟學府,繹慮詞條,一覽而隅隩咸該,再覩而英華畢搴。(清董誥輯《全唐文·闕名〈大唐濟度寺大比邱尼墓誌銘〉》)

(3)博極圖書,口[①]綜遺逸。正經義口,時所留懷。絕簡研幾,下帷覃思。盡探隅隩,畢詣精微。(董誥輯《全唐文·李百藥〈唐故都督徐州五州諸軍事徐州刺史臨淄定公房公碑〉》)

“隅隩”又可顛倒爲“隩隅”,如:

(4)又往少林依止遠公,學於《十地》、大小《三藏》,遍窺其隩隅。(卷十二,釋辯相)

(5)慕至道者,窺其戶牖,輕勢利於鴻毛,入其隩隅,忽榮位於脫屣,重其真也。(唐釋法琳《辯證論》,T52/531c)

《漢語大詞典》未收“隅隩”。

【編韋】寫作。

敢以不才,輒陳筆記,引踈聞見,即事編韋。諒得列代因之,更爲冠冕。(序)

編韋本指編聯竹簡的皮條或繩子。北魏酈道元《水經注·河水一》:“予考釋氏之言,未爲佳證,《穆天子》、《竹書》及《山海經》,皆埋組歲久,編韋稀絕,書策落次,難以緝綴。”此引申爲寫作。《漢語大詞典》

---

① “口”表缺字。

未收此義。

【殿黜】處罰。

帝精悟朗鑒，內烈外溫，召僧入內，七霄[①]禮懺，欲親覩僭犯，冀申殿黜。(卷二三，釋靜藹)

“殿黜”有“處罰”義。清董誥輯《全唐文·肅宗〈申戒刺史考察縣令詔〉》：“已後有不稱者，所繇官長，量加殿黜。”《全唐文·石敬瑭〈停兵部尚書王權官詔〉》：“若以道路迢遠，則鸞閣之臺臣亦往，若以筋骸衰減，即鳳山之冊禮纔廻。既黷憲網，宜從殿黜，宜停見任，仍勒歸私家。”此詞應與漢代官吏的考核有關。《漢書·兒寬傳》：“後有軍發，左內史以負租，課殿，當免。”在唐代形成了以“四善二十七最”為核心的常考制度，[②] 如果考核靠後將被免職，所以出現了“殿黜”一詞。《文選·盧諶〈贈崔溫〉》：“倪寬以殿黜，終乃最眾賦。”後來用“殿黜”來表示處罰。

二　沿用上古特殊的語法格式而形成新生文言詞

【蕩一】平定統一。

將欲蕩一東夷，用清文軌。(卷十九，釋灌頂)

《晉書·載記·慕容暐傳》：“吾以常才，受先帝顧託之重，每欲掃平關隴，蕩一甌吳，庶嗣成先帝遺志，謝憂責于當年。而疾固彌留，恐此志不遂，所以沒有餘恨也。”唐劉餗《隋唐嘉話》上：“始以白衣從趙郡王南征，靜巴漢，擒蕭銑，蕩一揚、越，師不留行，皆靖之力。”清董誥輯《全唐文·高宗〈授武士彠等子孫官詔〉》：“皇家受命蒼旻，肇膺元籙，恢張宇宙，蕩一寰區。御乾立極之圖，諒資天啟；撥亂經邦之略，實賴人謀。”

三　使用含有特定文化意義的上古語素而形成新生文言詞

【天廕】父母。

① “霄”，資、磧、普、南、徑、清作“宵”。

② 參鄧小蘭《課績與考查：唐代文官制度發展趨勢初探》，《唐研究》(第二卷)，北大出版社 1996 年版。

(1) 將及三十，天廕既崩。喪事云畢，建武二年擺撥常習，出都專聽。(卷一，釋寶唱)

“天”可指父母。《詩·鄘風·柏舟》“母也天只”毛傳：“天謂父也。”《敦煌變文校注·大目乾連冥間救母變文並圖一卷》：“天堂獨有阿爺居，慈母諸天覓總無。計亦不應過地獄，只恐黃（皇）天橫被誅。”此句中的“皇天”即指目乾連之母。《舊唐書·良吏·韋機》：“開元中，為貴鄉令。縣人有母子相訟者，景駿謂之曰：‘吾少孤，每見人養親，自恨終天無分，汝幸地溫凊’之地，何得如此?”此“天”指父母。“廕”在南北朝似乎也引申出了“父母”的意思。如卷一“釋寶唱”：“自武帝膺運，時[1]三十有七，在位四十九載。深以庭蔭早傾，常懷哀感。每歎曰：“雖有四海之尊，無由得申罔極。”“廕”和“蔭”爲異體字，“庭蔭”即是父母。

《漢語大詞典》:

【天廕】指父亲的荫庇。五代殷鹏《赠太傅罗周敬墓誌铭》：“早失天廕，幼奉母儀。”

可以看出二者有引申關係，但語義完全不同。故“父母”義應補。

【招賁】招攬。

有隋革命，光啟正法，招賁碩德，率先僧首，即於長安敷揚律藏。(卷二一，釋志詵)

“招賁”猶招攬。此詞只見於唐代文獻，如：

(1) 至於我后，招賁林藪，朗金鏡於南面，運璿樞於北斗，總四靈爲禎祥，以萬物爲芻狗。(清董誥輯《全唐文·張餘慶〈祀后土賦〉》)

(2) 禮主於敬，樂主於同，明士苟習於禮樂，則可招賁於旌弓，庶其緝熙聖跡，宣暢皇風。(清董誥輯《全唐文·蕭昕〈鄉飲賦〉》)

“賁”應該是典故引申而來。《詩·小雅·祈父之什·白駒》：“皎皎白駒，賁然來思。”鄭箋：“願其來而得見之。”在唐代文學中常用“賁然來思”來形容出仕。如唐劉肅《大唐新語·隱逸》：“玄宗東封，敕州縣禮致，時已年九十六。玄宗令張說訪其道異，說甚重之。以年老不任職事，乃下詔曰：‘徐州處士王希夷，絶聖棄智，抱一居貞，久謝囂塵，獨

[1] “時”，諸本作“時年”。

往林壑。屬封鑾展禮，側席旌賢，賁然來思，應兹嘉召。”唐獨孤及《毗陵集·策書·策秀才文三道》：“是何祥也，根本焉在？二三子賁然來斯，宜究乎天人之終始，其悉數以對。”後又略作“賁然”。如劉禹錫《代郡開國公王氏先廟碑》：“年十有五，賁然從秋賦，明年春，升名于司徒。”“招賁”一詞可能就是在這種意義上合成的。《漢語大詞典》未收。

四 由中古文學中提取轉喻而形成新生文言詞

【宸宮】皇宮。

樓閣臺殿，擬則宸宮。（卷一，釋寶唱）

“宸”爲北極星所居，即紫微垣，借指帝王之所居。南朝齊謝超宗《休成樂》：“回鑾轉翠，拂景翔宸。”中古“宸”與“宮”複合，也指皇宮。如《宋書·樂志》：“表靈躔象，纘儀緯風。膺華丹燿，登瑞紫穹。訓形霄宇，武彰宸宮。騰芬金會，寫德聲容。”清董誥輯《全唐文·李程〈衆星拱北賦〉》：“爲章於天，惟彼辰極。環衆星於庶位，標帝座於有北。故昭回之設象，俾聖哲而取則。鉤陳就列，等營衛於宸宮；閶闔旁連，類屏藩於王國。”宋吳子良《荆溪林下偶談·蒲禹卿諫蜀王衍幸秦》：“陛下纂承以來，率意頻離宮闕，勞心費力，有何所爲？此際依然整蹕，又擬遠別宸宮。”

《漢語大詞典》未收。

【戢鱗】比喻蓄志待時。

故容與於靈津，戢鱗而未進，慨時哉之不遇，始絕絃於此耳。（卷十三，釋海順）

“戢鱗”本指魚斂鱗不遊。晉陸雲《九愍·征》：“思戢鱗以遁沼，悲沉網之在淵。”《初學記》卷三十引南朝梁張率《詠躍魚應詔》：“戢鱗隱繁藻，頒首承渌漪。”後來人們用“戢鱗”來比喻蓄志待時。《晉書·宣帝紀論》：“和光同塵，與時舒卷；戢鱗潛翼，思屬風雲。”唐韓愈《贈鄭兵曹》詩：“我材與世不相當，戢鱗委翅無復望。”

【齊鑣】並駕。

至開皇四年，謂弟沙門志湛曰：“吾窮①冠小乘，自揣與羅漢齊鑣也。

① “窮”，資、徑、清作“躬”。

但時未至，故且斂翮耳。”（卷十一，釋志念）

“齊鑣”喻指並駕。《文選·張衡〈南都賦〉》：“騄驥齊鑣，黄閒機張。”呂延濟注：“齊鑣，齊轡也。”晉陸機《贈馮文羆遷斥丘令》詩：“方驥齊鑣，比跡同塵。”唐劉禹錫《送張盥赴舉》詩引：“吾不幸，嚮所謂同年友，當其盛時，聯袂齊鑣，亙絶九衢，若屏風然。”

新生文言詞有明顯的特徵：第一，詞語結構中多有特徵語素。新生文言詞大多含有上古單音詞所形成的語素，其中有的是含有一個上古語素，有的是兩個語素均來自上古。這些語素由於已經大致退出口語體系，所以在使用時帶有明顯的典雅色彩。第二，如果兩個語素均無明顯的上古特徵，則在意義上大多具有比喻義。劉煥陽說：“在詩歌的創作中，詩人對意義的建構常常需要借助具體的景物，或指物借意，或借物寄意，或托物喻意，以增強其鮮明生動的形象性。表現在修辭上，則是雙關、象徵、寄托、比喻、比興各種不同的手法的運用。但‘指物’與‘借物’與‘寄意’、‘托物’、與‘喻意’之間並不是簡單的直接對應，而是在不同程度上表現出意義的偏轉。”① 盛若菁認爲：“在漢語比喻中，往往選擇一些具有文化意義的喻體作比，使整個比喻具有文化意義色彩。”② 這種通過語義的偏轉所形成的比喻義帶有很強的文學性，所以不適合日常口語的需要而存在於文學作品中，這是大部分中古語素形成的新生文言詞的共同特點。

綜上所述，文言詞彙内部有不同的時代沉積和不同的結構來源，文言也有一個不斷豐富和發展的過程。

---

① 參劉煥陽《中國古代詩歌藝術研究》，山東大學出版社 2008 年版，第 139 頁。

② 參盛若菁《比喻語義研究》，西南交通大學 2006 年版，第 50 頁。

第二章 《續高僧傳》中的佛教詞

自金人示夢，白馬馱經之後，佛教在華夏開始傳播，但信眾並不多。及乎魏晉，戰爭連綿，生靈涂炭，乃至“白骨露於野，千里無雞鳴。”“死生亦大矣，豈不痛哉?”酸澀的生活與脆弱的生命使人們不得不思考苦難的來源。但是作爲本土宗教的道教在黃巾起義之後暫時不能公開活動，“而社會上的動亂，人民的災難生活正提供了宗教活動的土壤。佛教乘機得到更廣泛的傳播的機會。”① 佛教美好的來生與淨土給痛苦中的人們以精神的慰籍，理想的力量吸引着大眾投入到佛的懷抱，從此佛教開始在中國民間廣泛傳播。再經過南北朝的民族大融合，佛教大興，成爲第一大教派。佛教在傳播的過程中形成了一套自身特有的用語，我們把它稱爲佛教詞。佛教用語對漢語的影響很大。在漢語詞彙史上，有許多詞語都與佛教有千絲萬縷的聯繫。如“魔鬼”、“妖魔”的詞源就必須追溯到佛經。“魔”在漢語中本不存在，它是梵語“Mara”的略音。開始譯經時借用漢語中的“磨”或“摩”，到梁武帝時才創制了此字。《翻譯名義集》：“古譯經論，魔字從石，自梁武來，謂魔能惱人，字宜從鬼。”“魔鬼”本指佛家所謂“四魔”之死魔。死魔能斷人命根，與漢民族信仰中的鬼怪相似，於是人們將它們合併成爲一個詞。後來“魔”廣泛使用，還成爲一個高頻語素，構成了“妖魔”、“魔力”、“魔方”等詞。梁曉虹說：“作爲中古時期歷史產物的漢譯佛經，含有較多的口語成分。它們主要分爲兩大類：一般漢語口語詞；佛教口語詞。……一部分佛教詞語跨出‘佛門’，發展、演變而爲漢語口語。從而增添了漢語的色彩，豐富了漢語的

① 參任繼愈主編《中國佛教史》第二卷，中國社會科學院出版社 1985 年版，第 4 頁。

表達，促進了漢語口語的發展。”[①]《續高僧傳》雖不是漢譯佛經，但作爲佛徒史傳，其中自然也包含大量佛教詞語。作爲專書研究，有必要對這一部分詞語進行探討，從而爲漢語史的研究提供一定的幫助。

第一節　佛教義理詞

所謂佛教義理詞是指用於表達佛家思想的詞語。這一部分詞表現出很濃的哲学意味，具有很强的概括性和思辨性。汪維輝先生曾説佛典語言研究有三難，其中第一難就是要懂佛學。他說：“佛典屬於宗教文獻，要研究其語言，自然少不了掌握基本的佛學知識。”[②]《續高僧傳》保留了大量的佛教義理詞，大多數義理詞比較抽象而且典雅，對漢語史幫助不大，但有些詞也很形象，口語性相對較強，我們所研究的便是後者。

【半滿】小乘與大乘之略稱。

中天竺國三藏法師波頗蜜多羅，學兼半滿，博綜群詮。（卷三，釋慧賾）

半字，原指梵語之生字根本，即字母；滿字，指集合字母所構成之文字。古印度《毗伽羅論》爲著名的文法書典，共五章。其中第一悉曇章闡明生字，即“半字教”，若以全部五章而授之，則屬“滿字教”。在佛教中轉用其意，以“半字教”引申指小乘聲聞之九部經，而以“滿字教”引申指大乘方等經典。如：

（1）今依菩提流支直作半滿分教。若小乘教名半字，名聲聞藏，大乘名滿字，名菩薩藏。（吉藏《佛說仁王護國般若波羅蜜經·序品第一》，T33/315b）

（2）所以仙苑告成，機分小大之別；金河顧命，道殊半滿之科。（道宣《妙華蓮花經序》，T9/1b）

【藤鼠】生命脆危。

恐藤鼠交侵，欻然長逝。（卷十三，釋道岳）

後秦釋僧肇《注維摩詰經》：“昔有人有罪於王，其人怖罪逃走，王

① 參梁曉虹《佛教典籍與近代漢語口語》，《中國語文》1992 年第 3 期。

② 參汪維輝《佛典語言研究有三難》，《普門學報 2003 年〈讀後感〉》。

令醉象逐之。其人怖急，自投枯井。半井得一腐草，以手執之。下有惡龍吐毒向之；傍有五毒蛇復欲加害；二鼠嚙草，草復將斷；大象臨其上，復欲取之。其人危苦，極大恐怖。上有一樹，樹上時有蜜，滴落其口中，以著味故，而忘怖畏。丘井，生死也；醉象，無常也；毒龍，惡道也；五毒蛇，五陰也；腐草，命根也；黑白二鼠，白月黑月也；蜜滴，五欲樂也；得蜜滴而忘怖畏者，喻眾生得五欲蜜滴，不畏苦也。”（T38/32b）《王梵志詩校注·愚夫癡杌杌》：“二鼠數相侵，四蛇摧命急。”也是此意，佛教以此來喻指生命之脆弱。如：

（1）所歎藤鼠易侵，樹猨難靜。勞想鷲頭，倦思鷄足。（卷十七，釋慧命）

（2）始入香山路，仍逢火宅車。慈門數片葉，道樹一林華。雖悟危藤鼠，終悲在篋蛇。（道宣《廣弘明集·統歸篇·陳從事何處士春日從將軍遊山寺》，T52/358a）

又寫作“鼠藤”。如：

（3）既念鼠藤，彌傷鳥繫。（卷十七，釋慧命）

（4）切念祖母（某）龜木方浮，鼠藤遽斷，有百身而莫贖，無一念之敢忘。（明元賢《禪林疏語考證·薦祖母》，X63/711b）

【機壤】有缘分的地方。

真諦雖傳經論，道缺情離，本意不申。更觀機壤，遂欲汎舶往楞伽修國。（卷一，拘那羅陀）

“機壤”指有缘分的地方。“機”指機缘，“壤”乃土壤。佛教認爲對人的教育要有機緣所謂“應機說法，悅適眾心”，“善識時宜，應機說法。”“更觀機壤”即指再尋找有緣的地方。“機壤”一詞佛經中極少，可能是當時口語。其他文獻均與上句有關，如：

（1）真諦雖傳經論，道缺情離，本意不申。更觀機壤，遂欲汎舶往楞伽修國。（唐智昇撰《開元釋教錄·總括群經錄上之七·陳沙門拘羅那他》，T55/546a）

（2）屬梁季崩乱，不果宣傳，後觀機壤，遂欲泛海往楞伽修國。（宋觀復述《遺教經論記》卷一，X53/630a）

（3）雖傳經論，本意未申，更觀機壤，遂欲泛舶往楞伽修道。（元普瑞集《華嚴懸談會玄記》卷十七，X8/220c）

【塵染】受世俗之污染。

因事塵染，流擯東越。（卷二，闍那崛多）

“塵染”指受世俗之污染。佛家稱一切世間事法均爲塵，塵使真性污染。隋慧遠《大乘義章·十八界義十一門分別》云：“能坌名塵，坌污心故。”（T44/633a）如：

（1）因戒倦輪飄，習障從塵染。（南朝宋沈約《八關齋詩》）

（2）年垂壯室，私爲娉妻。超聞之，避斯塵染，乃逃竄林野。親姻周覓，藏影無方。既被執身，抑從伉儷。初則合巹[①]爲蹤，終亦同掩私室。（卷二十，釋志超）

後來意義擴大，指污染。如：

（3）片段似冰猶可把，澄清如鏡不曾昏。欲知到底無塵染，堪與吾師比性源。（唐方干《僧院小泉井》）

【迴覺】覺悟。

久云[②]流變，稍疑虧動，競逐澆波，尠能迴覺。（卷二，釋彥琮）

按，“迴覺”應是覺悟之義。“尠能迴覺”即很少有覺悟的。他如：

（1）時年二十二，《攝論》初興。隨聞新法，仰其弘義。于時論門初闢，師學多途。封守舊章，鮮能迴覺。（卷十五，釋法常）

（2）吸風露而曰仙，祖形體而號聖，守死長迷，莫知迴覺。（唐道宣《集古今佛道論衡·序》，T52/363a）

“莫知廻覺”即不知覺悟。

“迴覺”本是睡醒。如：

（3）夢名何等法？答曰：“眠時諸緣心心念法，迴覺已，便憶如說：‘如是如是我見夢。’”（苻秦僧伽提婆共竺佛念譯《阿毘曇八犍度論·阿毘曇雜犍度無慚愧跋渠》，T26/779b）

“廻覺”與“夢”相對出現。

（4）逕趨無何鄉，迴覺萬事錯。（北宋蘇舜欽《依韻和勝之暑飲》）

“無何鄉”是指夢鄉，“廻覺”也是與之相對，指醒來。

“覺悟”義可能就是由此引申而來。“迴覺”指覺悟只出現在道宣的

① “合巹”，諸本作“合巹”。

② “久云”，資、磧、普、南、徑、清作“久之”。

作品中，具有濃郁的個人色彩。

【惑累】迷惑。

四年之譯，三帙獻功。掩抑[1]慧燈，望照惑累。（卷三，波羅頗迦羅蜜多羅）

“惑累”即“迷惑”。佛家認爲迷惑也是一種塵累、一種束縛。隋釋智顗《仁王護國般若經疏·觀空品》：“所言惑者，謂迷妄之心造生死業。不達心源，名之爲惑，即是煩惱。”（T33/265a）唐湛然述《止觀輔行傳弘決》卷五：“初句生字屬智，智即是脫。此句生字屬惑，惑即是縛。”（T46/309b）所以迷惑也稱“惑累”。如：

（1）若乃構分別之因，招虛妄之果。惑累熏其內識，惡友結其外緣。致使慢聳崇山，見深滄海，恚火難觸，詞鋒罕當。（卷三，釋慧賾）

（2）雖復惑累增繁，起惟三業。隨業設教，三學興焉。（卷二二，論）

（3）凡夫惑累，以五陰爲身；聖人清高，以五分法身爲體。（隋吉藏撰《仁王般若經疏卷上·佛說仁王護國般若波羅蜜經序品第一》，T33/319b）

【口海】口。

一乘五律之道[2]，馳驟於心田，八藏三篋之文，波濤於口海。（卷四，釋玄奘）

“口海”即口。人之口如大海滔滔不絕，故稱口爲“口海”。如：

（1）罔不耰耘情田，波濤口海，宣暢皇化，對揚天休。（宋贊寧《宋高僧傳·興福篇第九之一·釋文瓚》）

（2）內外之學優長，口海崩騰，良難抗敵，由是決意越重湖登閩嶺。（宋贊寧《宋高僧傳·興福篇第九之三·釋光嗣》）

【法機】佛法之機緣。

翻譯相續，不爽法機。（卷四，釋玄奘）

“法機”指佛法之機緣。如：

（1）又不可說彼無慈悲，爲攝有情現神通故。又不可說無受法機，

① “抑”，資作“仰”。

② “道”，諸本作“教”。

爾時有情亦有能起世間離欲對治道故。（唐懷素撰《四分律開宗記》卷一，X42/339a）

（2）又不可說彼獨覺無慈悲，爲攝有情現神通故。論主若謂雖能說法，及知根機，亦有慈悲，以無受法故不調他者，又不可說無受法機。（唐釋光述《俱舍論記・分別世品》，X41/159b）

【小道】小乘佛教。

釋慧暢……初不信大乘，以言無宗，當事同虚誕也。後聞遠公，播迹洛陽，學聲遐討，門人山峙，時號通明。暢乃疑焉，試往尋造，觀其神略。乃見談述高邃，冐罔天地，返顧小道，狀等遊塵，便折挫形神，伏聽三載。（卷十，釋慧暢）

“小道”即“小乘佛教”。此句前爲“不信大乘”，則所信應爲小乘。而後文云：“返顧小道，狀等遊塵。”因之“小道”即小乘教。他如：

（1）深鑒訶黎漏文小道，乃歸宗龍樹，弘揚大乘。故得《中百》、《般若》、《唯識》等論，皆飲沐①神化，披閲文言，講導相仍，用爲己任。（卷十四，釋慧頵）

（2）始誦《法華》，日限一卷。因斯通夢：“汝有大根，忽守小道，深可惜也。”遂往興皇聽《摩訶衍》。（卷三十，釋真觀）

例（1）“深鑒訶黎漏文小道”。“訶黎”指訶黎跋摩，此人造《成實論》。慧頵以《誠實論》爲小乘教典，故棄之而歸宗龍樹，宏揚大乘。例（2）“摩訶衍”即大乘。慧琳《一切經音義・慧苑〈賢首菩薩品上〉》：“摩訶衍，具云摩訶衍那。言‘摩訶’者，此云大也，‘衍那’云乘也。”此句也是棄小乘而入大乘。因此“小道”，即小乘教。

“小乘教”又稱爲“小教”。如：

（3）值戒賢論師盛弘《十七地論》，因復聽採。以此論中兼明小教，又誦一洛叉偈、小乘諸論。（卷三，波羅頗迦羅蜜多羅）

（4）一小教。此教以隨機故，但說人空，不說法空，縱說法空，亦不明了，但依六識三毒建立染淨根本，唯論聲聞乘故，名爲小教。（清讀體集《毗尼止持會集》卷一，X39/325b）

【人機】人之根機。

① “飲沐”，資、磧、普、南、徑、清作“欽沐”。

有一尊者，深識人機，見語舍云：“若能靜修，應獲聖果。恐汝遊涉，終無所成。”（卷二，那連提黎耶舍）

“人機”指人之根機。“深識人機”指對人的根機有很深的研究。他如：

（1）所言開方便門示真實者，有人言：昔在鹿苑，人機猶雜，盛說三乘，未明一理，爾時以權，隱於真實，故一乘之理爲權教所閉，今王城赴感，乃應大機，顯於真實。（隋吉藏《法華玄論》卷五，T34/369c）

（2）已前性重之物，體是沈累根源。約事無宜，造修詳過，義須遮斷。但爲人機弱劣，隨事擁心故，曲順物情，權開通道。（道宣緝《量處輕重儀》卷二，T45/851a）

分析以上哲理詞，我們可以發現絕大多數義理詞是通過比喻造詞而形成的。陳蘭香說：“佛教由於傳播教義、爭取民衆的緣故，致使佛經中各種比喻很多。從詞彙學的角度審視，佛經中因用比喻而創造了大量的新詞語，構成了佛教詞語形象生動、雋永含蓄、意藴豐富的顯著審美特質。”[①] 劉正平認爲：“譬喻在佛經當中不僅作爲莊嚴語句的修辭語言在使用，它還是一種重要的說理方式。佛教深奥玄妙的哲理經過譬喻的轉換後，以生動而明顯的方式展現出智慧的光芒……佛教形式化譬喻語言不僅增強了說理的力度，而且對於全面理解佛教教義起到了不可替代的作用。”[②] 佛教不僅用比喻的形式來說理，還用比喻的形式來造詞，從而使深奥的術語顯得既生動形象，又通俗易懂，使之更容易爲人們所接受。《續傳》中的哲理詞很好地體現了這一特點。正如 L·R 帕默爾所說：“也許意義擴展的最豐富的源泉是詞的比喻性應用……一個比喻之所以具有特別效果，就是由於字面意義和象徵意義之間存在着一種緊張狀態。如果聽話人聽懂了一個比喻說法，他就是正確地解釋了語言的暗示……語言就是這樣通過取之於專門詞彙的比喻而豐富起來。”[③] 從比喻造詞的結構來看，有全喻造詞，如半滿、藤鼠等，而更多的是半喻造詞，半喻造詞中又以後喻造詞居多。這反映出比喻造詞的總體特點。據楊潤陸研究，《現代漢語詞典》中有前

① 參陳蘭香《佛教詞語中的比喻造詞及其美質》，《修辭學習》1999 年第 5 期。

② 參劉正平《佛教譬喻理論研究》，《宗教學研究》2010 年第 1 期。

③ 參帕默爾《語言學概論》，商務印書館 1983 年版，第 72—74 頁。

喻式造詞的義項有 64 個，後喻式有 137 個，遠比前喻式多。究其原因，是由於“後喻式複合詞的喻指具有極強大的認知功能，在人類認識世界、描繪世界和形成新的概念義方面，具有重大的作用。”①

第二節 佛教生活詞

所謂佛教生活詞是指與佛教徒生活有關的詞。一部佛教史實際上就是佛徒的生活的歷史，所以其中有許多反映佛教徒生活的詞語，這部分詞語帶有濃厚的口語氣息，對這部分詞語進行研究可以爲漢語詞彙史研究提供豐富的材料。

一 有關經籍稱謂組詞

【葉典】佛典。

向使法蘭歸漢，僧會適吳，士行、佛念之儔，智嚴、寶雲之末，纔去俗衣，尋教梵字，亦霑僧數，先披葉典，則應五天正語充布閻浮，三轉妙音並②流震旦。（卷二，釋彥琮）

“葉典”在佛經中指佛典。最早的佛經是寫在貝多羅樹葉上的。《太平廣記》卷四0六“貝多樹”曰：“貝多出摩伽陀國，長六七丈，經冬不凋。此樹有三種：一者多羅婆力叉貝多，二者多梨婆力叉貝多，三者部婆力叉多羅多梨。並書其葉，部闍一色，取其皮書之。‘貝多’是梵語，漢翻爲‘葉’。‘貝多婆力叉’者，漢言‘樹葉’也。西域經書用此三種皮葉，若能保護，亦得五六百年。”（出《酉陽雜俎》）他如：

（1）矩早學梵書，恒披葉典，思遇此經，驗其紕謬。（隋達摩笈多譯《藥師如來本願功德經・序》，T14/401a）

（2）多羅葉典，其量莫思，蘊積西夏，將及千載。（唐道宣撰《廣弘明集・誡功篇序・敬重正法門》，T52/318c）

【了經】大乘經典。

頃世定士，多削義門。隨聞道聽，即而依學。未曾思擇，扈背了經。

① 參楊潤陸《由比喻造詞形成的語素義》，《中國語文》2004 年第 6 期。

② “並”，資、磧、普、南、徑、清作“普”。

每緣極旨，多虧聲望。吐言來誚，往往繁焉。（卷二十，論）

“了經”即大乘經典。卷二九“論”：“且自世有諸福，其流多雜。倚傍了經，陳揚疑偽。”“了”即明了。葛洪《抱朴子·至理》：“誠其所見者了，故棄之如忘耳。”“了經”是“了義經”之縮略。佛家把大乘經稱爲“了義經”，小乘稱爲“不了經”。如：

（1）十者明了義不了義。由來釋了義不了義者，明小乘教爲不了義，摩訶衍教爲了義。（隋吉藏撰《二諦義》卷上，T45/85a）

（2）善男子，是身因緣，境界處所，果依於本，難思量故。若了義說，是身即是大乘，是如來性，是如來藏。（梁真諦譯《合部金光明經·三身分別品》，T16/363b）

【小經】部頭短小之經書。

及長成德，以《大論》傳名，兼講小經。（卷二，釋曇良）

“小經”即部頭短小之經書。如：

（1）四引文證者，不遠索他經，亦不通引部內，但就本門證成十義也。然先佛法華，如恒河沙阿閦婆偈。今佛靈山八年說法，胡本中事復應何窮？真丹邊鄙，止聞大意，人見七卷，謂爲小經。（隋智顗《妙法蓮華經玄義》卷七上，T33/765c）

（2）至晉惠之末，有沙門法立更譯爲五卷，沙門法巨着筆，其辭小華也。立又別出小經近四許首，值永嘉末亂，多不復存。（《高僧傳·譯經上·維祇難》）

（3）又注《首楞嚴經》。又有別譯數部小經，值亂零失，不知其名。（《高僧傳·譯經上·帛法祖》）

（4）今詎既不任專譯，豈宜濫竊鴻恩。見在翻經等僧並乞停廢，請將一二弟子移住玉華，時翻小經，兼得念誦。上資國寢，下畢餘年。（佚名《寺沙門玄奘上表記·法師玄奘重請入山表》，T52/826a）

二　有關僧人籍貫組詞

【貫】籍貫。

于時檢括僧尼無貫者萬計，朝議云：“策經落第者並合休道。”（卷十七，釋智顗）

“貫”即籍貫。如：

（1）遷又上諸廢山寺并無貫逃僧請並安堵，帝又許焉。尋[①]勅率土之內，但有山寺一僧已上皆聽給額，私度附貫。（卷十八，釋曇遷）

（2）有學士道冑者，生自上黨，僧貫太原。（卷二二，釋道亮）

（3）遂得貫入緇伍，隨情住寺。（卷二四，釋弘智）

唐代僧人也與世人一樣，被納入嚴格的戶籍管理中。《舊唐書·百官志·崇玄署》："每三歲州縣為籍，一以留縣，一以留州。僧尼一以上祠部，道士女冠一以上宗正，一以上司封。" 如《唐龍朔二年正月西州高昌縣思恩寺僧籍》："（僧）崇道，年參拾伍歲，十伍夏。高昌縣寧昌鄉正道里，戶主張延相，男。偽延壽十四年四月十五日度，計至今廿五年……僧顯覺，年柒拾壹歲，五十一夏。高昌縣寧泰鄉仁義里，戶絕，俗姓張。偽延昌卌一年正月十五日度，計至今六十二夏。"[②] 相應的形成了一系列反映僧籍的詞語。如：

【名貫】姓名和籍貫。

故使四遠造者各務靜緣，眾聚雖多而外無囂撓。正任[③]性行藏，都無名貫。（卷十六，釋道正）

"名貫" 即姓名和籍貫。

（1）蕭以許身爲道，隨務東西，名貫久除，棲遁幽阻。（卷二二，釋慧蕭）

（2）弟子智儼，名貫至相。幼年奉敬，雅遵餘度。而神用清越，振績京皐。《華嚴》、《攝論》，尋常恒講[④]。至龕所化導鄉川，故斯塵不終[⑤]矣。（卷二五，釋法順）

【公貫】國家正式剃度，在官寺中有名籍。

時有隸公貫者，引正住寺，爲上簿書，而志駭風雲，曾無顧眄。（卷十六，釋道正）

"公貫" 指國家正式剃度，在官寺中有名籍。當時除公度外，還有大量的私度僧，這些人沒有國家頒發的籍貫，"公貫" 就是針對這些人而

① "尋"，諸本作"因"。

② 參榮新江、李肖、孟憲實《新獲吐魯番文獻》上，中華書局 2008 年版，第 61 頁。

③ "任"，磧、普、南作"住"。

④ "恒講"，資、磧、普、南、徑、清作"講說恒"；麗作"講說"。

⑤ "不終"，資、磧、普、南、徑、清作"不絕"。

言的。

(1) 時趙州刺史揚[①]達以舜無公貫，素絕名問。依勅散下，方始知之。乃爲繫名同果寺，用承詔旨。(卷十七，釋智舜)

(2) 帝曰："弟子行幸至此，承大有私度山僧於求公貫，意願度之，如何?"(卷十八，釋曇遷)

【公名】公貫。

即擲公名[②]，趣雲陽巖中擁緣送死，經于四載，遂卒彼山。(卷二八，釋法達)

"公名"即"公貫"。永樂南、徑山藏、清藏改爲"功名"，誤。他如：

(1) 有定州刺史侯景訪裕道行，奏請度之。隸入公名，甚相器重。(卷九，釋靈裕)

(2) 晚住晉州寶嚴寺。充僧直歲，監當稻田。見煞水陸諸蟲，不勝其酷。因擲棄公名，追崇故業。(卷十七，釋僧善)

(3) 乃就稠師具蒙印旨，爲雲門官供當擬是難。因就靜山曉夕通業，不隸公名，不行公寺。(卷二七，釋大志)

【公籍】公貫。

自韶十九入山，六十餘載不希名利，不畜侍人，不隸公籍，不行己任。凡有所述職[③]，皆推寄於他焉。(卷二十，釋曇韶)

"公籍"也爲"公貫"之意。《續傳》中"名"、"籍"、"貫"在"籍貫"義位上同義。如卷二七"釋普濟"："貞觀度僧，時以濟無貫，擢預公籍，住京師光明寺。眾聚山結，樂聞經旨，濟弊斯諠擾，遂遺名逃隱，不測所之。"此句前用"無貫"，中用"公籍"，後用"遺名"，足見其義相同。正因爲如此，"名"、"籍"、"貫"作爲構詞語素就可以相互替換，形成同義詞。

【移貫】移動僧籍。

睿知相害之爲惡也，即移貫，還綿州益昌之隆寂寺。(卷十五，釋

① "揚"，諸本作"楊"。

② "公名"，南、徑、清作"功名"。

③ "述職"，徑作"述識"。

靈睿）

“移貫”本爲移動戶籍。如：

（1）善安等各懷恥愧，移貫他州。”（《隋書・于義傳》）

（2）王賁，字文孺，其先自臨潢移貫宛平。”（《金史・王賁傳》）

在此專門指移動僧籍。

【貫籍】上僧籍。

晚貫籍延興，時當草創，土木凡①石工匠同舉，而事歸天造，形命未淪。（卷二一，釋通幽）

“貫籍”本是名詞，“籍貫”之義。如《新唐書・楊炎傳》：“明皇事夷狄，戍者多死，邊將諱，不以聞，故貫籍不除。”明趙用賢《大明會典・禮部・僧道》：“正統十四年，令僧道應給度牒者，各僧道衙門先行勘試，申送有司，審係額内并貫籍明白，仍試精通經典，方許申送禮部覆試，中式，然後具奏請給。”

三　有關學習組詞

《續傳》詳細記載了高僧學習生活的經歷，因此其中有許多反映其當年遊學參學的詞。

【遊聽】遊動聽講。

歷採衆師，且經且論，四時遊聽，寒暑不輟。（卷五，釋法雲）

“遊聽”即遊動聽講。如：

（1）遊聽講肆，諮質碩疑。徵究幽微，每臻玄極。（卷三，釋慧淨）

（2）自爾幼而聰敏，州里稱焉。及長遊聽京邑，遍聞數論。（卷七，釋洪偃）

據對電子版大正藏檢索，此詞最早出現在《續傳》中，而且共出現10次。大正藏中共出現15次，其中12例爲道宣作品，其他3例均轉引自《續傳》。可見此詞應爲道宣口語。

【覆述】重複所講內容。

或講前講末，初夜後夜，覆述文義。（卷五，釋法雲）

“覆述”是僧家學習經典的一種方法。即在講經時導師先講，然後學

---

① “凡”，諸本作“瓦”。

生重複所講內容。也就是現在學校教學中所說的複述。如：

（1）天監之初始返都邑，又從旻受業。少長祈請，常爲覆述。（卷六，釋明徹）

（2）從光宅寺法雲諮稟經論。散處[①]伽藍，不營雜事，當時名德皆稱善焉。歷耳不忘，經目必憶。常能覆述，有如瓶瀉。時人嘉其清辨，白黑重其無倦。（卷六，釋僧詢）

（3）因事澄爲師，澄講，安每覆述，眾未之愜，咸言："須待後次當難殺崑崙子。"即安後更覆講，疑難鋒起。安挫鋭解紛，行有餘力，時人語曰："漆道人驚四隣。"（梁慧皎《高僧傳·義解二·釋道安》）

（4）口無作者，如法師講說，學士覆述之，即生口無作屬於法師。（隋吉藏《中觀論疏·業品》，T42/116a）

【鯁難】問難。

沙門智藏後遊禹穴，講化《成論》。開往觀之，鯁難累日，賓僚悆悅。（卷六，釋法開）

"鯁難"即問難。"鯁"本有阻塞之義。如《文選·劉孝標〈辨命論〉》："楚師屠漢卒，睢河鯁其流。"呂延濟注："鯁，填也。"又引申爲"阻撓、從中作梗"。《新唐書·劉弘基傳》："王威等鯁大事，弘基與長孫順德伏閤後，麾左右執之。""鯁"又寫作"梗"慧琳《一切經音義·續高僧傳》第六卷："梗難，上庚杏反。……傳文从魚作鯁，俗字也。""鯁難"是主講僧人開講豎題後，聽眾提出不同看法進行問難，是佛教講經儀軌中的一個步驟。[②] 圓仁《入唐求法巡禮行記》卷三："誓愿訖，論議者論端舉問。舉問之間，講師舉麈尾，聞問者語，舉問了，便傾麈尾，即還舉之，謝問便答。講師蒙難，但答不返難。"圓仁所說的論議就是開題時的"鯁難"。如《續傳》卷十三"釋神逈"："優遊自任，亦季世縱達之高僧也。故華壤英俊謂之[③]諺曰：'大論主釋迦逈法界多羅一時領。'以其竪論之時，必令五三人別難後乃總領通之故。"卷九說僧粲"諸有法肆，無有虛踐。工難問，善博尋。"都是一個意思。而聖凱認為是座主與

① "處"，資、磧、普、南、徑、清作"帶"。

② 關於佛經講解儀軌可參聖凱：《論唐代的講經儀軌》，《敦煌學集刊》2001年第2期。另可參王文才《俗講儀式考》，載《敦煌學論集》，蘭州人民出版社1985年版，第100頁。

③ "謂之"，諸本作"為之"。

督講之間的議論，此語值得商榷。

【學觀】學生、學士。

聽侶千[1]餘，皆一時翹秀，學觀榮之。（卷五，釋智藏）

“學觀”在《續傳》中有學生、學士之意。“學觀榮之”是學生們都感到光榮。《續傳》中此詞甚多，如：

（1）於即頻弘二論一十餘年。學觀霞開，談林霧結。（卷十一，釋智念）

“學觀霞開，談林霧結”是互文結構，指所教之學士如雲霧一般集散。

（2）雖暫遊世，恒歸山室。斯亦巖岫之學觀矣。（卷十二，釋道判）

“斯亦巖岫之學觀矣”意爲這也是隱逸之學士。

（3）左庶子杜正倫曰：“大總持寺道岳法師也。法門軌躅，學觀所宗。”（卷十三，釋道岳）

【同緣】同伴。

論談之暇，夜分未寢，忽見大力善神，形甚都麗，既而言曰：“當率集同[2]緣共來飡受。”（卷六，釋慧超）

“同緣”即同伴。佛家認爲人是因爲因緣才走到一起，所以同伴就是有共同因緣的人。如：

（1）三會度我遺殘眾生，然後乃化同緣之徒。（元魏慧覺等譯《賢愚經·波婆離品》，T4/435c）

（2）或作貧窮困苦盲聾瘖瘂最下乞人，於一切眾生眾中同類、同緣、同事、同行、同業導引得入佛道，共我有緣，令發菩提之心。（唐不空譯《大乘瑜伽金剛性海曼殊室利千臂千鉢大教王經》卷一，T20/726c）

【同師】同門。

身無戲掉，口不妄傳。奉戒精勤，昏曉自策。和上同師，私共歎異。（卷十四，釋智正）

“同師”即同一個導師的同學，相當於現在的同門。“和上同師，私共歎異”即“和尚和同學私下都很驚嘆。”如：

---

① “千”，諸本作“百”。

② “同”，普、徑、清作“問”。

(1) 時有同師沙門吉藏者，學本興皇，威名相架，文藻橫逸。矩[①]實過之，所以每講敘王，皆制新序，詞各不同。京華德望餐附味道者殷矣。(卷十一，釋智矩)

“同師沙門”即同學沙門。

“同師”的“同學”義是由短語“同師”名詞化而來的。如：

(2) 與慧聰、道寂、法貞等同師道記。少長相携，窮研數論。遂明五聚，解冠一方。(卷六，釋法貞)

上例“同師”爲共同學習，在這一意義上詞彙化爲詞。

【義侶】法侶。

因欲傳授，周訪義侶，擬閱新文。(卷一，釋法泰)

“義侶”在《續傳》中指法侶，即共同修煉佛法的道友。

(1) 時粲[②]法師居坐謂曰：“自河涼義侶，則道朗擅其名。沿歷至今，爾其接軫，代不可削，斯人在斯。”(卷四，釋靖玄)

(2) 陳氏御曆，重闡玄蹤。僧正晅公，道門德望，於茲寺內結肆開筵。義侶玄徒，四方雲萃。(卷十二，釋慧隆)

《漢語大詞典》“義侶”條與之完全不同。

【經業】佛經經典。

計今出家，或有年歲，經業未通，文字不決，徒喪一世，無所成名。(卷二三，釋道安)

“經業”即經術。此專指佛經經典。如：

(1) 實問曰：“尊師山居早晚?”曰：“後漢時來。”“長老得何經業?”實恃己誦博，頗以自矜。(卷二五，釋慧實)

(2) 時王子須菩提在宮人中便生此念：我今可斷此羅網，不與穢濁所拘牽。以信堅固，出家學道，在空靜之處，勤學經業，使令日新。(東晉僧伽提婆譯《增壹阿含經·非常品》，T2/851b)

(3) 時勝鬘夫人便白王曰：“我生憍薩羅國，聖者鄔陀夷亦生憍薩羅國，我當就彼而受經業。”(唐義淨譯《根本說一切有部毘奈耶·入王宮門學處第八十二之二》，T23/872c)

---

① “矩”，資、磧、普、南、徑、清作“炬”。

② “粲”，諸本作“璨”。

【度】讀完。

釋功逈，姓邊，汴州浚儀人。年六歲，便思出家。慈親口授《觀音經》，累月[①]而度。自此專訓經法。(卷十三，釋功逈)

“度”此爲讀完。如：

(1) 十一投炅法師，將欲試其神采，乃以《觀音》誦之。初夜一時，須臾便度，自謂聞之如經月頃。(卷十一，釋保恭)

(2) 便依而落髮[②]，時年十五也。留誦《淨名》，七日便度。(卷二十，釋法護)

(3) 僧即少時誦之便度，聲韻諧暢，非世所[③]聞。更令誦餘，率皆如此。寶驚歎曰：“何因大部經文倏然即度?”(卷二五，釋慧寶)

以上句子前用“誦”後用“度”，可見“度”與“誦”有關。此詞只出現在《續傳》中，似乎爲《續傳》之口語。“度”之本義是句讀，因爲古書無句讀，要誦讀首先要斷句。《隋書·李德林傳》：“(德林)年數歲，誦左思《蜀都賦》，十餘日便度。”能順利斷句讀通是誦讀的基本功，由此而引申成讀完。因爲一篇文章點完句讀，也就讀完了。下面句子能幫助我們理解：

(4) 後往峴頭山誦《法華經》，月便度。深自惟曰：“經不云乎，寧願少聞多解義味，欲得通要，必俟博遊。”(卷十三，釋道傑)

(5) 後潛林慮上胡山寺誦《維摩》、《法花》，纔浹二旬，兩部俱度。因誦求解，還入洛陽。(卷八，釋法上)

(4)、(5) 兩句均是讀完後強調要理解義味。說明“度”僅僅是理解經典的第一步，也說明“度”僅僅是讀完。這也從側面說明“度”的本義就是斷句。

(6) 初投信都僧邊法師，因試令誦《須大拏經》，減七千言，一日便了。更誦《大方等經》，數日亦度。(卷二，釋彥琮)

此句中“了”與“度”對出，正好說明“度”有完結義。

“度”之“讀完”義，還可能與佛經原典的影響有關。朱慶之先生指

---

① “月”，諸本作“目”。

② “髮”，諸本作“髴”。

③ “所”，資、磧、普、南、徑、清無。

出“度”的梵文原典為“√mac”，意為“使自由、解脱”①，讀完也是一種解脱，“句讀”義可能是在這一意義的影響下，引申出了“讀完”義。

四　有關叢林制度组詞

【僧任】僧正。

其年授敕，令任廣、循二州僧任。經②五載，廢闕法事。後解僧任，方於本州道場寺偏講《攝論》十有餘遍。（卷一，釋法泰）

按，“僧任”應爲“僧正”之異名。《高僧傳》卷八“釋慧基”：“基既德被三吴，聲馳海内，乃勅爲僧主，掌任十城，蓋東土僧正之始也。於是從容講道，訓厲禪慧。四遠從風，五衆歸伏……後有沙門慧諒接掌僧任。諒亡，次沙門慧永。”在此段記載中慧皎前用“僧主”，後用“僧正”、“僧任”，可見三者是同義替换。他如卷十三“釋海順”：“素後累居僧任，果停講席。”

【寺任】寺主，有時也指上座。

於鍾山雷次宗舊館造草堂寺，亦號山茨，屈知寺任。（卷六，釋慧約）

“寺任”即寺主，有時也指上座。如：

（1）皇儲目屬淨之神鋭難加也，乃請爲普光寺任。下令曰：“紀國寺上座慧淨法師，名稱高遠，行業著聞。綱紀伽藍，必有弘益，請知寺任。”……慨斯恩迫，致啟謝曰：“伏奉恩令，以慧淨爲普光寺主，仍知本寺上座事。”（卷三，釋慧淨）

這段話中，前爲“請爲普光寺任”，後爲“以慧淨爲普光寺主”可見寺任就是寺主。

（2）乃下令曰：“今可屈知寺任，允副虛襟。”岳動容辭曰：“皇帝深惟固本，歸誠種覺。所以考茲福地，建此仁祠。廣召無諍之僧，用樹無疆之業。貧道識量未弘，德行無紀。今蒙知寺任，誠所不安。願垂含恕，敢違恩旨。”……皇太子令曰：“普光寺上座喪事所資，取給家令。庶使豐

① 參朱慶之《漢譯佛典語文中的原典影響初探》，《中國語文》1993年第5期。

② “經”，諸本作“經停”。

厚，無致匱約[①]。”（卷十三，釋道岳）

這段話中前爲“屈知寺任”，後爲“普光寺上座”，可見“寺任”即“上座”。他如：

(3) 開皇十年迎入帝里，勑住興善。頻經寺任，緝諧法眾，治績著聲。（卷九，釋僧粲）

(4) 仁壽三年舉當[②]寺任，素非情望，因復俯從。（卷十二，釋靈幹）

(5) 後召入弘福，又令知普光寺任。（卷十二，釋寶襲）

【邑義】佛教信徒結成的團體，相當於“社”。

隋[③]開皇，關壤往往民間猶習《提謂》。邑義各持衣鉢，月再興齋。儀範正律，遞相鑒檢，甚具翔集云。（卷一，釋曇曜）

“邑義”指佛教信徒結成的團體。卷二四“釋法通”：“南自龍門，北至勝部。嵐石汾隰，無不從化。多置邑義，月別建齋。”卷二八“釋寶瓊”：“晚移州治，住福壽寺。率勵坊郭，邑義爲先。每結一邑，必三十人合誦《大品》，人別一卷。月營齋集，各依次誦。”從“月再興齋”、“月別建齋”看，這一團體每月定期共同齋戒。“每結一邑，必三十人合誦《大品》”說明邑義集結之時要進行一系列法事活動。“邑義”應當就是當時結社中的一種，項楚先生說：“社邑：亦稱‘邑社’、‘義社’等，簡稱‘社’或‘邑’。古代民間結社性質不盡相同。有宗教性者，以合力經營佛寺、舉辦法事為宗旨。”[④] 又可稱為“義邑”，如卷二八“釋寶瓊”：“如此義邑乃盈千計，四遠聞者皆來[⑤]造欵。”《敦煌社邑文書輯校·拾伍人結社社條》：“義邑之中，切籍三官鈐鍩。”唐人把結社看作一種義。如《敦煌社邑文書輯校·社條》：“若不結義為因，易（焉）能存其禮樂？所以孝從下起，恩乃上流，眾意商儀（議），遞相追凶逐吉，各取意美睦，立條於後……結義已後，須存義讓，大者如兄，小者如弟。”《敦煌社邑文書輯校·顯德六年正月三日女人社社條》：“蓋聞至城（誠）立社，有條有格，夫邑儀（義）者，父母生其身，朋友長其值（志），遇

① “匱約”，諸本作“遺約”。

② “當”，諸本作“掌”。

③ “隋”，諸本作“隋初”。

④ 參項楚《王梵志詩校注》，上海古籍出版社 1991 年版，第 12 頁。

⑤ “皆來”，諸本作“皆蒙”。

危則相扶，難則相救。”所以社邑又稱為“義邑”。其他如：

（1）三於一切施設徒眾、朋侶邑義諸集會中，佛聖弟子僧爲最勝。（唐玄奘譯《本事經·三法品第三之二》，T17/697a）

（2）若於彼彼異方異域、國城村邏、王都王宮，若執理家、商估、邑義諸大眾中，古昔軌範，建立隨轉，如是名爲立軌範住。（唐玄奘譯《瑜伽師地論·攝決擇分中五識身相應地意地之二》，T30/586b）

（3）過去世時，波羅奈國有婆羅門姓憍尸迦，好修福業，與其同友三十二人共爲邑義。憍尸命終爲忉利王，餘爲輔臣。（隋慧遠《涅槃義記》卷九，T37/860c）

【義會】義邑。

貞乃與建爲義會之友，道俗斯附，聽眾千人。隨得嚫施，造像千軀，分布供養。（卷六，釋法貞）

“義會”即義邑。“社”有時又稱為“會”。《敦煌社邑文書輯校·某甲等謹立社條》：“竊以燉煌勝境，地杰人奇，每習儒風，皆存禮故（教），談量幸解言詁（語）美辭。自不能實，須憑眾賴，所以共諸無（英）流，結為壹會。”《敦煌社邑文書輯校·開寶五年正月廿日辛延晟曹願長結會記》：“開寶悟（五）年癸酉正月廿日淨土寺學士郎辛延晟曹願長二人等同心一會，更不番悔記。願長記。”所以“義邑”又稱義會。湯用彤說：“據《續高僧傳》，謂陳、隋之際，江左文人多興法會，每集名僧，連宵法集。此當亦社之屬，但不悉條約嚴明否也。”① 他如：

（1）即於其國迦毘羅城四門之外，并衢道頭、街巷、阡陌有人行處安大無遮義會之所，人來須者盡皆布施。（隋闍那崛多譯《佛本行集經·俯降王宮品》，T3/683c）

（2）或於道路若往若來，或於無倒事業加行，或於守護所有財物，或於和合展轉乖離，或於義會，或於修福皆爲助伴。（唐玄奘《瑜伽師地論·本地分中菩薩地第十五初持瑜伽處戒品第十之一》，T30/512b）

【義集】法集、法會。

梁高有勑善言殿②義集。（卷六，釋僧遷）

---

① 參湯用彤《隋唐佛教史稿》，武漢大學出版社2008年版，第59頁。

② “善言殿”，資、磧、普、南、徑、清作“興善殿”。

“義集”也是法集、法會之意。如：

（1）甞於西邸義集，選諸[①]名學，事委治城[②]智秀。而競者尤多，秀謂寵曰：“當此應對，卿何如我？”答曰：“先悦後拒，我不及卿。詮名定賞[③]，卿不及我。”秀有慚色。（卷五，釋法寵）

（2）皇高亟延義集，未曾不勅令雲先入後下詔令。（卷五，釋法雲）

（3）東朝於長春殿義集，副[④]君親搖玉柄，述朗所竪諸師假名義。（卷七，釋法朗）

（4）時與智者義集山中，頓悟禪慧。（宋志磐撰《佛祖統紀·諸祖旁出世家·禪師德抱》，T49/199b）

【通履】通履歷。

曾竹園寺一住十年，通履僧坊，多值明德。（卷二，那連提黎耶舍）

“通履”是“通履歷”之縮略。“通履歷”是僧人拜訪時的一種形式，相當於自我介紹。宋惟勉編《叢林校定清規總要·兄弟相看禮儀》“相看之法”：“九月初一日後，諸方有大相看暫到，於侍者處通履歷上名了，約日相看。若已後，或人少，及江湖頭角，當繼時通報。或即相看，在住持意。”（X63/604c）“通履歷上名”就是介紹自己的來歷並上名刺。

【依住】居住。

此乃西言耳，正音云招鬬提奢，此云四方，謂處所爲四方眾僧之所依住也。（卷二，達摩笈多）

“依住”即居住。“依”有依附、托身之意。韓愈《袁州祭神文》之二：“神之所依者惟人，人之所事者惟神。”“依”、“住”連言也爲居住。他如：

（1）北巖石室高二十餘丈廣三十步。其側不遠復有獮猴墮坑處、四佛經行處、賢聖依住處。（卷四，釋玄奘）

（2）滿嗟遇後展，欣附有餘，從瓚歷遊，所在宗習。又依住開化，結廬修心。俄爲文帝追瓚入京。（卷十九，釋智滿）

（3）一切林樹，高至一尋，圍滿一尺，即有神祇在上依住，以爲舍

① “諸”，諸本作“請”。

② “治城”，普、南、徑、清作“冶城”。

③ “賞”，諸本作“實”。

④ “副”，資、磧、普、南、徑、清作“嗣”。

宅。(隋闍那崛多等譯《起世經・三十三天品第八之三》, T1/347c)

【翻穢】清除油膩。

又屢經寇蕩，荒荐相仍，寺眾僧厨，亟經宿觸。故從隋末終至唐初四度翻穢，獲資淨供，致使四方嘉會，休有功焉。(卷二二，釋慧休)

“翻穢”是清除油膩之意。道宣《四分律刪繁補闕行事鈔・四藥受淨篇》:“欲依聖語而反穢者有四不同：一者緣淨，二者體淨，三者緣不淨，四者體不淨。言緣淨者，謂釜器傾溢佐助料理，佛開爲緣，此不須翻。言體淨者，不容膩器，佛令自得安水燃火。乃至諸僧器未經盛食，體是淨物，無穢可翻。言體不淨者，此是治生興利，用造佛供僧，制不許禮受。雖不經宿捉，翻亦不合食，由心惡鄙。上三句者並是正經，文遍如鈔，並不須翻。緣不淨者，本是淨，且遇緣染污，故須翻穢令淨。《五分》有：‘諸木器肥膩不淨以瓦石揩洗，恐破壞者，用沸湯洗之。’《僧祇》:‘淨人行食，淨器墮比丘鉢中，尋即却者名淨，停須臾者名不淨。若是銅器，淨洗。用木器，若膩入中者削刨之，不可用者當棄。’……準此展轉翻穢者成證。若盆甕等器有食膩者，釜上蒸之。內外熱徹，膩出即淨。一切銅器磨之。鐵器以火燒內趣令膩盡。木倉櫃等削刨泥拭。土倉窖等隨有更拭。石器者，或以水洗，或以鎊治，得無殘膩便止。”(T40/117c)

【露骸】佛教四葬之一，將尸體放置林中施於野獸。

乃露骸收葬，爲起方墳，就而銘之。(卷二九，釋慧冑)

“露骸”即林葬，是佛教四種葬法之一，即將尸體放置林中施於野獸。《續傳》卷二七“論”:“然西域本葬，其流四焉。火葬焚以蒸新，水葬沈於深淀，土葬埋於岸[①]旁，林葬棄之中野。”如卷九“釋慧藏”:“臨終誠心曠濟，累屬露骸。弟子奉謹遺訣，陳尸林麓。”卷二一“釋覺朗”:“及終沒後，露骸山側。”又稱爲“露尸”。卷九“釋寶海”:“時年八十，謂門人法明曰：‘吾死至矣，一無前慮，但悲去後圖塔湮滅耳，當露尸以遺鳥狩。’”卷十八“釋法喜”:“遂開行送[②]，中道降神於弟子曰：‘吾欲露尸山野，給施眾生，如何埋藏，違吾本志？雪平荒逕，可且停行。’”

---

① “岸”，諸本作“崖”。

② “遂開行送”，資、磧、普、南、徑、清作“遂行開道”。

五 有關佛教名物組詞

【艾納】僧人禦寒之冬衣。

故其徒屬服章率加以布，寒則艾納用犯風霜。（卷十七，釋慧思）

“納”是僧人禦寒之冬衣。《續傳》卷二十“釋慧熙”：“冬則加納，夏則布衣。”“艾納”是在納中夾艾而制成的纳衣。因爲在唐代尚未流行草棉，冬衣所用之絮皆爲絲絮[①]。佛家認爲絲絮之成有殺生之嫌，故以著絲織品爲犯戒。宋元照《佛制比丘六物圖·四明財體》：“初明如法，律中猶通絹布二物。若準業疏諸文，絹亦不許。疏云：‘世多用絹紬者，以體由害命，亦通制約。今五天竺及諸胡僧俱無用絹作袈裟者。’又云：‘以衣爲梵服行四無量，審知行殺而故服之，義不應也。’……律云：‘若細薄生疎，綾羅錦綺紗縠紬綃等並非法物。’今多不信佛語，貪服此等諸衣。《智論》云：‘如來著麁布僧伽梨。’此方南岳山眾及自古有道高僧，布衲艾絮，不雜一絲。天台唯被一衲，南山繒纊不兼，荊溪大布而衣，永嘉衣不蠶口，豈非慈惻之深，真可尚也。”（T45/898a）因此僧人在冬衣中充入艾絮以代替蠶絲，這種納被稱爲艾納。如：

（1）平昔禦寒，唯一艾納，繒纊之屬，一切不受。（宋志磐《佛祖統紀卷·東土九祖第三之一·三祖南岳尊者慧思》，T49/179a）

（2）初金髫年寫《法華經》，不衣縑繒，寒加艾納而已。（宋贊寧《宋高僧傳·讀誦篇第八之一·唐京師千佛寺楚金傳》）

【布艾】“布衣艾納”之省稱。

而約飯餌松朮三十餘年，布艾爲衣過七十載。鳴謙操擅望[②]當時。（卷六，釋慧約）

“布艾”即“布衣艾納”之省稱。如：

（1）初志出家至終，結操松竹，冬夏一服，無禦縑纊，布艾麁素，自此爲常。（卷二七，釋大志）

（2）韻往安禪，惟服布艾，行慈故也。（卷二十，釋法韻）

---

① 在公元5—6世紀南北朝時期曾出現“白疊子布”，這是一種木棉所織之布，非中國所有。草棉在中國南方的迅速推廣是在宋末元初。詳參袁傑英《中國歷代服飾史》，高等教育出版社1994年版，第14頁。

② “操擅望”，資、磧、普、南、徑、清作“立操標望”，麗作“立操擅望”。

【經臺】藏經樓。

永徽二年請造梵本經臺，蒙勅賜物，尋得成就。(卷四，釋玄奘)

按，“經臺”相當於閱覽室或儲書室，即今之所謂藏經樓。《漢語大詞典》解釋如下：

【經臺】用於諷誦佛經的平臺。南朝宋謝靈運《山居賦》：“面南嶺，建經臺；倚北阜，築講堂；傍危峰，立禪室；臨浚流，列僧房。”清董國華《憶舊遊·秋寺》詞：“凄然經臺靜，歎蓮花香老，冷到蒲團。”

這一說法可能有誤。

首先，從功能上看，唐窺基撰《金剛般若論會釋》卷一“以此准知經本自有廣、略、中異。杜顗廣本；能斷文是略，于闐本、羅什文同；中者是天竺本，與真諦、流支本同。玉華更譯，文亦相似。今於慈恩梵經臺具有諸本。”（T40/730a）這段文字主要是介紹經文版本有“廣、略、中”之差異。後面說“今於慈恩梵經臺具有諸本”，可見慈恩梵經臺不是用來讀經，或者說不僅僅是用來讀經，而是用來儲存佛經的。《續傳》卷十九“釋智晞”：“時眾議曰：‘今既營經臺供養法寶，惟尚精華，豈可率爾而已。其香鑪峯檉柏木中精勝，可共取之以充供養。’”“今既營經臺供養法寶”說明“經臺”是用來供養法寶的。佛經所指三寶即佛、法、僧，故法寶即佛經。這進一步說明經臺的功能是供養佛經的。

第二，從形制上看，經臺似乎並不僅僅是臺，有的可能還是樓閣。唐法琳撰《辯證論·十代奉佛篇下·大唐今上皇帝》：“浮柱繡栭，上圖雲氣，飛軒鏤檻，下帶虹蜺。影塔儼其相望，經臺欝其並架。”（T52/513b）這一段文獻中“影塔”與“經臺”相望並架，“圖雲氣”“帶虹蜺”足見其高。“浮柱繡栭”，雕欂畫棟之之貌，“飛軒鏤檻”，樓亭臺觀之形，這種經臺作爲誦經的平臺從未有過。

第三，從重要性上看，經臺是寺院的重要組成部分。《續傳》卷十九“釋智晞”：“宴坐之暇時復指撝創造伽藍，殿堂房舍悉皆嚴整，惟經臺未構，始欲就工。”可見經臺是寺院的重要組成成分。謝靈運《山居賦》：“面南嶺，建經臺；倚北阜，築講堂；傍危峰，立禪室；臨浚流，列僧房。”經臺與講堂、禪室、僧房并列也說明其重要性。據龔國強研究隋唐長安城佛寺的主要建築構成有八項[①]：

(1) 山門及其他寺門。

(2) 圍墻、回廊或廊道。

(3) 塔（浮圖）。

(4) 佛殿及佛像的配置。

(5) 閣樓和配殿。

(6) 講堂。

(7) 鍾、經樓（或臺、亭）。

(8) 僧房。

可見，經樓（臺、亭）是寺院的必要組成。這與藏經樓（臺）地位接近。

第四，從考古成果看，經臺應是經樓。日本奈良的大長安寺是仿唐長安西明寺而建的。日《本朝高僧傳・慈藏傳》一文有明確記載："聖武天皇天平九年（727），帝將新大官寺，下詔覓伽藍式，時無知者。道慈奏曰：'臣僧在中華時，見西明寺，私念異日歸國，苟逢盛緣，當以此爲則，寫諸堂之規，襲藏巾笥，今陛下聖問，實臣僧之先抱也。'以圖上進。……歷十四年而成，賜額大安，敕慈主席。"[②] 安家瑶曾對二者進行過對比。"在第二次發掘中最令我們百思不得一解的是中殿左右兩側南伸的部分，現在的中國古建築中沒有這種形制。奈良寺院金堂之北講堂之南的庭院中，西側有鍾樓，東側有經樓，特別是大安寺和興福寺的鍾樓和鼓樓都不是孤立的建築，而是用廊子與講堂相接，這種建築形制與我們在西明寺第二次發掘的中殿南伸部分非常相似，所以我們大膽推測，中殿堂的左右南伸部分很可能爲鍾樓和經樓，在《關中戒臺圖經》中稱之爲經臺和鍾臺。"[③] 《關中戒臺圖經》是道宣所撰，全名爲《關中創立戒壇圖經》。在這篇文章中道宣詳細描寫了西明寺的布局結構："正中佛院之內有十九所：初，佛院門東佛爲比丘結戒壇；二，門西佛爲比丘尼結戒壇；

---

① 參龔國強《隋唐長安城佛寺研究》，文物出版社 2006 年版，第 175 頁。

② 引自（日）弘法大師著，王利器校注《文鏡秘府論校注・序》，中國社會科學出版社 1983 年版，第 3 頁。

③ 參安家瑶《唐長安西明寺的考古發現》，《唐研究》（第六卷），北大出版社 2010 年版，第 343 頁。

三，前佛殿；四，殿東三重樓；五，殿西三重樓；六，七重塔；七，塔東鐘臺；八，塔西經臺；九，後佛說法大殿；十，殿東五重樓……十九西佛庫。”（T45/811a）道宣所記的“經臺”正好與奈良古寺的經樓布局一致，所以考古隊推測“經臺”就是經樓。

第五，唐代佛寺中通常設置“左鍾右藏”的組合在敦煌壁畫中大有存在。“敦煌盛唐217窟佛寺畫有鍾臺（西），經臺（東），置於中央大殿前方左右配殿的外面兩側；盛唐第91窟壁畫前殿的前左右與配殿之間各置一六角形磚臺，臺頂有六角亭，西亭懸鍾，東亭貯經；中唐第361窟北壁藥師經變畫中有以六角二層佛塔爲主的單院佛寺，配有六角形的東鍾亭、西亭；同窟南壁阿彌陀經變畫中的佛寺爲西樓置鍾、東樓貯經，晚唐第85北壁葯師經變畫中的佛寺與91窟相近，但爲東鍾西經。這種佈局也可見於《戒壇圖經》插圖，在‘後佛說法大殿’前方左右分立着鐘、經臺，爲東鐘西經。”①

至於董國華《憶舊遊·秋寺》詞：“凄然經臺靜，歎蓮花香老，冷到蒲團。”此句中的“經臺”並非就是說讀經的平臺很寂靜，而是指藏經樓上寂然無聲，使人坐在蒲團上感到淒冷。可見經臺並非誦經之地。唐祖詠《題遠公經臺》詩可與之相較：“蘭若無人到，真僧出複稀。苔侵行道席，雲濕坐禪衣。澗鼠緣香案，山蟬噪竹扉。世間長不見，寧止暫忘歸。”“澗鼠緣香案，山蟬噪竹扉”兩句正好說明經臺極為安靜。而“竹扉”一詞也說明經臺不是平臺，而是有頂有門之建築。

從以上材料可以判定，“經臺”在隋唐及以前絕非諷誦佛經的平臺，而是供養佛經的樓、臺、亭之通稱。

佛家爲什麼把經樓、經亭均稱爲經臺呢？我們推測這是傳承沿襲的原因。早期的佛教在中國的影響並不很大，因而其財力應有限，不會造出高大的樓閣來保存佛經。從敦煌壁畫內容看，在西域一直有以臺貯經的歷史。梁釋寶唱《比丘尼傳》卷四“禪林寺淨秀尼傳”：“秀手寫衆經，別立經臺，置在于堂內。”由此可見，由於財力的原因，淨秀於堂內立臺以貯經，這可能是最早的貯經方式。道家道經的藏書方式可以給我們啟發。明正統道藏南北朝佚名《洞玄靈寶三洞奉道科戒營始》卷二“寫經品”：

① 參見龔國強《隋唐長安城佛寺研究》，文物出版社2006年版，第175—176頁。

“夫經皆須作藏，凡藏有二種：一者總藏，二者別藏。總藏者，三洞四輔同作一藏。上下或左右前後作重級，各安題目‘三洞寶經藏’。別藏者，三洞四輔各作一藏。凡有七種：一者大洞真經藏，二者洞玄寶經藏，三者洞神仙經藏，四者太玄經藏，五者太平經藏，六者太清經藏，七者正一經藏。皆明題目，以相甄别。若次安之，若各藏如並藏，法皆安經臺。或天尊殿當陽左右間，左三洞，右四輔。每藏皆作臺，舉之不得，正爾頓地，巾帕表蘊。如法置几案、香罏，龍璧燒香，明燈存念，並须得所。藏之大小皆在時之所制，不復爲常。”此段文字非常明確地敘述了南北朝道藏經書的收藏方式，釋道兩家有說不清的糾葛，因此他們的藏經方式應大致相同。人們在藏經後，不僅要保存，還要設置幾案、香爐燒香供養，於是前文“澗鼠緣香案”也就有了落脚處。

後來可能因為經書十分神聖，室內人雜，加上經書越來越多，室內經臺不能滿足貯藏需要，加上大寺廟財力越來越雄厚，於是改為室外建臺，但經書不能露天存放，於是臺上加頂，成為亭，至而成為樓。

可見臺是最早的貯經方式，後來逐漸演變出亭。而臺上有亭有時也仍然稱爲臺，如銅雀臺、幽州臺。因而僧人稱經亭爲經臺是很自然的。至於經樓爲何也稱臺，李際寧有段話值得借鑒：“佛教界重視三寶崇拜，似乎古老流傳下來的東西不宜隨意改變。”① 經樓稱經臺是因爲前代一直稱藏經地爲經臺，所以在形制改變後仍沿襲原來的稱呼。

【拂扇】用以拂除蚊蝱的用具。

其年，皇太子遣通事舍人何思澄銜命致禮，贈以几、杖、罏、奩、褥、席、麈尾、拂扇等。（卷五，釋僧旻）

“拂扇”在唐代指拂子，是用以拂除蚊蝱的用具。即在柄上劄束獸毛、棉、麻等而成者，功用與麈尾同，而形狀各異。又單稱拂，或稱作拂塵。在印度，一般皆用此物拂蚊。唐義淨譯《根本說一切有部毘奈耶雜事》卷六：“緣在廣嚴城獼猴池側高閣堂中。時諸苾芻爲蚊蝱所食，身體患蛘，爬搔不息。俗人見時，問言：‘聖者何故如是?’以事具答。彼言：‘聖者何故不持拂蚊子物?’答言：‘世尊不許。’廣說如前。乃至以緣白佛，佛言：‘我今聽諸苾芻畜拂蚊子物。’是時六眾聞佛許已，便以眾寶

① 參李際寧《佛經版本》，江蘇古籍出版社 2002 年版，第 40 頁。

作柄，用犛牛尾而爲其拂。俗人既見，廣説如前。乃至佛言：‘有其五種祛蚊子物：一者撚羊毛作，二用麻作，三用細裂疊布，四用故破物，五用樹枝梢。若用寶物，得惡作罪。’”（T24/229b）

拂扇與平常之扇不相同。唐義淨譯《根本薩婆多部律攝·服過七日藥學處》云：“爲除極熱，聽畜諸扇。此有二種，謂多羅葉及以衣角，或復竹等。並不應寶作，亦不用寶釘校雕裝。爲遮蚊蟲，聽作拂扇。或用麻紵、白氎、破衣諸葉，其馬尾等不應爲拂。”（T24/570c）這段話有兩點很重要：第一，明確區分了扇與拂扇的形制與功用。扇是用來驅熱納涼的，而拂扇是用來驅蚊蟲的。第二，説明拂扇就是拂子。

佛典中的例子如：

（1）此諸從者，或執金缾，或持拂扇，或捉香花，侍衛彼女。（後秦《鳩摩羅什》譯《大莊嚴論經》卷四，T4/276c）

（2）或捉寶拂扇，供養佛舍利。（宋寶雲譯《佛本行經·嘆無爲品》，T4/111）

（3）布施修福，所謂見有修禪比丘欲斷魔縛，盛夏熱時，流汗熱渴，施石蜜漿，或施拂扇，如是善人，不殺衆生。（元魏般若流支譯《正法念處經·觀天品之十四》，T17/202c）

佛家有時把麈尾也稱爲扇。如：

（4）王稽首禮謝，永歸師傅。并嚫吉祥麈尾及諸衣物。（卷十一，釋吉藏）

慧琳《一切經音義·續高僧傳》卷十一“麈尾”條：“麈尾，上音主，毛扇也。象麈鹿之尾，以寶飾其柄，名麈尾扇，講論者以爲談柄也。”

但從僧旻傳的記錄來看，拂扇與麈尾應完全是兩種不同的物品。麈尾的主要功能是作談柄，而拂扇主要用作驅逐蚊蟲。

六　有关佛家與世俗人物關係組詞

【俗侶】世俗之人。

隋開佛日，有勅簡入菩薩數中，官給衣盋，少林置館①。雖蒙厚供而

① “置館”，諸本作“安置”。

形同俗侶。（卷十二，釋靈幹）

"俗侶"即世俗之人。"俗侶"可能是受"緇侶"的沾染而形成的。因爲當時的世俗之人稱僧人爲緇侶，於是僧人反稱世人爲俗侶。如：

（1）既[①]不預帝覽，遂淪俗侶。（卷二三，釋僧猛）

（2）問曰："在家俗侶頗得聞不？"報言："得聞二藏，謂論及經。毘奈耶教是出家軌式，俗不合聞。"（義淨譯《根本說一切有部毘奈耶·妄說自得上人法學處》，T23/672a）

（3）教無幽而不陳，機無微而不納。若泛爲俗侶，但略言其五禁。（義淨撰《南海寄歸內法傳·序》，T54/204c）

《漢語大詞典》：

【俗侶】指塵世間的友人。唐戴叔倫《游道林寺》詩："佳山路不遠，俗侶到常稀。"

按，《漢語大詞典》誤釋。戴叔倫的詩是借僧人的口吻來說的，美好的山水路途并不遙遠，但是世人還是很少來往。作者意在感嘆道林寺門庭冷落，荒涼凄清，并非說和尚世俗的朋友少。因此才有後兩句"及此煙霞暮，相看復欲歸。"到了這暮煙迷漫的傍晚，看到這種荒涼的景象以後都想回家。這與柳宗元《小石潭記》的"以其景過清"異曲而同工。

【氓俗】世俗百姓。

而爲人高簡雅素，自歸清眾，絕交氓俗。（卷十三，釋海順）

"氓俗"即百姓。"氓"指民氓。"俗"是佛教徒對世俗的稱呼。慧琳《一切經音義·集古今佛道論衡》卷二"氓俗"條："氓俗，麥耕反。鄭注《周禮》云：'變民言內外也。氓，猶懞懞無知皃也。'"《續傳》中"出俗"、"俗人"、"俗緣"、"俗姓"、"厭俗"、"道俗"之類的詞語比比皆是。"氓"、"俗"複合指世俗百姓。如：

（1）德豐內溢，聲流氓俗。（卷十八，釋道舜）

（2）昔五印度國二王分治，境壤相侵，干戈不息。兩主合謀，欲決兵戰，以定雌雄，以寧氓[②]俗。（唐玄奘《大唐西域記·薩他泥濕伐羅

① "既"，磧、南、清作"即"。

② 按，季羨林注此"氓"石本作"民"。參季注《大唐西域記》，中華書局1985年版，第390頁。

國》)

(3) 秦王天縱含弘,心發慈愍,威風鼓扇,群凶殄滅,八方靜謐,萬國朝貢。愛育四生,敬崇三寶,薄賦斂,省刑罰,而國用有餘,氓[①]俗無宄,風猷大化,難以備舉。(唐玄奘《大唐西域記·羯若鞠闍國》)

這一詞語也存在於世俗文獻,也指百姓。如:

(4) 又除使持節冠軍將軍懷州刺史,進爵高城侯。攬轡馳風,褰帷樹政。孀孤飲惠,氓俗懷仁。(《漢魏南北朝墓誌彙編·北魏·魏故使持節平東將軍冀州刺史勃海定公封(魔奴)使君墓誌》)

(5) 五月乙未,詔曰:"氓俗凋弊,于茲永久,雖年谷時登,而歉乏比室。凡單丁之身及煢獨而秩養養孤者,並蠲今年田租。"(《南齊書·武帝本紀》)

(6) 慎謂守令曰:"牧守令長是化民者也,豈有其子娶妻,便與父母離析。非唯氓俗之失,亦是牧守之罪。"(《周書·薛善列傳附弟薛慎》)

《漢語大詞典》未收此義項。

【蒙俗】世俗之人。

誓畢依持,開悟蒙俗,周聽乃洽。(卷十四,釋智拔)

佛教認爲眾生均是愚昧無知的,眾生蠢蠢,唯有修道悟教才能大徹大悟,最終修成正果。因此稱世俗之人爲"蒙俗"。道教也持相似觀點。宋張君房《雲笈七籤·太清中黃真經·釋題》:"學而無志謂之愚,不學不知謂之蒙。"如:

(1) 頃世蒙俗,情多浮濫,時陳靈相,或加褒飾,考覈本據,頓墜淫邪。(卷二六,論)

(2) 而卑牧自處,蒙俗罕知。(卷二八,釋道積)

(3) 以貞觀初因疾將終,遺囑友人慧廓曰:"比雖誦經,意望靈驗,以生蒙俗信向之善。若身死後,不須棺盛[②],露骸埋之。十載可爲發出,舌根必爛,知無受持。若猶存在,當告道俗爲起一塔,以示感靈。"(卷二八,釋遺俗)

---

① 季羨林注:"原本'氓'作'民',《宋本》、《資福本》、《元本》、《徑山本》並作'氓'。民、氓義可通用,但民為太宗名諱,玄奘進呈之書,安得不避?今據改正。"同上書,第437頁。

② "棺盛",諸本無。

（4）夫稱沙門者何耶？謂其能發蒙俗之幽昏，啟化表之玄路。（梁僧祐《弘明集·遠法師沙門不敬王者論形盡神不滅第五》，T52/31b）

【世儀】世俗之儀則。

奚假落髮翦鬚，苦違俗訓，持衣捧盔，頓改世儀？坐受僧號，詳謂是理，遙學梵章，寧容非法。崇佛爲主，羞討佛字之源，紹釋爲宗，恥尋釋語之趣。（卷二，論）

“世儀”指世俗之儀則。如：

（1）譬如有子稱父母名，於世儀中猶尚不可，況我今是一切父母。（宋求那跋陀羅譯《過去現在因果經》卷三，T3/644a）

（2）善閑一切世儀禮則，一切藝能無不成就。隨諸眾生有來求索悉皆施與，靡不令其意願充滿。（般若譯《大方廣佛華嚴·入不思議解脫境界普賢行願品》，T10/788c）

《漢語大詞典》未收此義項。

【俗兄】世俗之兄長。

梁國公房玄齡求爲法友，義結俗兄。（卷四，釋玄奘）

“俗兄”指世俗之兄長。如宋元照《修習止觀坐禪法要·序》：“天台止觀有四本：……四曰小止觀，即今文是。大師爲俗兄陳鍼出，寔大部之梗概，入道之樞機。”（T46/462a）

七 佛家生活詞語雜釋

【伽斗】老年無知。

嘗講《花嚴》，輒有一僧加毀云：“是乃伽斗，竟何所解。”當夜有神加打，死而復蘇。（卷八，釋僧範）

“伽斗”是僧家的罵詈語。意爲老年無知。唐大覺撰《四分律鈔批·訃請設則篇》：“摩訶羅者，《羯磨》疏云：‘此外國語，此翻爲殺者，能損眾生法身慧命也。’有云：‘摩呵羅’此翻‘伽斗’也。老年出家曰伽底死，慳痴曰斗（未詳）。賓云：‘摩呵羅’者，此翻‘無知’，或言老年也、被七棒打等者。”（X42/1028b）他如唐道世撰《法苑珠林·說聽篇·感應緣·齊鄴東大覺寺沙門僧範》：“又有一僧懷忿加毀，罵云：“伽斗，汝何所知。”當夜有神打而幾死。”

【鈍丁】對和尚的蔑稱。

謂捧鉢爲鈍丁，號持瓶爲豎子。（卷二二，論）

“鈍丁”是當時對和尚的蔑稱。清錢謙益《牧齋有學集·塔銘·白法長老塔表》：“躬法水之細行，侶持鉢之鈍丁。”佛教稱人愚笨為“鈍根”。宋求那跋陀羅譯《雜阿含經》卷五：“五百弟子前後圍遶。其諸弟子有聰慧者、有鈍根者，及其命終，悉不記說所往生處。”（T2/31c）姚秦竺佛念譯《出曜經·愛品》：“若利根眾生，善察分別，便得離此眾患苦惱，增益善本。若鈍根眾生不作此觀，則無所成。”（T4/633a）丁福保《佛學大詞典》“鈍根”云：“愚鈍之根機，不堪成就佛道者。《法華經·藥草喻品》曰：‘正見邪見，利根鈍根。’《指月錄》曰：‘此是接引鈍根人語。未審接上根人復說何法?’蘇軾詩曰：‘鈍根仍落箭鋒機。’”又“鈍”是當時之口語，如《敦煌變文選注·燕子賦》有“鈍鳥𨖼羅”、“你欲放鈍”之語。《寒山詩注·死生原有命》：“聰明好短命，癡騃卻長年。鈍物豐財寶，醒醒漢無錢。”項注：“鈍物，笨人。”而男人又稱“丁”，當時人們還譏笑僧人爲“禿丁”。如：

（1）無言酬賞[①]，但云：“禿丁妖語，不勞敘接。”。（卷二四，釋普應）

（2）京室閭里，咸傳禿丁之誚，劇談酒席，昌言胡鬼之謠。（卷二四，釋法琳）

可能在這種類推的作用下，於是稱和尚爲“鈍丁”。

【家僧】信徒私人供養的爲其服務的僧人。

天子禮接甚厚，引爲家僧。（卷一，僧伽婆羅）

按，“家僧”一詞多出現于《續傳》。家僧是指信徒私人供養的爲其服務的僧人。道宣《集古今佛道論衡·卷乙·隋兩帝重佛宗法俱受歸戒事》曰：“昔居晉府，盛集英髦，慧日法雲，道場興號，玉清金洞，玄壇著名。四海搜揚，總歸晉邸，四事供給，三業依憑。禮以家僧，不屬州省，迄於終曆，徵訪莫窮。”（T52/379a）這段文字告訴我們“家僧”是不屬州省的。但從當時對佛道的管理規定來看，僧人是不允許私度的，因此這裏指的“不屬州省”可能是指供養不由州省支出。李向平認爲“傳統中國的佛教寺僧一般有三大類型：官僧，由國家款供養，以負責完成皇

① “酬賞”，磧、普、南、徑、清作“酬償”。

家的佛教儀禮；私僧，由一些大戶的官宦、人家提供食住；最後是民僧，由一般信仰社群的微薄捐贈維持，形成一個小團體，孤立地生活或而棲身於鄉間。"① 這種“不屬州省”的家僧應該就是李氏所說的私僧。如：

（1）上每義集，以禮致之。略其年臘，勑常居坐首，不呼其名，號爲上座法師，請爲家僧。（卷五，釋法寵）

（2）武帝以家僧引之，吳平侯蕭昺亦遇之以禮。（卷五，釋僧遷）

（3）登即銳辯如流，帝有嘉之，仍降家僧之禮。（卷六，釋僧遷）

“家僧”在其他文獻中也有記載。如：

（4）航是宰相李林甫之兄林宗家僧也。（新羅慧超、唐元照等撰《遊方記抄·元開·唐大和上東征傳》，T51/998b）

（5）左僕射房玄齡，引爲家僧，春宮以下資其理義。（道宣《大唐內典錄·皇朝傳譯佛經錄·沙門釋慧淨》，T55/283c）

在唐以後的文獻中再沒有出現“家僧”一詞，這可能與中唐以後門閥士族開始衰落有關。

【毛分】極小、極微之意。

經道已薄，行無毛分。言非可貴，德非可珍。（卷二三，釋道安）

“毛分”即極小、極微之意。宋求那跋陀羅譯《雜阿含經》卷十五："佛告阿難：'於意云何？離車童子競射門孔，箭箭皆入，此爲難耶？破一毛爲百分，而射一毛分，箭箭悉中，此爲難耶。'"（T2/108b）唐湛然述《止觀輔行傳弘決》卷第五之一："假名毛分，毛分者，毛中小分名爲毛分，故極微微等皆名毛分。"（T46/309b）佛經中例子甚多，如：

（1）而是菩薩去來坐起，常觀是事，不爲父母、妻子、眷屬、奴婢作使造身口意惡不善業猶如毛分。（曹魏康僧鎧譯《大寶積經·郁伽長者會》，T11/472b）

（2）假使佛今還自讚說毛分功德，過億百千那由他劫亦不能盡，而況餘人。（隋達磨笈多譯《大方等大集經·菩薩念佛三昧分讚如來功德品》，T13/849c）

（3）時魔波旬盡其神力不能舉鉢如毛分許，怪未曾有。（宋求那跋陀

① 參李向平《專制王權下的傳統中國佛教制度》，佛光山文教基金會《普門學報》第34期。

羅譯《大方廣寶篋經》卷中，T14/471b）

【生地】故鄉。

其少室山西北，緱氏故縣東北，遊仙鄉控鶴里鳳凰谷，即奘之生地也。（卷四，釋玄奘）

“生地”即故鄉、出生之地。“生地”一詞的出現可能與“本生”有關。“本生”是巴利文Jataka（闍陀伽）的意譯。爲佛說諸菩薩等本地受生之事，及自說爲菩薩時，修諸苦行等事。北涼曇無讖譯《大般涅槃經·梵行品》：“何等名爲闍陀伽經？如佛世尊本爲菩薩修諸苦行，所謂比丘當知，我於過去作鹿、作羆、作麞、作兔、作粟散王、轉輪聖王、龍、金翅鳥，諸如是等，行菩薩道時所可受身，是名闍陀伽。”（T12/451c）在佛經中“本生地”本指佛的故鄉、家鄉。如：

（1）佛念本生地，意欲見親族，今聽王頭檀，所說甚可悲。（西晉竺法護譯《普曜經·優陀耶品》，T3/534c）

此句中佛思念“本生地”，欲與親族相見，很明顯是故鄉之意。

（2）化如是輩若干人已，然後世尊方始迴面向本生地迦毘羅城。（隋闍那崛多譯《佛本行集經》卷五十一，T3/890b）

佛是迦毘羅人，這是常識，“本生地迦毘羅城”乃同位短語，可見本生地即故鄉。

後來“本生地”所指範圍擴大，其他人之故鄉也可用“本生地”。如：

（3）復有五種摩訶羅垢，何等爲五？所食殘餘不立淨施，所造食處不知護淨，先已淨處而觸彼淨處，愛本生地，隨自心行不可遮止，是爲五種摩訶羅垢。（隋闍那崛多譯《大威德陀羅尼經》卷十七，T21/824a）

（4）世人耽自宗，如愛本生地。（唐玄奘譯《廣百論本·破見品》，T30/184）

由於“本生地”音步不符合漢語的自然音步之要求，於是縮略成爲“生地”。這樣既從意義上與漢語接近，又在韻律上符合漢語習慣。他如：

（5）彼婆羅門生地在彼迦毘羅城，經營一事，漸漸行至斯那耶那村邑而住。（隋闍那崛多譯《佛本行集經·精進苦行品》，T3767b）

(6) 未久之間成五通行，便現神足於眾人前。師告之曰："汝雖得五通，意結未解，莫現神足以自貢高也。"便心恚師，謂師妬奇。自念曰："當還生地現道德耳。"即飛到本國。（失譯《雜譬喻經》卷下，T4/506a）

【地恩】生地之恩，引申指父母之恩。

值梁室版蕩，京寺荒殘。乃裂裳杖錫，來止南徐。寔報地恩，兼修法事。(卷九，釋慧晅)

"地恩"即生地之恩。如：

(1) 又上渚宮鄉壤，以答生地恩也。(卷十七，釋智顗)

(2) 以報生地恩故，多住舍婆提，一切眾生皆念生地。如偈說："一切論議師，自愛所知法，如人念生地，雖出家猶諍。"（後秦鳩摩羅什譯《大智度論·大智度初品中住王舍城釋論》，T25/77b）

後來簡稱"地恩"。

(3) 隨[①]師伐罪，陳運受終。思報地恩，言旋故里。(卷九，釋慧弼)

(4) 雖親覺久忘而地恩待報，以陳至德元年言旋舊邑，即隋開皇之三年也。(卷十，釋慧曠)

(5) 贍[②]言鄉縣，思報地恩，以陳太建十年旋于舊里。(卷十，釋智琳)

可能在這一影響下"地"在唐朝又產生了"血親關係"之義[③]。如：

(6) 崔沔《為安國相王讓東宮第三表》："臣地非冢嫡，才實昏庸，一旦冒大倫，亂越皇統，近為身患，遠為國耻。"

安國相王指睿宗李旦，為高宗第八子，中宗之母弟，中宗復位封旦為太子，此即其事。"地非冢嫡"即血親關係不是嫡傳。

又唐人語言中有"恩地"一詞，劉傳鴻先生釋之為老師以及官僚對提挈自已的人的稱呼[④]，甚確。但劉先生未追溯語源，未免有憾。王鍈先生認為："'恩地'本意為'受恩之地'，以地稱人，含有敬意，如陛下、

---

① "隨"，諸本作"隋"。

② "贍"，磧、普、南、徑、清、麗作"瞻"。

③ 參王繼如《訓詁問學叢稿》，江蘇古籍出版社 2001 年版，第 55 頁。

④ 參劉傳鴻《讀〈敦煌變文校注〉札記三則》，《中國語文》2006 年第 2 期。

閣下、足下之類。”[1] 鄙意以為“恩地”猶恩親，因為老師和恩人，對自己如再生父母，故以“地”喻之，稱為“恩地”。其實也是從佛經而來。

【僧望】僧人中很有名望的人。

時周國僧望二人倫[2]次登座。發言將訖，尋被正難。徵據重疊，投[3]解莫通。（卷八，釋曇延）

（1）事南林寺沙門慧靜，靜於宋代，僧望之首，律行總持，爲特進顏延年、司空何尚之所重。（卷六，釋慧約）

“僧望”指僧人中很有名望的人。“僧望之首”指名僧之首。

（2）勑遣勞待，令住興善。仍詔所司咸[4]集僧望，評立國統。（卷九，釋靈裕）

“咸集僧望”即集合有名望的僧人。

有時也指名聲。如：

（3）及晚，僧望益重，居處逾輕。（卷七，釋寶瓊）

（4）既德充僧望，遂之斯任。恂恂善誘，弘悟繁焉。（卷十一，釋法侃）

“僧望益重”指名聲越來越大。“德充僧望”指道德與名聲相符。

【年夏】指年齡和法齡。

約既後至，年夏未隆。王便斂躬盡敬，眾咸懷不悅之色。王曰：“此上人方爲釋門領袖，豈今日而相待耶？”（卷六，釋慧約）

“年夏”指年齡和法齡。“年夏未隆”即年齡和僧齡均不大。僧徒稱年為夏。唐慧琳《一切經音義·四分律》第十二卷“百臘”條：“《爾雅》注云：‘一終名歲。’又‘取歲星行一次也。’夏曰歲，商曰祀，周曰年，唐虞曰載，皆據一終爲名，今比丘或言臘，或云夏，言兩同其事也。一終之義。”他如：

（1）仁當先行，我等隨從，何以故？長老須菩提如來先度，出家已久，年夏俱尊。（唐智嚴譯《大乘修行菩薩行門諸經要集》卷下，T17/

---

① 參《唐宋筆記語辭匯釋》，中華書局2001年版，第47頁。

② “倫”，資、磧、普、南、徑、清作“輪”。

③ “投”，資、磧、普、南、徑、清作“救”。

④ “咸”，資、磧、普、南、徑、清作“盛”。

954b)

(2) 然諸苾芻應須善知年夏次第及坐次第，不依次食得越法罪。(義淨譯《根本說一切有部百一羯磨·折伏白》，T24/490c)

(3) 四大同學者，謂同於一師，學菩薩藏年夏先己之類也。(唐法藏撰《梵網經菩薩戒本疏·輕慢師長戒》，T40/635b)

【從化】去世。

至三月半午時從化，春秋六十有三[①]，窆于華陽之山。(卷九，釋慧弼)

“從化”即去世。“化”有“死”義。《孟子·公孫丑下》：“且比化者無使土親膚，於人心獨無恔乎?”朱熹注：“化者，死者也。”陶潛《自祭文》：“余今斯化，可以無恨。”“從化”可能是受“物化”影響而來。《文選·古詩〈回車駕言邁〉》：“人生非金石，豈能長壽考。奄忽隨物化，榮名以爲寶。”李善注：“化，謂變化而死也。不忍斥言其死，故言隨物而化也。”古人稱人去世爲“從物化”，如：

(1) 以其忠信可憑，方以後事托之。何期報善無征，奄從物化，言念忠賢，良可痛惜。(《北齊書·封隆之列傳》)

(2) 夫人方隆家慶，永貽多福，而與善無徵，奄從物化。春秋卅，以永安二年歲次己酉七月辛亥朔十六日丙寅終於西界安城中。(《漢魏南北朝墓誌彙編·東魏·□軍將軍靜境太都督散騎常侍方城子祖子碩妻元(阿耶)墓銘》)

(3) 昭王敵子胥曰：“我父平王，已從物化，負君之罪，命處黃泉。事既相當，身從臠割，父[illegible]子替，何用尸骸！請快讎心，任從斧鉞。”(《敦煌變文選注·伍子胥變文》)

有时又把“物”省略，如：

(4) 方冀享萬石之祿，扇大家之風，而樹靜難期，奄從化往。(《漢魏南北朝墓誌彙編·西魏·魏故平西將軍汾州刺史華陰伯楊保元妻華山郡主元氏誌銘》)

(5) 清信士姜元略，志隆邦國，仁越州閭，衡巷仰風，鄉邑譽望，早洞玄源，夙達空旨。而石火電焰，倏忽從化，松摧落岫，蘭雕夏霜，寶

① “三”，資、磧、普、南、徑、清作“二”。

散暗泉，玉碎黃壤。(《全北齊文·闕名〈姜纂造老君像銘〉》)

佛家可能爲表示與世俗的區別，將“從化”作為詞來使用。如：

(6) 永明八年講《百論》，至“破塵品”忽然從化。春秋五十七矣。(梁慧皎《高僧傳·義解·釋慧次》)

(7) 還房謂弟子法祚曰：“戊申歲禍亂漸萌，已酉石氏當滅。吾及其未亂先從化矣。”(梁慧皎《高僧傳·神異上·竺佛圖澄》)

【迴】廻施。

衣服率然，趣便蓋體。襆懸壁上，尺絹不居。所得外利即迴講眾。(卷十五，釋慧休)

“廻”即“廻施”，即僧人把信徒所施與自已的福物轉施於別人。如：

(1) 及長成立，風操逾厲，淨施厚利，相從歸給。並迴造經藏三千餘卷，備窮記論，有助弘贊者無不繕集。(卷十六，釋法聰)

(2) 故王公等施日盈門首，皆迴與僧。(卷十八，釋法純)

(3) 進令王妃以水盥手，執物呪願，總用迴入法聚寺基業。(卷十八，釋法進)

【山侶】僧侶。

又寇斥山侶，遂越嶺逃難，落泊馳滯，曾無安堵。(卷七，釋洪偃)

“山侶”即“僧侶”。僧人自稱所住之處爲“山”，以表示與俗世之區別。如唐大覺《四分律鈔批》卷二：“約行山世不同者，山謂蘭若閑靜之處，世即聚落之間。欲明上士居山而求道，下士依世而養身，此約報力義也。”(X42/642c) 故與僧人有關的詞多帶有“山”字。如山門、山人、山家。“山侶”也如此。如：

(1) 故每至粟麥二熟，行乞貯之。至厚雪彌山，則遺諸飛走。所以山侶遊僧，蒙其獎濟者殷矣。(卷十二，釋道判)

(2) 後在大蘇弊於烽警，山侶栖遑，不安其地。(卷十七，釋慧思)

(3) 所奉稍異常徒，自敘云：“余初出家依于山侶，晝則給供清眾，暮則聚薪自照。因而誦經，得二十五卷，謂《十地經論》、《金剛般若論》、《金光明》、《諸法無行》等。”(卷十八，釋法純)

《漢語大詞典》漏收此義項。

總之，佛教生活詞有兩個明顯的特點：第一，口語性比較強。所有的口語詞都是用接近現實生活的口語性詞語來表達的，即使是部分由翻譯而植入漢語的異域詞語也大部分被改換得具有漢語口語特徵。如“斯底伽”被換譯成“伽斗”，不僅梵漢合璧，而且用“斗”作構詞語素，表明了該詞還被賦予了新的意味。第二，意義的特指性。佛教生活詞實質上具有社會方言性質，因此它雖然使用的是全民通用詞作爲表達工具，但大多數詞被賦予了特指性意義，表達了佛教徒特定的思想。因此它的使用具有特定的條件，大部分沒有完全融入到全民口語中，所以可以稱它爲一種行业性口語。

第三節 佛經翻譯與注疏詞

朱慶之先生說：“漢語詞彙在中古時期上述的巨大變化，原因是多方面的，其中佛典翻譯這項規模宏大的言語實踐活動和中外語言文化交流工程的影響極爲重要。”① 但佛經翻譯到底有哪些詞語，其間有何關係，學界研究並不徹底。“佛典譯本，或卷帙太多，研讀不易，或意義深奥，或譯文隱晦，瞭解甚艱。不籍注疏，普通人士何能通達？……安公而後，注疏益多。遂爲中土佛教典籍之要項也。”② 古人在翻譯與注疏的過程中形成了一整套詞語，《續傳》中有大量的相關記載，這些詞語對研究佛經本身的翻譯與注疏活動有意義，同時對歷代文獻的校勘與注疏的研究也有幫助，因此，我們把它們合成一節進行介紹。

一 有關佛經翻譯的詞

關於佛經翻譯的流程，歷來有所異同。唐智昇《開元釋教錄》卷九“沙門菩提流志”：“以長壽二年癸巳創達都邑，即以其年於佛授記寺譯《寶雨經》。中印度王使沙門梵摩同宣梵本，沙門戰陀、居士婆羅門李無諂譯語，沙門慧智證譯語，沙門處一等筆受，沙門思玄等綴文，沙門圓測神英等證義，司賓寺丞孫辟監護。”可見“度語”是翻梵爲漢。宋志磐撰《佛祖統紀·法運通塞志第十七之十·宋·太祖》：“天息災述譯經儀

① 參朱慶之《試論佛典翻譯對中古漢語詞彙發展的若干影響》，《中國語文》1992 年第 4 期。

② 參湯用彤《漢魏兩晉南北朝佛教史》，北京大學出版社 1997 年版，第 391 頁。

式……第一譯主，正坐面外，宣傳梵文。第二證義，坐其左，與譯主評量梵文。第三證文，坐其右，聽譯主高讀梵文，以驗差誤。第四書字，梵學僧審聽梵文，書成華字，猶是梵音。（祁（kr）叨（da）伏（ya）’初翻爲‘紇哩第野’，‘鉏（su）沼（tram）’爲‘素怛覽’。）五筆受，翻梵音成華言。（‘紇哩那野’再翻爲‘心’，‘素怛覽’翻爲‘經’。）第六綴文，回綴文字，使成句義。（如筆受云：‘照見五蘊，彼自性空見此。’今云：‘照見五蘊皆空。’大率梵音多先能後所，如‘念佛’爲‘佛念’，‘打鐘’爲‘鐘打’。故須回綴字句，以順此土之文。）第七參譯，參考兩土文字，使無誤。第八刊定，刊削冗長，定取句義。（如‘無無明無明’剩兩字，如‘上正遍知’上闕一無字。）第九潤文，官於僧眾，南向設位，參詳潤色。（如《心經》：‘度一切苦厄’一句元無梵本。又‘是故空中’一句‘是故’兩字元無梵本。）”（T49/398a）

宋法雲《翻譯名義集·宗翻譯主篇》：“宋僧傳云：‘譯場經館設官分職可得聞乎？’曰：‘此務所司先宗譯主，即齎葉書之三藏，明練顯、密二教者是也。次則筆受者，必言通華梵，學綜有空，相問委知，然後下筆。西晉僞秦已來，立此員者，即沙門道含、玄賾、姚嵩、聶承遠父子。至于帝王執翰，即興梁武、太后、中宗。又謂之綴文也。次則度語，正云譯語，亦名傳語，傳度轉令生解矣。如翻《顯識論》沙門戰陀譯語是也。次則證梵本者，求其量果，密以證知，能詮不差，所顯無謬矣。如居士伊舍羅證譯《毘柰耶》梵本是也。至有立證梵義一員，乃明西義得失，貴令華語下不失梵義也。復立證禪義一員，沙門大通曾充之。次則潤文一位，員數不恒，令通內外學者充之。良以筆受在其油素，文言豈無俚俗。儻不失於佛意，何妨刊而正之。故義淨譯場，李嶠、韋嗣立、盧藏用等二十餘人次文潤色也。次則證義一位，蓋證已譯之文，所詮之義也，如譯《婆沙論》慧嵩、道朗等三百人考證文義，唐復禮累場充其任焉。次有梵唄者，法筵肇啟，梵唄前興，用作先容，令生物善。唐永泰中方聞此位也。次有校勘清，隨彥琮覆疏文義，蓋重慎之至也。次有監護大使，後周平高公侯壽爲總監校校①，唐房梁公爲奘師監護，相次觀②、楊慎交、杜

① 按《宋高僧傳》卷三“唐京師滿月傳”作：“檢校”。

② 按同上作“許觀”。

行顗等充之。或用僧員，則隋以明穆、曇遷等十人監掌翻譯事，詮定宗旨也。”（T54/1067c）

以上三者順序都有差異，而法雲《翻譯名義集》與前兩者相差甚大。《翻譯名義集》所記異名甚多，對研究佛經很有幫助，但該書宗旨與目的是“思義思類，隨見隨錄”，所以可能對翻譯順序的研究是最有問題的。而智昇《開元釋教錄》離唐代譯經時代最近，所記次序應該是最準確的。而《佛祖統紀》所記與前二者順序和意思差距也大。所以我們以《開元釋教錄》作爲依據，並參考其他兩書，列出譯經過程。如下：

宣梵本（包括評量梵本、證梵文）——書華音（音譯，可以有也可以無）——度語（梵譯漢，相當於口頭翻譯）——正譯（即證梵本，對照梵本檢查翻譯是否準確，包括證梵義、證禪義）——筆受（把度語寫成漢語，相當於書面翻譯）——綴文，回綴文字，使之符合漢語語法）——正義（即參譯，對整部翻譯的文句是否準確進行審查）——潤文——梵唄——校勘——監護大使[1]

【度語】將梵語字音對譯成漢語字音。

凡前後所譯經論一十五部八十餘[2]卷，即《菩薩》、《見實[3]》、《月藏》、《日藏》、《法勝》、《毘曇》等是也。並沙門僧深[4]、明芬、給事李道寶等度語筆受，昭玄統沙門曇延、昭玄都沙門靈藏等二十餘僧監護始末。（卷二，那連提黎耶舍）

“度語”就是將梵語字音對譯成漢語字音。隋費長房《歷代三寶記》卷四云：“竊觀上代有經已來，賢德筆受，每至度語，無不稱云譯胡爲漢。”（T49/53a）宋法雲《翻譯名義集》卷四：“次則度語，正云譯語，亦名傳語。傳度轉令生解矣。如翻《顯識論》沙門戰陀譯語是也。”（T54/1067c）

綜上，“度語”所作的工作就是口頭對翻。

---

① 按，高振農《試論唐代佛典翻譯的特點》一文也有關於當時譯場組織的研究，與本文略有出入，可參。載隋唐佛教學術討論會編《隋唐佛教研究論文集》，三秦出版社 1990 年版，第 214 頁。

② “餘”，資、磧、普、南、徑、清作“許”。

③ “實”，資作“寶”。

④ “深”，資、磧、普、南、徑、清作“琛”。

【傳度、度翻、翻傳、傳譯】翻譯。

“傳度”是翻譯的意思。如：

(1) 初諦傳度《攝論》，宗愷歸心。(卷一，拘那羅陀)

(2) 自茲已後，乃翻新經。既非弘泰，羈縻而已。所以接先闕本，傳度梵文，即《十一面觀音》、《金仙問經》等是也。(卷二，闍那崛多)

(3) 自律部東闡六百許年，傳度歸戒，多迷體相。五部混而未分，二見紛其交雜。海內受戒，並誦法正之文。至於行護，隨相多委，師資相襲。緩急任其去取[①]，輕重互而裁斷。(卷二二，釋智首)

相關的詞語還有“度翻”、“翻傳”、“傳譯”等。如：

【度翻】翻譯。

(1) 初隋高祖又勅崛多共西域沙門若那竭多，開府高恭恭息，都督天奴和仁及婆羅門毘舍達等，於內史內省，翻梵古書及乾文。至開皇十二年，書度翻訖，合二百餘卷。(卷二，闍那崛多)

【翻傳】翻譯。

(1) 故討尋教旨者[②]，通覽所譯，則彼此相發，綺繢輔顯。故隨處翻傳，親注[③]疏解，依心[④]勝相。(卷一，拘那羅陀)

(2) 然則先譯諸經，並以大千稱爲百億，言一由旬爲四十里。依諸算計，悉不相符。竊疑翻傳之日，彼此異意[⑤]。指撝之際，於斯取失。故眾經算數之法與東夏相參。(卷二，達摩笈多)

【傳譯】翻譯。

而門世相傳，祖習傳譯。(卷二，闍那崛多)

“傳譯”也是翻譯。

“度語”與“傳度”、“度翻”、“翻傳”、“傳譯”雖然都可以稱爲翻譯，但實際上是有區別的。“度語”僅指將梵語對譯成漢語這一過程，按照佛教文獻中關於譯經的介紹，它僅僅是一個環節，而“傳度”、“度翻”、“翻傳”、“傳譯”是概括指整個翻譯而言的。

① “去取”，資、磧、普、南、徑、清作“取捨”。

② “者”，諸本無。

③ “親注”，諸本作“親流”。

④ “心”，普、南、徑、清作“止”。

⑤ “意”，資、磧、普、南、徑、清作“音”。

【覆疎】復核疏通。

諦欣其來意，乃爲翻《攝大乘》等論。首尾兩載，覆疎宗旨。而飄寓投委，無心寧寄。（卷一，拘那羅陀）

“覆疎”是佛家在翻譯佛典時所用的術語，意爲反復斟酌看文句與原文是否一致。“覆疎宗旨”就是反復斟酌宗旨。這是佛經翻譯中證義的過程。

“覆”有“審察、查核”之意。《爾雅·釋詁下》：“覆，審也。”《周禮·考工記·弓人》：“覆之而角至，謂之句弓。”鄭玄注：“覆，猶察也。”“疎”即“疏”，疏導、開通之意。《國語·周語下》：“夫天地成而聚於高，歸物於下。疏爲川谷，以導其氣。”韋昭注：“疏，通也。”在翻譯過程中，對語言進行斟酌，使之符合原意，猶如疏通阻塞。故“覆”“疎”連文有推敲之意。其他文獻如：

（2）至陳天嘉乙酉之歲，始於江州興業寺譯之，沙門智昕筆受陳文，凡六十日。覆疎陶練，勘閱俱了。（卷一，拘那羅陀）

（3）自居譯人之首，惟存傳授。所有覆疎，務存綱[①]領。（卷二，達摩笈多）

（4）然更有一種之由未曾申述。謂凡引外部，皆先披尋三藏教文，親自覆疎，書安鈔內，非謂從人傳得派爾之詞。恐有此疑，故重敘說。（後唐景霄纂《四分律鈔簡正記》卷四）（X43/60c）

“親自覆疎”謂親自反復斟酌。

宋法雲《翻譯名義集》卷一：“次則證義一位，蓋證已譯之文，所詮之義也。如譯《婆沙論》慧嵩、道朗等三百人考證文義，唐復禮累場充其任焉。次有梵唄者，法筵肇啟，梵唄前興，用作先容，令生物善。唐永泰中方聞此位也。次有校勘清，隨彥琮覆疏文義，蓋重慎之至也。”（T54/1067c）

在這一段話中法雲認爲“覆疏”是校勘之責，其實是混淆了證義與校勘的關係。《續傳》中還有“覆勘”一詞。卷二“闍那崛多”：“沙門明穆、彥琮重對梵本，再審覆勘，整理文義。”此文中明確提出了“重對梵本，再審覆勘”其目的是“整理文義”，這也是證義。

---

① “綱”，資作“網”。

【陶練】對文句反復修改推敲使之精練，並使之符合佛經義理。

覆疎陶練，勘閲俱了。（卷一，拘那羅陀）

“陶練”爲對文句反復修改推敲使之精練，並使之符合佛經義理。這也是佛經翻譯時的一個術語。是佛經翻譯中潤文的過程。“陶”有陶冶而去除雜質之意。《廣雅·釋詁三》：“陶，除也。”錢大昭義疏：“陶與掏同，掏擇亦除粗取精也。”“練”有熔炼而除去雜質之意。玄應《一切經音義·瑜伽師地論》卷十三“陶練”：“徒刀反。言功之多也。陶謂任瓦器也，練謂消鎔也。”故“陶”、“練”同義連文亦有去粗取精之意。隋吉藏撰《法華玄論》卷二：“彼云妙法者，如來靈智體也。陶練滓累，眾麁斯盡，故云妙也。動静軌物，故云法也。法既真妙，難以言辨，故借蓮華爲譬，所以果智爲宗也。”（T34/379c）“陶練滓累”應是陶練之本義。他如：

（1）以弘始六年歲次壽星，集理味沙門與什考挍正本。陶練覆疏，務存論旨，使質而不野，簡而必詣。宗致盡爾，無間然矣。（釋僧肇《百論序》，T30/167c）

除了語言文字之反復錘鍊外，其他東西也可“陶練”。如：

（2）諸有厲疾洞爛者，其氣彌復欝勃，眾咸掩鼻，而積與之供給，身心無貳。或同器食，或爲補浣。時有問者。積云：“清淨臭處，心憎[①]愛也，吾豈一其神慮耶？寄此陶練耳。”（卷十，釋道積）

此“陶練”就是陶冶之意。

《漢語大詞典》“陶練”條：

【陶練】陶冶習練。南朝宋劉義慶《世説新語·文學》：“佛經以爲袪練神明，則聖人可致。簡文云：‘不知便可登峯造極不？然陶練之功，尚不可誣。’”南朝梁沈約《六道相續作佛義》：“若今生陶練之功漸積，則來果所識之理轉精。”

按，《漢語大詞典》釋義不準確。以上兩條書證均與佛經有關，《世説新語·文學》中“陶練之功”前有“佛經以爲袪練神明，則聖人可致”之語。“袪練神明”即陶冶神明，因此後文“陶練”很明顯是陶冶精練去僞存真。聖人是不可能“習練”而成，只可能去僞成聖。《廣明集·沈約

① “憎”，磧、南作“增”。

〈六道相續作佛義〉》中“若今生陶練之功漸積，則來果所識之理轉精。”(T52/252c) 前爲“陶練”之功，後爲“轉精”之理，從意義上講也是指對佛經義理理解越來越精確，也不是“習練”之意。因此“陶練”應爲“陶冶精練”。

【勘閱、勘練、勘定】校勘。

覆疎陶練，勘閱俱了。(卷一，拘那羅陀)

“勘閱”即校勘，在佛經翻譯中是對照梵本對佛經進行校勘。因爲校勘的過程也是閱讀的過程，因此這一過程被稱爲“勘閱”。如：

(1) 初譯《寶星經》，後移《勝光》，又譯《般若燈大莊嚴論》，合三部三十五卷。至六年冬，勘閱既周，繕寫云畢，所司詳讀，乃上聞奏。下勅各寫十部散流海內。(卷三，波羅頗迦羅蜜多羅)

(2) 至七年春，勘閱既周，繕寫云畢，所司詳讀，乃上聞奏。(唐智昇撰《開元釋教錄·總括群經錄上之八》，T55/553b)

這一詞語也可用於指其他校勘，如：

(3) 今所撰錄該括眾氏，勘閱正偽，研訪遺逸，偽無所取。非目無以定名遺篇，所求列卷以彰可錄。敢敘由來，用陳有寄，想諸來鑒，復織組焉。(道宣《大唐内典錄·歷代所出眾經錄目第九》，T55/336a)

(4) 沙門釋玄應，大慈恩寺翻經沙門也。博聞強記，鏡林苑之宏標，窮討本支，通古今之五體。故能讎校源流，勘閱時代。刪雅古之野素，削澆薄之浮雜。悟通俗而顯教，舉集略而勝美。真可謂文字之鴻囿，言音之龜鏡者也。(唐智昇撰《開元釋教錄·總括群經錄上之八》，T55/562a)

在《續傳》中還常用“勘練”、“勘定”等詞來表示這一意義。如：

(5) 並沙門僧深[①]、明芬、給事李道寶等度語筆受，昭玄統沙門曇延、昭玄都沙門靈藏等二十餘僧監護始末。至五年冬，勘練俱了。(卷二，那連提黎耶舍)

(6) 又勅上柱國尚書左僕射房玄齡，散騎常侍太子詹事杜正倫參助勘[②]定。(卷三，波羅頗迦羅蜜多羅)

校勘的次數可能不只一次。國家圖書館藏儀鳳元年(676)由宮廷頒

① “深”，資、磧、普、南、徑、清作“琛”。

② “勘”，資、磧、普、南、徑、清作“銓”。

賜到敦煌的《金剛經》，卷尾題識記錄了寫經校經的情況[①]：

儀鳳元年十一月十五日書手劉弘珪寫

用紙十二張

裝潢手解集

初校秘書省書手蕭元信

再校秘書省書手蕭元信

三校秘書省書手蕭元信

可見佛經校勘是反復過多次的。所以《續傳》卷三“釋慧賾”稱：“文雖定而覆詳，義乃明而重審。歲在壽星[②]，檢勘云畢。”與“覆疎陶練”之意正合。

【監掌、監護】對譯經事宜進行監督。

（1）江州刺史黃法𣰰爲檀越，僧正釋惠恭等監掌，具經後序。（卷一，拘那羅陀）

（2）又勑昭玄大統沙門法上等二十餘人，監掌翻譯。沙門法智、居士萬天懿傳語。（卷二，那連提黎耶舍）

（3）又置十大德沙門僧休、法粲、法經、慧藏、洪遵、慧遠、法纂、僧暉、明穆、曇遷等監掌翻事，銓定宗旨。（卷二，闍那崛多）

“監掌”乃“監督”之意。意爲對譯經事宜進行監督。從以上例子看例（1）是私譯，例（2）（3）是官譯，所以無論官譯私譯均有監掌。

“監掌”也可換作“監護”。如：

（4）並沙門僧深[③]、明芬、給事李道寶等度語筆受，昭玄統沙門曇延、昭玄都沙門靈藏等二十餘僧監護始末。（卷二，那連提黎耶舍）

（5）又勑上柱國尚書左僕射房玄齡，散騎常侍太子詹事杜正倫參助勘[④]定。光禄大夫太府卿蕭璟總知監護。（卷三，波羅頗迦羅蜜多羅）

“監護”是官譯時國家委派的，與“監掌”稍有不同。履行這一職務的人被稱爲“監護大使”。宋法雲《翻譯名義集》卷一：“次有監護大使。後周平高公侯壽爲總監校校，唐房梁公爲奘師監護相。次觀楊慎交、杜行

① 參李際寧《佛經版本》，江蘇古籍出版社 2002 年版，第 13 頁。

② “壽星”，資、磧、普、南、徑、清作“諏訾”。

③ “深”，資、磧、普、南、徑、清作“琛”。

④ “勘”，資、磧、普、南、徑、清作“銓”。

顗等充之。或用僧員，則隋以明穆、曇遷等十人監掌翻譯事，詮定宗旨也。”（T54/1067c）

可見，“監掌”“監護”不僅是監督譯經，還要把握整個譯經的主旨。

【證義】參譯。

開皇七年，因修起居。道業夙聞，遂蒙別勅，令住興善，爲譯經證義沙門。（卷十二，釋靈幹）

“證義”也即參譯。這一過程是對整篇文章的義理是否準確進行審查。《佛祖統紀·法運通塞志第十七之十·太宗》記載：“第一譯主，正坐面外，宣傳梵文。第二證義，坐其左，與譯主評量梵文。”（T49/398a）而《翻譯名義集·宗翻譯主篇》云“次則潤文一位，員數不恒，令通內外學者充之。良以筆受在其油素，文言豈無俚俗。儻不失於佛意，何妨刊而正之。故義淨譯場，李嶠、韋嗣立、盧藏用等二十餘人次文潤色也。次則證義一位，蓋證已譯之文，所詮之義也，如譯《婆沙論》慧嵩、道朗等三百人考證文義，唐復禮累場充其任焉。”（T54/1067c）可見證義在譯經中要兩次參與其中：第一要與譯主審定梵文文句的意義，第二要在潤文之後考定所譯文句的意義是否準確。也即《佛祖統紀·法運通塞志第十七之十·太宗》所說“第七參譯，參考兩土文字，使無誤。”（T49/398a）他如：

（1）大唐御世，造寺會昌，又召以爲上座。撫接長幼，殊有奇功。貞觀譯經，又召爲證義。（卷十三，釋曇藏）

（2）貞觀年中召入參譯，綴文證義，倫次可崇。製《翻經館序》，控情①置列，贍勇豐矣。（卷十四，釋三慧）

（3）貞觀之譯，證義所資。下勅徵召，恒知翻任。（卷十五，釋法常）

（4）貞觀八年勅造弘福，復被徵召。即現翻譯，證義須明，眾所詳准，又當斯任。至於詞理有礙，格言正之。（卷十五，釋靈潤）

【綴緝】筆受。

遂召沙門慧明、靈閏等以爲證義，沙門行友、玄賾等以爲綴緝，沙門智證、辯機等以爲錄文，沙門玄模以證梵語，沙門玄應以定字僞。其年五

① “情”，資、磧、普、南、徑、清作“清”。

月創開翻譯。(卷四，釋玄奘)

“綴緝”在《續傳》中有時被當作譯經術語來使用，相當於綴文，即筆受。“沙門行友、玄賾等以爲綴緝”，《翻譯名義集·宗翻譯主篇》有相似記載：“次則筆受者，必言通華梵，學綜有空，相問委知，然後下筆。西晉偽秦已來，立此員者，即沙門道含、玄賾、姚嵩、聶（女涉）承遠父子。至于帝王執翰，即興梁武、太后、中宗。又謂之綴文也。”（T54/1067c）上文稱玄賾爲綴緝，下文稱玄賾爲筆受，可見二詞意義相同。他如：

（1）諦云：“吾早值子綴緝經論，絓[①]是前翻，不應缺少[②]。今譯兩論，詞理圓備，吾無恨矣。”(卷一，釋法泰)

（2）東都譯經又召入館，專知綴緝。(卷十，釋靖玄)

【正字】校讎文字。

時慧日沙門智騫者，江表人也。偏洞字源，精閑通俗。晚以所學追入道場，自祕書、正字、讐校、著作言義不通皆諮騫決。即爲定其今古，出其人世，變體詁訓，明若面焉。(卷三十，釋智果)

“正字”即“校讎文字”。《宋高僧傳》卷三“論”：“又置正字，字學玄應曾當是職，後或置或否。”（T50/723a）唐慧立本，釋彥悰箋《大唐大慈恩寺三藏法師傳》卷六：“又有字學大德一人至，即京大總持寺沙門玄應。”（T50/253c）俗稱“定字偽”。《續傳》卷四“釋玄奘”：“遂召沙門慧明、靈閏[③]等以為證義，沙門行友、玄賾等以為綴緝，沙門智證、辯機等以為錄文，沙門玄摸[④]以證梵語，沙門玄應以定字偽。”

【錄文】抄寫。

沙門智證、辯機等以爲錄文。(卷四，釋玄奘)

“錄文”即“抄寫”。在翻譯、正義進行完以後，由書手把譯經重新抄寫，再由其他人詳閱。如：

（1）又復旁翻《顯揚聖教論》二十卷。智證等更迭錄文，沙門行友詳理文句。(卷四，釋玄奘)

① “絓”，諸本作“結”。

② “缺少”，諸本作“少欠”。

③ “閏”，磧、普、南、徑、清作“潤”。

④ “摸”，諸本作“模”。

（2）至如姚秦鳩摩羅什，則安成侯姚嵩筆受，元魏菩提流支，則侍中崔光錄文。貞觀初[①]，波頗初譯，則僕射蕭瑀、太府蕭璟、庶子杜正倫等監閱詳定，今並無之，不足光遠。（卷四，釋玄奘）

【銓本】定本。

文意粗定，銓本便成，筆受之徒不費其力。（卷二，闍那崛多）

"銓本"是指最後的定本。這是《續傳》特有的術語。如卷四"釋玄奘"："銓本勒成，祕書繕寫。"

【筆人】參與譯經的人。

若令梵師獨斷，則微言罕革，筆人參制，則餘辭必混。（卷二，釋彥琮）

"筆人"即佛經翻譯中的參與譯經的人。卷四"釋玄奘"："自前代已來所譯經教，初從梵語倒寫本文，次乃迴之，順同此俗，然後筆人亂[②]理文句。中間增損，多墜全言。今所翻傳都由奘旨，意思獨斷，出語成章，詞人隨寫，即可披翫。"在佛經翻譯過程中筆受、綴文、正義、潤文雜出眾手所以才會出現"餘辭必混""多墜全言"的情況。

【譯人】對所有譯經人的統稱。

初翻經日，於壽光殿，武帝躬臨法座，筆受其文，然後乃付譯人盡其經本。（卷一，僧伽婆羅）

"譯人"是對所有譯經人的統稱。宋智圓述《涅槃玄義發源機要》卷四："問：謝公但修定舊本，安稱翻譯？答：翻經之所有譯語者，筆受者，綴文者，證義者，潤色者而通稱譯人。"（T38/35a）他如：

（1）自居譯人之首，惟存傳授。所有覆疎，務存綱[③]領。（卷二，達摩笈多）

（2）昔符姚兩代翻經學士乃有三千，今大唐譯人不過二十。（卷三，波羅頗迦羅蜜多羅）

二 有關佛經注疏的詞

佛經注疏在我國源遠流長，對整個民族學術之發展起了巨大的推動作

---

① "初"，資、磧、普、南、徑、清作"初"。

② "亂"，諸本作"覶"。

③ "綱"，資作"網"。

用。牟潤孫說："纂疏一事，非僅爲詁經之書創辟新體例，即在我國學術史上，思想史上亦爲大事因緣，影響極爲深遠。至於其中關鍵所繫，厥爲儒家講經之採用釋氏儀式之一端。"① 佛經注疏的方式極多，而有關佛經注疏的研究並不多見，因此，我們在此將一些《續傳》中關於佛經注疏的詞語進行討論。

【科據】條理依據。

十四年，勅安樂寺僧紹撰《華林佛殿經目》。雖復勒成，未愜帝旨，又勅唱重撰。乃因紹前錄，注述合離甚有科據，一帙四卷，雅愜時望。(卷一，釋寶唱)

"科據"即條理依據。"注述合離甚有科據"是指寶唱在編輯經目時，對經目的解釋歸類有條理、有依據。

"科"在佛典的注疏中是指對經典的段落結構進行劃分②。又称科文。丁福保云："（科文）釋經論，分科其文句之段落者。是由秦之道安爲始。知一經之大意不可缺。文句一曰：'古講師俱敷弘義理不分章段，若純用此意，後生殆不識起盡。又佛說貫散，集者隨義立品。（中略）天親作論以七功德分序品，五示現分方便品，其餘品各有處分。昔河西憑，江東瑤，取此意節目經文，末代尤煩，光宅轉細。（中略）曇鸞云：細科煙颺，雜礪塵飛。蓋若過若不及也。'"如：

(1) 標分中初列三法，下分三科。通論上三，故云總分也。(宋元照《四分律行事鈔資持記上·釋安居篇》，T40/238c)

(2) 既已定限，次乃分位，位之所據，義別爲科，眾義相因，厥功乃就。(日釋遍照金剛撰，王利器校《文鏡秘府論校注·南卷·定位》)

後來這一術語又被推廣到其他經典的註釋中，如《公羊傳·隱公》唐徐彥題解："問曰：《春秋說》云'《春秋》設三科九旨'，其義如何？答曰：何氏之意以爲三科九旨正是一物，若揔言之，謂之三科。科者，段也……言三個科段之內有此九種之意。"

"據"即依據。如：

---

① 參牟潤孫《論佛釋兩家之講經與義疏》，載藍吉富主編《現代佛學大系》（26），臺北：彌勒出版社 1984 年版，第 1 頁。

② 按張生漢先生認為"科"就是分。參張文生漢《敦煌變文詞語零札》，《古漢語研究》2000 年第 1 期。

(3) 釋諸師中初科，據理約事，理謂道理，事即事儀。(宋釋元照《四分律刪補隨機羯磨疏濟緣記三之一》)

“科”、“據”連文指有條理有依據。如：

(4) 諒由附相束情，心事易准。動靜科據，真[①]契威容。凡愚妄習，覩相弘善。故律緣制，斯致罕乖。(卷二二，論)

“動靜科據，真契威容。”此句中的“真”據其他經藏應爲“有”，“有”字僅起湊足音節的作用。此句的意思是動靜有條理，與儀容很協調。

(5) 京師沙門玄應者，亦以字學之富，皂素所推，通造經音，甚有科據矣。(卷三十，釋智果)

“通造經音，甚有科據”也是指玄應著《一切經音義》，其內容甚條理。

【文言】文字和語言。

讀《大集經》，恨其詞義深密，難以開悟，因而注解。文言過半，便感氣疾。(卷六，釋曇鸞)

“文言”在佛經義疏中專指文字和語言。玄奘譯《大般若波羅蜜多經·第六分無所得品第九》：“善思又問：‘何者是法？’最勝答曰：‘法無文字，亦離語言。’善思又問：‘離文言中何者是法？’最勝答曰：‘性離文言，心行處滅，是名爲法。’”(T7/948a)這段文字說明“文言”即文字和語言。鄭樵《通志·六書略》“論華梵”條：“梵人長於音，所得從聞入；華人長於文，所得從見入。”這句話“不但相當具體地反映出華梵之間在知識的傳遞形態與領受方式上的不同，而且也道出了表音文字和字符文字之間在語文性質上的根本差異。”[②] 所以文字與語言的協調在佛經研究中顯得極爲重要。

《續傳》中“文言”一詞甚多，其義均爲文字和語言，進而引申爲對佛經文字和語言進行解釋，相當於世俗的詁訓。如：

(1) 少以誦《涅槃》爲業，既通全部，志在文言，未遑聽涉，十餘

---

① “真”，資、磧、普、南、徑、清作“有”。

② 參萬金川《宗教的傳播與語文變遷：漢譯佛典研究的語言學轉向所顯示的意義》，原載《正觀》2001 年第 19 期，2002 年第 20 期。又載入朱慶之：《佛教漢語研究》，商務印書館 2009 年版，第 535 頁。

年中初不替廢。後聽玄義，便即傳講。前後二紀，領悟非一。（卷十，釋法總）

“志在文言”目的在於對文字和語言進行理解。

（2）故得《中百》、《般若》、《唯識》等論，皆飲沐①神化，披閲文言，講導相仍，用爲己任。（卷十四，釋慧頵）

此句中的“文言”相當於對文字語言進行解釋。

（3）後入洛京搜揚新異，南北音字通貫幽微。患②爲心計之勞，事須文記，乃方事紙筆，綴述所聞。兼以意量，參互銷釋。陀以他日密覩文言，乃呼而告曰：“吾之度子，望傳果向於心耳，何乃區區，方事世語乎？今觀神器已成，可爲高明法師矣。道務非子分也，如何自累？”（卷二一，釋慧光）

此段話中的“文言”即是義疏。

【領牒】領悟分析。

初寶意沙門神理標異，領牒魏詞，偏盡隅隩。（卷一，菩提流支）

“領牒”即領悟分析。“領牒”一詞最早出現于梁慧皎《高僧傳》卷八“釋曇斐”：“釋曇斐，本姓王，會稽剡人。少出家受業於慧基法師，性聰敏素，著領牒之稱。”“牒”在佛經中有歸納總結之意。丁福保《佛學大詞典》“牒釋”條：“牒文作釋也。牒爲札，凡於注疏中斷割所釋之廣文而舉之，恰如簡札，謂之牒文。釋者就其牒文而施釋也。”由此而引申出具體的分析、解釋之意。如：

（1）從衣中牒下衣名者，以名是通，隨用分故。牒上衣條數者，由體是定，如實稱故。（宋元照撰《四分律行事鈔資持記下·釋二衣篇》，T40/360a）

“從衣中牒下衣名者”即從衣中具體分析下衣之名。“牒上衣條數者”即具體解釋上衣的條數。

（2）阿難，吾今復以前境問汝（至）爲與通和，爲與塞和。（真界）註：“此舉前塵以牒問也。蓋阿難於和合等心猶未開，以其疑覺性從因緣和合而起，故如來牒其疑，以前塵問之。證菩提心，即覺性也。”（明真

① “飲沐”，資、磧、普、南、徑、清作“欽沐”。

② “患”，麗作“悉”。

界纂註《大佛頂如來密因修證了義諸菩薩萬行首楞嚴經纂註》卷二，X15/156b）

“此舉前塵以牒問也”意爲“這是舉前之塵境來開釋其疑問”。

“領”即領悟。佛經中常用。如《大方廣佛華嚴經疏》卷四九《如來出現品》：“次偈敘佛令請，後偈正求說主。已領佛意，故不請佛。”（T35/872 b）還可以組成同義復詞“領解”，如《根本說一切有部毘奈耶》卷五“不與取學處第二之四”：“時東方尼前行思法，復為方言有異，不相領解，不覺衣墮。”（T23 /648b）“領”、“牒”連言指總結分析。如：

（3）釋慧賾，俗姓李，荊州江陵人。早悟非常，神思鋒逸。九歲投本邑隱法師出家。隱體其精爽異倫，即度爲沙彌。講授之眼[①]，誨以幽奥。賾領牒玄理，曾不再思。執卷誦文，紙盈四十。荊楚秀望，欽而美之。（卷三，釋慧賾）

（4）時智遊論師世稱英傑，嵩乃從之聽《毘曇》、《成實》。領牒文旨，信重當時。而位處沙彌，更搖聲略。（卷七，釋慧嵩）

【文疏】經文和義疏；義疏。

“文疏”一詞在《續傳》中有兩個義項：第一，經文和義疏。第二，義疏。

意爲“經文和義疏”的例子如：

（1）初與法泰等前後異發，同往嶺表，奉祈真諦。愷素積道風，詞力殷贍。乃對翻《攝論》，躬受其文。七月之中，文疏並了，都合二十五卷。（卷一，釋法泰）

此句中“文疏並了”是指“經文和義疏都已完成”。

（2）便還故寺，常講新文十三章義，近二十遍。開皇十二年，王仲宣起逆，焚燒州境及敫寺房，文疏並盡[②]。（卷一，釋法泰）

“文疏並盡”即經文和義疏全被毀掉。

意爲“義疏”的例子如：

（3）及愷講此論，敫與道尼等二十人並掇拾文疏，於堂聽受。（卷一，釋法泰）

---

① “眼”，諸本（不含石本，下同）作“暇”。

② “盡”，諸本作“燼”。

此句“愷講此論”，而敫與道尼等“掇拾文疏，於堂聽受。”可見智敫與道尼等所作的文疏是智愷的講義。

(4) 即令住內堂，講《金光明》、《勝鬘》、《般若》等經。又奉別教，撰修文疏。契旨卓陳，足①爲稱首。(卷二，釋彥琮)

【疏記】疏。

“疏記”就是“疏”。

(1) 琮師尚宗據，深究教源。故章抄疏記，諸無所及。(卷二，釋彥琮)

(2) 講《華嚴》、《十地》、《地持》、《維摩》、《勝鬘》，各有疏記。(卷八，釋僧範)

【疏本】疏的單本。

“疏本”即只有疏而無經的單本。

(1) 聽者盈席，私記其言，因成疏本，廣行於世。(卷八，釋寶彖)

(2) 既慿顧是重，所在追求，果於廣州顯明寺獲②《俱舍疏本》并《十八部記③》。(卷十三，釋道岳)

【玄義】在文前绪论部分分門別類的解釋全書之內容。

凡講《成實玄義》六十三遍，論文十五遍，《涅槃》、《大品》各二十餘遍。(卷九，釋慧暅)

“玄義”是天台宗的解釋方法之一，即在文前绪论部分分門別類的解釋全書之內容。智顗說，灌頂記《仁王護國般若經疏》卷一：“大師於諸經前例作五重玄義：一釋名、二辨體、三明宗、四論用、五判教。”(T33/253b) 宋善月述《佛說仁王護國般若波羅蜜經疏神寶記》卷一：“天台名家寔以傳宗爲本，而釋經次焉。然以得佛心宗，發旋總持故。凡申一經釋一義亦必有法。於是首開二門：曰懸談大義，曰依文申釋。凡諸大旨必搜在首題，申之以五重玄義，謂名體宗用教相。”(T33/286b) 如：

(1) 便爲開說，止得《序分》、《種性分》前十三章玄義。(卷一，釋法泰)

---

① “足”，資、磧、普、南、徑、清作“雅”。

② “獲”，諸本作“得”。

③ “記”，諸本作“論記”。

（2）後進英華，隨父共聽。偏深玄義，遂講《涅槃》。（卷七，釋寶瓊）

（3）又撰《九識》、《三藏》、《三聚戒》、《二生死》等玄義，並流于世，爲時所宗。（卷十，釋靖嵩）

【義記】對經文的詞語隨文進行詳細解釋。

前後所出五十餘部，并述義記，皆此土所無者。（卷一，釋法泰）

沙門典壽《刻十地義記序》："十地經者，爲舍那成道最初所說。……然其經也，旨高而理遠。其論也，文奧而義邃。固非淺薄之士所敢窺測，故學者多望崖而退。隋有淨影遠法師者，學究三藏，識高一時。講演此論，遂爲之解，名曰義記。其釋文析義，精緻明暢，莫以加焉，使讀者始覺此論之不爲難解也。"（X45/22a）高麗一然《三國遺事·義解第五·義湘傳教》："但以和尚章疏義豐文簡，致令後人多難趣入。是以具錄微言妙旨，勒成義記。"（T49/1006c）如：

（1）有吉藏法師，興皇入室，嘉祥結肆，獨擅浙東。聞稱[①]心道勝，意之未許。求借義記，尋閱淺深，乃知體解心醉，有所從矣。（卷十九，釋灌頂）

（2）其私記智者詞旨，及自製義記并雜文等題目，並勒于碑陰。（卷十九，釋灌頂）

（3）於廣州制旨寺筆受文義，垂二十年。前後所出五十餘部，并述義記，皆此土所無者。（卷一，釋法泰）

總之，佛經翻譯與注疏詞一部分是漢語詞彙本身的借用，一部分是在本土固有的詞語中加入了新的語義，特點與佛教生活詞接近。

綜上所述，《續傳》中的佛教詞充分反映了當時僧人的生活面貌，具有濃厚的社會方言性質，佛經自創和翻譯所帶來的外來詞爲中古漢語輸入了新鮮的血液，豐富了中古漢語詞彙，同時一些新的詞彙結構方式也反映漢語詞彙的發展，爲漢語詞彙研究提供了新材料。

① "稱"，資、磧、普、南、徑、清無。

第三章 《續高僧傳》中的俗語詞

第一節 俗語詞的認定

梅維恆認爲："顯而易見的是，佛教的傳入爲漢語社會語言系統中注入了俗語和方言成分，雖然它們原本就是漢語的有機組成部分，但卻被傳統文人視爲粗鄙之語而遭到摒棄。"① 然而在語言研究中，這些俗語和方言卻起着至關重要的作用。《續傳》中的這些成分也是如此，我們把這些成分稱為俗語詞。

關於俗語詞的界定至今尚有爭論。

第一，什麽是俗語詞。朱慶之先生認爲："口語詞是相對於書面語詞而言的，主要用於日常（包括方言）而不用於書面語的那些詞；俗語詞是相對於雅（方言）而言的，主要指口語中那些粗俗鄙俚難登大雅之堂的詞。"② 而黄征先生認爲"所謂'俗'並非是'粗劣''鄙陋'之意，而是指實際社會生活。這種'俗'的語詞雖然以下層社會爲主要流行場所，但也不免會被王公貴族、文人達士所使用，即使帝王妃后也一樣要使用。"③ 可見，對於什麽是"俗"可謂仁者見仁，智者見智。通過對《續傳》實際情況分析，我們認爲黄征先生的觀點可能更接近實際，在文獻語言的研究中可能會出現個别粗鄙之詞，但是在大部分情況下並非如此，而是指當時民間流行的通俗詞語。同時，周俊勛先生認爲"俗語詞包含'粗俗'、'庸俗'等各方面的内容。口語分正式和非正式的，在特定的場

① 參梅維恒著，王繼紅、顧滿林譯《佛教與東亞白話文的興起：國語的產生》。載朱慶之編《佛教漢語研究》，商務印書館 2009 年版，第 362 頁。

② 參朱慶之《佛典與中古漢語詞彙研究》，文津出版社 1992 年版，第 58 頁。

③ 參黄征《漢語俗語詞研究的幾個理論問題》，《杭州大學學報》1991 年第 2 期。

合，口語詞可能十分‘粗俗’，甚至‘庸俗’。”[①] 如：

(1) 帝下莊於獄，乃發貴妃墓，縱糞於孝建塚，曰：“查奴何意生我？”孝建多昏縱，故有查奴之目。（南朝梁蕭繹《金樓子·箴戒》）

(2) 羕聞當遠出，私情不悅，往詣馬超。超問羕曰：“卿才具秀拔，主公相待至重，謂卿當與孔明、孝直諸人齊足並驅，寧當外授小郡、失本望乎？”羕曰：“老革荒悖，可復道邪！”（《三國志·蜀志·彭羕傳》）

“查奴”相當於現在的二流子，“老革”相當於老東西。都十分粗俗。因此口語詞和俗語詞到底區別何在，要從實際研究中精確地區分出來可能相當困難。基於以上理由，我們認爲俗語詞就是流行於民間的通俗的詞語。

第二，俗語詞的範疇。

關於俗語詞的範疇也有不同意見。蔣紹愚先生認爲“‘俗語’、‘俚語’等這些概念大致和‘口語詞’相當。”[②] 朱慶之先生則直接把口語詞與俗語詞相對立，而郭在貽先生則認爲“俗語詞指的是古代文獻中所記錄下來的古代的口語詞和方言詞之類。”[③] 我們這裏採用郭先生的觀點。

關於俗語詞的判定標準，周俊勛制定了三個標誌[④]：

(1) 顯性的標誌。如六朝筆記小說中常常標明“俗呼×”、“野人呼×”。

(2) 詞語組合的標誌。有些詞語儘管沒有明確的俗語詞標誌，但構成其詞語組合形式的語素中有一個明顯具有當時時代特徵。通過這些語素構成的詞，也應該判定爲俗語詞。

(3) 詞義的時代標誌。大量的俗語詞沒有明確的標誌，可通過語義的時代特徵來判斷。

以上三個標準基本能滿足我們對《續傳》中的俗語詞的判斷，我們借用這一標準來篩選《續傳》中的俗語詞。

---

① 參周俊勛《中古漢語詞彙研究綱要》，巴蜀書社 2009 年版，第 287 頁。

② 參《近代漢語研究概況》，北京大學出版社 1994 年版，第 252 頁。

③ 參郭在貽《俗語詞研究概述》，《語文導報》1985 年第 9—10 期。

④ 參周俊勛《中古漢語詞彙研究綱要》，巴蜀書社 2009 年版，第 287—289 頁。

第二節 《續高僧傳》俗語詞的歷時來源

任何一本專書，其詞語的構成都是由不同歷史階段的詞彙共同構成的，《續高僧傳》俗語詞的構成也不例外。按傳統語言系統一般劃分爲基本詞彙和一般詞彙兩大類。基本詞彙有三個主要特徵：一，歷史的穩定性；二，造詞的能產性；三，使用的全民性。用三個特徵來來區分漢語中所有的詞，凡是符合這三個條件的，就是基本詞，不符合這三個條件的，就是漢語的一般詞。基本詞彙中包括了根詞和非根詞詞綴；一般詞彙中包括了新詞、古語詞、方言詞、外來詞、術語、行業語等。按這一規定，俗語詞應該屬於一般詞彙，不具備歷史的穩定性。但是從《續傳》實際情況看，俗語詞也有不同的歷史層級，因此探索清楚其中俗語詞的歷時來源，對漢語詞彙史研究有一定的幫助。我們把《續傳》中的俗語詞分爲上古、中古和唐代三個時期。

一 上古遺留下來的俗語詞

【敷愉】和悅。

時隆暑赫曦，而身體溫暖，色貌敷愉，光采鮮潔。（卷二五，釋慧雲）

“敷愉”應爲“怤愉”。玄應《一切經音義·佛本行集經》第十卷“敷愉，翼珠反，《纂文》作‘孚瑜’，亦美色也。《方言》：‘怤愉，悅也。’怤愉謂顔色和悅也。‘怤’音芳俱反。”慧立本、彦悰箋《大唐大慈恩寺三藏法師傳》卷十：“又北宫現疾之時，徵慶繁縟，將終之日，色貌敷愉，亦難得而測也。”（T50/279c）此句中的“敷愉”思溪藏、普寧藏正作“怤愉”。揚雄《方言》卷十二：“怤愉，悅也。”戴震疏證：“漢《瑟調曲·隴西行》云：‘好婦出迎客，容貌正怤愉’是也。敷愉雙聲形容之辭。《廣雅》：‘怤愉，說。’即悅。又怤愉，喜也。”

“敷愉”作爲漢代西北方言存在是無疑的，但在道宣的作品中仍然存在。道宣生於長安，長於長安，因此其作品中出現西北方言詞很正常。

【蒱撲】古代博戲。

淵酷好蒱撲，使酒挾氣，終日狼𤟤，無所推下。（卷六，釋寶淵）

按，“蒲撲”就是“樗蒲”，古代博戲。《新集藏經音義隨函錄·續高僧傳》：“蒲撲，普木反，掩博戲也，即今樗蒲是其類也。經云蒲掩。”“樗蒲”又寫作“摴蒲”。曹丕《豔歌何嘗行》：“小弟雖無官爵……但當在王侯殿上，快獨摴蒲、六博，對坐彈棋。”《晉書·后妃傳上·胡貴嬪》：“帝嘗與之摴蒱，爭矢，遂傷上指。”又寫作“摴博”。《新唐書·王琚傳》：“既失志，稍自放，不能遵法度，在州與官屬小史酋豪飲謔、摴博、藏鉤爲樂。”又作“摅蒲”。釋慧琳《一切經音義·沙彌十戒並威儀》：“摅蒲，上敕豬反，《廣雅》；‘摅，張也。老子制摅蒲。’案，摅蒲者，賭財戲也，攤錢碁陸等是也。《古今正字》云：‘摅，舒也，從手慮聲。’經作‘樗’，俗字也。”又作“博掩”“博，博戲也，用六箸六棊，謂之六博。掩，圍碁也。《纂文》云：‘撲掩，跳錢戲也。俗人謂之射意，一曰射數，亦云博戲。’掩，取人財物也。”

關於“樗蒲”的具體形式，唐李肇《唐國史補》卷下有詳細記載：“洛陽令崔師本又好為古之摴蒱。其法三分，其子三百六十，限以二關，人執六馬。其骰五枚，分上為黑，下為白。黑者刻二為犢，白者刻二為雉。擲之全黑者為盧，其采十六；二雉三黑為雉，其采十四；二犢三白為犢，其采十全；白為白，其采八。四者，貴采也。開為十二，塞為十一，塔為五，秃為四，撅為三，梟為二。六者，雜采也。貴采得連擲，得打馬，得過關，餘采則否。新加進九、退六兩采。”關於博戲，黃金貴有較詳細介紹，可參看①。

“樗蒲”一詞東漢就已經出現了，馬融《樗蒲賦》：“昔玄通先生遊于京都，道德既備，好此樗蒲。”

【駛】迅急。

序慟哭崩摧，淚如駛雨。（卷二四，釋法琳）

“駛雨”即疾雨。慧琳《一切經音義·安樂集兩卷音義》：“駛雨，上師廁反。《蒼頡篇》：‘駛，疾也。’《文字典說》：‘馬行疾也。從馬，史聲也。’”“駛”有迅急之義，作形容詞。今本《玉篇·馬部》：“山吏反。疾。”。也寫作“駛”，釋空海《篆隸萬象名義·馬部》：“駛，山吏反。疾。”《龍龕手鏡·馬部》：“駛（俗）駛（正）音使。水流速也。二”還

① 參黃金貴《古代文化詞義集類辨考》，上海教育出版社 1995 年版，第 1142 頁。

可以寫作“㴢”，《可洪音義》卷九《菩薩處胎經》卷四：“㴢水，上音使，速也。正作駛。”①

此詞江藍生②、蔡鏡浩③、吳金華④、董師志翹⑤諸先生均已論及。董先生舉東漢曇果共孟康祥譯《中本起經》：“其水深駛，佛以神力斷水令住。”可見東漢時“駛”已經在佛經中使用了。董師認爲“駛”之源頭在漢譯佛典，這一觀點可能值得再繼續討論。誠然，佛經中有大量的“駛”作“迅急”義的例子，但我們也可以看到慧琳《一切經音義》在解釋“駛”時大量採用上古字書。如卷二十九《金光明最勝王經》卷一：“持駛水，駛音使，去聲字也。《蒼頡篇》云：‘駛，疾也，水流速也，急也。’《古今正字》：‘從馬，史聲。’經從夬，非也。”卷第八十九《音梁朝高僧傳》卷三：“深駛，下師事反。《蒼頡篇》云：‘駛猶急、疾也。’《文字典說》云：‘駛，謂馬行疾也。’《古今正字》：‘從馬，史聲。’”這說明“駛”在《蒼頡篇》成書之前就存在了。

關於“駛”爲何中土文獻用例較晚的問題，清鄭珍的意見值得參考。他在《說文新附考·馬部》“駛”下說：“駛，疾也。从馬，吏聲。疏吏切。按，《左·襄三十年傳》：‘吏走問諸朝’，《釋文》本‘吏’作‘使’，解云：‘速疾之意也。’杜氏無此說，葢必本古注。又云：‘服虔、王肅本作“吏”。’是‘使’、‘吏’並古‘駛’字。故《說文·水部》‘沺’訓‘水吏’，謂水流疾也。鬯部有‘䰞’，从吏聲，‘烈也’，‘讀若迅’，亦近古‘駛’字。但據《眾經音義》卷二十三並引《蒼頡篇》‘駛，疾也’，字从史；又引《三蒼》‘古文“使”字或作“駛”。’《華嚴音義》卷上亦引《蒼頡篇》：‘駛，速疾也’，字从馬，史聲。恐古原有此字，許君偶遺。其體从吏从叓皆得聲，未定孰是。”鄭氏的意見有二：(1)“駛”原作“駛”。(2)“駛”古已有之。王雲路先生曾指出：“一些在中土文獻中即已存在的詞語含義，往往因其使用不甚廣泛而不被重視，

---

① 參韓小荊《據〈可洪音義〉解讀〈龍龕手鏡〉俗字釋例》，《語言科學》2007年第4期。

② 參江藍生《魏晉南北朝小說詞語匯釋》，語文出版社1988年版，第177頁。

③ 參蔡鏡浩《魏晉南北朝詞語例釋》，江蘇古籍出版社1990年版，第299頁。

④ 參吳金華《世說新語考釋》，安徽教育出版社1994年版，第228頁。

⑤ 參董志翹《中古文獻語言論集》，巴蜀書社2000年版，第164頁。

佛典譯文的大量使用，使其含義普及開來。”[①] 我們以此認爲“駛”可能也是如此。“駛”是“駛”的俗字，故許氏未收，後來因爲俗寫在佛經中大量存在，於是“迅急”的“駛”開始流行，並逐漸成爲主流。至於王先生說“‘駛’和‘駛’當初可能也是因爲形訛而產生了相同的詞義，而在實際運用中，‘駛’占了上風。”[②] 我們認爲有一定道理，但“駛”和“駛”並不是因形似而相因生義，而是由於正俗字使用的頻率變化而引起的意義遷移。即“駛”作為文字符號，本不表示“迅疾”之義，但是由於它後來成了“駛”的俗字，並大量的高頻率的使用，於是人們誤認為它有“迅疾”之意。楊寶忠認為：“古書抄刻，字多俗體，字書釋義用字亦在所不免；後代字書釋義有為前世字書釋義中俗字所惑而誤認甲字為乙字，因導致釋義失誤者。”楊氏稱之為“虛假字義”[③]，“駛”應該屬於此類。

從上古流傳下來的俗語詞不多，這也正是一般詞彙與基本詞彙的區別，一般詞彙出現快，但消失也快，然而也並不能說俗語詞就沒有歷史遺留，有些詞可能一直在方言中存在，如“敷愉”、“蒲撲”，有些詞原來在方言中不流行，後來卻反而流行起來，如“駛”。

還有一種情況，即上古是通語而中古變成了俗語。如：

【熸】熄滅

及火至潤，熸餘自斂。（卷十五，釋靈潤）

“熸”本指火滅，《玉篇·火部》：“熸，火滅也。”又引申爲失敗。《左傳·昭公二十三年》：“楚師熸。”晉杜預注：“吳楚之間謂火滅爲熸。”《左傳·襄公二十六年》：“晉人從之，楚師大敗，王夷師熸。”孔穎達疏：“言軍師之敗若火滅然。”杜預注：“吳楚之間謂火滅爲熸。”說明到中古“熸”已經變成了吳楚之間的方言了。

【鞅掌】

又食不擇味，生無患苦。僧事鞅掌，身先令之。（卷十二，釋道判）

---

① 參王雲路《試說翻譯佛經新詞新義的產生理據》，《語言研究》2006 年第 2 期。

② 參王雲路《中古漢語詞彙史》，商務印書館 2010 年版，第 694 頁。

③ 楊寶忠、張新朋：《試論“虛假字義”》，載《語言學論叢》第二十九輯。另蔡鏡浩先生《談詞語意義的訛變》中曾提出“因字形相混而引起的訛變”的觀點，所說與此相似。載《揚州師院學報》1986 年第 1 期。

“鞅掌”一詞出於《詩·小雅·北山》：“或棲遲偃仰，或王事鞅掌。”毛傳：“鞅掌，失容也。”鄭玄箋：“鞅猶何也，掌謂捧之也。負何捧持以趨走，言促遽也。”孔穎達疏：“傳以鞅掌爲煩勞之狀，故云失容。言事煩鞅掌然，不暇爲容儀也，今俗語以職煩爲鞅掌，其言出於此傳也。故鄭以鞅掌爲事煩之實，故言鞅猶荷也。”可見至遲到唐代“鞅掌”已經成爲一個俗語詞。

汪維輝先生在論及詞的地域性時曾說：“有些詞，前代是通用語，後代降格爲方言詞，或者相反；有些詞前代和後代都是方言詞，但是通行地域有大小，或是從甲方言詞變成了乙方言詞。”① 上述詞語的存在，印證了汪先生的看法。這說明俗語詞系統也是一個不斷變化的詞彙系統，它不僅是共時的，也是歷時的。

二　中古流傳下來的俗語詞

【隘溢】充滿。

時有曇獻禪師，禪②門鉦鼓，樹業光明，道俗陳迹。創首屈請，敷演會宗，七眾聞風，造者萬計。隘溢堂宇，外流四面。乃露縵廣筵，猶自繁擁。（卷十一，釋吉藏）

“隘溢”即充滿。“隘”有“充盈”之義。杜甫《草堂》詩：“城郭喜我來，賓客隘村墟。”。唐耿湋《登鍾山館》詩：“野市魚鹽隘，江村竹葦深。”“隘”、“溢”同義連文。此詞最早出現於中古。郭璞《山海經圖贊上·犀贊》：“犀頭似豬，形兼牛質。角則併三，分身互出。鼓鼻生風，壯氣隘溢。”唐代其他文獻也有記載。《全唐文·樂朋龜〈僖宗皇帝哀冊文〉》：“火爍金流，陵移山徙。咨嗟祈祝，隘溢圖史。”

宋文中還有“隘滿”一詞可資旁證。宋杨倓《楊氏家藏方》卷八《咳嗽方叁拾柒道》：“瀉白散，治肺氣上奔咽膈，胷脇隘滿，喘急不止。甚者頭面浮腫，腹脹，小便不利。”

【安怗】安靜、安寧。

眾至三千，法師皆委令檢校，遂得安怗。內外無事，一人力也。（卷

① 汪維輝：《論詞的時代性和地域性》，《語言研究》2006年第2期。

② “禪”，諸本作“福”。

二十四，釋智勤）

“安怗”即安寧，平靜。如：

（1）自覺心志弘雅，身相安怗[①]。（卷十一，釋保恭）

“身相安怗”即身體平靜。

（2）林往居之，禪默累日。忽有大蟒，縈繩床前，舉頭如揖讓者。林爲授三歸，受已便去。因爾[②]安怗，卒無災異。（卷二五，釋僧林）

“因爾安怗，卒無災異”是從此以後所居之處就平靜了，再也沒有災異。

（3）此段有征無戰，以時平蕩，百姓安怗，甚快也。（《南齊書·幸臣傳·劉系宗》）

“安怗”即安寧。

“怗”有“安寧、安靜”義。《廣雅·釋詁四》：“怗，靜也。”《廣韻·怗韻》：“怗，安也。”《新唐書·杜牧傳》：“唯山東不服，亦再攻之，皆不利。豈天使生人未至於怗泰邪?”“安”“怗”同義連文。

【策勤】努力勤奮。

時天步飢餒，道俗同霑。化感一寺，獨延賓侶，磨穀爲飯，菽麥等均。晝夜策勤，弘道爲任，故四方慕義，歸者雲屯。（卷十五，釋靈潤）

“策”在中古有“努力”之義，晉王獻之《辭尚書令與州將書》：“若民有纖芥少裨聖化，亦當求自策效，而能臨殊寵，必欲免耶?”“策”、“勤”并列意爲努力勤奮。釋慧琳《一切經音義·新譯大方廣佛花嚴經音義卷中·迴向品之八》“若專勵，勵，力制反，杜注《左傳》曰：‘勵，勸也。’《玉篇》曰：‘勵，勉也。’謂自強策勤也。”慧琳以“策勤”釋“勵”，可見其在當時應是一個常用詞。《宋書·王景文列傳》：“乃下詔曰：‘夫良圖宣國，賞崇彝命；殊績顯朝，策勤王府。安南將軍、江州刺史景文，風度淹粹，理懷清暢，體兼望實，誠備夷岨，寶曆方啟，密贊義機，妖徒干紀，預毗廟略，宜登茅社，永傳厥祚。’”元劉大彬《茅山志·錄金石篇·唐碑·唐國師昇真先生王法主真人立觀碑》：“十五日，沐浴冠帶，焚香正坐，集諸弟子，述聖朝立觀之由，勵學人策勤之誌。”

---

① “怗”，諸本作“怡”。

② “因爾”，資、磧、普、南、徑、清作“自爾”。

【承接】侍候、奉養。

沙門慧序經理所苦，情結斷金，曉夕同衾，慰撫承接。（卷二四，釋法琳）

“承接”即侍候、奉養。隋闍那崛多譯《佛本行集經·大迦葉因緣品上》：“即引將入客舍之中，以諸香湯與令澡浴；復以種種香塗其身；復將種種無價之衣與其令著；復將種種雜好香花結用作鬘，置其頭上。然後別將種種甘美餚饍飲食與其令噉。所謂唼㖩嚼齧嘗啜，種種味具，皆悉充足……如是次第值於第二牛群之舍，如是第三、第四、第五、第六、第七悉皆如是出迎承接。”（T3/864b）

此句中的“承接”就是各種各樣的服侍款待。其他如：

（1）於空澤中遙見一樹，枝葉欝茂，便即趣之。有一泉水，善求及眾悉共誠心求哀救護。誠感神應，現身語之：“斫去一枝，所須當出。”諸人歡喜，便斫一枝，美飲流出。斫第二枝，種種食出，百味具足。咸共承接，各得飽滿。”（《賢愚經·善求惡求緣品》，T4/416c）

“咸共承接”是全部都得到供養。

（2）菩薩常謙下眾生，承接供養。若有所須，不違前意，皆悉給之。（唐輸波迦羅譯《蘇婆呼童子請問經·蘇婆呼童子請問經分別遮難分品》，T18/729a）

“承接”與“供養”同出，意義相近。

“承接”最早的用例應該是《後漢書·竇皇后紀》：“肅宗先聞后有才色，數以訊諸姬傅。及見，雅以爲美，馬太后亦異焉，因入掖庭，見於北宮章德殿。后性敏給，傾心承接，稱譽日聞。明年，遂立爲皇后，妹爲貴人。”此句中的“傾心承接”應該是全心侍奉，意在突出竇皇后有后妃之德。《漢語大詞典》釋此爲“交接”，應是誤會文意。

【齒錄】敬重、尊重。

亮履行高潔，經數修明。朗稟性疎率，不事威儀。聲轉有聞，義解傳譽。集注《涅槃》，勒成部帙。而言謔調笑，不擇交遊。高人勝己，見必[①]齒錄。並卒於天監中。（卷五，釋僧韶）

按，此句中的“見必”據諸本應作“少見”。“齒錄”在佛經中還有

① “見必”，諸本作“少見”。

“尊重”之意。“高人勝己，少見齒錄。”意爲“超過自己的人很少理睬。”《續傳》卷十二：“釋善胄，俗姓淮氏，瀛州人，少出家。通敏易悟，機達[①]爲心。預涉講會，樂詳玄極。《大論》、《涅槃》是所鑽注[②]。齊破投陳，奔造非數。年屢[③]薦餒，告乞是難。日濟一餅，纔充延命。形極羸悴，眾不齒錄。”“眾不齒錄”就是大家都瞧不起，不敬重。佛經中類似的例子如：

（1）時此城中有長者，娶妻不久便即身死，如是乃至第七娶妻，悉皆身亡，時人並皆喚爲妨婦。更欲娶妻，人皆不與，乃至求得眇右目女。彼有知識說伽他曰……時彼知友，雖聞此語，竟不齒錄，猶索不休。（唐義淨譯《根本說一切有部苾芻尼毘奈耶·過三鉢受食學處》，T23/978b）

聯繫上下文可知，長者不聽朋友勸說，因此“不齒錄”就是不聽從其勸說，也是一種不敬重的行為。

（2）若非喫苦不甘，爭肯說長道短。鮑靜被誅猶可，王浮招報非輕。傅奕姜斌不堪齒錄，張生焦輩何足言論？（宋念常集《佛祖歷代通載》卷二二，T49/719b）

“傅奕姜斌不堪齒錄”就是“傅奕姜斌之流不值一提”，也意爲不值得尊重。

（4）猩猩業畢，後得爲人，頑無所知，人不齒錄。（《慈悲道場懺法·顯果報》（T45/932a）

猩猩變成人後也頑愚無知，所以大家都不尊重他。

（5）翠竹若是法身，法身即同草木，如人喫筍，應總喫法身也。如此之言，寧堪齒錄？（唐慧海《諸方門人參問語錄》卷下，X63/25b）

“如此之言，寧堪齒錄”即如此言論哪裏值得尊重。

（6）沙門慧全，涼州禪師也。門徒五百，中有一人，性頗麁暴，全不齒錄。後忽自云，得那含果。（《集神州三寶感通錄·神僧感通錄》T52/433c）

“全不齒錄”也是大家都看不起，不理睬他。

---

① “機達”，諸本作“機悟”。

② “鑽注”，徑、清作“纘注”。

③ “屢”，諸本作“屬”。

(7) 收有賤生弟仲同，先未齒錄，因此怖懼，上籍，遣還鄉扶侍。(《北齊書·魏收列傳》)

據何亞南先生研究，“錄”在漢代以降有“看重、敬重”義[①]，現引例如下：

(8) 居無幾何，家果失火，鄉聚里中人哀而救之，火幸息。於是殺牛置酒，播發灼爛者在上行，余各用功次坐，而反不錄言曲突者。向使主人聽客之言，不費牛酒，終無火患。(劉向《說苑·權謀》)

(9) 不知用魔威神故，是彼菩薩摩訶薩以自謂審然，便自貢高，輕易人，形笑人，無所錄。(支婁迦讖譯《道行般若經》，T8/460a)

(10) 是輩，須菩提，持不成，是菩薩摩訶薩當覺知魔爲。舍善知識去，亦不與善知識語，亦不與善知識從事，亦不錄善知識。(同上，T8/460b)

而“齒”在中古也引申出了“敬重”之義，如：《陳書·任忠傳》：“少孤微，不爲鄉黨所齒。”《資治通鑒·梁武帝大同十一年》：“魏高陽王斌有庶妹玉儀，不爲其家所齒，爲孫騰妓。”所以“齒”與“錄”同義連言而成詞。《漢語大詞典》有“齒錄”條，但其意義與結構均與本詞不同。

【出過】超過。

自前後行施，悲敬兼之。袈裟爲惠，出過千領。(卷九，釋靈裕)

“出過”在佛經中有“超過”之意。如後秦佛陀耶舍共竺佛念譯《佛說長阿含經·清淨經》：“我以理推，諸沙門、婆羅門中無與我等者，況欲出過。”(T176/a) 元魏慧覺等譯《賢愚經·富那奇緣品》：“雖復稟受長者遺體，才藝智量，出過人表。然是廝賤婢使所生，不及兒次，名在奴例。”(T4/393c) 姚秦竺佛念譯《出曜經·無常品第一之一》：“汝今阿難有何奇特，我曾所覩乃爲奇特出過汝今所見者上。”(T4/613a)《敦煌變文校注·雙恩記》：“如耆闍崛山，山勝餘山，顯此法勝，此山獨勝，高而復顯，出過二乘，自在魏魏[②]，功德滿故。”

---

① 參何亞南《漢譯佛經與傳統文獻詞語通釋二則》，《古漢語研究》2000 年第 4 期。

② 按黃征、張涌泉校：“魏，原卷左半字作‘禾’，蓋‘委’旁省誤。”參《敦煌變文校注》，中華書局 1997 年版，第 944 頁。

“出”與“過”均有超出之義，故二者同義連言也有超出之義。

【告及】告知。

至開皇四年，謂弟沙門志湛曰：“吾窮[①]冠小乘，自揣與羅漢齊鑣也。但時未至，故且斂翮耳。”湛夙餐法味，欣其告及，以事達明彥法師。（卷十一，釋志念）

按，“告及”就是告知。此義中古佛經中存在，如：

（1）復有眾生，少小孤寒，無有父母、兄弟，爲他作使，辛苦活命。長大成人，橫罹殃禍，縣官所縛，繫閉牢獄，無人追餉，飢窮困苦，無所告及，何罪所致？（後漢安世高譯《佛說罪業應報教化地獄經》，T17/452a）

（2）時守門者便作大會，告及宗親云：“我婦生子。”（唐義淨《根本說一切有部毘奈耶·四波羅底提舍尼法·從非親尼受食學處》，T23/897a）

（3）七明既蒙告及，即見自身已坐金華之上，籠籠而合。（唐善道《〈觀經〉正宗分散善義》卷四，T37/274c）

（4）初明王昇虛空告及兆民，次爾時已下，正明輪王共眾趣佛，成離慢方便。（唐靈裕《華嚴經文義記·於此眾中主夜天名妙德救護眾生》，X3/26a）

（5）五十五解覆鉢者既被告及，慚懼不寧，便爲殺我。豈是薄信，故待乞謝方爲解之。餘無信人，不預此法。（唐道宣《四分律刪補隨機羯磨疏濟緣記》，X41/111a）

其他文獻中也偶有用例，如：

（6）此乃婦人為丈夫之象，丈夫為婦人之飾，顛之倒之，莫甚於此。觸類而長，不可勝言，舉其一端，告及汝耳，勿謂幼小，不遵訓誡。（唐李華《李遐叔文集·與外孫崔氏二孩書》）

（7）言發號施令先告自已之一邑，使一邑之人信服之，然後告及天下，則天下无不信服也。（宋胡瑗《周易口義》卷七下經“夬”）

（8）以致通省官員相率趨承，贐儀從厚。周興岱始雖辭卻，後仍收受。且因未帶冬衣，輒向地方官告及，殊爲卑鄙。（《清實錄·仁宗睿皇

① “窮”，資、徑、清作“躬”。

帝實錄》)

(9)若夫一種疑獄，有黑夜殺人並無見証者，有曠野殺人無尸親識認者，有作客他鄉爲人謀害而告及同行者，有共証其人毆殺、尸傷顯然而其人滿口呼冤者。諸如此類，但宜細心審度，密加體訪。(清黄六鴻《福惠全書·刑名部·人命上·疑獄》)

可見"告及"一詞是由佛教文獻擴展到其他中土文獻中的。

【告索】索要。

且往隨州巡里告索，暮達鬲所如常採聽。(卷十四，釋慧稜)

按，"告索"就是索要。如《晉書·孝友·孫晷列傳》:"親故有窮老者數人恒往來告索，人多厭慢之，而晷見之，欣敬逾甚，寒則與同衾，食則與同器，或解衣推被以卹之。"《宋書·沈演之列傳》:"沈勃琴書藝業，口有美稱，而輕躁耽酒，幼多罪愆。比奢淫過度。妓女數十，聲酣放縱，無復劑限。自恃吳興土豪，比門義故，脅說士庶，告索無已。"

"告"有"乞求、請求"之意。唐代來鵠《鄂渚除夜書懷》詩:"難歸故國干戈後，欲告何人雨雪天。"告、索並列成詞。但"告"在《續傳》中有明顯的虛化現象，可以看作是一個隱性的語素，我們在第七章第四節要專門討論。

【功力】人功。

或索財賄，或索功力，隨命多少，則須依送，若違其語，後失過前。(卷二十五，釋通達)

按，"功力"即"工力"，指人功。如《北史·隱逸傳·馮亮》:"宣武給其工力，令與沙門統僧暹、河南尹甄琛等同視嵩山形勝之處，遂造閑居佛寺。"後唐景霄《四分律鈔簡正記》卷第十六:"彼云佛涅槃後三百年，北天竺國有一羅漢，名憂樓質多那，以神通力加其工力，鑿大石山，爲五龕室，請彌勒指授。"(X43/437b)

"功"通"工"。《周禮·春官·肆師》:"凡師不功。"鄭玄注:"古者'功'與'工'同字。"《大戴禮記·少閒》:"於此有功匠焉。"《四庫全書》編者按:"功、工古通用。"《敦煌契約文書輯校·年代不詳請便佛麥牒》:"比日緣未有施主，近勾當得一兩家施主，召得兩個功人，見下手雕飾。""功人"即工人。曾良認爲"力"在中古是一個詞綴，表示

"從事某一類職業勞作的人"①。與此相同的還有"吏力"、"手力"、"事力"、"船力"等。

【顧錄】顧念。

而覩其儀服猥濫，名相非潔，頻②復輕削，故初並不顧錄。（卷二三，釋曇顯）

"顧錄"即顧念。佛經中此類例子甚多，如法賢譯《金剛薩埵說頻那夜迦天成就儀軌經》卷三："乃至自家妻子男女，他人取去亦不顧錄。"（T21/317b）鳩摩羅什譯《薩陀波崙品·小品般若波羅蜜經》卷十："又，善男子，復應覺知魔事。若法師於求般若波羅蜜者，心有嫌恨，而不顧錄，汝於此中，不應憂惱，但以愛重恭敬法心，隨逐法師，勿生厭離。"（T8/580b）晉法炬共法立譯《法句譬喻經·塵垢品》："父母呼歸，令治家業。其兒憍誕，不念勤力，家道遂窮，眾事妨廢。其兒放縱，無所顧錄，糶賣家物，快心恣意。"（T4/596b）玄奘譯《大寶積經·菩薩藏會第十二之十八·般若波羅蜜多品第十一之三》："爲七聖財得圓滿故，於佛正法信爲前導。爲欲攝受諸淨法故，於己身命曾無顧錄。"（T11/305a）智顗《妙法蓮華經玄義》卷八下："三譬如黃石中金，愚夫無識，視之謂石，擲在糞穢，都不顧錄。"（T33/781b）《敦煌變文校注·雙恩記》："飯盈盤，衣滿複，無問高低垂顧錄。"

據王鍈如先生研究，"錄"有"體恤、顧念"之義③。"顧"也有相同之義。如《管子·明法》："明主者，使下盡力而守法分，故羣臣務尊主而不管顧其家。"《舊唐書·后妃傳上·玄宗楊貴妃》："然貴妃久承恩顧，何惜宮中一席之地，使其就戮，安忍取辱於外哉！"二者同義連言成詞。

《漢語大詞典》引《太平廣記》卷二九六"蕭總"（出《八朝窮怪錄》）："總曰：'幸見顧録，感恨徒深，執此懷中，終身是寶。'"釋爲"顧念收納"。王鍈如先生認爲此條"顧錄""似爲同義複詞，顧念之意。"④ 如果聯繫整個中古"顧錄"的使用情況，此處之"顧錄"確應爲顧念，《漢語大詞典》誤釋。

① 參曾良《敦煌文獻叢札》，浙江古籍出版社 2010 年版，第 141 頁。

② "頻"，資、磧、普、南、徑、清作"頗"。

③ 參王鍈如《中古白話語詞釋義獻疑》，《文史》第 42 輯，中華書局 1997 年版，第 237 頁。

④ 同上書，第 240 頁。

【漸向】漸漸。

當爾之時，足漸向冷，口猶誦念。少時而卒，卒後十日香氣乃絕。（卷六，釋真玉）

按，“漸向”即“漸漸”。在句中作副詞，表示一種頻率。如：

（1）爾時太子漸向長成，至年十九。（闍那崛多譯《佛本行集經·捔術爭婚品》，T3/707a）

“漸向長成”就是漸漸長大。

（2）爾時童子福德因緣，養育未幾，漸向增長，不久之間，成就智慧。（《佛本行集經·大迦葉因緣品》，T3862/a）

“漸向增長”乃漸漸長高。

（3）具足圓滿精進波羅蜜多，諸佛如來與受記別，近無等等無上菩提，猶如白月十四日夜漸向圓滿。菩薩亦爾，於佛菩提漸向圓滿得無功用，自然獲得十種勝事。（般若譯《大乘理趣六波羅蜜多經·精進波羅蜜多品》，T8/898a）

“漸向圓滿”即漸漸圓滿。

（4）漸向浮生老，前期竟若何。獨身居處靜，永夜坐時多。（唐司空曙《閒居寄苗發》）

“漸向浮生老”是一個倒裝句，意爲“浮生漸漸老”。

（5）雁孤飛，人獨坐，看卻一秋空過。瑤草短，菊花殘，蕭條漸向寒。（五代馮延巳《更漏子》）

“漸向寒”即漸漸寒冷。

（6）量（良）久穩審不須驚，漸向樹間偷眼覷。（《敦煌變文校注·伍子胥變文》）

“漸向樹間偷眼覷”即慢慢地從樹從中往外偷看。此句生動的描繪了伍子胥從驚慌到漸漸鎮定的心理變化。

“漸”有逐漸、漸漸之意，“向”有“即將、將近”之意，二者類義並列成詞。

【將接】招待、接待。

每旦出門延頓客旅，歡笑先言，顧問將接。（卷二四，釋普應）

“將接”此意爲招待、接待。如：

（1）其赝聲者，志性懃了。多於親友，將接四遠。（《賢愚經·快目

王眼施緣品》，T4/390b）

（2）歸有兄子爲僧，寺近歸宅，因往見之，奕大瞋怒。僧便告歸，歸初不信，曰："傅奕貧士，我將接在宅，豈爲不軌耶?"僧曰："叔若有疑，可一往視。"相將至宅，果如所言。（道宣《廣弘明集·辯惑篇第二之二·列代王臣滯惑解上》，T53/123c）

（3）足下家極，知無可將接，爲雨，遂乃不復。更諸弟兄問疾，深護之，不具。王羲之白耳。（《全晉文·王羲之·雜帖》）

（4）宋孝武時，迎益州仰禪師下都供養，稱便束[①]意歸依，仰亦厚相將接。（梁慧皎《高僧傳·明律·釋智稱》）

以上"將接"均是招待之意。後來在這一意義上又引申出"幫助"之義，如：

（5）商客聞已，皆往至馬王所，前白王言："我等咸欲還本鄉里，願見將接，得歸無爲。"（姚秦竺佛念《出曜經·如來品之二》，T4/719a）

（6）我等願樂欲生彼國，唯願世尊神力將接，無令同誓中有罣礙。（姚秦竺佛念譯《菩薩瓔珞經·賢聖集品》，T16/93b）

（7）諸比丘見已，問言："姊妹欲何所至?"答言："欲往祇洹禮覲世尊。"諸比丘聞已恐畏犯戒故，即疾疾捨去……大愛道即往世尊所，頭面禮足，卻住一面，以上因緣具白世尊："乃至諸比丘不將接諸比丘尼者，誰當將接?"（東晉佛陀跋陀羅共法顯譯《摩訶僧祇律·明單提九十二事法之四》，T22/384b）

（8）乃遇兩虎相抱而臥，虎見愛來，並舉頭看愛。愛轉惶懼，口云："二檀越，貧道被賊逐，急投檀越，願時將接救護。"二虎即出外，奮迅驚吼，賊便退散。（唐慧詳撰《弘贊法華傳·誦持第六之二·釋法愛》，T51/32a）

"將接"又有"收容、接納"之意。如：

（9）端至小街，審知遙光舉事，乃走還。未至三十余步，下馬再拜曰："今日乞垂將接。"坦之曰："向語君何所道，豈容相欺。"端以馬與坦之，相隨去。（《南史·齊宗室·臨汝侯坦之列傳》）

"今日乞垂將接"即"今日請求你收容"。

---

① 按，麗藏原本作"來"，今據湯用彤先生校注改。

“將接”似乎還有“迎接”之意。如：

（10）及文帝平彪，高祖遺荔書曰：“喪亂已來，賢哲凋散，君才用有美，聲聞許、洛，當今朝廷惟新，廣求英儁，豈可棲遲東土，獨善其身？今令兄子將接出都，想必副朝廷虛遲也。”（《陳書·虞荔列傳》）

此文“將接”應是迎接之意。

【狡戲】嬉戲。

嘗與諸僮共遊狡戲，或摘葉獻香，或聚砂成塔。（卷十六，釋僧實）

按，此條《古今圖書集成·博物彙編·神異典·僧部列傳·北周·僧實》也同。

“狡戲”一詞只有佛經中存在幾例，如：

（1）於是世尊與眾僧俱上就坐，太子手自下食。諸比丘以一指或以二指撚鉢而受，下食著中，即皆失鉢，飲食流漫，汙其水精之地。諸居士見譏呵言：“此諸比丘正似憍兒，又如狡戲。”（劉宋佛陀什共竺道生等譯《五分律·眾學法》，T22/74b）

（2）爾時難陀或有同行諸比丘輩而告之言：“長老難陀，汝於先時不閉諸根，於諸飲食不知厭足，恒求妙好床褥臥具，安隱睡眠，本無厭勸……云何今者諸根調伏，飲食知足，初夜後夜不曾睡眠。無復狡戲，攝斂身心……長老今日何因得爾？”（隋闍那崛多譯《佛本行集經·難陀因緣品下》，T3/916a）

“狡戲”即嬉戲。《方言》卷三：“逞曉恔苦，快也。”郭璞注：“快即狡，狡戲亦快事也。”“狡戲”即“狡獪”。“狡”與“獪”義同。《廣雅·釋詁四》：“狡，獪也。”釋慧琳《一切經音義·解脫道論》卷四：“狡獪，古卯反，下古文‘[illegible]’、‘[illegible]’二形，又作‘狭’，同古快反。《通俗文》：‘小兒戲謂之狡獪。’今關中言‘狡刮’，訛也。”《類篇·犬部》：“獪，古外切。狡獪，兒戲也。又古邁切，《博雅》擾也，一曰狡也。”因此“狡”、“獪”、“戲”均爲“戲弄、遊戲”之意，其同義並列成“狡獪”、“狡戲”。

“狡戲”本指小兒嬉戲①，後又所指擴大，成人之間的嬉戲也被稱爲“狡戲”。清郝懿行《證俗文》卷十七：“閩人謂戲曰狡獪，《陸放翁詩》

① 師弟吳松告知，今江蘇泰如方言謂小兒戲曰“狡”，讀如“杲”。

注：'晉人謂戲爲狡獪，今閩語尚爾。'"

【解澣】洗浣。

而情在疎率，不事形儀，衣裳塵滓，未曾舉意洗濯①。周旋②有不耐者，皆代其解澣。（卷六，釋慧開）

"解澣"就是洗浣。釋慧琳《一切經音義·續高僧傳》卷六："解澣，上皆買反。云解判也。從刀判牛角，會意字也。下桓管反。鄭箋《毛詩》云：'澣謂濯也。'劉兆注《公羊》云：'去垢曰澣。'《說文》作'浣'。《字書》从'幹'作'澣'，音、義並同。"中古文獻中例子很多，如陳真諦譯《寶行王正論·寶行王正論雜品》："皮不淨如衣，不可暫解浣。"（T32/496）《太平御覽·布帛部六·納》："魏武令曰：'吾衣皆十歲也，歲歲觧浣補納之耳。'"《風俗通義·佚文·釋忌》："俗說：正月長子解浣衣被，令人死亡。"《四部叢刊集部·秋澗先生大全集·樂府·眼兒媚》："此恨若爲休，長河解浣佳人，無那倒捲黃流。"羅虯《比紅兒詩》其九："越山重疊越溪斜，西子休憐觧浣紗。"

【經】停留。

又東山行至健馱邏國。佛寺千餘，民皆雜信。城中素有盋廟，眾事莊嚴。昔如來盋經於此廟乃數百年，今移波斯王宮供養。（卷四，釋玄奘）

"經"由"到、往"義引申出"停留"義。"經於此廟"就是停留於此廟。這一意義在其他文獻中也存在。如《文選·任昉〈奏彈劉整〉》："寅第二庶息師利去歲十月往整田上，經十二日，整便責範米六斗哺食……整規當伯還，擬欲自取。當伯遂經七年不返，整疑已死亡不回，更奪取婢綠草，貨得七千。"方一新、王雲路先生認爲此處的"經""猶言居住、逗留，是本篇習語。"③ 方、王二先生的解釋與"停留"基本一致，但如果說是本篇習語，從《續傳》的例子看就不一定了。《續傳》中還有"經住"、"經止"、"經停"、"經留"。如：

"經住"：

（1）又至沙勒國，同伴一人復還本邑。餘有三人，停在王寺，謂沙

---

① "洗濯"，資、磧、普、南、徑、清作"浣濯"。

② "周旋"，資、磧、普、南、徑、清作"同旅"。

③ 王雲路、方一新：《中古漢語讀本》，上海教育出版社 2006 年版，第 387 頁。

勒王之所造也。經住兩載，仍爲彼僧講《說[①]破論》，有二千偈，旨明二部[②]，多破外道。又爲講《如實論》，亦二千偈，約其文理，乃是世間論義之法。（卷二，達摩笈多）

此段話中前爲“停在王寺”，後爲“經住兩載”，可見“經住”就是停留。“經”與“住”是同義連文。其他如：

（2）明此理，在人則人貴，在地則地尊。經住之處，皆應起塔供養。（失譯《法華義記·法師品》，T85/173b）

“經止”：

（3）後以事聞奏，乃更搜揚仄陋，窮巖倒穴，方始捉獲，而履節無虧。勑勞殷重，崇敬彌異。乃賜香爐等物，仍令住馮翊大興國寺。經止少時，又逃於梁山之陽。（卷十九，釋道林）

此段話中前言“令住馮翊大興國寺”，後言“經止少時”，可見，“經止”就是“停留”。“經”、“止”也是同義連文。

“經停”：

（4）後以普照師爲吒迦國王所請，從師至彼，經停一載。（卷二，達摩笈多）

（5）聞光師弘揚戒本，因往聽之。涉悟大乘，深副情願。經停十載，聲聞漸高。（卷八，釋道憑）

（6）乃於次院之内安置靈塔，掘基三尺，得一小蛇。可長尺餘，五色備飾。乃祝曰：“若爲善相，可止香奩。依言即入，遣去復來。經停三日，便失所在。（卷十一，釋明舜）

以上“經停”均爲停留義。“停留”是活的人或物主動留下，進一步引申爲死的沒有生命的人或物的被動留下，意爲“停放”。如：

（7）便殮於龍阜之山開化寺側，作窟處焉。經停一年，儼然不散。（卷十九，釋慧超）

（8）春秋七十有二，以貞觀元年十二月十八日午時結跏安坐，端直儼然，氣息綿微，如入禪定，因而不返。時虛空中有絃管聲，合眾皆聞，良久乃息。經停數日方入石龕，顔色敷悅，手足柔軟，不異生平。（卷十

① “說”，資、磧、普、南、徑、清作“念”。

② “二部”，資、磧、普、南、徑、清作“三印”。

九，釋智晞）

（9）停經數日，顏色如舊。（卷二四，釋智勤）

以上“經停”均爲“停放”義。所有“經停”也都是同義連文[①]。

“經留”：

（10）雖充驅使，而言語訥澀，舉動若癡，然一對一言時合[②]大理。經留數載，無所異焉。（卷二七，釋僧崖）

“經留數載”就是停留了數載。“經留”即“停留”。也是同義連文。其他文獻如：

（11）憂愁恐怖，舉聲大哭。經留數日，獨在岸邊。（《經律異相》卷七“五百釋女欲出家投請二師”條，T53/37a）

（12）少與崔浩爲莫逆之交。浩爲司徒，奏征爲中郎，辭疾不赴。州郡逼遣，不得已入京都與浩相見。經留數日，唯飲酒談敘平生，不及世利。（《北史·隱逸列傳·眭誇》）

由此可見，“經”在中古并非只是《奏彈劉整》中的習語，而是一個常用口語詞。另《經律異相》卷三三“帝須出家得羅漢道”：“弟後遊獵入於林中，見一仙人五熱炙身，即起深信，頭面禮足問曰：“住此幾時，何所衣食，若為安臥而起貪欲?”答曰：“經十二年，常食樹木果根，結茅為服，鋪草而臥，見鹿行婬起我欲想。”（T53/178a）此句中前問“住此幾時”，後云“經十二年”，可見此“經”亦“住”之意。

【康存】健在。

康存之日，願生安養。（卷八，釋道憑）

“康”本指健康，“存”指“存在，生存”，二者複合成詞指“健在”。此詞最早見於齊天保元年（550）《張龍伯兄弟等造像記》：“仏弟子張利妻上官姜。/亡……康存之日，/有牛一/頭，……造/象，今淂/成就。”[③]

後來似乎只用於唐代佛教文獻，其他文獻中均未出現。如清董誥輯

---

① “停”有居住義。《寒山詩注·可惜百年屋》：“可惜百年屋，左倒右復傾。墻壁分散盡，木植亂縱橫。甎瓦片片落，朽爛不堪停。”項注：“停，居住。”

② “時合”，諸本作“而合”。

③ 參北京圖書館金石組編《北圖拓本匯編》（第七冊），中州古籍出版社 1997 年版，第 6 頁。

《全唐文·闕名〈慈潤寺故大靈琛禪師毁身塔銘〉》："又康存遺囑，依經（闕一字）林血肉施生，求無上道。（闕一字）合成皂白，祇教（闕二字）含悲傷失，送茲山所，肌骨（闕二字）闍維鏤塔，冀海竭山灰，芳音永嗣。"釋道綽撰《安樂集》卷下："有一比丘，康存之日誦《阿彌陀經》及念般若波羅蜜。臨命終時告弟子言：'阿彌陀佛與諸聖眾今在我前。'合掌歸依，須臾捨命。於是弟子依火葬法，以火焚尸，一切燒盡，唯有舌根一種與本不異，遂即收取起塔供養。"（T47/18a）釋道世《法苑珠林·禪定部·感應緣》："康存之日宣帝謂稠曰：'弟子未見佛之靈異，頗得覩不?'稠曰：'此非沙門所宜。'帝遂強之，乃投袈裟于地。帝使數十人舉之，不能得動，稠命沙彌取之，初無重焉，因爾篤信彌厚。"釋玄惲《毗尼討要卷下·亡衣受法章》："以康存之日，因僧而獲斯物，身行所爲莫不爲僧所攝，故有人施佛法物，比丘無分。是以身亡已後追物入僧，則使僧有受用之資，施主有福田之潤。既不入佛法，俗亦無分。"（X44/391c）

中古文獻中還有"平存"一詞，其意義和結構與"康存"也極相似。[①] 如東晉佛陀跋陀羅共法顯譯《摩訶僧祇律》卷三"明四波羅夷法之三"："阿闍梨是我父母所尊，兄弟所敬，家中有無悉皆知之。父母平存，兄弟共居，今父母終沒，家內不和，欲分財產，故來上啓。"

【快】甚、很。

遂於當陽縣王[②]泉山立精舍，勅給寺額，名爲一音。其地昔惟荒嶮，神獸蛇暴。創寺之後，快無憂患。（卷十七，釋智顗）

按，"快"在中古有"甚、很"之意。如：

（1）王令國內黎庶並會，快大賞賜，酒樂備悉，"今日孰能獲神女乎?"（吳康僧會譯《六度集經·明度無極章》，T3/44b）

此句中"快大賞賜"是副詞加形容詞修飾動詞，意思是"極大地賞賜"。

（2）"就後爲金城太守，父子著稱于西州。"裴注引《世語》："賓碩遂載歧驅歸，住車門外，先入白母，言：'今日出，得死友在外，當來入

① 參曹小芸《〈摩訶僧祇律〉的語料價值》，《安慶師范學院學報》2008年第8期。

② "王"，諸本作"玉"。

拜。' 乃出延岐入，椎牛鍾酒，快相娱樂。”（《三國志·魏書·嚴滋傳》:）

“快相娱樂”即“甚相娱樂”。

(3) 知鐵石前往，快作樂。諸君善處世，一達於當年，不復過此。僕端坐將百日，爲尸居解日耳，不知那得一散懷。何其相思之深，臨書意塞。(《全晉文·王羲之·淳化閣帖十》)

“快作樂”就是“甚作樂”，所以王氏極爲羡慕。

(4) 狄希，中山人也，能造千日酒飲之，千日醉；時有州人，姓劉，名玄石，好飲酒，往求之。……經三年，希曰：“玄石必應酒醒，宜往問之。”既往石家，語曰：“石在家否?”家人皆怪之曰：“玄石亡來，服以闋矣。”希驚曰：“酒之美矣，而致醉眠千日，今合醒矣。”乃命其家人鑿塚破棺看之。塚上汗氣徹天，遂命發塚，方見開目張口，引聲而言曰：“快者醉我也!”(晉干寶《搜神記·千日酒》)

“快者醉我也”是“醉我快者也”之倒裝，意爲“醉我太甚啊!”墓上之人由於酒氣沖入鼻中均醉三個月，足見其醉之深。

(5) 而陛下聖德不孤，獨與什公神契，目擊道存，快盡其中方寸，故能振彼玄風，以啟末俗。(《全晉文·釋氏·釋僧肇〈涅槃無名論〉》)

“快盡其中方寸”就是“甚得其中奥秘”。

(6) 昔佛在世，於夜半中，忽有八天，次第而來，至世尊所。其初來者，容貌端政，光照一里，有十天女以爲眷屬，來詣佛所，至心頂禮，卻在一面。佛告天曰：“汝以修福，得受天身，五欲自娱，快獲安樂。”(元魏吉迦夜等譯《雜寶藏經·八天次遞問法緣》，T4/466a)

“快獲安樂”就是甚得安樂。

(7) 此之有心宜見苦痛，宜寧與彼一矣。而經則快多是語，實則竟無暫應。(梁釋僧祐《弘明集·宗炳〈明佛論〉》，T52/12c)

“快多”即“甚多”。

(8) 岳既高峻，人跡罕通。武年逾六十，唯將數人攀藤而上，於是稽首祈請。晚不得還，即於岳上藉草而宿。夢一白衣來執武手曰：“快辛苦。”甚相嘉尚。武遂驚覺，益用祇肅。(《北史·達奚武列傳》)

達奚武由於年齡大，攀援勞累，所以夢見仙人來慰問說“快辛苦”，即“甚辛苦”。

（9）其天宫也，左臨滏水，具有公路，𡺳之低回，右觀舊都，快有京華之勢。（《全北齊文·闕名〈宋買等造天宫石像碑〉》）

“快有”即“甚有”。

（10）王言：“鷄頭婆羅門快得善利。”（《經律異相》卷四一“鷄頭以身質錢欲飯佛僧帝釋所助乃及於王”，T53/215c）

“快得善利”即甚得善利。

通過以上分析，我們能夠確認“快無憂患”的“快”就是程度副詞。本句中的“快”在隋釋灌頂《隋天臺智者大師别傳》中作“決”，其語法意義與“快”相近。

《世説新語·雅量》：“許侍中、顧司空俱作丞相從事，爾時已被遇，遊宴集聚，略無不同。嘗夜至丞相許戲，二人歡極，丞相便命使入己帳眠。顧至曉回轉，不得快孰。許上床便咍臺大鼾。丞相顧諸客曰：‘此中亦難得眠處。’”此句中的“快”張萬起先生釋爲“費時短”[1]，我們認爲此“快”應是一個程度副詞。“不得快孰”是指顧和擇床，不能熟睡。如果釋爲“費時短”，那麽後來他也睡着了，則“至曉回轉”無法解釋妥帖。

王雲路、方一新先生“晴快”條：“猶言大晴天，天氣宜人。”[2] 王先生的解釋是正確的。但又説：“故‘晴天’言晴天宜人，暢快。”仔細推敲“大晴天”是偏正短語，“晴天宜人、暢快”是主謂短語。前後訓釋不一致。實際上，這裏的“快”也是一個程度副詞，相當於“甚”。“晴快”就是“晴甚”，很晴朗。程度副詞放在中心詞後在古漢語中是常事。

如果“快”所修飾的是名詞，它也表程度，相當於“大”、“猛”。如：

（11）後得休，過清河倪太守。時天旱，倪問輅雨期，輅曰：“今夕當雨。”是日暘燥，晝無形似，府丞及令在坐，咸謂不然。到鼓一中，星月皆沒，風雲並起，竟成快雨。於是倪盛修主人禮，共爲歡樂。（《三國志·魏志·方技傳·管輅》）

“快雨”就是大雨。古漢語中，副詞是可以修飾名詞的，如：

---

① 參張萬起《世説新語詞典》，商務印書館 1993 年版，第 511 頁。

② 參王雲路、方一新《中古漢語詞語例釋》，吉林教育出版社 1992 年版，第 319—320 頁。

(12) 梁武帝嘗因發熱，欲服大黄。僧垣曰："大黄乃是快藥，然至尊年高，不宜輕用。" 帝弗從，幾至委頓。(《周書・藝術・姚僧垣列傳》)

"快藥" 就是性很猛之藥。

同樣，"雨快"、"快雪" 中的 "快" 均應爲 "大"。

與之相似的還有 "駛"。[①] 如：

(13) 元好問詩："駛雨東南來。" 自注："駛與快同。"(明楊慎《秋林伐山》卷一 "駛雨")

按，查《元好問全集・五言古詩・乙酉六月十一日雨》上下文："時時怪事發，雨雹如李梅。我夢天河翻，崩騰走雲雷。今日復何日，駛雨東南來。元氣淋漓中，焦卷意已回。"[②] 從上可知 "駛" 也指雨之大與猛。

(14) 駛雪多積荒城之限，急風好起沙河之上。(劉勰《新論》)

以上 "駛雪" 也指大雪。

方一新先生認爲 "快" 也應是 "痛快"[③]，我們認爲值得商量。

"快" 在中古還有 "佳、好" 之意，這一義項，董志翹師已有詳細論述[④]。《續傳》中也存在這一義項。如：

(15) 釋慧雲，範陽人。十二出家，遊聽爲務。年十八，乘驢止于叔家。叔覩其驢快，將規害之。(卷二十五，釋慧雲)

董師志翹先生認爲："心理上的 '高興'、'愉快' 乃 '快' 之本義。而心理上的感覺與對外部世界的感受是密切相關的，故而 '快' 又有 '舒暢'、'暢快' 義，如宋玉《風賦》'快哉此風'。由 '舒暢'、'暢快' 又引申爲 '稱心'、'遂意'，故《玉篇・心部》：'快，可也。'《廣韻・央韻》：'快，稱心也。' 而 '快' 之 '佳' 義即由此而來。"[⑤] 由此也可以引申出副詞。如《經律異相》卷二八 "横興費調為姦臣所殺鬼復為王"："佛以小兒著鉢中，擎出宮門，還其父母而告之曰：'快養小兒，

① 此義吳金華已有解釋，他認為 "駛" 字可形容雨雪來勢之猛。參吳金華《〈世說新語〉考釋》，安徽教育出版社 1994 年版，第 228 頁。

② 參姚奠中編《元好問全集》，山西古籍出版社 2004 年版，第 24 頁。

③ 參王雲路、方一新《中古漢語語詞例釋》，吉林教育出版社 1992 年版，第 320 頁。

④ 參董志翹師《中古漢語中的 "快" 及其相關的詞語》，《古漢語研究》2003 年第 1 期。

⑤ 參董志翹師《漢譯佛典的今注今譯與中古漢語詞彙研究——以〈賢愚經〉〈雜寶藏經〉譯注本為例》，《古籍整理與研究學刊》2002 年第 1 期。

勿復愁慮。'"（T53/150b）"快養"即好好地養育。

【民村】農家、民居。

將值民村，天夜闇冥。（卷二五，釋僧融）

"民村"在中古有農家、民居之義。此詞在《續光世音應驗記》[①]"江陵一婦人"條正作"民居"。其他文獻如：

(1) 嘗出獵州北，單騎至於民村。井有汲水婦人，暹令飲馬，因問曰："崔瀛州何如?"婦人不知其暹也，答曰："百姓何罪，得如此癩兒刺史!"暹默然而去。（《魏書·酷吏列傳·崔暹》）

"至於民村"即到農家。

(2) 於是濟陰郡六縣，下邳郡四縣，淮陽郡三縣，東莞郡四縣，以散居無實土，官長無廨舍，寄止民村，及州治立，見省，民戶帖屬。（《南齊書·州郡志·南兗州》）

"寄止民村"即"寄居農家"。

(3) 暮宿投民村，高處水半扉。犬雞俱上屋，不復走與飛。篙舟入其家，暝聞屋中唏。問知歲常然，哀此爲生微。（韓愈《宿曾江口示侄孫湘二首》）

前文"投民村"，後文"入其家"，可見"民村"乃農家。宋文讜注此詩云："東坡《南遷至慈湖夾阻風》詩云：'我行都是退之詩，眞有人家水半扉。'"東坡也是以"人家"釋"民村"。

"村"在中古有"家"之意。《經律異相》卷四十五"女人心緣丈夫誤繫兒入井"條："昔有一人，篤好姦淫，父母所生，唯此一子。夜非人時，天陰雷電，帶刀持箭，欲往淫女村。"（T53/273c）此"淫女村"即淫女家。

【飄鼓】飄蕩、飛揚。

故經陳心相，飄鼓不停。蛇舌燈焰，住山流水。（卷二十，論）

按，"飄鼓"意爲飄蕩。釋慧琳《一切經音義·只音阿毗達磨順正理論》卷二十四："飄鼓，疋遙反。下公戶反。飄，吹也，鼓，動也。案，凡動物皆謂之鼓也。""飄鼓"最先出現在元魏瞿曇與般若流支譯《正法念處經·餓鬼品第四之一》："大苦海中，提彌魚、提彌鯢羅魚、那迦羅

① 參董志翹師《〈觀世音應驗記〉三種譯注》，江蘇古籍出版社 2002 年版，第 48 頁。

魚、鳩毘羅魚、失收摩羅魚，黿鼈黿鼉，旋流洄澓。貪欲瞋恚，愚癡風力之所飄鼓。水浪濤波，洄澓相注。”（T17/91a）此詞在唐代佛經中較多，如：

（1）不明了覺如蘆葦花，爲惡見風之所飄鼓，旋還飄颺猶豫空中。（玄奘《五事毘婆沙論卷上·分別色品》，T28/989b）

（2）如地生長諸善法，如水滌垢淨無餘，如火焚燒不擇薪，如風飄鼓無所住。（般若與牟尼室利《守護國界主陀羅尼經卷第三·陀羅尼品第二之三》，T19/535c）

（3）又如空中雲，須臾而變滅，如風駛飄鼓，無時而暫停。（地婆訶羅《方廣大莊嚴經·頻婆娑羅王勸受俗利品》，T3/579b）

從現有例證看，似乎到中唐，“飄鼓”才進入到世俗文獻，如柳宗元《招海賈文》：“舟航軒昂兮，下上飄鼓；騰趠嶢嶪兮，萬里一覩。”《漢語大詞典》據此釋爲：“謂隨波飄流動盪。”誤，並非隨波而動，而是隨風而動。

後又引申爲“飄揚”之意。《正統道藏·洞神部·玉訣類·宋·江澂·沖虛至德眞經解念七·仲尼》：“聚塊也，積塵也，雖無爲而非理也。解曰：聚塊則不爲野馬之飄鼓，積塵則不爲塵埃之飛揚，可謂無爲矣。雖無爲而生理息矣，何貴於無爲哉？”此句中“飄鼓”與“飛揚”對出，則“飄鼓”亦“飛揚”也。

【強口】桀驁不馴。

智者昔入陳朝，彼國明試。瓦官[①]大集，衆論鋒起。榮公強口，先被折角。兩瓊繼軌，纔獲交綬[②]。忍師讚歎，嗟唱稀有。（卷十七，釋智顗）

按，“強口”當是桀驁不馴之意。此詞本是指牲畜不馴服。《世說新語·文學》：“孫安國往殷中軍許共論，往反精苦，客主無閒。左右進食，冷而復暖者數四。彼我奮擲麈尾，悉脫落，滿餐飯中。賓主遂至莫忘食。殷乃語孫曰：‘卿莫作強口馬，我當穿卿鼻。’孫曰：‘卿不見決鼻牛，人當穿卿頰。’”《續晉陽秋》曰：“孫盛善理義。時中軍將軍殷浩擅名一時，能與劇談相抗者，唯盛而已。”孫盛與殷浩棋逢對手，僵持不下。因此殷

① “瓦官”，諸本作“凡官”。

② “交綬”，資、磧作“交彩”。

浩一氣之下罵孫盛“強口馬”，孫氏回罵其爲“決鼻牛”①。馬是不穿鼻而是戴籠頭的，余嘉錫先生也說：“牛鼻乃爲人所穿，馬不穿鼻也。穿鼻者常決鼻逃去，穿頰則莫能遁矣。”② 由於烈馬不願被馴服，所以在戴籠頭、馬嚼時常拗着頭不肯就範，這種行爲就被稱爲“強口”。強口馬、決鼻牛均爲桀驁不馴之物，孫、殷雙方均稱對方倔強，所以一定要馴服對方。後來“強口”就用來形容人桀驁不馴。如：《瑜伽師地論》二十六卷：“兇暴強口，形相稜層……如是等類，應知是名嗔行者相。”（T30/425b）《瑜伽師地論》二十二卷：“又多兇悖，強口嬌傲，修飾其名，執恃種姓，或求多聞，或住持法。”（T30/403b）張永言先生（1992：210）釋“強口馬”爲“倔強的馬。比喻嘴硬的人。”③ 後半部分似乎值得進一步商討。張萬起、劉尚慈《〈世說新語〉譯注》釋爲“強嘴、爭嘴的馬。”④ 與原意相差似乎更遠。

【癢悶】發癢。

令人治翦，忽覺頭上癢悶。因檢髮中，獲舍利一粒，形如黍米，光色鮮發。（卷二，釋彥琮）

“癢悶”即發癢，是一個偏義複詞。在中古這一意義有很多。如東晉佛陀跋陀羅共法顯譯《摩訶僧祇律·明單提九十二事法之七》：“如爾時諸比丘春月熱，不得洗故，身體癢悶。諸比丘以是因緣往白世尊，佛言：‘從今日後聽熱時二月半得浴。’”（T22/372a）後秦弗若多羅譯《十誦律·九十波逸提之八》：“佛在王舍城。爾時諸比丘著新染衣入城乞食，值雨衣濕，染汙著身，生疥疱。不得浴，故癢悶吐逆。”（T23/110a）後秦弗若多羅譯《十誦律·明雜法之三》：“有比丘手捉革屣行，佛見是比丘，知而故問：‘汝何以手捉革屣行?’答言：‘革屣嚙腳，腳中癢悶，無揩腳物。’佛言：‘聽畜揩腳木，用除腳癢故。’”（T23/273c）隋智顗說《摩訶止觀》卷八：“若體面上風痒瘖瘖，通身痒悶，是肝害於脾。”（T46/106c）李敬方題《黃山湯院》：“癢悶頭風切，爬搔臂力煩。披榛通白道，束馬置朱幡。”《唐王燾先生外臺秘要方》第二十一卷“鼢鼠土膏”：“又眼有倒睫毛，或折在瞼

① 《〈世說新語〉會評》引王世懋云：“何至作對罵?”鳳凰出版社2007年版，第129頁。
② 參余嘉錫《〈世說新語〉箋注》，中華書局2007年版，第259頁。
③ 參《〈世說新語〉詞典》，四川人民出版社1992年版，第210頁。
④ 參張萬起、劉尚慈《世說新語譯注》，中華書局2008年版，第191頁。

中，聚生，刺人白睛，唯覺癢悶，漸赤膜起，連上下臉，多赤生瘡。”以上例句中的“癢悶”均有“癢”義而無“悶”義。

三 唐代新生的俗語詞

【伴援】同伴。

故諸國中多行盜竊，非假伴援，不可妄進。（卷四，釋玄奘）

“伴援”即“同伴”。如：

（1）次四獨戒：女人志弱，恐成陵逼，要假伴援，方能離過。是故宿處村內、水中及以道路皆不得獨。（唐懷素撰《四分律開宗記》卷五，X42/456c）

（2）四獨戒者：釋名者，行宿等殊爲四，無伴相援爲獨……制意者，尼是女弱，入俗招譏，無伴援行，易生淩染，以斯多過，是以聖制。（後唐景霄纂《四分律鈔簡正記》卷十七，X43/467b）

【本時】過去，往日。

其父任北肆州[1]刺史，隨任，便往中山七帝寺尋得本時弟子，語曰：“汝頗憶從我度水往狼山不？乘禪師者，我身是也。房中靈幾可速[2]除之。”（卷二八，釋志湛）

“本時”有過去、往日之義。如：

（1）時婆羅門還顧罵言：“汝今作婢，當如婢法，不可以汝本時之態。”（吳康僧會譯《六度集經·薩和檀王經》，T3/7b）

（2）吾身本時，取若千百眾生人精以爲飲食，害命服之，於今不堪，不能復犯。（西晉竺法護譯《生經·佛說吉祥呪經》，T3/85b）

（3）答曰：“梵志，此池本時清泉盈溢，饒藕多華，魚鼈滿中，我昔所依，而今枯熇。梵志當知，我欲捨去，入彼大河。我今欲去，唯畏於人。”時彼獺獸與此梵志共論是已，便捨而去。（東晉僧伽提婆譯《中阿含經·中阿含王相應品烏鳥喻經》，T1/506b）

（4）菩薩苦行，六年勤勞，從苦起退。自還念昔日所更，追憶本時歌笑伎樂作倡，由是便生欲想。（姚秦竺佛念譯《出曜經·道品之二》，

① “北肆州”，諸本作“北泗州”。

② “速”，諸本作“送”。

T4/686b）

【撥略】誹謗。

有汰[①]律師聞其撥略大乘，舌即挺出，告曰："汝大癡也，一言毀經，罪過五逆，可信大乘，方可免耳。"（卷十五，釋慧眺）

"撥略"即誹謗。此句前文用"撥略"，後文用"毀"，可見二者義同。宋釋元照《觀無量壽佛經義疏》卷上："世人若談空理，便撥略因果，若談唯心，便不信有外諸法。豈唯謗法，亦自謗心。殃墜萬劫，良可痛哉。"（T37/280a）此文中，前用"撥略"，後用"謗"字，可見二者也同義。

"撥"有歪、曲義。《楚辭·九章》："巧倕不斲兮，孰察其撥正。"孫詒讓按："撥，謂枉曲。"《荀子·正論》："羿蠭門者，天下之善射者也，不能以撥弓曲矢中。"楊諒注："撥弓，不正之弓。"在佛經中用作指否定、歪曲經義[②]，如：

（1）又阿笈摩，證三摩地實有別體，如契經說，應修二法，謂奢摩他毘鉢舍那。若撥無實三摩地者，便違此等無量契經。（玄奘譯《阿毘達磨順正理論·辯差別品》，T29/389c）

（2）今詳經主似總厭背毘婆沙宗，欲依空花撥一切法皆無自性，而今於此且撥涅槃，擬爲同喻，證餘非有。（玄奘譯《阿毘達磨順正理論·辯差別品》，T29/428c）

（3）上座多分，率己妄情，擅立義宗，違諸聖教，不能通釋，遂撥極成所違契經，言無實義。如是謗法，豈曰善人。（玄奘譯《阿毘達磨順正理論·辨業品》，T29/541b）

"略"有冒犯之意。《國語·晉語八》："及桓子驕泰奢侈，貪慾無藝，略則行志，假貸居賄。"韋昭注："略，犯也。"《韓詩外傳》卷五："秦之時，非禮義，棄《詩》《書》，略古昔，大滅聖道。""撥"、"略"并列指冒犯歪曲，如用語言，則為誹謗。

佛經中還有"非撥"一詞，其義與"撥略"同。如：

---

① "汰"，諸本作"伏"。

② 按，李緬艷《佛經詞語考釋三則》也解釋了"撥"，認為其有"否定"、"排除"之意，進而引申出"誹謗"義，所見略同。但作者不同意"否定"、"排除"義是"敗"之假借而來。詳參《古漢語研究》2010 年第 2 期。

(4) 懈怠鄙精進，慳嫉多諂曲，無施等邪見，非撥於一切。(唐玄奘譯《大寶積經·菩薩藏會·尸波羅蜜品》，T11/244a)

(5) 於師等言，違戾左取，而不右取，毀呰非撥，及於師等，起勃詈言，諸如是等名起惡言。(唐玄奘譯《阿毘達磨法蘊足論·雜事品》，T26/496a)

【東西】離開。

至此之日，脱須還山，當任東西，無所留縶。

“東西”在此句中是“離開”的意思。“當任東西”即應當任憑我離開。這一意義由“外出、走動”義引申而來。

“東西”，袁賓認爲是“外出、走動”之義[①]。《五燈會元》卷十四“漳州羅漢和尚”：“只問肚裏吃膨脝，更不東西去持鉢。”此爲不再外出持鉢乞化。王梵志詩一六六首：“耶娘年七十，不得遠東西。”此爲出遠門。江藍生《唐五代語言詞典》“東西”條釋爲“離走”，也是此意。由“外出”引申爲“離家逃亡”[②]。如《唐會要》卷八五“逃戶”條載大中二年制：“所在逃戶，見在桑田屋宇等，多是暫時東西，便被鄰人與所由等計會，雖云代納稅錢，悉將砍伐毀折。及願歸復，多已蕩盡。”

以上“東西”均有一個共同特點，即外出是暫時的，最終都要回到基點。如敦煌曲子詞《百歲篇》：“二十容顏似玉圭，出門騎馬亂東西。”“東西”以後的結果還是要回到故鄉。《敦煌變文選注·王昭君變文》：“單于脱卻天子之服，還著庶人之裳，披發臨喪，渠首並至。曉夜不離喪側，部落豈敢東西？”此句之“東西”也是暫時離開之意。整句話的意思是“從早到晚不離靈柩，部落臣民哪敢稍稍離開呢？”項楚“東西”釋為離去，並舉敦煌本王梵志詩“耶娘年七十，不得遠東西”[③]。黃征、張涌泉釋“東西”爲“離開”義時又舉王梵志詩“耶孃絕年邁，不得離旁邊”[④]。以上例子即儒家所謂“父母在，不遠遊”，更說明王昭君變文之“東西”爲暫時離開。

---

① 參袁賓《禪宗著作詞語匯釋》，江蘇古籍出版社1990年版，第63頁。

② 按，此義廖名春有同樣看法，參廖文《吐魯番出土文書語詞管窺》，《古漢語研究》1990年第1期。

③ 參項楚《敦煌變文選注》(增訂本)，中華書局2006年版，第279頁。

④ 參黃征、張涌泉《敦煌變文校注》，中華書局1997年版，第170頁。

由這一意義，進一步引申，忽略掉基點，於是產生出逃亡義。《續傳》中的用例如：

（2）屬侯景作亂，未暇翻傳。攜負東西，諷持供養。（卷一，拘那羅陀）

（3）耶舍外假俗服，內襲三衣。避地東西，不遑寧息。（卷二，那連提黎耶舍）

以上“東西”就是毫無目的的流亡了，也沒有要返回的基點。

在這個意義上引申又產生“離開”之義。如：

（4）又白王曰：“我是賊人，願與重罪，如若不與，心不安寧。”是時國王聞此語已，便發瞋怒，而即報言：“汝今此住，更勿東西，待我山遊迴來處分。”王去遊獵，餘路還宮，遂忘仙人，不與進止，經於六日。是時仙人不敢東西。諸臣白王：“彼仙奉教，經於六日不敢東西。唯願大王速與處分。”王便報言：“討罪六日，汝今無過，今放汝去。”臣報仙人：“汝今六日，已罰汝了。今奉王勅，任汝東西。”里企多喜，遂即歸還。（唐義淨譯《根本說一切有部毘奈耶破僧事》卷十二，T24/162c）

此句有三個“東西”，前兩個還不好判定是“逃離”義還是“離開”義，顯示出一種過渡的狀態，而第三個“任汝東西”就只能是“離開”了。王啓濤（2003 釋爲“逃走、不在原地。”並說“‘東西’具有該義，可能是因爲中古及近代法制文書裏‘東西不在’經常連用，受‘不在’的感染，也有了‘消失、逃亡’義。”① 這一說法可能值得商榷。

【發起】疏鬆凸起。

又居山內，糧食將盡。其行道之處土自發起，遂除棄之。明日復爾，如是再三，遂有穀現。因即深掘，得粟二十餘碩。其粟粒大色赤，稍異凡穀。（卷二四，釋智勤）

“發起”即疏鬆凸起。“發”有“發酵”義。如賈思勰《齊民要術·造神麴並酒》：“凡冬月釀酒，中冷不發者，以瓦瓶盛熱湯，堅塞口，又於釜湯中煮瓶令極熱，引出，著酒甕中，須臾即發。”“起”也有“發酵”義。如《齊民要術·餅法》：“麵一斗，羊肉二斤，蔥白一合，豉汁及鹽，

① 參王啟濤《中古及近代法制文書語言研究：以敦煌文書為中心》，巴蜀書社 2003 年版，第 143 頁。

熬令熟。炙之，麵當令起。”《續傳》卷二六“闍提斯那”：“膳夫[①]以酒酵和麵，擬爲餅調，候時不起，因以問那。答曰：‘此不合食。’便用水溲煮之，與常酵者不異。”

“發”、“起”同義並列指發酵凸起，又擴大指事物疏鬆凸起。此例只有一個，很可能是方言口語。

【繁鬧】喧鬧、熱鬧；繁重。

臨至終日，幡花幢蓋，高朠[②]院宇，香氣蓬勃，音聲繁鬧，預登寺者並同矚之。（卷六，釋曇鸞）

“繁”有“眾多”義，“闹”有“喧闹”義，二者并列指人物眾多喧鬧[③]，引申爲熱鬧。卷二三“釋曇無最”：“時行汲引，咸所推宗，兼博貫玄儒，尤明論道，故使七眾望塵，奄有繁鬧。”慧超《往五天竺國傳殘卷》（P. 3532）：“又即從此彼（波）羅痆斯國，囗囗月至中天竺國，王住城名葛那及。自此中天王境界極寬，百姓繁鬧，王有九百頭象，餘大首領各有三二百頭。”《全宋詞》卷七無名氏《夜游宮》：“是處追尋侶，燈光散，九衢紅霧。人在星河繁鬧處，暗相逢，惹天香，飄滿路。”宋《周密·武林舊事·元夕》：“京尹幕次，例占市西坊繁鬧之地，蕡燭糝盆，照耀如晝。其前列荷校囚數人，大書犯由，云：‘某人爲不合搶撲釵環，挨搪婦女。’繼而行遣一二，謂之‘裝燈’。其實皆三獄罪囚，姑借此以警奸民。”

“繁闹”又可由人物眾多喧鬧引申指事務繁重。如唐張鷟《朝野僉載》卷四：“周考功令史袁琰，國忌眾人聚會，充錄事勾當。遂判曰：‘曹司繁鬧，無時暫閑，不因國忌之辰，無以展其歡笑。’合坐嗤之。”宋王溥《唐會要·御史臺上·殿中侍御史》：“其左藏庫公事尋常繁鬧，監庫御史所推制獄，大者亦許五日一入庫。如無大獄，常許一旬內計會，取三日入庫句當。庶使當司公事，稍振綱條，錢穀所由，亦知警懼。”

【方道】方位。

尋還本途，四顧茫然，方道迷失，踟躕進退。（卷二，達摩笈多）

---

① “夫”，磧作“去”。

② “朠”，諸本作“映”。

③ 按，王鍈先生認為在唐宋“鬧”有“攢集、密集”義，應是其後來的引申。详參王鍈《唐宋筆記語辭匯釋》，中華書局 2001 年版，第 129 頁。

“方道”即方向、方位。明佚名《宅寶經》:“藏胎衣法，宜于一百二十步之外埋藏吉，並不問吉凶方道”“不忌方道”就是不忌諱方位。此文在《古今圖書集成·博物彙編·藝術典·選擇部彙考四·臞仙肘後經二·胎養類》中作:“藏胎衣法，於一百二十步之外埋藏，不忌方道。”《永樂大典·二質·日·諸家選日二十五》:“賓客往來方道月日吉凶：申子辰年，寅方來凶。未年亥子，丑方來凶……二、六、十月，東害主，西益主。”此句“方道”也是指方位。《太平御覽·人事部·哭》:“賈誼《新書》曰：‘鄒穆公死，鄒之百姓若失慈父，行吟三月。四境之隣於鄒者，士民嚮方道而哭。沽家不售其酒，屠者罷刑而歸，遨童不謳歌，舂者不相杵。”“嚮方道而哭”《新書》原文作“嚮方而道哭”，李昉等作此改動是想以通俗語言代替原句，也從側面說明當時確有“方道”一詞存在。今四川廣元話中此詞仍然使用。①

“方”有方位義自不必言，“道”也有方位義。此義西漢偶見，如《史記·遊俠列傳》:“北道姚氏，西道諸杜，南道仇景，東道趙佗。”司馬貞《索隱》引蘇林曰：“道猶方也。”東漢較流行。《論衡·言毒》:“南道名毒曰短弧。”《說文·禾部》:“私，禾也。从禾厶聲。北道名禾主人曰私主人。”段注：“北道蓋許時語，立乎南以言北之辭。”可見“道”作方位義講在東漢是流行語，可後來的文獻很少看到，但在唐代文獻中仍然存在。如劉肅《大唐新語》卷二：“伏以高黎雖平，扶余尚梗，西道經略，兵猶未停。”“西道”即西方。《舊唐書·苗晉卿傳》:“屬祿山叛逆，楊國忠以晉卿有時望，將抑之，乃奏云：‘宜以大臣鎮遏東道。’遂出為陝州刺史，陝、虢兩州防禦使。”“東道”即東方。

【方左】周圍、附近。

但見雲氣擁結，團遶佛殿，自餘方左，白日開朗。（卷二九，釋僧明）

此句道宣《釋迦方志·通局篇》作:“但見雲氣擁結，流繞佛殿，自餘方左，開朗日耀。”《集神州三寶感通錄·陳重雲殿並像飛入海緣》作:“但見雲氣擁結，流遶佛殿，自餘方左，開朗無陰。”(T52/420b)《法苑珠林·陳重雲殿並像飛入海緣》與《集神州三寶感通錄》同。可見“方

① 按，此條承師弟張俊之告知，張氏即四川廣元人。

左”一詞是存在的。“方左”猶周圍、附近。“方”有“旁邊、側邊”之義。《詩·秦風·蒹葭》：“所謂伊人，在水一方。”鄭玄箋：“在大水之一邊，假喻以言遠。”《史記·扁鵲倉公列傳》：“扁鵲以其言飲藥三十日，視見垣一方人。以此視病，盡見五臟癥結。”司馬貞索隱：“方猶邊也。言能隔牆見彼邊之人，則眼通神也。”“左”也有旁邊之義，不表示具體方位。①如歐陽修《歐陽文忠公集·祭文十七首·英宗皇帝靈駕發引祭文》：“臣以官守有職，不得攀號於道左。”中古有“左近”一詞。酈道元《水經注·夷水》：“縣東十許里至平樂村又有石穴，出清泉，中有潛龍。每至大旱，平樂村左近村居輦草穢著穴中。龍怒，須臾水出，蕩其草穢，傍側之田皆得澆灌。”張慎儀《蜀方言》卷上：“近處曰左近、傅近。”“左”、“近”同義連文。“方”還含有一種隱性的四方之意。《續傳》中有“方面”一詞可供參考：

（1）王又出教令，於寶基寺開授。方面千里，法座輟音。執卷承旨，相趨階位。（卷十一，釋志念）

（2）寺立四碑，峙列方面。（卷十四，釋道宗）

以上“方面”均有“周圍”義。“方左”之“方”也暗含着這一隱性義素，所以二者複合則有表示一個中心的周圍、附近的意思。如元王禎《農桑通訣》五：“十月號陽月，又曰小春，木氣長生之月，故宜栽培以養元氣。此洛陽方左千里之所宜，其他地方隨宜取中可也。”“洛陽方左千里”即是“洛陽周圍千里”之義。

【公院】官署。

笈多更留四年，住於提婆鼻何囉，此云天遊也。天謂國王，遊謂僧處，其所王立，故名天遊。舊以寺代之，寺乃此土公院之名，所謂司也、廷也。（卷二，達摩笈多）

“公院”即“官署”。“寺”本爲衙署、官舍。《漢書·元帝紀》：“壞敗豲道縣城郭官寺及民室屋，壓殺人衆。”顏師古注：“凡府庭所在皆謂之寺。”《文選·左思〈吳都賦〉》：“列寺七里，俠棟陽路。”劉逵注：“府寺相屬，俠道七里也。”李善注引《風俗通》：“今尚書、御史、謁者

---

① 王鍈先生認為“左，不表示具體方位，而表示一種‘泛向’，有‘旁’、‘邊’、‘側’的意思。”详參王鍈《唐宋筆記語辭匯釋》，中華書局2001年版，第250頁。

所止皆曰寺。”《左傳・隱公七年》“發幣於公卿”唐孔穎達疏：“自漢以來，三公所居謂之府，九卿所居謂之寺。”漢明帝時，天竺僧攝摩騰、竺法蘭自西域以白馬馱經至洛，舍於鴻臚寺。後建白馬寺，遂以寺爲佛教廟宇之名。此句中稱“寺”爲“公院”，並云“所謂司也、廷也”，說明“公院”就是各司廷之官署。道宣在《四分律比丘尼鈔卷中之上・安居篇》中又道：“支提者，此云廟，《耶舍傳》云提婆鼻阿羅者。（隋云天遊）天謂國王，遊謂僧處。其處王立，故名天遊。舊來以寺代之，寺乃此土公院，謂是司也、嗣也。”（X40/735c）唐懷素《四分律開宗記》卷七：“又解園者，非是菜菓之園，即是伽藍之體。梵曰僧伽磨囉藍者，不正，此云眾園。又如給孤獨園，亦與伽藍不別。以此故知，界園一種。又今言寺者，謂是公院，亦眾園之別名。又可寺者，司也。”（X42/518c）

“公院”一詞現無其他例證，說明這是當時口語。這一詞語到清代末年又被用來作官署之名。如：《清實錄・德宗景皇帝實錄》卷五五九：“戊辰，外務部奏：‘義國於羅馬都城設立萬國農業公院，註重農務、樹藝、畜牧等事。會議條款請派出使義國大臣入會畫押。’依議行。”又卷四二五：“又諭：刑部奏代遞主事蕭文昭條陳一摺：‘中國出口貨以絲茶爲大宗。自通商以來，洋貨進口日多，漏卮鉅萬，恃此二項，尚堪抵制。乃近年出口之數銳減，若非亟爲整頓，恐愈趨愈下，益無以保此利權。’蕭文昭所請設立茶務學堂及蠶桑公院不爲無見。著已開通商口岸及出產絲茶省分各督撫，迅速籌議開辦，以阜民生而固利源。”

【鼓湧】翻動、湧動。

至浙江，有鮑郎子神者，一鼓湧浪，七日便止，正值波初，無由得度。（卷六，釋曇鸞）

“鼓湧”即翻動、湧動。唐菩提流支《大寶積經・廣博仙人會》：“猶如有人乘大舟船欲渡大海，時遇風濤，鼓湧飄蕩。黿鼉鯨鯢，互爲嶮害。是人因船，遂達彼岸。既得無畏，遶船三匝，恭敬祭祀，唱言善哉。”（T11/680c）《太平御覽・地部・波》：“《世說》曰：桓宣武在南州，與會稽王會於溧洲，於時漾舟江側，謝公亦在，狂風忽起，波浪鼓湧，非人力所制。桓有懼色，會稽王亦微異，惟謝公怡然自若。頃間風止，桓問謝曰：‘向那得不懼？’謝徐笑答曰：‘何有三才同盡理。’”

“鼓”有“上漲”之意。酈道元《水經注・河水四》：“其水尚崩浪萬尋，縣流千丈，渾洪贔怒，鼓若山騰。”“湧”有“上湧”之義。劉義慶《世説新語·雅量》：“謝太傅盤桓東山時，與孫興公諸人汎海戲，風起浪湧。”二者同義複合成詞。

【骨面】臉面極度。

釋又德[①]，姓徐。雍州醴泉人[②]。形質長偉，秀眉骨面。立履清白，服麁素衣。（卷二五，釋又德）

“骨面”指臉面極度。如卷二九“釋慧雲”：“而形貌長偉，骨面多髯，言晤[③]成章，眾所知識。”唐張鷟《朝野僉載》卷四：“東方虬身長衫短，骨面粗眉，目爲‘外軍校尉’”。宋惠洪撰《禪林僧寶傳》卷二《韶州雲門大慈雲弘明禪師》：“禪師名文偃，姑蘇嘉興人也，少依兜率院得度。性豪爽，骨面豐頰，精鋭絕倫。目纖長，瞳子如點漆。眉秀近睫，視物凝遠。（X79/494b）宋惠洪撰《禪林僧寶傳》卷二十九《雲居佛印元禪師》：“元骨面而秀清，臨事無凝滯，過眼水流雲散。（X79/550c）

【孤養】單獨養育。

釋僧旻，姓孫氏。家于吳郡之富春，有吳開國大皇帝其先也。幼孤養，能言而樂道。七歲出家，住虎丘西山寺，爲僧回弟子。（卷五，釋僧旻）

按，“孤養”指失去父母任何一方，也可指失去雙親。如：

（1）時有婆羅門唯誕一子，身遂捨壽，其母孤養。年漸長大，向田營種，貧母爲之處處求食。（唐婆訶羅奉譯《最勝佛頂陀羅尼淨除業障呪經》，T19/358b）

（2）母守護者，謂有女人，其父或狂，或復心亂，或憂苦逼，或已出家，或遠逃逝，或復命終，其母孤養，防守遮護……名母守護。父守護者，謂有女人，其母或狂，或復心亂，廣説乃至，或復命終，其父孤養，防守遮護，私誡如前，名父守護。兄弟守護者，謂有女人，父母或狂，或復心亂，廣説乃至，或復命終，兄弟孤養，防守遮護……名兄弟守護。姊妹守護者，謂有女人，父母或狂，或復心亂，廣説乃至，或復命終，姊妹

① “又德”，資、普、南作“乂德”，磧、麗作“叉德”。
② “人”，資、磧、普、南、徑、清作“人也”。
③ “晤”，資、磧、普、南、徑、清作“語”。

孤養，防守遮護，勸誡如前，名姊妹守護。（玄奘譯《阿毘達磨法蘊足論·學處品》，T26/456c）

（3）我昔幽閨事君子，擬望千載同終始，何其（期）沒在虜庭中，孤養少卿在（存）祭祀。當年（本）初婚新婦時，少卿深得君王意，寵貴榮華不可當，出入朝庭無禁止。（《敦煌變文校注·李陵變文》）

也可指單獨養育父母。如

（4）孝是韓伯瑜，董永孤養母。（《王梵志詩校注·你若是好兒》）

但又有例外，如：

（5）周時有人，姓王，字彥偉，河南人。爲性兇惡，好遊獵。父母孤養，憐愛極重。每諫不許共惡人交遊，復抑不聽射獵，恐損身命，不存係嗣。（道世撰《法苑珠林·不孝篇·感應錄》）

此句王彥偉父母均在，可能是指其爲獨生子，故後有“恐損身命，不存係嗣”之語。

【果】應答、願意。

因自陳曰：“儻得廁跡風塵，常供掃灑，生願畢矣。”僧曰：“相逢即以爲意，但須諮和上，未知果不?”（卷二五，釋圓通）

按，“果”有應答、願意之意。當是當時口語。如：

（1）卒有違令當死者，公不果於誅，杖而遣之去，上書告公所爲不法若干條。（清董誥輯《全唐文·韓愈〈江西觀察使韋公墓誌銘〉》）

“不果誅”謂“不願誅”，因此才被人所告。

（2）太和五年十月中，半夜時，舍外有疾呼傳緘書者，某曰：“必有異，亟取火來!”及發之，果集賢學士沈公子明書一通，曰：“吾亡友李賀，元和中義愛甚厚，日夕相與起居飲食。賀且死，嘗授我平生所著歌詩，雜爲四編，凡若干首……子厚於我，與我爲賀集序，盡道其所由來，亦少解我意。”某其夕不果以書道其不可，明日就公謝，且曰：“世謂賀才絕出於前。”讓居數日。（清董誥輯《全唐文·杜牧〈太常寺奉禮郎李賀歌詩集序〉》）

“不果以書道其不可”即不願寫信說不行。

（3）十二年，宰相逢吉涯又建言宜休師，唯度請身自督戰。憲宗謂曰：“果爲朕行乎?”度俯伏流涕曰：“臣誓不與賊偕存。”（《新唐書·裴度列傳》）

“果爲朕行乎?”即“願意爲我出師嗎?”

以上句中的“果”都可以解釋成“願意”。

“果”之“願意”義應由其“成就”義受佛教影響引申而來的。如：

(4) 如來記之，天壽畢已，當果昔願，得此弊身，從是流轉惡道，未期出離。(《大唐西域記·摩伽陀國下》)

(5) 然以宿願未果，遂乖禮謁。(《大唐西域記·馱那羯磔迦國》)

以上兩例在佛經中均爲主觀的追求成功，而當這種成功被給予時，就產生出“答應”的意思了。如：

(6) 大城西北七十餘里，有醫羅鉢呾羅龍王池，周百余步。其水澄清，雜色蓮花同榮異彩。此龍者，即昔迦葉波佛時壞醫羅鉢呾羅樹苾芻也。故今彼土請雨祈晴，必與沙門共至池所，彈指慰問，隨願必果。(《大唐西域記·呾叉始羅國》)

(7) 城南不遠有故伽藍，中有觀自在菩薩石像，靈鑒潛被，願求多果。(《大唐西域記·摩訶剌侘國》)

以上兩例説明的“果”均可以釋爲“答應”。

“果”又可寫作“過”。韋絢《劉賓客嘉話錄》：“時有趙山人言事多中，崔問之曰：‘地主奏某爲副使，且得過否?’對曰：‘不過。’”江藍生釋爲：“通‘過’，批准”①。“過”實爲“答應、願意”之義。“果”與“過”相通。《方言》卷八：“桑飛，自關而東或謂之過鸁。”戴震疏證：“‘過’、‘果’字異音義同。”《莊子·至樂》：“予果歡乎?”陸德明釋文：“元嘉本作‘予過’。”《爾雅·釋詁上》：“果，勝也。”郝懿行義疏：“‘果’聲同‘過’，過於人即勝於人也。《呂覽·適威》篇云：‘以爲造父不過也。’高誘注：‘過，猶勝也。’《莊子·至樂篇》，《釋文》：‘“果”，本作“過”。’是‘過’、‘果’通矣。”

我們還發現“果肯”複合的例子，如唐彥謙《索蝦》：“別來歲云久，馳想空悠悠。銜杯動遐思，囉口涎空流。封緘托雙鯉，於焉來遠求。慷慨胡隱君，果肯分惠否?”宋李綱《梁溪集》卷一二九《與張龍圖第一書》：“職事移人久矣，何知之晚耶? 林倅已如所論移檄權攝，並具奏聞矣。第不知果肯就職否，更以禮致言爲佳。幕職中亦多闕人，有欲辟置者，幸見

① 參江藍生、曹廣順《唐五代語言詞典》，上海教育出版社1997年版，第149頁。

示公文也。”以上“果肯”均爲願意之義，是同義並列構詞。“果”還與“願”同義複合。如唐崔致遠《桂苑筆耕集》卷五《奏誘降成令瓌》：“臣昨者專差押衙丁威賚委曲深入招誘，果願歸降，兼乞委任郡符，展效忠節。”“果願歸降”即願意歸降。

【漸】剛剛。

至於峻頂，見有人鬼二路。人道荒險，鬼道利通。行客心迷，多尋鬼道。漸入其境，便遭殺害。（卷二，那連提黎耶舍）

按，“漸”是一個時間副詞，相當於“剛剛”。“漸入其境，便遭殺害”形容鬼道之凶。“漸”放在第一個分句中，表示下一個分句隨即發生相應事件。如：

（1）漸至城治，黑蜂四枚形甚壯偉，隨輿旋遶，數匝便去。（卷十二，釋善胄）

“漸至城治”是剛剛到治所。

（2）亂花漸欲迷人眼，淺草才能沒馬蹄。（白居易《錢唐湖春行》）

“漸”與“才”對文，寫出花草盛而不極之相。“亂花漸欲迷人眼”指花開較盛，欲迷人眼但還未完全迷住人眼之態。

（3）況漸逢春色，便是有，舉場消息。（柳永《徵部樂》）

“漸逢春色”是剛逢春色。

【接語】交談。

准[①]客到其門，潛然即覺，起共接語[②]。若無人往，端坐靜室，寂若虛空。（卷二五，釋道仙）

按，“接語”就是“交談”。此語在隋代就已經出現。隋王通《元經》：“弘不營財物，不事威儀。將加榮爵於人，必先呵責而後施行，若接語欣懽者，必無所譖。或問其故，答曰：‘王爵既加於人，若撫勞之，是興人主分功，此姦以事君者也。’聞者皆悅服。”唐代不多。《劉賓客文集》外集卷十“祭福建桂尚書文”：“貞元季年，詣我南省，袖文一編，便坐接語，其容溫然。”[③] 宋代文獻中多有，如：

---

① “准”，麗藏作“唯”。

② “接語”，資、磧、普、南、徑、清作“接晤”。

③ 按，現有單行《劉賓客文集》有陝西人民出版社 1997 年版，王雲吾編，商務印書館 1937 年版均未收外集，文淵閣四庫全書存。

（1）說法當忘情想，接語當避嫌疑。小女處女非賓主之敵，乃譏毀之端。（宋戒環《法華經要解》卷五，X30/329c）

（2）河東先生柳仲塗，少時縱酒酒肆，坐側有書生，接語，乃以貧未葬父母，將謁魏守王公祐，求資以給襄事。先生問："所費幾何?"曰："得錢二十萬可矣。"（宋王闢之《澠水燕談錄·奇節》

（3）王安禮前在翰林日，以事見上，上曰："徐禧，天下奇才也。頃在涇原營畫邊事，有足稱者，卿亦識之乎?"安禮曰："不識。"上曰："卿任檢正官，禧爲習學，庸有不識耶?"安禮曰："臣徒見其面，未嘗接語。"（宋李燾《續資治通鑒長編·神宗》）

（4）薦紳中，如李宗諤、趙安仁皆時之英秀，與之談，猶不能啟發吾意，自餘通籍之子，坐起拜揖，尚周章失措。即席，必自論功最，以希寵獎，此有何策而與之接語哉?（宋江少虞《事實類苑·名臣事蹟·李文靖》）

（5）左右史雖日侍上側，然未嘗接語，欲有所論，必奏請得旨乃可。元豐中，王右丞安禮權修《起居注》，始有詔許直前奏事，左右史許直前奏事蓋自此始。（宋徐度《卻掃編》卷上）

【課力】努力。

或有所匱[①]者，便課力經始。（卷十四，釋道愻）

"課力"即努力。如：

（1）又傷學眾不能課力，每因講日如此正義，須臾不聞。（卷八，釋慧遠）

（2）而性罕外狎，課力遑詞，自非眾集，未曾瞻覿。（卷十一，釋智矩）

（3）千家煙火聊成縣，四面峰巒便當城。山好似屏堪吏隱，江澄如練合詩清。豐年幸可安無事，瘠土還應課力耕。已識此邦風俗好，瓣香傾邑馬頭迎。（明陳菒《雪川詩稿·桐江集上·初至桐江》）

【民品】百姓。

搜選名匠，惠益民品[②]。（卷一，拘那羅陀）

按，"民品"就是庶民百姓。此詞《續傳》兩出。另一例爲卷九釋靈

---

① "匱"，資、磧、普、南、徑、清作"遺"。

② "民品"，諸本作"氓品"。

裕："觀裕《安民》、《陶神》二論，意在傳燈，惠流民品①。"

"品"有"民眾"之意。《說文·品部》："品，眾庶也。""品"在中古常與表"民眾"義的詞素複合成詞。如《資治通鑒·魏紀八》："人情之於品物，樂極則哀生。"胡三省注："品，眾也。"《潛夫論·賢難》："豈獨品庶，賢材時有焉。"汪繼培箋："《漢書·賈宜傳·服賦》云：'品庶每生'，《史記·伯夷傳》作：'眾庶馮生。'"《潛夫論·務本》："今學問之士好語虛無之事，爭著彫麗之文，以求見異於世，品人鮮識，從而高之。此傷道德之實而惑矇夫之大者也。"同樣，"民"和"品"也複合成詞。卷一中的"民品"在其他藏中作"氓品"，卷九之"民品"在資、磧、普、南、徑、清中也作"氓品"。"氓品"也是民眾之意。釋慧琳《一切經音義·續高僧傳》卷一："氓品，上陌彭反，凡庶也，黎氓百姓也。"這是時人爲避李世民的諱而改。

【欠賸】出入。

疑者文自剖看，校量子數成不。卒無欠賸，因獲馬而歸。（卷二五，勒那漫提）

"欠賸"即出入。如：

（1）以本出土簡去一切惡土、瓦、石、骨、木、蟲、蟻，便卻如法，填築平治。其本出土若不欠賸，得名上地……若本出土填有欠賸，是地下惡，不堪作壇。"（唐菩提流支譯《不空羂索神變真言經·最上神變解脫壇品》，T30/301b）

（2）又造善惡不可例故無差，但依共同者說，非一切故。一云此中標結都數，皆是依實，無有欠賸。有剎或雖多，因所成然，則同是一果之因故。雖或多剎，因果同類，然各體別故。"（唐慧苑述《續華嚴略疏刊定記·世界成就品》，X3/624c）

"賸"本義爲"增益、增加。"《說文·貝部》："賸，物相增加也。"段玉裁注："賸、增疊韻。以物相益曰賸，字之本義也。"後引申爲剩餘。慧琳《一切經音義·不空羂索神變真言經》卷十五"欠賸"條："乘證反，《考聲》云：'賸，餘也。'"杜甫《即事》詩："秋思拋雲髻，腰支賸寶衣。""欠"、"賸"並列成詞表出入。

---

① "民品"，資、磧、普、南、徑、清作"氓品"。

【生常】两个義項：(1) 平生；(2) 常常。

奘生常以來願生彌勒，及遊西域，又聞無著兄弟皆生[①]彼天，又頻祈請，咸有顯證。然而習俗生常，知過難改。(卷四，釋玄奘)

“生常”猶平生。如：

(1) 故有單講雙時，雅爲恒度。略文對講，生常不經。必有傳講，要須延請，供承顒仰，方登法座。(卷九，釋靈裕)

“生常不經”即平生不做。

(2) 而生常清潔，不畜門人。單己自怡，食無餘粒。(卷二八，釋寶相)

“生常清潔”即平生清淨潔白。

(3) 後遇時患，藥雜豬脂，拒而不服。非時漿飲，故絕生常。(卷六，釋慧韶)

“故絕生常”即平生拒絕。

(4) 生常履信，言行不乖，望似專正而懷抱虛蕩。(卷十五，釋志寬)

“生常履信”就是平生信守誠信。

(5) 又生常處眾，必先端首。說戒羯磨，無傳欲法。諷諫之術，聞者如流。(卷九，釋靈裕)

“生常處眾”即平生於眾人面前。

“生常”還有“常常”義，如：

(1) 生常感二鳥[②]依時乞食，及其沒後，絕跡此山。(卷十六，釋道珍)

“生常感二鳥”即常常感應二鳥。

(2) 先是關內素奉《僧祇》，習俗生常，惡聞異學。乍講《四分》，人聽全稀。(卷四，論)

(3) 然而習俗生常，知過難改。(卷二一，釋洪遵)

以上兩個“習俗生常”均是“習俗常常”義。

【生長】生息。

---

① “皆生”，資作“入”。

② “鳥”，資、磧、普、南、徑、清作“烏”。

旻因捨什物嚫施，擬立大堂。慮未周用，付[①]庫生長，傳付後僧。（卷五，釋僧旻）

“生長”乃即生息。中古佛家有放債之俗，陸游《老學庵筆記》卷六：“今寺僧輒作庫質錢取利，謂之長生庫，至為鄙惡。”即指此事。

在中古文獻中“生”有“利息”之意。如《吐魯番文書》第一冊《北涼承平五年道人法安弟阿奴舉錦券》：“若過期不償，月生行布三張。”又第三冊《高昌延和元年口口從左舍子邊舉大麥券》：“延和元年壬戌歲三月三十日，口口宗從左舍子邊舉大麥五口究兜，一兜後生麥柒昇。”關於這一意義，蔡鏡浩[②]、蔣禮鴻[③]均曾作過討論。“生長”本身也有利息之意。如宋佛陀什共竺道生等譯《彌沙塞部和醯五分律·第一分之三不定法》：“爾時長者語其婦言：‘我有出息在優善那邑，不復債斂，於今八年，考計生長，乃有億數。今欲往債，與汝暫乖。’”（T22/25a）《經律異相》卷二三“華色得道後臥婆羅門竊行不淨”引作：“爾時長者語其婦言：‘我有出息在優善那邑。不復責斂，於今八年，考計生長，乃有億數。今往責之，與汝暫別。’”（T53/123a）這裏的“生長”都是利息之意。蔡鏡浩先生釋爲“利息之增長”似不確。“付庫生長”乃名詞動用，即生長利息。

【途李】旅途。

釋僧世，青州人。負帙問道，無擇夷險。觀其途李，略周方岳。（卷二六，釋僧世）

“途李”，麗藏作“遊履”。“途李”即旅途。《古今圖書集成·明倫彙編·閨媛典·閨節部列傳·羅章妻李氏》：“按《廣西通志》，李氏名妙容，岑溪人。年二十二適舉人羅章，章赴南宮，沒於途李，哀慟瀕死。姑耄事之曲謹。里人嚴定求之，李大恚，服毒幾死，族人力救而免。”明黎遂球《蓮鬚閣集》卷五有《途李煙客出塞二首》詩。“李”即“行李”。釋空海《篆隸萬象名義·木部》：“李，力子反。行李譯，非。“杍李”[④]字。”黃侃《說文段注小箋·木部》：“李，行李，借爲使。李耳，借爲

① “付”，磧、普、南、徑、清作“待”。

② 參蔡鏡浩《魏晉南北朝詞語例釋》，江蘇古籍出版社 1990 年版，296 頁。

③ 參蔣禮鴻等《敦煌文獻語言詞典》，杭州大學出版社 1994 年版，第 326 頁。

④ 按句中的“杍李”可能應是“木子李”之誤。

史。大李，借爲理。”《玉篇·木部》：“李，力子切。果名。又《左氏傳》云：行李。”“行李”本是使者，如《左傳·僖公三十年》：“行李之往來，共其乏困。”杜預注：“行李，使人。”在敦煌文書中還有“人李”一詞，其義也是傳信的使者①。張小艷認爲“‘李’自古以來，就有‘使者’之義。”② 後引申指旅途。漢蔡琰《胡笳十八拍》：“追思往日兮行李難，六拍悲來兮欲罷彈。”唐義淨譯《根本說一切有部毘奈耶·不與取學處第二之二》：“先住苾芻見客初至，便遙問言：‘善來具壽，行李安不，山河關稅無勞擾耶?’”（T23/641a）唐惠英撰、胡幽貞纂《大方廣佛華嚴經感應傳》：“忽雨深雪，行李不通，齋糧時竭。於是則有山神送藥，狀似醍醐，味甘於乳，喫之一題，七日不飢。”（T51/174b）《敦煌變文校注·伍子胥變文》：“君之行李，足也可知。”項楚先生注：“行李，旅途情況。”“途”和“李”同義並列也指旅途。

【推屑】顧慮。

性好直言，無所推屑。（卷六，釋曇准）

按“推屑”即顧慮。“無所推屑”即沒有顧慮，與“性好直言”正合。“屑”有“顧惜、介意”義。《詩·邶風·谷風》：“宴爾新昏，不我屑以。”《後漢書·馬廖傳》：“盡心納忠，不屑毀譽。”謝靈運《七里瀨》詩：“既秉上皇心，豈屑末代誚?”“推”在上古有“讓與、推讓”義。《史記·淮陰侯列傳》：“解衣衣我，推食食我。”在中古引申出“遜讓”義③。如梁劉孝勝《武溪深行》：“昭潭讓無底，太華推削成。”陳蕭詮《賦得阿娜當軒詩》：“何曾織素讓新人，不掩流蘇推新婦。”說話不謙讓也即無顧慮，故兩者并列成詞。

【推寄】謙讓。

帝以他日告曰：“道由人弘，誠不虛應。願師安心道念，弟子敢爲外護檀越。何如?”稠曰：“菩薩弘誓，護法爲心。陛下應天順俗，居宗設化。棟梁三寶，導引四民。康濟既臨，義無推寄。”（卷四，釋僧稠）

按，“推寄”即謙讓。“義無推寄”就是按道理不能謙讓。道宣《四

① 按，見董志翹師《敦煌社會經濟文獻詞語略考》，《語文研究》2002年第3期。

② 參張小艷《敦煌書儀語言研究》，商務印書館2007年版，第328頁。

③ 參張聯榮《魏晉六朝詩詞語釋義》，《古漢語研究》，1990年第1期。

分律刪繁補闕行事鈔》卷中："不妄語法者，若說法、義論、傳語，一切是非莫自稱為是，常令推寄有本，則無過也。不爾斧在口中。"（T40/74b）唐大覺在《四分律行事鈔批》卷九專門對"推寄"作了解釋："推寄有本者，立語，且如高坐說法，莫言我自作此說，云是我語，須推本師，便有典據。縱有過失，乃屬前人。"（X42/877b）《續傳》卷二十"釋曇韻"："自韻十九入山，六十餘載不希名利，不畜侍人，不隸公籍，不行己任。凡有所述職[1]，皆推寄於他焉。""推寄於他"即謙讓給別人。此義在唐代僅見道宣之著述。

【屯赴】奔赴。

懷州都督鄖國公張亮欽抱[2]德教，遠延[3]講說，道俗屯赴。（卷十五，釋智）

按，"屯赴"一詞《續傳》共六見。從語境分析均爲"奔赴"之義。如卷四"釋玄奘"："自爾乘傳二十許乘，以貞觀十九年正月二十四日屆於京郊之西。道俗相趨，屯赴闐闉。數十萬眾如值下生，將欲入都，人物諠擁，取進不前。"卷十七"釋玄景"："故每振法鼓，動即千人屯赴。"卷二十"釋道哲"："盩厔縣民昔以隱居駱谷，得信者多，相率迎請，乃往赴焉。營構禪宇，立徒策業。山俗道侶，相從屯赴。"

唐法藏集《華嚴經傳記·講解下·釋道英》："蒲晉山川修行之侶聞哀屯赴，如喪重親。"（T51/162b）此詞主要出現在《續傳》中，其他例子爲《續傳》之轉錄，可能是一個方言詞。

【細近】庸俗凡下之人。

宜思遠理，使有成津。何可恣情，同於細近耶？（卷五，釋法雲）

按，"細近"應指"庸俗凡下之人"。"近"有平凡庸俗之義。《續傳》用"近事"來指凡俗之事，用"近識"來指"淺陋的學識"。如卷五"釋智欣"："釋智欣，姓潘，丹陽建康人也。稚而聰警，稟懷變躁。率爾形儀，過無修整。年七八歲，世間近事經耳不妄（忘）。"卷五"釋

---

① "述職"，徑作"述識"。

② "欽抱"，諸本作"欽挹"。

③ "遠延"，諸本作"遠近"。

僧旻”：“始[①]復求寄王官[②]、官府、有勢之家，使役雖多，彌難盡意。近識觀之，藉此開悟。智者窺人[③]，有求名之誚。”“細”有見識短淺之意。《禮記·檀弓上》：“君子之愛人也以德，細人之愛人也以姑息。”故“細近”有“凡俗”之義。如道宣《廣弘明集·法義篇·難釋疑論》：“來論又以爲：天地曠遠，人事細近，一善一惡，無關冥應。然則天網恢恢，疎而遂失耶？莫見乎隱，莫顯乎微。”（T52/223a）由此義而轉指凡俗之人。

【音問】兩个義項：（1）聲音；（2）名聲。

相對無言，自陳道合，私有聽者，了無音問。（卷十六，釋曇相）

“音問”猶聲音。“了無音問”就是沒有一點聲音。卷二十“釋志超”：“又數感異僧乘虛來往，雖無音問，儀形可驗。”“雖無音問，儀形可驗”也是說雖然沒有聲音，但形貌儀態可見。宋王令《寄姊夫焦韞叔兼簡三姊》詩：“雖飽不厭饑，強醉終自醒。笑言雖在遠，音問猶有形。願因東南風，時寄西北聲。”“笑言雖在遠，音問猶有形”是說笑顏雖已遠去，但聲音似乎還在。

“音問”又作“音聞”。如唐般剌蜜帝譯《大佛頂如來密因修證了義諸菩薩萬行首楞嚴經》卷六：“我今白世尊，佛出娑婆界，此方真教體，清淨在音聞。”（T19/129c）韋應物《伽藍清會詩》：“鳴鐘悟音聞，宿昔心已往。”

這一意義進一步引申，又有了“名聲”之意。如卷二五“釋轉明”：“審偽都之將敗也，西達京師。太武皇帝夙奉音問[④]，深知神異，隆禮敬之。”

【語話】談話。

又比房侍者恒聞房內共人語話，陰伺察視，不見別形。（卷十九，釋普明）

按，“語話”即談話。“語話”從世俗材料看似乎出現在唐代，如：

（1）眼光彩大而雄聲，皮膚粗而行步大，女人之窮相也。眉小眼細，面白聲雌，接對失詳，語話軟弱，此男子之窮相也。（唐任逍遙《月波洞

① “始”，諸本作“如”。

② “官”，諸本作“宮”。

③ “人”，諸本作“之”。

④ “音問”，資、磧、普、南、徑、清作“音聞”。

中記》卷下）

（2）老宜閑語話，悶憶好詩篇。（白居易《新昌新居書事四十韻，因寄元郎中、張博士》）

（3）今日脈陳，頭疼口苦，唱死唱生，腹脹喉乾，稱怨乞命，四支（肢）不舉，兩眼無光，坐臥人扶，飲食小味，脣騫耳返，齒黑爪青，身生紫黶，語話非常，見鬼見神，乍寒乍熱。（《敦煌變文校注·維摩詰經講經文（三）》）

（4）王郎心裏莫野，出去早些歸舍，莫抛我一去不來，交（教）我共誰人語話。（《敦煌變文校注·金剛醜女因緣》）

（5）茶爲（謂）酒曰："我之茗草，萬木之心，或白如玉，或似黄金。名僧大德，幽隱禪林，飲之語話，能去昏沉。供養彌勒，奉獻觀音，千劫萬劫，諸佛相欽。酒能破家散宅，廣作邪婬，打卻三盞已後，令人只是罪深。"（《敦煌變文校注·茶酒論》）

但從佛經材料看，東晉佛陀跋陀羅與法顯譯《摩訶僧祇律》就已經出現了，如：

（6）佛言："從今已後不得閉門語話，亦不得踰牆而入。"（卷三五，明威儀法之二，T22/507b）

（7）爾時六群比丘尼往彼園中作世俗語話，大小便，洟唾生草上。（東晉佛陀跋陀羅共法顯譯《摩訶僧祇律》卷四十"明一百四十一波夜提法之餘"，T22/543a）

據汪維輝先生研究："'話'用作動詞南北朝已見，但通常都是"談話"、"言話"、"話言"、"話說"連用，不帶賓語。"① 因此當時作爲常用詞之一的"語"，雖然不如"言"、"說"、"道"普及，但在方言區可能仍然常用。於是在這種普遍類推的雙音化下，就可能形成新的口語。《漢語大詞典》引張鷟《遊仙窟》，過晚。

【姿制】儀表。

釋僧韶，姓王，齊國高安人。幼願拔俗，弱年從志。斂服道俗，恭敬師宗。美姿制，善舉止。（卷五，釋僧韶）

"姿制"即儀表。如：

---

① 參汪維輝《漢語"說類詞"的歷時演變與共時分佈》，《中國語文》2003 年第 4 期。

（1）釋慧持，姓周，汝南人也。開皇初年，父任豫章太守，因而生焉。少機警，美姿制。（卷十四，釋慧持）

（2）風流寬雅，姿制閑裕，吐發深美，辭色淹和。時人爲之頌曰："三公楚楚盡琳瑯，未若濟南備員方。"至於口誦金言，心期淨王，持齋菜食，護法敬僧，無以加也。（唐法琳撰《辯正論·十代奉佛篇下·魏濟南王文若》，T52/514c）

（3）其餘諸公皆翻夾牒，欲知狀貌，聊舉喻言，其猶人也。人皆人也，奈何姿制形儀，各從所肖？（釋贊寧《宋高僧傳·譯經篇·論》）

【逐涼】乘涼。

時屬炎暑，同友逐涼，遣召秀來，欲有談笑。（卷二八，釋遺俗）

"逐涼"即乘涼。唐段成式《酉陽雜俎·諾皋記上》："日暮，柳氏露坐逐涼，有胡蜂繞其首面。"《敦煌變文選注·燕子賦（甲）》："使人遠來衝熱，且向窟裹逐涼。"

"逐涼"最早出現於佛典，本是追逐蔭涼，為短語。如東晉佛陀跋陀羅共法顯譯《摩訶僧祇律·明雜誦跋渠法之十一》："華法者，佛住舍衛城，聚落邊有僧伽藍，時客比丘來取華。舊比丘言：'汝何以取華？我等勤苦種殖，守護溉灌。汝客來，但逐涼坐，不欲料理，狼藉稱意，明日便去，不知我苦。'"（T22/496a）新羅慧超、唐元照等撰《遊方記抄·往五天竺國傳》："又從此覽波國而行入山，經於八日程至罽賓國。此國亦是建馱羅王所管，此王夏在罽賓，逐涼而坐。冬往建馱羅，趁暖而住。"（T51/977c）後由此引申爲乘涼。《漢語大詞典》引《敦煌變文集·燕子賦》爲首見書證，遲。

【炙手】烤手。

卿一生學問，與吾炙手猶不得暖，虛喪功夫，惜哉。（卷十六，釋惠成）

（1）右十二味㕮咀以苦酒，漬藥一宿，以成煎豬膏三斤，微火煎三沸一下。別內白芷一片，三上三下，白芷色黃，藥成去滓，微火炙手摩病上。日三。（《急備千金要方·風毒腳氣·治腳氣方·曲魚膏》）

（2）或復有人患腳轉筋，炙木瓜枝熨之，患者即愈；或無木瓜，炙手磨之，口喚："木瓜！木瓜！"患者亦愈。（唐道綽撰《安樂集》卷上，T47/12a）

(3) 莫言炙手手可熱，須臾火盡灰亦滅。莫言貧賤即可欺，人生富貴自有時。(崔顥《琴曲歌辭·霍將軍》)

(4) 焦心一身苦，炙手旁人熱。未必方寸間，得如吾快活。(白居易《偶作二首》)

第三節 《續高僧傳》俗語詞的特徵

一 《續傳》中俗語詞的文字和語音形式不穩定現象

所謂文字和語音形式不穩定，是指同一個俗語詞可能有不同的文字書寫形式，同時由於不同的方言流傳在語音上又可能產生或多或少的音變，這樣就出現了一詞多形和一詞多音的現象。徐時儀說："古白話反映口語，口語中有許多詞又是文言中沒有的，因而古白話作品中口語成分往往同音通假字較多，民間所造的俗字也多。"① 徐先生雖是對古白話而言，但對俗語詞也適用。《續傳》中有許多俗語詞文字和語音都不太固定，如：

【玼瑣】微小、卑微。

是知法寶弘博，定在中天，識量玼瑣，誠歸東夏。（卷一，拘那羅陀）

按，"玼瑣" 就是 "微小、卑微。" 此詞《續傳》兩出。另一例爲卷十五 "論"："自餘明勝聯驪②等驅，僧粲以論士馳名，慧藏以知微取號，僧休洞精於大論，法經妙體於教源。餘則玼瑣群英抵訶③龍象者復叵知矣。"

"玼" 當作 "佌"。"玼瑣"，慧琳《音義》作 "佌瑣"，並云 "上音此，《考聲》：'小人貌。从人，此聲。' 傳文从 '王'，非本字"。《說文·玉部》："玼，玉色鮮也。"④ "佌" 爲小貌。《龍龕手鏡·人部》"佌，

---

① 參《漢語白話發展史》，北京大學出版社 2007 年版，第 27 頁。

② "驪"，諸本作 "鑣"。

③ "抵訶"，諸本作 "詆訶"。

④ 丁福保：《說文詁林》曰："慧琳《音義》卷八十第十五頁 '玼' 注引《說文》'新色鮮也。' 此作 '玉色鮮也。' 據詩 '玼兮玼兮'，'新台有玼'。《釋文》引《說文》皆與《音義》同。宜改。"

音此。小皃也。又舞也。"[①] 日釋空海《篆隸萬象名義·人部》:"佌,且紫反。小,細陋,'佌'字。"《管子·輕重乙》:"天子中立,地方千里,兼霸之壤三百有餘里,佌諸侯度百里。"唐趙蕤《長短經·權議》:"胡亥喟然歎曰:今大行未發,豈宜佌事干丞相哉?""佌"、"瑣"同義連文也表示"微小、卑微。"《爾雅·釋訓》:"佌佌瑣瑣,小也。"道宣《集古今佛道論衡·卷丙·大唐高祖問僧形服有何利益琳師奉對事一》:"自餘玭瑣,未足言議。其對晤重沓,如後廣之,此但敘其風素耳。"(T52/381a)

【麁勃】凶醜。

智實往經論告法雅,預知麁勃。自還俗已來,又不虧戒行,宜依舊出家。(卷二四,釋智實)

"麁勃"應爲"麤悖",意爲凶醜。如高麗一然《三國遺事·興法第三·皇龍寺九層塔》:"汝國王是天竺刹利種,王預受佛記,故別有因緣,不同東夷共工之族。然以山川崎嶮故,人性麁悖,多信邪見。"(T49/990c)也可寫作"麤勃",如《正統道藏·太玄部·唐·李淳風·金鎖流珠引·辭二·言赤章助國伐賊法》:"某乙爲將,將統兵若干萬兵馬往某州界,伐某賊衆若干千萬。恐彼衆強,逆壯麤勃,故殺平人,應當拒敵兇強,不受收伏。"

江藍生認爲"麤"有品行不端之意[②]。如《太平廣記》卷三四二"華州參軍"(出《乾𦠆子》):"柳生爲輕紅所誘,又悅輕紅,輕紅大怒曰:'君性正麤,奈何小娘子如此待子君。某一微賤,便忘前好。'""悖"謂叛逆。《漢書·刑法志》:"夫征暴誅悖,治之威也。"二者並列指醜陋。

【蕩門】關門。

入房閉戶,出即蕩門,衣鉢隨身,惟留床席,寔輕清之丈夫也。(卷十七,釋慧實)

按,從文意看,"蕩門"即關門。"蕩"應作"閶"。"閶"字《廣韻》無。《集韻·宕韻》:"閶,門不開。"《類篇·門部》:"閶,大浪切。門不開。"《玉篇·門部》:"閶,徒浪切。門不開。"梅膺祚《字彙·戌集

① 《詩經·小雅·正月》:"佌佌彼有屋。""佌佌"者,小人也。

② 參江藍生、曹廣順《唐五代語言詞典》,上海教育出版社1997年版,第73頁。

·門部》："闇，徒浪切，音蕩。門不開也。"後引申出"關閉"義。明張雲龍《廣社》："闇，關閉。"明張瑞圖《白毫菴》"襍篇"卷二"關索嶺"："磐鬱三苗地，闇關萬里身。""蕩"在《集韻》中爲"他浪切"，"闇"爲"大浪切"，韻同，而聲紐只有定透送不送氣之別，二者爲旁紐關係。梅膺祚認爲"闇"音"蕩"，說明在明代二者讀音都幾乎相同。"入房閉戶，出即蕩門"實際是互文，是說慧實隨時房門緊閉，實爲讚美他清靜寡欲，這樣就和"輕清之丈夫"相吻合了。而筆者家鄉四川德陽方言中有一個方言詞"浪"也表示關門。比如："出門把門浪到。"意爲出門把門關上。這一方言詞與"蕩"的韻也相同，聲紐"浪"爲來母，也與"蕩"爲旁紐關係。

【分】程度副詞，甚、很。

背隆傴僂，分似周公。（卷十六，釋僧實）

"分似周公"意爲"甚似周公"。卷十六，"釋法懍"："璀出曰：'余遊名山上德多矣，善友高尚者十有八人，分得其門，頗經趣入。而牆仞高遠奇唱難階者，斯人在斯。'""分得其門，頗經趣入"，"分"、"頗"對文，正好說明"分"有"甚"義。卷二一"釋曇瑗"："願生來講誨分有冥功，彼我齊修，用爲來習。""分有冥功"即甚有冥功。《永樂大典·八灰·梅·以蠟梅分供堂頭希盧首座沖南，首座惠絕句，次韻並簡堂頭二首》："蜜黃初出一枝春，分似堂中得定人。各各聞香獲三味，信知文字本非真。""分似"即"甚似"。"分"在文獻中不多，可能應是"紛"的借字。《敦煌社邑文書輯校·拾伍人結社社條》："恐時僥伐（代）之薄，人情以（與）不同，互生分然，後怕各生已見。所以某乙等壹拾伍人，從前結契，心意一般。"此句中"分然"即"紛然"。"紛"在唐代有"甚"、"非常"之義。蔣紹愚認為："紛，表程度深。在不同上下文中分別與'甚'、'重'、'屢'、'久'等相當。"[①] 董師志翹[②]，江藍生[③]均有討論。

【給手】急忙。

---

① 參蔣紹愚《唐詩語言研究》，中州古籍出版社 1990 年版，第 334 頁。

② 參董志翹、蔡鏡浩《中古虛詞語法例釋》，吉林教育出版社 1994 年版，第 176 頁。

③ 參江藍生、曹廣順《唐五代語言詞典》，上海教育出版社 1997 年版，第 123 頁。

將終，語門人曰："急砌殿基，吾當講《涅槃》也。"聞皆給手。恰竟，而智者玉[①]泉寺至。（卷十六，釋惠成）

按，"給手"就是"急忙"。"給"有"急忙"之義。《義府·養求》引《左傳·昭公二十年》："不供則應。"黄生按："給、應皆供也。急曰給，緩曰應。"《荀子·非十二子》："齊給便利。"楊諒注："給，急也。"《經義述聞·國語下》："知羊舌職之聰敏肅給。"王引之按："給之言急也。"《穆天子傳》卷六："天子命人取漿而給。"郭璞注："給，得之速也。"據王雲路研究："'手'字常與表時間的形容詞、副詞相結合，構成複音詞。"[②] 如急手、尋手、隨手、應手，足手、斷手等。入矢義高先生說："這些詞語中的'手'字，或寫成同音的'首'或'守'，這些都是沒有意義的詞綴。"[③]"給手"可能就是這種構詞。

又"給手"在資、磧、普、南、徑、清各藏中均作"急手"。"給"、"急"在《廣韻·緝韻》均爲"居立切"，同屬"急"小韻。從這一點上說，"給"、"急"音義均通。《敦煌契約文書校輯·丙子年赤心鄉百姓阿吳賣兒契》："赤心鄉百姓王再盈妻阿吳，為緣夫主早亡，男女碎小，無人求（救）濟，供急依（衣）食，債負深壙（廣）。"其中"急"沙知校作"給"。而在S388《正名要錄》中："急、級、伋、給"屬"本音雖同，字義各別例"。周祖謨先生指出此書作於貞觀十年至二十三年之間[④]，與《續傳》同時。

"急手"乃"匆忙"之意。楊衒之《洛陽伽藍記·景寧寺》："乍至中土，思憶本鄉。急手速去，還爾丹陽。"賈思勰《齊民要術·作豉法》："若初煮豆傷熟者，急手抨淨即漉出。"《敦煌變文校注·李陵變文》："急手出火，燒卻前頭草。"唐釋法照《淨土五會念佛誦經觀行儀·歸西方讚》："歸去來，裟婆世境苦難哉。急手專心念彼佛，彌陀淨土法門開。"也寫作"急守"，《敦煌變文校注·李陵變文》："急守趁賊來，大家疲

① "玉"，麗作"王"。

② 參王雲路《漢魏六朝詩歌語言論稿》，陝西人民教育出版社1997年版第89頁。

③ 參入矢義高《中國口語史的構想》，載《集刊東洋學》第五十六號，又載《漢語史學報》第四輯。按，入矢義高先生在該文中還說："至於'手'這個詞，或許也有一點非漢語的來源。"

④ 參周祖謨《敦煌唐本字書敘錄》，載《敦煌語言文學研究》第45—47頁。

乏。”黃征等注：“‘守’為‘手’之同音借字。”

【狼𤞏】匆忙。

淵酷好蒲撲，使酒挾氣，終日狼𤞏，無所推下。（卷六，釋寶淵）

“狼𤞏”意義歷來不確。釋慧琳《一切經音義·續高僧傳》卷六：“樂𤞏，上音洛，下音荒。按狼𤞏者，蓋詭譎之流，不實之義也。‘狼’合作‘樂’字。傳用‘狼’字，非也。字書亦無此字者也。”慧琳的意思是“狼𤞏”不辭，字書不載，固應改為“樂𤞏”。《可洪音義·續高僧傳》第六卷：“狼𤞏，莫郎反，忩遽也。正作‘𦝠’、‘恾’二形也。上方[①]作狼𤞏。”

按，可洪所言有一定道理。“𤞏”資、磧、普、南、徑、清也作“忙”。《康熙字典·巳集下·犬部》：“𤞏，又𤞏。又狼𤞏，狼忙。”可見“狼𤞏”與“狼忙”在意義上有密切聯繫，都是匆忙之義。可洪說“𤞏”“正作𦝠、恾二形也”很值得研究。釋慧琳《一切經音義·五分律》卷九：“狼𦝠，又作茫，同。莫剛反。𦝠，遽也。《通俗文》：‘時務曰茫’，律文作狙[②]，非體也。”“時務”即“遽”[③]，“𦝠”即古文“忙”。慧琳在釋“狼𦝠”時明確指出讀“莫剛反”，而在釋“狼𤞏”時又明確說“下音荒”，這說明他對“忙”、“𤞏”二字的讀音區分得十分清楚。

我們再看其他辭書。“𤞏”、“𦝠”在《集韻·唐韻》中同屬“㠩”之小韻，讀爲“呼光切”時意義爲“翌也”。“𦝠”在《集韻·唐韻》“芒”小韻中讀“謨郎切”時，意義爲“遽也”。同樣《類篇·亾》：“𦝠，謨郎切。《博雅》：‘遽也。’或作𦝠。”《類篇·朙》：“𦝠，呼光切。《說文》：‘翌也。’又謨郎切。《博雅》：‘遽也。’”《說文·朙部》：“𦝠，翌也。”段注：“翌也未聞，當作昱。昱，朙也。𦝠即今之忙字，亦作茫，俗作忙。玄應書曰：‘茫又作𦝠，遽也。’𦝠人晝夜作，無日用月，無月用火，常思明，故从明。或云𦝠人思天曉，故字从明也。按《方言》、《通俗文》皆作茫。《方言》：‘茫，遽也。’《通俗文》：‘時務曰茫。’許書則有‘𦝠’。”可見“𦝠”、“𤞏”在讀“呼光切”時，意義均與“匆

① 按，“方”應為“亦”之訛。

② 按，此據清海山仙館叢書本，徐時儀先生校作“狙”。參徐時儀：《〈一切經音義〉三種校本合刊》，上海古籍出版社 2008 年版，第 333 頁。

③ 參徐時儀《玄應與慧琳〈一切經音義〉研究》，上海人民出版社 2009 年版，第 470 頁。

忙”義無涉，而“㤦”無“謨郎切”之記載。應該怎樣解決這一問題呢？鄙意以為“㤦”應為“䀮”之訛。“䀮”在唐代有“莫郎切”的俗音，這一現象可以從文獻中找到例證。

據沈澍農先生研究，在中醫古籍中常見“䀮䀮”一詞，它本作“茫茫”，也常寫作“𥇒𥇒”、“𥋞𥋞”[①]。《太素》卷八《經脈連環》：“欬唾則有血，喝喝如喘，坐而欲起，起目𥇒𥇒，如无所見。”《靈樞·經脉》、《甲乙經》卷二第一均作“䀮䀮”。《醫心方》卷二第一：“承泣……主目不明，淚出，眵臭，瞳子癢，遠視𥇒𥇒。”《甲乙經》卷十二第四亦作“䀮䀮”。又《醫心方》卷五第十三引《千金方》云：“治目茫茫不明年老方。”今本《千金要方》與之相似之方云：“治肝氣虛寒，眼表䀮䀮不見物，真珠散方。”而同方見於《外臺秘要》卷十六《肝勞虛寒方》作：“療肝氣虛寒，眼表盲，𥇒𥇒不見物，真珠煎方。”《外臺秘要》卷十二《積聚方》引《諸病源候論》：“診得腎積，口乾咽腫傷爛，目𥋞𥋞，骨中寒，主髓厥，喜忘，色黑也。”本例“𥋞𥋞”在今本《諸病源候論》卷十九《積聚候》作“茫茫”。可見“茫茫”、“𥇒𥇒”、“䀮䀮”、“𥋞𥋞”之異體關係。

另外，从“荒”之字與“忙”在疊音詞中有密切的關係。朱駿聲《說文通訓定聲·艸部》：“芒，假借為㠩，即今‘忙’字。《詩·長發》：‘洪水芒芒’，《元鳥》：‘宅殷土芒芒’，傳：‘大貌’。《左傳·襄四傳》：‘芒芒禹迹’，注：‘遠貌’……”而朱氏在“㠩”下又說：“按：字亦作‘汒’、作‘茫’、作‘漭’。《淮南·俶眞》：‘茫茫沈沈’，注：‘盛皃’；《魏都賦》：‘茫茫終古。’注：‘遠皃’；《高唐賦》：‘涉漭漭’，注：‘水廣遠皃’，亦重言形況字。《西京賦》：‘滄池漭沆’，注：‘猶洸潒寬大也’，《家語》：‘致思漭瀁之野’，注：‘廣大皃’，亦疊韻連語。”從上兩句話可知“芒”有寫作“㠩”的先例，而“芒芒”，以朱氏之意應為“㠩㠩”。《說文經字正誼》（光緒二十年郭氏刊本）卷一《易經》“㠩為包巟之巟”條：“《易·泰卦》‘包巟’，古本作‘㠩’，虞注：‘大川也。’”郭慶藩注：“《說文》：‘㠩，水廣也。’與大、巛義合，是‘巟’當爲‘㠩’，《釋文》‘巟’本亦作‘㠩’……其爲字亦作‘荒’、作‘漭’，《文選·

① 參沈澍農《中醫古籍用字研究》，學苑出版社2007年版，第39—41頁。

巍都賦》：'茲茲終古'，注：'遠皃'，《高唐賦》注：'漭漭，廣遠皃。'"

朱、郭二氏之說應是有據的。司空圖《二十四詩品·雄渾》："荒荒油雲，寥寥長風，超以象外，得其環中，持之匪強，來之無窮。""荒荒"猶"茫茫"。而杜甫《漫成二首》："野徑荒荒白，春流泯泯清。"宋蔡夢弼《杜工部草堂詩箋》云"或作'野月茫茫白'"。此詩在《分類集注杜公部詩》作："野徑荒荒白"，宋王洙注："一云月荒荒，一云茫茫。"韓愈《寄十二郎文》："吾年未四十，而視茫茫，而髮蒼蒼，而齒牙動搖。"宋廖瑩中《東雅堂昌黎集注》引蜀人史彥升云："退之祭文'視荒荒'，今俗本作'茫茫'，非是。陳後山詩'平陳鄭毛視荒荒'本此也。"廖瑩中注："今按古書如'荒忽''茫忽'之類皆一字也，意義多相近，當存之。"朱熹考異"當存之"為"當有之"。李商隱《祭長安楊郎中文》："杳杳玄夜，荒荒宿莽。"清徐炯《李義山文集箋注》："集作'茫茫'。"揚雄《法言》："芒芒聖德，遠人咸慕上也。"司馬光《揚子法言》注曰："李本'芒芒'作'荒荒'，今從宋吳本。'芒'謨皇切。"可見在唐代"荒荒"和"茫茫"應為通用，不然不會出現如此多異文現象。

以上例子均有一個明顯的特點，即均是出現在疊音詞中，而在單音詞中很少找到異文情況[①]，說明在當時"荒"、"茫"語音確實已經分離，但在疊音詞、連綿詞中卻保留了更古的語音現象，即"荒"、"茫"同音。"狼忙"作為一個聯綿詞，可能也存在這一現象。

《太素》之"䀮"字[②]，楊上善注云"莫郎反"，足見"䀮"之讀音。而《黃帝內經素問》："《經脉别論》：'跌仆罷極，如漚藏氣，法時論慧，焠焠䀮䀮，臑内宣明。'"唐王冰注"䀮䀮"："音荒"。慧琳《一切經音義》卷第七十九《經律異相》卷第二十七："䀮䀮，音荒，目不明也。從目巟聲，巟音同上。"說明在唐代對"䀮"的讀音就存在不同的理解。"䀮"在《集韻》中也兩讀。《集韻·唐韻》"荒"小韻："䀮䀮，目

① 單音詞中也有"芒"、"荒"異文的現象。如《史記·曆書》："祝犂大芒落四年。"裴駰集解："芒，一作'荒'。"

② 按，此處用沈澍農先生材料。漸西村舍叢書本、蘭陵堂刻本此字作"䀮"，蘭陵堂刻本有按語："平按：起字《靈樞》、《甲乙經》不重，'䀮'作'䀮䀮'。"清高世栻《黃帝素問直解》（清光緒刻本）作"䀮"。

不明也。一曰狼𥆧，夷國名。人能夜市金。或作𦝫。”《集韻·唐韻》“芒”小韻：“𥆧，目不明也。”“荒”為呼光切，“芒”為謨郎切。在《廣韻》中也如此。而“𥆧”之兩讀也正好解釋了唐人之間的讀音分歧，也可間接說明“荒”、“忙”確有密切聯繫。

高麗本《龍龕手鏡·目部》：“𥇒𥆧𥈞𥆧（俗）𥆧（正），荒、忙二音。目不明也。又狼𥆧也。五。”而“𥆧”也可以寫作“𦝫”。清沈濤《銅熨斗齋隨筆》卷七：“狼𦝫當作狼𥆧”條：“《吳都賦》曰：‘烏滸狼𦝫。’注引《異物志》云：‘狼𦝫人夜覷金，知其良不。’濤案。‘𦝫’當作‘𥆧’《玉篇·目部》云：‘𥆧，目不明。又狼𥆧，南夷國名。人能夜市金。’《廣韻》十一唐同。蓋以無目故，須覷而知良不。《玉篇·肉部》‘𦝫’字注但云‘肉間也’，《廣韻》則亦云：‘狼𦝫，南夷國名。’與‘𥆧’字注同。此必後人所附益，非陸、孫原文矣。”可見“𥇒、𥆧、𥈞、𥆧、𥆧、𦝫”均為異體關係。

因此可以看出，由於連綿詞字無定形，“狼𥄕”可以寫作“狼𥆧”。由於“𥆧”有呼光、莫郎二讀，在讀“呼光切”時又可以寫作“𥇒”、“𦝫”，“𥇒”、“𦝫”在俗寫中可能受到“狼”的偏旁同化，於是寫成了“㹸”。清畏堂本張自烈《正字通·犬部》：“㹸，狼屬。按‘狼𦝫’即躶國，偽作‘㹸’。見肉部‘𦝫’注。”

我們可以總結如下：

狼忙—（古今字）—狼𥄕—（同音字）—狼𥆧—（異體字、兩讀）—狼𥇒、狼𦝫—（異體字、同化）—狼㹸。

可洪說“㹸”正作“𥄕”、“恾”二形，說明他認為“㹸”乃“𥄕”之俗字，這一觀點是正確的，而慧琳沒有認識到“㹸”是俗訛字，變“狼㹸”為“樂㹸”，則純屬臆改。徐時儀先生也以為“狼㹸”似即“謊謊”①，同誤。

張永言先生曾指出古人有“讀隨字改”的現象，他說：“另一方面是‘讀隨字改’或‘音從字變’……後者是文字影響語言，詞的寫法變了（由於訛誤或其他原因），語音有時也跟着變。”② “狼𥄕”由於訛化成了

① 參徐時儀《玄應與慧琳〈一切經音義〉研究》，上海人民出版社 2009 年版，第 404 頁。

② 參張永言《酈道元語言論拾零》，《中國語文》，1964 年第 3 期。

“狼𤠣”，於是讀音也變成了“呼光切”，從而掩蓋了其本音。

慧琳所説“律文作狚”（清海山仙館叢書本），應是“恾”或“茫”的訛字。“恾”獅谷蓮社刻本此字作“𢗺”，左邊心旁與“犭”極為相似①。也可能“恾”或“茫”受“狼”的类化而改为“犭”产生的俗字。而右半部“芒”由於“亡”古代常把上面一點變横，如《篆隸萬象名義》中寫成“𦬐”、“𦬐”。可洪所説的“上方（亦）作‘狼𤠣’”之“𤠣”指的就是其右上部一點横寫之情況。如果潦草，則此字極象“狚”字。由於“狼狚”不辭，於是有人又改成“狊”②，如獅谷蓮社刻本之“𤞞”，東京大學史料編纂所藏《玄應撰一切經音義》之“𤞞”。

【落度】放蕩不羈。

有孝愛寺僧佛與者，偏嗜飲噉，流俗落度。隨崖輿後，私發願曰：“今值聖人，誓斷酒肉。”（卷二七，釋僧崖）

“落度”在中古佛經中有“放蕩不羈”之義。如：

（1）時和難聞彼新弟子所在，即時速還，觀其室中，多所竊取，周匝普問：“今爲所湊，權時不現，但遙聞之，彼博掩子，落度兇暴，佯作沙門，欲欺詐卿，竊取財物。”（西晉竺法護譯《生經·佛説和難經》，T3/72a）

“落度兇暴”即放蕩兇狠。

（2）答曰：“無主人故無罪，若人兒落度，父母以水灌頂遣去，或父母死亡，比丘取如是人無罪。（蕭齊僧伽跋陀羅譯《善見律毘婆沙》卷九）（T24/739a）

“人兒落度”指人家小兒放縱。

“落度”應爲“落拓”。唐大覺撰《四分律鈔批》卷八：“若人兒落度父母以水灌頂遣去，或父母死已，比丘取如是人無罪。”（X42/831b）夾注云：“度，徒各反。”“拓”，《廣韻》他各切，透母。“度”，定母。二者旁紐同韻，完全有音轉的可能。明方以智《别雅》卷五：“落泊、洛

① 按，據齊元濤調查，隋唐五代碑志中“忄”與“扌”常混，（參齊氏《隋唐五代碑志楷書中的形體混同現象》，《古漢語研究》，2004年第2期。）碑志楷書十分典正，可見寫卷中“扌”誤為“犭”並不奇怪。

② 古籍中存在“旦”、“且”、“具”相混的現象。詳參曾良《俗字及古籍文字通例研究》“‘旦’、‘且’、‘具’相混例”。百花洲出版社2006年版，第138頁。

度、落度、樂託、拓落、託落，落魄也。《史記·酈食其傳》：‘家貧落魄，無以爲衣食。’應劭曰：‘落魄，志行衰惡貌。’晉灼曰：‘落薄、落託義同。’《陳書·杜稜傳》：‘少落泊，不爲當世所知。’‘泊’與‘薄’同，即晉灼所云‘落薄’也。《晉書·藝術·佛圖澄傳》：‘石宣將殺石韜，宣先到寺’與澄同坐，浮屠一鈴獨鳴，澄謂曰：“解鈴音乎？云：‘胡子洛度。’”又《五行志》：‘大安中童謡曰：‘元超兄弟大落度，上桑打椹爲苟作。’《三國志·蜀志·楊儀傳》：‘往者丞相亡沒之際，吾若舉軍以就魏氏，處世寧當落度如此邪？’《世說》：‘王耆之樂託，出自門風。’落魄、落泊、洛度、落度、樂託音義皆同。又《漢書·揚雄傳》：‘何爲官之拓落也？’師古曰：‘拓落，不耦也。’《晉書·載記·慕容暐傳》：‘孤危託落。’拓落、託落雖與諸書落魄字似上下互異而意實相同，皆可通也。”王雲路先生還舉出了“落索”、“落薄”等形體，認爲這是動賓式音變[①]。

“落拓”、“落魄”在中古均有“放蕩不羈”之義。如：

（1）大得財貨，以資酒色，落魄無行。（《魏書·爾朱仲遠傳》）

（2）然落拓之子，無骨鯁而好隨俗者，以通此者為親密，距此者為不恭，誠為當世不可以不爾。（晉葛洪《抱朴子·疾謬》）

可見“落度”、“落拓”、“落魄”均是同一詞語在中古的不同方音的文字記錄。董師志翹先生認為“落度”、“落拓”爲聲為“［l］-［t］-”形式韻為疊韻形式的同源詞，其詞義演變的規律為[②]：

(1) 悬物貌 ↗(2) 悬垂之物
↘(3) 长貌— (4) 破弊零挂貌— (5) 疲软无力— (6) 失志蹭蹬— (7) 放浪不羁不务正业。

此義《漢語大詞典》“落度”條未收。

【戲掉】戲弄調謔。

身無戲掉，口不妄傳。奉戒精勤，昏曉自策。和上同師，私共歎異。（卷十四，釋智正）

① 參王雲路《試論音變在詞語發展中的作用》，載《漢語史學報》（第八輯）2009年版，第195頁。

② 參董志翹《同源詞研究與語文辭書編纂：以“了㇄”、“闌單”、“郎當”、“龍鍾”、“潦倒”、“落拓”為例》，《語言研究》2010年第1期。

按，“戲掉”就是“掉戲”，即“調戲”，戲弄調謔。“掉”通“調”。《可洪音義》“戲掉，上許義反，下徒了反。”北涼曇無敬譯《大般涅架經·梵行品》：“善男子，若我弟子受持，讀誦書寫演說《涅槃經》者，當正身心，慎莫調戲，輕躁舉動。身爲調戲，心爲輕動。求有之心名爲輕動，身造諸業名爲調戲。（12/467c）例中“調戲”，敦煌卷子 P2172《大般若涅槃經音》作“挑戲”，注音云：“上徒吊反。”《廣韻·篠韻》：“挑，弄也。”“調戲”即戲弄調謔[①]。

“掉”在佛經中本指“掉舉”，是一種令心高舉而不得安寧的煩惱。《金光明經文句文句記會本》明得記云：“嬉遊曰戲，三業躁動曰掉。”（X20/238a）而“掉”又有身掉、心掉、口掉之分。《法苑珠林·欲蓋篇·五蓋部》：“第四掉悔蓋者有三：一口掉者，謂好喜吟詠，諍競是非，無益戲論，世俗言話等名爲口掉。二身掉者，謂好喜騎乘，馳騁放逸，筋力相撲，扼腕指掌等名爲身掉。三心掉者，心情放蕩，縱意攀緣，思惟文藝，世間才技，諸惡覺觀等名爲心掉。”無論身調，心調還是口調，都有“輕浮”之意。

【銀挺】銀兩。

既害不果，又以銀挺雇賊入房，睿坐案邊，覓終不獲。但有一領甲在常坐處。（卷十五，釋靈睿）

“銀挺”即“銀錠”，銀兩之意。“挺（梃）”爲“鋌”之古字。“挺”，磧、普、南、徑、清作“鋌”。《續傳》卷二九“釋僧明”：“辯女婿杜龕典衛宮闕，爲性兇捍[②]，不見後世。欲毀二像爲金銀挺，先遣數十人上三休閣，令鑱佛項[③]。”其中“挺”，資、磧、普、南、徑、清亦作“鋌”。

“鋌”即“錠”。西晉竺法護譯《佛說盂蘭盆經》：“佛告目蓮，十方眾僧於七月十五日僧自恣時，當爲七世父母及現在父母厄難中者具飯百味五果、汲灌、盆器、香油、錠爥、床敷、臥具，盡世甘美以著盆中，供養十方大德眾僧。”（T16/779b）“錠爥”南宋思溪藏作“挺燭”，普寧藏、

① 參徐時儀《“掉”的詞義衍變遞擅探微》，《語言研究》2007 年第 4 期。

② “兇捍”，磧、普、南、徑、清作“兇悍”。

③ “項”，徑作“頊”。

方冊藏、宮內省圖書寮本均作“鋌燭”。慧琳《一切經音義》卷三十四“錠燭”條：“音定，又《殿韻集》云：‘有足曰錠，無足曰鐙。’經文作‘挺’，非也。”

《敦煌變文集校注·捉季布傳文》：“直饒墮（垛）卻千金賞，遮麼高搥（塠）萬挺銀。”項楚注：“挺即‘梃’字，敦煌寫本偏傍木、扌多不分。丁、庚兩卷‘鋌’，同；後世寫作‘錠’。敦煌本《秋胡變文》：‘宜賜黃金百鋌，亂綵千段。’又《維摩詰經講經文》：‘贖香分（錢）減兩三文，買笑銀潘七八挺。’清俞越《茶香室續鈔》卷二三“錠”：‘愚按其字止當作“梃”，《說文》：“梃，一枚也。”疑古人計數者曰梃。因其言金，而變其字从金，亦猶以其言脯，而變其字从肉也。《儀禮·士虞禮》：“脯四梃”，注曰：“古文脡爲梃。”知梃脡爲古今字，則知梃鋌亦古今字矣。’”

“鋌”在唐代已經演變成一個物量詞。如《北齊書·陳元康傳》：“世宗於是親征，既至而剋，賞元康金百鋌。”P2640《常何墓碑》：“七年，奉太宗令追入京，賜金刀子一枚，黃金卅挺，令於北門領健兒長上。”①《舊唐書·薛收傳》：“今賜卿黃金四十鋌，以酬雅意。”

據劉世儒研究，“量詞的詞綴化的構詞法在南北朝時代顯然已經產生了。”②“鋌”可能也是在這種類化趨勢下附在金銀的後面而成詞。此語在宋代猶存。

（1）蜀主進金器八百兩，玉鞍帶二條，銀鋌一萬兩。（宋勾延慶《錦里耆舊傳》卷四）

（2）今年三月二十五日降下銀鋌，令軍人逐牌子差人往咸州地分自行收買。（宋徐夢莘《三朝北盟會編·炎興下帙》）

【噂諮】誹謗。

舉宗怨訴，噂諮街衢。（卷二四，釋道會）

“噂諮”指誹謗。《龍龕手鏡·言部》“譐諮”：“上倉本反，下徒合反。譐諮，恚言也。”“噂諮”本作“噂沓”。《詩經·小雅·十月之交》：

① 參鄭炳林《敦煌碑銘贊輯釋》，甘肅教育出版社1992年，第3頁。

② 參劉世儒《魏晉南北朝量詞研究》，中華書局1965年版，第15頁。按，董師志翹先生認為名量式複合詞“在六朝後期已有萌芽，唐五代略有發展，但大量、成規模的出現卻應在宋元甚至以後。”參董志翹師《關於漢語中的名量式複合詞》，《漢語學報》2010年第2期。

“噂沓背憎，職競由人，”鄭玄箋“噂噂沓沓，相對談語，背則相憎。”陸德明釋文：“噂，子損反，《說文》作‘僔’，云‘聚也’。”本爲相對談論，後引申指聚在一起誹謗。

“噂𠴲”又寫作“噂嗒”，慧琳《一切經音義·崇正錄》第二卷：“噂𠴲”條：“上尊損反，下談合反。《毛詩》傳文云：‘噂𠴲噂𠴲，相對言也。’《說文》：‘聚語也。’並从口，尊、遝皆聲也。亦作僔。今錄从足，作蹲踏，非也。”《龍龕手鏡·口部》：“嗒，徒合反。噂嗒，蘘語也。與沓同。又俗音啾。”《晉書·潘岳列傳附潘尼傳》：“至於愛惡相攻，與奪交戰，誹謗噂嗒，毀譽縱横，君子務能，小人伐技，風頽於上，俗弊於下。”《晉書·高崧列傳》：“然異常之舉，眾之所駭，遊聲噂嗒，想足下亦少聞之。”

又寫作“僔遝”。《古今韻會舉要·上聲·撙》：“噂，《說文》：‘聚語也，从口尊聲。’引《詩》：‘噂遝背憎。’注：‘噂猶噂噂，遝猶遝遝。相對談語，背則相憎逐。’或作僔，《博雅》：‘僔僔，衆也。亦作譐。’”

又寫作“僔沓”。《漢魏南北朝墓誌彙編·北魏·魏故使持節侍中驃騎大將軍儀同三司尚書令冀州刺史江陽王元（乂）公之墓誌銘》：“方贊玉鼓之化，陪金繩之禮，隆成平于天地，增光華於日月，而流言僔沓，萋斐成章。公乃垂淚謁帝，遜還私宅。”

二 《續傳》中俗語詞的結構類推現象

在唐代新興詞語的產生方式中，有一種换素構詞的造詞方式，我們將在新詞的產生方式中進行專門的討論，這種造詞方式是通過結構類推以替换語素來實現新詞語的產生。在俗語詞的產生上也存在着這一現象。如：

【村曲】村莊、村子。

及終之時，感異香氣充於村曲。（卷二八，史呵擔）

“村曲”一詞，我們所見最早的佛經用例就是此例，另外兩例分别出現於唐僧祥《法華經傳記·諷誦勝利第八之三·史呵擔》和慧詳《弘贊法華傳·誦持第六之三·史呵誓》，三者引用均同，可見是出於同源。“村曲”即村莊、村子。清鄭方坤《全閩詩話·宋·林彖》：“宋林彖，莆人，工詩。《閒行》云：‘風搖麥壠東西浪，春入郊原遠近花。閒趂溪流到村曲，斷垣喬木兩三家。’”《正統道藏·洞神部·威儀類·玄門十事威儀·忠二·出入品第三》："第十二，出入城市、村曲，見人行非禮不軌之事，或聞不善調謔之詞，即低頭直過，慎勿顧之。"明王恭《草澤狂歌·五言律詩·遠浦帆歸》："浦溆沿村曲，孤帆一片秋。風移篷裏軸，影拂水邊樓。鼓枻驚初雁，鳴弦起夕鷗。江湖波浪緊，幸喜見安流。"

"村曲"可能是受"鄉曲"的類化而成的。"鄉曲"一詞上古就已經存在。指當時政權的基本單位。如：銀雀山漢墓竹簡《孫臏兵法·官一》："制卒以州閭，授正以鄉曲。"《莊子·胠篋》："闔四竟之內，所以立宗廟社稷，治邑、屋、州、閭、鄉曲者，曷嘗不法聖人哉?"王先謙集解引《司馬法》："五州爲鄉。"又引鄭玄曰："二千五百家爲州，萬二千五百家爲鄉。"而到隋唐，村成爲最基本的單位。如《舊唐書·職官志二》："百戶爲里，五里爲鄉。兩京及州縣之郭內，分爲坊，郊外爲村。里及坊、村皆有正，以司督察。"《資治通鑒·後漢高祖天福十二年》："張令柔殺平陰十七村民。"胡三省注："項安世《家説》曰：古無村名，今之村，即古之鄙野也……隋世已有村名。《唐令》：'在田野爲村，置村正一人'，則村之爲義明矣。"可能由於概念的替換，於是初唐的人們就用"村"替換了"鄉"，創造了"村曲"這一詞語。不僅如此，唐人還創造了"坊曲"一詞。如《唐國史補》卷中："故老言五十年前，多患熱黄，坊曲必有大署其門，以烙黄為業者。"朱慶之先生在談到漢譯佛典詞彙的雙音化問題時曾經講過這樣一段話，他說："許多雙音節詞語是翻譯者臨時創造的，這裏既有外來詞，也有非外來詞。研究表明，譯文中外來詞的絕大多數都是雙音節的，這些詞語在佛經翻譯之前根本不存在，當然不是口語的反映。許多漢語固有的單音節詞往往被譯者臨時用某種有規律可循的方式，如'同義連文'或在自由構詞語素的幫助下創造出一個雙音節形式來，由於這種口語詞流行極爲有限，所以有不少的雙音詞語甚至找不到第二個用例。"① 朱先生雖然是對漢譯佛典而言的，但對我們研究中古其他文獻也有啟示。在中古有大量的新興雙音節詞出現，這些詞的出現大多是在原有的單音詞的基礎上進行某種有規律的擴充，也可能是在已有格式的基礎上對某些語素進行有規律的替換。"村曲"就應該是屬於後

① 參朱慶之《代前言：佛教混合漢語初論》，朱慶之編《佛教漢語研究》，商務印書館2009年版，第15頁。

一種形式。

【告累】告誡託付。

以貞觀十四年，都無疾苦，告累門人："生來行法，令使承用。"言訖如常坐定於①南郊義善寺，春秋八十有四。(卷二五，釋法順)

按，此句《法苑珠林》卷二八引作："以貞觀十四年都無疾苦，告累門徒：'生來行法，令後承用。'言訖，如常跏趺坐。卒終於南郊義善寺，春秋八十有四。"尋其文義，"告累"乃告誡託付之義。"告累"的產生可能是受"囑累"之影響。"囑累"一詞在佛經中極爲常見，其意本是託付②。如：

(1) 作是念已，召喚太子及諸大臣："我以國土，囑累卿等，好共治化，莫枉民眾。"(吳支謙譯《撰集百緣經》，T4/217a)

(2) 今持法寶付囑二人，善念誦持，使不斷絕，流布世間。其有遏絕聖人言教者，便爲墮邊際。是故今日囑累汝經法，無令脫失。(東晉僧伽提婆譯《增壹阿含經》，T2/746b)

後來引申出"囑托"之意：

(3) 今佛囑累一切菩薩："若有菩薩志性仁和，心無所慕，不貪身命，唯念當求是三昧定，若有菩薩，至欲速成無上正真之道爲最正覺，當勤精進學斯三昧定意，受持諷誦，一心奉行，爲他人說，廣解其義。"(西晉竺法護譯《賢劫經》，T14/63b)

(4) 所言囑累者，囑謂付囑，累謂憑累。但囑累有二：一以法付人，謂以大乘妙法付諸菩薩，二以人付人，以二世眾生付囑四依菩薩。(隋吉藏《法華義疏》，T34/619a)

時至唐代，"囑"的"吩咐、告誡"義正式產生。如杜甫《潼關吏》詩："請囑防關將，慎勿學哥舒。"這樣，"囑"與"告"在"吩咐、告誡"義位上同義，於是在口語中就可能出現類聚替換的現象，僧人們就用更常用的"告"去替換"囑累"中的"囑"，從而一個新的語詞就出

① "於"，資、磧、普作"平於"；南、徑、清作"卒於"。

② 方一新先生認為"囑累"是在東漢出現的新詞，有"囑託、託付"義，也寫作"屬累"。參方文《東漢語料與詞彙史研究芻議》，《中國語文》，1996 年第 2 期。吳新江先生指出其為晉宋以來常語。參吳文《〈敦煌願文集〉校點獻疑》，《古漢語研究》，2001 年第 3 期。顏洽茂先生也有解釋。參《魏晉南北朝佛經詞彙研究》，佛光山文教基金會 2002 年版，第 89 頁。

現了。

【將給】供給、給與。

以魏永平[①]供擬殷華，處之永寧大寺，四事將給。（卷一，菩提流支）

"將給"即供給。"將"有"奉"之意。《詩·小雅·楚茨》："或剝或亨，或肆或將。"鄭玄箋："有肆其骨體於俎者，或奉持而進之者。"《詩·周頌·我將》："我將我享，維羊維牛，維天其右之。"鄭玄箋："將，猶奉也。""給"有供應、供給之意。如《墨子·備梯》："手足胼胝，面目黧黑，役身給使，不敢問欲。"二者類義連文。當時還有"將與"一詞。如：

（1）爾時畢鉢羅耶曾於一時語跋陀羅作如是言："賢善仁者，汝處分教壓烏麻油，今欲將與諸牛等飲。（隋闍那崛多譯《佛本行集經·大迦葉因緣品中》，T3/865c）

（2）其壇所用飲食餅果，日別替換更作新者。供養殘食呪師及病人皆不得喫，喫者呪力無驗。若作此法者，一切羅刹諸鬼神等歡喜放病人差。其所餘殘食將與貧窮者最爲第一，不被一切鬼神得便，持呪行者好記不忘。（唐阿地瞿多譯《佛說陀羅尼集經·般若波羅蜜多大心經·又般若小心陀羅尼》T18/807c）

（3）延陀曰："至尊遣莫相侵掠，敢不奉詔。然突厥翻覆難信，其未破前，連年殺中國人，動以千萬計。至尊破突厥，須收爲奴婢，將與百姓，而反養之如子，結社率竟反，此輩獸心，不可信也。臣荷恩甚深，請爲至尊誅之。"（《舊唐書·突厥列傳》）

（4）知君開館常愛客，樗蒱百金每一擲。平生有錢將與人，江上故園空四壁。（岑參《送費子歸武昌》）

"將給"是在"將與"的類推下形成的。

【流慰】敬詞，慰問。

天子下勅流慰[②]，並令有司葬鍾山開善寺墓。（卷二十，釋法超）

按，"流慰"即"慰問"。文獻中僅此一例。"流慰"應是受"流問"的影響而形成的。"流問"是一個敬詞，爲下級或卑微者對上級或尊貴者

① "以魏永平"，諸本作"以魏永平之初來遊東夏，宣武皇帝下勅引勞"。

② "流慰"，資、磧、普、南、徑、清作"疏慰"。

慰問的敬稱。如：

（1）初奘既度葱嶺，先遣侍人賫表陳露，達國化也。下勑流問，令早相見。（卷四，釋玄奘）

（2）龍門深濬，奉見無由。天意高懸，流問何日。（卷二四，釋智實）

（3）及建塔之初，下勑流問，令送舍利于德州會通寺。（卷二六，釋道貴）

（4）伏念爲邦誠樂，懷舊則勞。風月佳時，久睾燕集，文酒勝處，動渴清狂。亦惟愛忘，未棄踈外，猥蒙流問，但喜拜嘉。（《歐陽文忠公文集·表奏書啓·謝黃巖李主簿啓》）

（5）比奉宸綸，躐乘使傳，方懼誤恩之及，敢勤流問之先。（陸游《渭南文集·啓·與本路郡守啓》）

以上例中，例（1）和（3）的格式與“下勑流慰”相同，可見二者應同義。“慰”和“問”在“慰問”義上同義。如《詩·邶風·凱風》：“有子七人，莫慰母心。”毛傳：“慰，安也。”《論語·雍也》：“伯牛有疾，子問之。”二者又複合成詞，如《後漢書·宋均傳》：“均自扶輿詣闕謝恩，帝使中黃門慰問，因留養疾。”因此在這種情況下，由“流問”替換語素而形成“流慰”是完全可能的。

三 《續傳》中的特徵語素現象

到唐代，漢語雙音化已經確立，表現在俗語詞中就是具有典型時代特徵的語素與其他時代特徵不很明確的語素共同構成雙音俗語詞。如：

1.【鎮×、×鎮】

“鎮”在中古有常、常常之意。此意蔣禮鴻①、董志翹和蔡鏡浩②諸先生已經有詳細論述。董先生所舉初始例證爲陳高麗定法師《詠孤石》：“岩根恒洒浪，樹沙鎮摇風。”此補南朝齊蕭子顯《御講金字摩訶般若波羅蜜經序》：“其僧正慧令等義學僧鎮座一千人，晝則同心聽受，夜則更述制義。”（T52/263c）“鎮座”即“常座”，這一例證更早。《晉書·孝

① 參蔣禮鴻《敦煌變文字義通釋》，上海古籍出版社1997年版，第467頁。

② 參董志翹、蔡鏡浩《中古虛詞語法例釋》，吉林教育出版社1994年版，第639頁。

友列傳・許孜》有："孜以方營大功，乃棄其妻，鎮宿墓所，列植松柏亙五、六里。"考慮到《晉書》爲唐人所編，可能受唐代語言的影響，所以不作爲依據。[①]"鎮"作爲中古的特徵語素組成了一系列的雙音詞，由於"鎮"的存在，這些詞均表現出明顯的中古特色。如：

【鎮長】常常、經常。

開皇十六年，下勅以彥爲《大論》眾主，住真寂寺，鎮長引化。（卷十，釋法彥）

"鎮長"即常常、經常。從筆者現有材料來看，"鎮長"最早的例證見於《續傳》中，在中唐以後至宋元口語中都極流行。如：

（1）浮花浪蘂鎮長有，纔開還落瘴霧中。（韓愈《杏花》）

（2）問："百骸俱潰散，一物鎮長靈時如何？"師云："今朝又風起。"（《古尊宿語錄》卷十三）

【鎮常】常常、經常。

（1）後還漢陰，鎮常講導。化行江涘[②]，善生道俗。（卷十，釋智閏）

（2）晚以《法華》特爲時要，便撰疏五卷，鎮常弘演，前後五十餘遍。（卷十三，釋功迥）

（3）三論大經，鎮常弘闡。兼達莊老史子[③]，談笑動人。公私榮達，參問繁結。（卷十五，釋慧瓚）

（4）釋遺俗，不知何許人。以唐運初開[④]遊止雍州醴泉縣南美泉鄉陽陸[⑤]家。鎮常供養，清儉寡慾。（卷二八，釋遺俗）

"鎮常"除"常常"外還有"永久"之意。如：

（5）道名流慶，歷遂[⑥]古而鎮常，赴感應身，經塵劫而不朽。（卷四，釋玄奘）

此句中"鎮常"與"不朽"對應，因此應爲"永久"。"鎮"本來就

① 按，關於《晉書》的語料年代歷來有爭論，有晉代說，有唐代說，有區分說，可參王魁偉：《關於〈晉書〉的語料年代》，《漢語史學報》第四輯。

② "涘"，資、磧、普、南、徑、清作"漢"。

③ "史子"，諸本作"子史"。

④ "開"，磧、南、徑、清作"閑"。

⑤ "陽陸"，諸本作"湯陸"。

⑥ "遂"，諸本作"邃"。

有“長久”之意，所以在該義位上，“鎮”與“常”也可以複合成詞。

【鎮恒】常常。

冬十月隨駕入京，於北闕造弘法院，鎮恒在彼。（卷四，論）

“鎮恒”也是“常常”。如卷二八“釋道積”：“隋朝徵入，深樂《法華》，鎮恒抄寫，所得外利即用雇人①。前後出本二千餘部。”其他文獻也有出現，如唐義淨譯《金光明最勝王經·四天王護國品》：“佛德無邊如大海，無限妙寶積其中，智慧德水鎮恒盈，百千勝定咸充滿。”（T16/432a）

【永鎮】永遠、長久。

乃下勅於洛水南濱上林園内置翻經館，搜舉翹秀，永鎮傳法。（卷二，達摩笈多）

“永鎮”即“永遠、長久。”唐法琳《辯證論·十代奉佛篇下》：“又送太武及主上等身夾紵像六軀，永鎮供養。”（T52/513b）

【長鎮】常常。

撫接客舊，妙識物心。弘導法化，長鎮不絕。（卷十五，釋法常）

“長鎮”也是“常常”。

2.【將×】

“將”有“養”的意思。《詩經·大雅·桑柔》：“天不我將。”鄭玄箋：“將，猶養也。”《呂氏春秋·盡數》：“將之以神氣。”高誘註：“將，養也。”《三國志·魏志·華佗傳》：“與君散兩錢，當吐二升餘膿血，訖，快自養，一月可小起，好自將愛，一年便健。”“將”在中古變成了一個特徵語素，在《續傳》中形成了許多與之相關的詞語，如：

【將療】治療。

諸有疾苦，無論客舊，皆周給瞻問，親爲將療。（卷十九，釋法常）

按，“將療”乃醫治療養之意。此詞在當時的醫書中甚多。如：

（1）至如以《主肺痿骨蒸方》將療痃癖傳屍者，斯乃更增其病，豈有得痊之理，何者？《主肺痿方》中多是冷藥，冷藥非痃癖之所宜。（唐王燾《外臺秘要》卷十三“傳尸方四首”）

（2）小兒誤呑鐵珠子如狸豆大者，經年不以爲害……爲處湯藥，所

① “雇人”，徑、清作“顧人”。

患卽差。復與將療，其兒肌膚充悅。（唐王燾《外臺秘要》卷三十六“小兒誤吞物方四首”）

中醫認爲人的身體是保養出來的，生病也要靠調養將息。調養和治療就成爲治病的兩個最重要的方面，所以“將”“療”聯類成詞來指治療。

【將撫】撫養。

自有師資，希附斯軌，年登耳順，養衆兩堂。簡以未具，異室將撫。言行有濫，即令出衆。（卷九，釋靈裕）

【將事】服侍。

侍郎獨孤機餐奉音猷，於宅後園別立齋宇，請來棲息。終日將事，稟其法戒。（卷十二，釋道判）

“事”當作“侍”。卷六《釋寶淵》：“自建講筵，貨財周贍。勇①勵辛勤，有倍恒日。每言：‘大丈夫當使人侍我，何能久侍人?’”“侍我”，資、磧、普、南、徑、清作“事我”。“將事”即“將侍”。柳宗元《故試大理評事裴君墓誌》：“既事，將侍太夫人于京師，道發疽，元和十四年月日終於河南敦厚里。”《太平廣記》卷三五八“神魂”“韋隱”條：“大曆中，將作少匠韓晉卿女適尚衣奉御韋隱。隱奉使新羅，行及一程，愴然有思，因就寢，乃覺其妻在帳外，驚問之。答曰：‘愍君涉海，志願奔而隨之，人無知者。’隱即詐左右曰：‘欲納一妓，將侍枕席。’”（出《獨異記》）

【將治】調治。

時有盜者來竊蔬菜，將欲出園，乃爲群蜂所螫。詢聞來救，慈心將治，得全餘命。（卷十六，釋曇詢）

“將治”即調養治療。《漢語大詞典》引蘇轍《門下侍郎孫固乞致仕不允仍給寬假詔》，遲。

【將身】養生。

如是出家，損法辱身。思之念之，好自將身。（卷二三，釋道安）

“將身”就是養生。《高僧傳·習禪·論》：“譬如服藥將身，權息家務，氣力平健則還修家業。如是以禪定力服智慧藥，得其力已，還化衆生。”

---

① “勇”，資、磧、普、南、徑、清作“篤”。

3.【×色】

“色”在唐代可以表示人和事物的種類，相當於“類”。如韓愈《國子監論新注學官牒》：“伏請非專通經傳，博涉墳史，及進士五經諸色登科人，不以比擬。”《寒山詩注》：“此是何等色，姓貧名曰窮。”《敦煌變文校注·維摩詰經講經文》：“若有內官，內官中尊，化政宮女……西天亦有此色，不唯中國有之。”因此，“×色”具有典型唐代特徵。如：

【能色】

誕還本寺講授尋常。雖非卓犖，亦例能色。（卷二六，釋慧誕）

“能色”相當於能幹之人。

與之相同的還有“能流”、“能例”。

（1）凡預能流，家藏一本。（卷三，釋慧淨）

（2）文章詞體，頗預能流。（卷三，釋慧賾）

“流”也有“品類、等級”之義。《漢書·敘傳下》：“羣言紛亂，諸子相騰。秦人是滅，漢修其缺，劉向司籍，九流以別。”顏師古注引應劭曰：“儒、道、陰陽、法、名、墨、縱横、雜、農凡九家。”《新唐書·裴佶傳》：“佶清勁明鋭，所與友皆第一流。”“能流”就是有才能之類。

（3）朗肌貌霜潔，時人目爲白朗，屢講眾經，頗入能例。（卷五，釋僧若）

“例”也有“等、類”之義。《公羊傳·僖公元年》：“臣子一例也。”何休注：“以臣之繼君，猶子之繼父也，其服皆斬衰，故《傳》稱‘臣子一例’。”“能例”也是能幹人之類。

【上色】上等。

故方裙、正背、大氈、被褥、皮革、上色錢寶等物並不入房，何況身履而爲資具。（卷九，釋靈裕）

“上色”就是上等。其他文獻中也有此語。如：

（1）先以礬水石二分內鐵器中，加炭火令沸，乃內汞，多少自在，攪令相得，六七沸，注地上成白銀。乃取丹砂水、曾青水各一分，雄黃水二分，於鏂中加微火上令沸，數攪之，令相得。復加炭火上令沸，以此白銀內其中，多少自在，可六七沸。注地上凝，則成上色紫磨金也（葛洪《抱朴子·內篇·黃白卷·角裹先生從稷丘子所授化黃金法》）

（2）上色沉香三斤、雀頭香三兩、蘇合香三兩、白膠香五兩、白檀五兩、丁香一兩、麝香一兩、甲香一兩，右八味先酒水相和作湯，洗香令淨，各各別搗碎，不用絕細。（孫思邈《備急千金要方·甲煎唇脂治唇裂口臭方》）

4.【×分】

“分”用在名詞語素後似乎有虛化的跡象。如《漢書·賈誼傳》：“頑頓亡耻，奊詬亡節。”顏師古注：“奊詬，謂無志分也。”“志分”即志氣，“分”無義。三國志·魏志·郭嘉傳》注：“此爲不但見計之忠厚，必欲立功分，棄命定。事人心乃爾，何得使人忘之。”“功分”即功業，“分”也無義。《經律異相》卷四十四“醫治王病獲差王報殊常”條：“師大笑[①]：‘我治王病大有功夫，而王不識恩分，不相料理，令我空去。’”（T53/229a）“恩分”即恩德，“分”無義。[②] 宋何坦《西疇常言·應世》：“凡居人上，有勢分之臨，惟以恕存心，乃可以容下。”“勢分”即勢力，“分”也無義。“分”作爲名詞的構形成分是中古到近代漢語的一個特色[③]。

【力分】力量。

聖教包羅，義含知量。自有力分虛劣，妄敢思齊。或呻噑[④]而就終，或激激而赴難。前傳所評，何世無耶？（卷二七，論）

“力分”即“力量”。如：

（1）彌勒，若有人以眾雜綵而爲繢飾，或復鎔鑄金、銀、銅、鐵、鉛、錫等物，或有雕刻栴檀香等，或復雜以真珠、螺、貝、錦、繡織成，丹土、白灰、若泥、若木如是等物，隨其力分而作佛像，乃至極小如一指大，能令見者知是尊容。其人福報，我今當說。（唐提雲般若譯《佛說大乘造像功德經》卷下，T16/739b）

（2）常應無間而繫念，彼等廣大諸功德，隨其力分相應事，悉皆承奉而供養。（唐善無畏共沙門一行譯《大毗盧遮那成佛神變加持經·供養次第法中真言行學處品》，T18/45）

（3）次當隨力分，供養表誠心。（唐不空譯《大毘盧遮那成佛神變加

① “笑”，資、磧、普、南、徑、清作“嘆”。

② 按，《漢語大詞典》釋為“恩情、情分”，似以“分”為實語素，應有誤。

③ 李維琦認為“分”是名詞的構詞成分，前面可接名詞、動詞、形容詞。其說與此相似。詳參李維琦《佛經詞語匯釋》，湖南師範大學出版社 2004 年版，第 114 頁。

④ “呻噑”，資、磧、普、南、徑、清作“呻嘷”。

持經略示七支念誦隨行法》，T18/175a）

（4）謹名分以示天下，而人人安於力分之內，無覬覦於其外，是以淫僻放侈之心不生。而貧富均一，海內充實，無不足之患。（宋曾肇《漢文帝論》）

（5）陸宣公又言："先王制賦入，必以丁夫爲本，無求於力分之外，無貸於力分之內。"（宋馬端臨《文獻通考·田賦考（三）·歷代田賦之制》）

【身分】身體①。

後乃臥之，手足柔軟。身分並冷，唯頂上煖焉。（卷八，釋慧遠）

"身分"即身體。如：

（1）爾時，世尊告諸比丘："有大闇地獄，彼諸眾生，生彼中者，不見自身分。"（劉宋求那跋陀羅譯《雜阿含經·雜因誦第三品之四》，T2/111b26）

（2）彼人食此，無有糠繪，自然粳米，成熟飯時……彼人食已，身分充盈，無減無缺，湛然不改，無老無變。是食乃至，資益彼人，色力安辯，無不具足。（隋天竺三藏闍那崛多等譯《起世經·鬱單越洲品第二之餘》，T1/316b）

（3）時鏡面王見彼眾盲如是諍競，大笑歡樂。王於彼時即說偈言："此等群盲生無目，横於諸事各相爭，曾無有師一語教，云何知是象身分？"（隋天達摩笈多譯《起世因本經·諸龍金翅鳥品》，T1/390b）

（4）復次，我佛世尊有最勝法，謂佛世尊以三摩鉢底，觀有漏身不淨可惡，所謂身分上下髮、毛、爪、齒、皮、肉、筋、骨，如是等種種不淨之物，充滿其身。（宋法賢譯《佛說信佛功德經》，T1/256a）

【夜分】夜裏。

乃整容如常，潛思入定，於後夜分正坐而終。（卷十三，釋慧因）

"夜分"即夜裏。曾良說："（在佛經中）這些'夜分'不是夜半之

① 顏洽茂先生釋為"身體、肢體"。參《魏晉南北朝佛經詞彙研究》，佛光山文教基金會2002年版，第95頁。

義而是指整個晚上，夜晚的意思。”① 如：

（1）論談之暇，夜分未寢，忽見大力善神，形甚都麗，既而言曰：“當率集同②緣共來飡受。”不言姓字，於此告辭。（卷六，釋慧超）

（2）爾時閻摩羅法王，於時夜分，來詣佛所。（北敦 02427 號《佛頂尊勝陀羅尼經》）

5. 【×頭】

“頭”是物品的殘餘部分。這是中古產生的一個新義，賈思勰《〈齊民要術〉序》：“俗不種桑，無蠶、織、絲、麻之利，類皆以麻枲頭貯衣。”白居易《春題湖上詩》：“碧毯線頭抽早稻，青羅裙帶展新蒲。”

【樵頭】柴禾頭。

若乖此者，則空燒此手，何異樵頭耶。（卷二七，釋僧崖）

按，“樵頭”就是柴禾頭。“樵頭”由於“頭”的存在而帶上典型中古特徵。到宋代由於常用詞替換“樵頭”又被稱爲“柴頭”③。宋仁勇編《袁州楊岐山普通禪院會和尚語錄》：“上堂，薄福住楊岐，年來氣力衰，寒風凋敗葉，猶喜故人歸。囉唻哩，拈上死柴頭，且向無煙火。”（T47/640c）宋道謙編《大慧普覺禪師宗門武庫》：“泐潭深和尚，河東人，真淨之子。有悟侍者偶在知客寮見掉下火柴頭，忽然有省。直上方丈通所悟，深和尚喝出。自爾失心，引繩於延壽堂東司自縊。”（T47/947c）樵頭乃火燒之餘，與手臂燃燒後極相似，因而僧崖才有“則空燒此手，何異樵頭耶”之感歎。

第四節　俗語語源考辯

【巴毀】侮辱。

---

① 參曾良《敦煌文獻叢札》，浙江古籍出版社 2010 年版，第 37 頁。按，曾先生的觀察是很正確的，但曾先生沒有從“～+分”式名詞總體來考察“分”的作用，仍然認為“分”是很實的詞，這與我們的理解不同。另李維琦認為“分”指“某一時段”，我們認為其也應是一種名詞構形語素的變體，不宜再生分別。詳參李維琦《佛經詞語匯釋》，湖南師範大學出版社 2004 年版，第 117 頁。

② “同”，普、徑、清作“問”。

③ 關於“柴頭”可參雷漢卿《禪籍詞語選釋》“柴頭”條，載《語言科學》2006 年第 3 期。

周之宗盟，異姓爲後，尊祖重親，寔由先古，何爲追逐其短，首鼠兩端？廣引形似之言，備陳不遜之喻。巴毀①我祖禰，謗黷我先人，如此要君，罪有不恕。（卷二十四，釋法琳）

按，“巴毀”一詞的解釋有兩派意見，分別針對兩個不同的文本系統：一是敦煌變文《燕子賦》：“奪我宅舍，捉我巴毀。”蔣禮鴻先生根據文意引用徐複先生的觀點認為“巴毀”是“擊傷”②。劉堅先生釋為“以手擊傷”③，黃征、張湧泉釋同④。《唐五代語言詞典》：“巴毀：擊傷。本字為‘**靶擊**’。”也是從蔣先生之說。一是釋法琳體系。敦煌卷子 P3910《沙門釋法琳傳》：“擅生巴毀，事既非小，須具委陳，不得飾非，虛煩翰墨。”P2640《沙門釋法琳別傳》卷下：“巴毀朕祖，謗黷先人，如此要君，理有不怒（恕）。”項楚先生據此認為“巴毀”應是“譭謗”之意⑤。王紹峰也持相同意見。在這一系統中“巴毀”又可以寫作“把毀”，如高麗本《續高僧傳》，《可洪音義·續高僧傳》注也作“把毀”。還可以寫成“爬毀”，如傳世本釋彥琮《唐護法沙門法琳別傳》：“爬毀朕之祖禰，謗黷朕之先人。”王紹峰先生已用充分的證據證明了“巴毀”應該是最合理的形式，此不贅言⑥。

總結以上分歧，主要是各自所據的文獻不同，而“巴毀”一詞出現頻率極低，實際上真正出現的次數只有兩次：一次是《燕子賦》，一次是《唐護法沙門法琳別傳》，因此關於語境的理解對詞義的解釋起了重要作用，而科學的詞義解釋強調的是詞義的本身，而不是語境對詞義的補充。

近來王紹峰先生又提出“‘巴毀’不應解釋為‘擊傷’而應釋作譭謗、詆毀”，並認為此詞應為“田巴詆毀三皇五帝這一事典的節略。”⑦這一觀點對深入探討該詞的來源及意義很有幫助，但筆者認為王先生的觀點有值得商榷之處。王先生用“田巴詆毀三皇五帝這一事典的節略”這一

① “巴毀”，資、磧、普、南、徑、清作“犯毀”；麗作“把毀”。

② 參蔣禮鴻《敦煌變文字義通釋》，上海古籍出版社 1997 年版，第 241 頁。

③ 參劉堅《近代漢語讀本》，上海教育出版社 2005 年版，第 33 頁。

④ 參黃征、張湧泉《敦煌變文校注》，中華書局 1997 年版，第 396 頁。

⑤ 參項楚《敦煌變文選注》（增訂本），中華書局 2006 年版，第 506 頁。

⑥ 參王紹峰《“巴毀”新考》，《古漢語研究》，2009 年第 1 期。

⑦ 同上。

觀點來說明“巴毀”的來源，但詳案其所舉例證，幾乎沒有出現一個相對固定的短語形式。眾所周知，中古典故詞的形成幾乎都有一個縮略的過程，這個過程均建立在一個相對固定的習語之上，而田巴詆毀三皇五帝似乎從來沒有形成習語，因此縮略便無從談起。同時王先生只用法琳體系材料來說明“‘巴毀’應作‘譭謗’、‘詆毀’”，卻仍無法正面解釋《燕子賦》中的“巴毀”，即使《燕子賦》中的“巴毀”有異文“詆毀”，由於異文是不同的人對同一事件的不同的傳抄，他們對事件的理解也可能不盡相同，因此異文有時只能是參考，而並不能由甲而否定乙。第三，如果是典故而縮略而成的詞，一般都非常典雅，出現場合一般都應在文言之中，羅積勇稱之為“典雅性效果”①。而“巴毀”卻是一個很俚俗的詞，在口語中使用，這與典故詞的文體色彩不符。因此對“巴毀”一詞的來源似有必要作進一步探討。筆者認為“巴毀”釋為“侮辱”可能更加恰當，因為無論《燕子賦》中的動作行為攻擊，還是法琳的語言攻擊，都是對對方的侮辱。作出這一解釋是基於對“巴毀”一詞構成的新的思考。

從文獻來源看，《燕子賦》所記無疑應是唐代西北方音。《法琳傳》所記實為當時審問法琳的問狀，無論是從問狀所出的地緣關係分析也好，還是從唐王朝李氏的家族來歷分析也好，均擺脫不了與西北方音之干係。因此“巴毀”一詞應為當時西北方音。

魏晉以來，佛教為適應中土需要，在翻譯佛經時採用了梵漢雙兼的形式，梁曉虹先生稱之為合璧詞。關於梵漢合璧現象的解釋可以追溯到唐代。唐棲複《法華經玄贊要集》卷十：“言‘梵摩’云等者，解梵義也。‘梵摩’者是具足梵語。此云寂靜，不造惡業故；清淨者，離瞋故；淨潔者，身有光明故。……若言‘梵摩’，唯是梵語也。若言‘寂靜’、‘清淨’、‘淨潔’，唯是唐言。若言‘梵潔’，唐梵雙兼也。今唯言‘梵’，但是梵語之中略卻‘魔’字，故云略也。”（X34/412a）唐大覺《四分律鈔批》第十本：“錯麥迦師者，立謂錯麥，此方言迦師，是梵語，今梵漢兩舉故曰也。”（X42/895a）宋道誠《釋氏要覽》有“華梵兼名”之說，丁福保在《佛學大辭典》也常用“華梵雙舉”一名。明如愚在《妙法蓮華經知音·序》中說：“蓋佛法來自西域，其言有不免華梵兼用，其義有

① 參羅積勇《用典研究》，武漢大學出版社2005年版，第257頁。

不免即世出世之差別。”（X31/338a）此語可謂道破合璧詞之實質。

在譯經過程中通過梵漢雙兼形成了大量的合璧詞。流行的如懺悔、佛寺、法師、檀越、嚫賜、維那、眾僧等。同時還有一部分不太流行，或流行區域較小，形成了一種方言性質的詞語。如“伽門”。唐大覺撰《四分律鈔批·訃請設則篇》：“摩訶羅者，《羯磨》疏云：‘此外國語，此翻為殺者，能損眾生法身慧命也。’有云：‘摩呵羅’此翻‘伽門’也。老年出家曰伽底死，慳癡曰門（未詳）。賓云：‘摩呵羅’者，此翻‘無知’，或言老年也、被七棒打等者。”（X42/1028b）

而西北地區地處中西文化交流之要衝，又深受佛教文化的影響，可以說，西北地區是當時佛經翻譯和流通最深入的地區，因此佛經譯語肯定會對其辭彙產生影響。在翻譯佛經合璧詞的影響下，就可能以梵漢雙兼的形式創造非佛教新詞，我們認為“巴毀”就是這樣一個合璧詞。在梵語中，“欺負”為“波哩步多”。唐禮言集《梵語雜名》：“輕毀，波哩步多，𑖢𑖨𑖰𑖥𑖳𑖝。”（T54/1241a）也可稱為“波裏多”唐怛多蘗多《唐梵兩語雙對集》：“輕毀，波裏多。”（T54/1243a）還可以稱為：“波裏婆縛”。義淨《梵語千字文》（T2133B）：“𑖢𑖨𑖰𑖥𑖪，跛裏婆（上）縛，欺。”（T54/1203a）義淨《梵語千字文》（T2133A）：“𑖢𑖨𑖰𑖥𑖪，欺。”（T54/1191b）唐全真《唐梵文字》：“𑖢𑖨𑖰𑖥𑖪，欺。”① （T54/1218b）

𑖢𑖨𑖰𑖥𑖳𑖝（波哩步多）即paribhūta，𑖢𑖨𑖰𑖥𑖪（波裏婆縛）即 paribhava，都在動詞pari-√bhū-之下。pari-√bhū-的意思為：take care of，guide，excel，surpass，despise，insult 等。paribhūta是動詞pari-√bhū-的過去被動分詞形式，有 slighted，disregarded，despised 等意思。paribhava 的意思為：m. insult，injury，humiliation，contempt，disgrace 等。可見佛經中pari-√bhū-所取的意思應為 despise，insult，即鄙視、侮辱之義。正式的漢語譯經中把pari-√bhū-的第一個音節譯為“波”，並將此詞譯為欺負、輕毀，與其原義基本相同。

---

① 在義淨《梵語千字文》（T2133B）中還有一個詞“波裏婆沙拏”，其義為“辱”。“波裏婆沙拏”（paribhāṣaṇa）意思有：speaking much；n. speaking，talking，discourse；admonition，reprimand，reproof；rule，precept 等。此詞源自動詞pari-√bhāṣ-，意思是：to speak to，address，admonish；declare，teach，explain，define；persuade，exhort，encourage 等。源自動詞pari-√bhāṣ-的陰性名詞paribhāṣ除 speech，discourse 等外，還有 blame，censure 和 reproof 的意思。可見義淨《梵語千字文》（T2133B）中的paribhāṣaṇa應是陰性的名詞paribhāṣaṇa的誤譯。與我們討論的動詞無關。

在西北方言中，“波”可能訛變為“巴”。唐澄觀述《大方廣佛華嚴經隨疏演義鈔》卷七十七：“巴連弗邑等者……昔者人壽無量歲時，號拘蘇摩補羅城。唐言香花宮城，王宮多花故以名焉。逮乎人壽數千歲，更名波吒厘子城，舊云巴連弗邑，訛也。”（T36/602b）宋法雲編《翻譯名義集》：“波吒厘，《西域記》云：‘舊云巴連弗邑，訛也。’謂女楕樹也。”（T54/1102b）“波”屬果攝，“巴”屬假攝。當時的敦煌方音中存在果攝和假攝相混的情況。羅常培說：“歌、戈、麻三韻在《切韻》時代只是母音微有侈弇的不同，這四種藏音並為 a 攝本來是跟《切韻》相近的。《四聲等子》雖把牠們同列一圖，卻已分立果、假兩目，可見宋元以降這三韻已然分化成 a、o 了。”[①] 王新華也發現敦煌方音“果攝和假攝都對音［a］。”並由此指出：“二者應該歸於同一個韻部還是分成兩個？羅常培是將二者合為一個。如果參考變文和願文的通假字的情況，二者還是應該分成兩類比較適宜。在通假字資料裏，假攝和果攝字各自通假，基本不混淆。押韻材料也表明二者之間屬於不同的韻母。周大璞、張金泉和周祖謨也是將二者分開的。那麼，我們只能給假攝擬一個前母音［a］，而給果攝字擬一個後母音［ɑ］。解釋對音文獻為何將二者都用一個母音對音，只能以藏文裏沒有兩個低母音為理由了。”[②] 這段話告訴我們，在唐代敦煌方言中果攝和假攝語音極為相近，以至前輩大師們對二者的分合都持不同意見。據儲泰松研究，“波”在唐五代關中音裏屬於歌韻的一等開口。“三家音義的本攝（即果攝）唇音只與開口歌韻聯繫，而《廣韻》屬戈韻。”[③] 據郭錫良先生擬音，“歌”在《廣韻》中為［kɑ］，說明在中古時期“波”在關中音裏也應發［pɑ］，與“巴”音也極近。由於語音極為相近，“波哩步多”、“波裏婆縛”等詞就可能在西北方音中讀為“巴哩步多”、“巴裏婆縛”，從而與漢語同義詞素“毀”組成一個合璧詞。由於 pari-√bhū-系列詞本身就有“欺負”、“侮辱”之意，故“巴毀”也就有“欺負”、“侮辱”之意。因此不論法琳傳系統的言語的誹謗，還是《燕子賦》系統的動作行為的攻擊，均可由此而得出比較合理的解釋。同時，

① 參羅常培《唐五代西北方音》，國立中央研究院歷史語言研究所 1933 年版，第 33 頁。

② 參王新華《唐五代敦煌語音研究》，山東大學 2008 年博士論文。

③ 參諸泰松《唐五代關中音研究》，安徽大學出版社 2005 年版，第 73 頁。

由於“巴毀”是在西北民間方言中產生的，因而帶有口語俗語的特色，這也就是其出現於較俗的文獻中的原因。

由此我們認為“巴毀”是一個梵漢合璧詞，“巴”是由梵語表侮辱義的pari-√bhū-系列詞的［pa］在西北方言中語音訛變而來，進而與漢語固有的表“侮辱”義的“毀”結合成詞。這一詞語在唐五代西北方言中存在，故敦煌變文和來自隴西的大唐皇族的問狀中保留了該詞。“巴毀”的形成也給我們一個啟示，以前研究合璧詞都局限於佛經術語，現在看來，有些非佛經術語的詞也可能由此構成。

【雇】還價。

“雇”在中古有“支付、付與”之意，蔡鏡浩、李維琦、江藍生、王雲路諸先生均有論述，茲不重複。徐時儀先生認爲“雇”有兩個義項，一個是上古就已經產生的“出錢請人替自己做事。”[①] 此“雇”本字應爲“故”。一個是“酬付”。並認爲“此義既爲俗語，故唐以前沿無定字……大約在唐代，‘雇’取代‘顧’、‘故’成爲‘出錢請人替自己做事’及‘酬付’二義之字，而其所表‘酬付’義後漸爲‘買’、‘付’所替代，今已不用。”徐先生認爲作“酬付”義的“雇”才是俗語，這種劃分是很正確的。

“酬”也有“支付、付與”之義，如《北史·陽休之傳》：“監臨之官出行，不得過百姓飲食。有者，即數錢酬之。”《續傳》卷三“釋法誠”：“然靜長途寫經不盈五十，誠料其見財，兩紙酬其[②]五百。靜利其貨，竭力寫之。”《續傳》中還有“酬價”一詞，如：

故其俗法：見五相者相[③]一金錢，取其相者酬七金錢。俗利其實，用充福物。既非僧掌，固守彌崇，無論道俗必先酬價。（卷四，釋玄奘）

“酬價”就是還價，王紹峰曾作過深入討論，認爲是“講價，談價錢，討價還價。”[④]，現徵引如下：

《根本說一切有部毗奈耶雜事》卷二：“‘報其夫曰，此之白疊，直千金錢，可往市中賣取其錢價，若有買者善，若無人問，報曰市上無人，更

① 參徐時儀《玄應〈眾經音義〉研究》，中華書局2005年版，第473—475頁。

② “其”，諸本作“直”。

③ “相”，諸本無。

④ 參王紹峰《初唐佛典詞彙研究》，安徽教育出版社2004年版，第148頁。

向餘處。其夫持去市中賣之，言索千錢，竟無酬價，便即唱言，市無人物。’同頁中：‘漸至王舍城向大市中，舒張其疊，索千金錢，竟無一人來共酬直。便於市中唱言無市。’《陀羅尼集經》卷三：‘其匠功價，任索多少，不得酬還。’‘酬價’當解作談價錢、講價錢有人討價還價才叫有生意，若無人問津，那就只能高喊‘無市’（沒生意）了。‘酬直’同，‘酬還’是同義連言。”

按，王先生所論極是，白居易《買花》：“貴賤無常價，酬直看花數。”《漢語大詞典》引此孤證，釋爲“酬金”，誤，當爲“講價，還價”義。[①] 但王先生的訓釋稍顯寬泛，這樣不利於解釋“酬價”的詞源義。“酬價”實際上就是還價，是賣方標價後買方還以一個價位的行爲。王先生所舉的三個例子其實都是這個意思。“竟無酬價”就是“竟然沒有人來還價”。“酬直”同。“酬還”是典型的同義連文，因此“酬價”應是“還價”無疑。“講價，談價錢，討價還價”是買賣雙方交易的行爲，而“還價”僅僅涉及買方。這樣的解釋“酬價”對我們探討“酬價”之語源是有幫助的。

這裏啟發我們思考與之相關的一個問題——“雇”的本義問題。慧琳《一切經音義·柰女祇域經》：“雇錢，書皆作顧，同。公護反。案，雇猶顧眄荅報之。雇，與也。”李維琦先生曾提出：“至於說本字當作‘顧’，而且是由‘顧眄荅報之’引申而來，有待進一步研究。”[②] 王紹峰的研究對我們很有啟示，江藍生先生說：“同義詞、近義詞之間的類詞引申是詞義發展變化的又一規律，這是因為詞義的演變不是單個地、孤立地進行的，往往在聚合關係中受到相關詞語的影響，從而會在各自原有意義的基礎上進行類同方向的引申。”[③] 既然“酬”有還價的意味，作爲同義詞的“雇”可能也應該有“還價”之意。從慧琳的解釋看，“顧眄荅報之”實際上就是人們在購買商品時雙方還價後相互看視的神態。也就是聽到對方報價後，向對方回報自己的價格。這一行爲在現在的商品買賣中也經常出現。我們再從文獻中來探討這一現象：

---

① 按，此條由師妹周超提供，特此感謝。

② 參李維琦《佛經詞語匯釋》，湖南師範大學出版社 2004 年版，第 134 頁。

③ 參江藍生《詞語探源的路徑：以“埋單”為例》，《中國語文》2010 年第 4 期。

（1）語頃，王家女過，厥名瞿夷，挾水瓶，持七枚青蓮華。菩薩追而呼曰："大姊且止！請以百銀錢雇手中華。"女曰："佛將入城，王齋戒沐浴，華欲上之，不可得也。"又請曰："姊可更取求。"雇二百、三百，不肯。即探囊中五百銀錢，盡用與之。瞿夷念華極直數錢，乃雇五百，貪其銀賣，與五莖華，自留二枚。（吳支謙譯《佛說太子瑞應本起經》卷上，T3/472c）

此例中菩薩以一百銀錢買花，瞿夷不願，"雇二百、三百，不肯。"這是典型的還價的過程。

（2）雒陽季幼賓有小玉檢，謁衛者史子伯素好玉器，見而奇之，使余報以三萬錢請買焉。幼賓曰："我與好事長者博之，已顧十萬，非三萬錢主也。"[①] 余驚駭云："我若於路見此，千錢亦不市也。"故知之與不知，相去甚遠。（桓譚《新論》）

"已雇十萬"就是別人"已經出價十萬錢"，這也是對賣方的還價。此句前還有"報以三萬"，可見"報"與"雇"同義。"報"乃還價，則"雇"亦應從之。

因此，"雇"也是"還價"。當然，如果還價成功，則所還之價就成爲交易的標準，買方得向賣方如數支付，於是"雇"就有了"支付、付與"之義。如：

（3）梵志曰："直銀錢一千，特牛、牸牛各百頭。惠爾者善，不者自已。"王曰："諾"。即雇如數。（康僧會譯《六度集經·佈施度無極章·須大拏經》，T3/10c）

從上下文意看，梵志的話"不者自已"裏明顯包含着要價的意思，"即雇如數"是討價還價成功後的支付行爲。

（4）昔者菩薩爲大理家，積財巨億，常奉三尊，慈向眾生。觀市覩鼈，心悼之焉，問價貴賤。鼈主知菩薩有普慈之德，尚濟眾生，財富難數，貴賤無違。答曰："百萬。能取者善，不者吾當烹之。"菩薩答曰："大善。"即雇如直，持鼈歸家。（康僧會譯《六度集經·佛說四姓經》，T3/15a）

"百萬，能取者善，不者吾當烹之。"也是一種討價的行爲。行爲的

---

① 此句中影宋本《御覽》"謁衛"作"衛謁"。

結果是“即雇如直，持鼈歸家。”

因此“雇”含着“還價”的隱性義素。如果我們理解了這一義素，則就明白了“雇”作爲支付、付與義來歷之源。

現在，我們來討論，“酬”與“雇”的“還價”義的來源。“酬”原本古代酒宴之禮節，後通指勸酒、敬酒。《說文・酉部》：“酬，主人進客也。”後引申爲報答。《爾雅・釋詁下》：“酬，報也。”郭璞注：“此通謂相報答，不主於酒。”再引申爲“應對、答對。”張衡《思玄賦》：“有無言而不酬兮，又何往而不復。”由於商品還價也是一種答對之行爲，於是引申出還價之義。上古有“酬酢”一詞，其意本為主客相互敬酒，後引申為應對，到中古又引申出“還價”之義。如唐李冗《獨異志》卷中：“韓康伯隱藥肆，賣價無二。有二女子買藥，不識康伯，乃酬酢之，康伯不移，女子曰：‘君何若康伯無二價也！’康伯乃逃去，不知所在。”此“酬酢”明顯就是還價。《太平廣記》卷三七“医”“句容佐史”条：“還句容縣佐史能啖鱠，至數十斤，恒食不飽。縣令聞其善啖，乃出百斤，史快食至盡，因覺氣悶。久之，吐出一物，狀如麻鞋底。縣令命洗出，安鱠所，鱠悉成水。累問醫人術士，莫能名之。令小吏持往揚州賣之，冀有識者。誡之：‘若有買者，但高舉其價，看至幾錢。’其人至揚州，四五日，有胡求買，初起一千，累增其價，至三百貫文，胡輒還之，初無酬酢。人謂胡曰：‘是句容縣令家物，君必買之，當相隨去。’”（出《廣異記》）此“酬酢”也明顯是“還價”義。故“酬”由敬酒引申出還價義是完全可能的。

“雇”的本字應作“顧”。《顏氏家訓・勉學》：“明經求第，則顧人答策；三九公讌，則假手賦詩。”王利器案：“《漢書・晁錯傳》：‘斂民財以顧其功。’師古曰：‘顧若今言雇賃也。’《廣韻・暮韻》：‘雇，本音戶，九雇鳥也，相承借爲雇賃字。’借雇爲顧，蓋始于六朝、唐人。”“顧”之本義是回視。《說文・頁部》：“顧，還視也。”引申爲“還”、“返回。”《穆天子傳》卷三：“萬民平均，吾顧見汝。”郭璞注：“顧，還也。”韓愈《試大理評事王君墓誌銘》：“居歲餘，如有所不樂，一旦載妻子入閿鄉南山，不顧。”由此義位上引申出商品交易之還價。

有些行爲雖然不是買賣，實質也是交易，具有商品的性質，這些行爲也叫“雇”，如：

（5）密遣二人非州内所識者，爲從外來，詣慶賓告曰：“僕住在此州，去此三百。比有一人見過寄宿，夜中共語，疑其有異，便即詰問，迹其由緒。乃云是流兵，背役逃走，姓解，字思安。時欲送官，苦見求及，稱有兄慶賓，今住揚州相國城内，嫂姓徐，君脫矜愍，爲往報告，見申委曲，家兄聞此，必重相報，所有資財，當不愛惜。今但見質，若往不獲，送官何晚。是故相造，指申此意。君欲見雇幾何，當放賢弟。若其不信，可見隨看之。”慶賓悵然失色，求其少停，當備財物。（《魏書·李崇列傳》）

“君欲見雇幾何”就是你準備給我多少錢。這是人質形式的索要，實質是一種交易。

（6）秋七月，巴郡妖巫張修反，寇郡縣。劉艾紀曰：“時巴郡巫人張修療病，愈者雇以米五斗，號爲‘五斗米師’。”（《後漢書·靈帝紀》）

“愈者雇以米五斗”這是一種實物交易。

“雇”在支付義上繼續引申，於是就有了“酬答”義。如《後漢書·宦者傳·張讓》：“明年，南宫災。讓、忠等說帝，令斂天下田，畝稅十錢，以修宫室。發太原、河東、狄道諸郡材木及文石，每州郡部送至京師，黄門常侍輒令譴呵不中者，因強折賤買，十分雇一。”此句中的“十分雇一”李賢注：“雇謂讎其價也。”玄應《一切經音義·太子本起瑞應經》上卷：“錢雇，書皆作顧，同。光護反。雇猶答賽償報之言也，謂與錢得者也。《漢書》：‘數招顧棔金錢。’文穎曰：‘謂托以金錢自顧。’《續漢書》：‘買賣官爵内侯，顧五百刃者與之，皆是也。’”

【經過】拜訪。

四方賓客，日別經過，周給供擬，著名道俗。（卷十四，釋道宗）

“經過”即拜訪。如李白《少年行》詩三首之一：“擊築飲美酒，劍歌易水湄。經過燕太子，結托并州兒。”《續傳》卷二一“釋曇瑗”“麇鹿自騰倚，車騎絕經過。”這一意義江藍生已有論述①。但並沒有人討論“經過”的内部結構。“經”在中古由“經過”引申爲“到、往”，表示行爲的終點。如：

（1）隨駕行幸，無處不經。（卷二四，釋慧乘）

---

① 參江藍生、曹廣順《唐五代語言詞典》，上海教育出版社1997年版，第194頁。

“無處不經”即無處不到，已經不是指行爲的過程，而暗含着“往、到”義，指行爲的終點。

（2）自季世佛法崇尚官榮，僥倖之夫妄生朋翼。而達爲國都眇然無顧，昭玄曹局曾不經臨。（卷十六，釋僧達）

“曾不經臨”即從未光臨。僧達作爲國都，從未到過自已的官衙。“經”明顯有到某一目的地之意。

（3）時朝宰文雄魏收、邢子才、楊休之等，昔經寵席。官學由成，自遺世網，形名靡寄，相從來聽，皆莫曉焉。（卷七，釋道寵）

“昔經寵席”即曾經來過道寵的法席聽講。

（4）既至金陵，依雲法師聽習《成實》，旁經諸席，亟發清譽。（卷九，釋寶海）

“旁經諸席”可以理解爲“旁訪諸席”，但仍然是去、到之義。

（5）以武德十八年西入關壤。時經邑落，還居林靜。（卷二七，釋普濟）

“時經邑落”即按時到村落中去。

在此意義上進一步引申，就有了“拜訪”義。如：

（6）齊永明末，太子數幸東田，攜諸內侍亟經住[①]寺。（卷五，釋智欣）

“亟經住寺”就是屢次拜訪所住之寺。

（7）初從蘇州永定寺小明法師稟學《華嚴》、《大品》。其即有陳興皇朗公之後嗣也，專經強對，亦當時之僧傑矣。（卷十五，釋義褒）

“專經強對”專門拜訪強大的對手。

“經”、“過”同義連言也就有“拜訪”義了。

【履替】鞋墊。

又以所服衣之與氈，或割或減，用充貧乏。每年冬首預積坐氈履替，覩諸沙門少者便給，以此爲常。（卷十五，釋志寬）

“履替”應爲鞋中墊子。如卷十八“釋法純”：“及巾履替[②]藉穢汙臭處，皆縫洗鮮全。”“替”在隋唐有墊子之義。釋慧琳《一切經音義·苾

① “住”，諸本作“進”。

② “替”，諸本作“屧”。

芻尼律》卷十二："鞍韉"："上音安，下節延反。鞍下氈替也。"《一切經音義·根本說一切有部毘奈耶律》卷三"鞍韉"："剪先反，馬鞍之氈替也。或作韉，又作𩋉，並通用。"《一切經音義·音大寶積經》卷六十二"鞍韉"："上鞍字，亦作鞌。下剪前反。正作韉，《說文》作𩌏。鞌替氈也。"《龍龕手鏡·革部》："'𩋎'或作'韉'（今），則千反，鞍韉替也。與'𩋉'同。"

"替"應爲"屜"之假借。"履替"也寫作"履屜"。唐段成式《酉陽雜俎·正集·諾皋記下》："南中多食其巢，味如木芝，窠表可爲履屜，治腳氣。"明李實《蜀語》："鞍薦曰屜，屜音替。"唐顔師古《匡謬正俗》卷八"替"："問曰：'新故交代謂之爲替，何也？'答曰：'按，《爾雅》云："替，廢也。"《詩》稱："勿替引之。"傳云："無替舊職。"皆謂不廢墜耳。前人既廢，後人代之，故㥯謂代爲替。……又"韉，履之屜。〔說計反〕自有正文，鞍下"屜脊"義亦無異。今既見替代字如此，遂作"替脊"失其義旨。此"屜"非謂交代，以替脊背，較然可知矣。'"從顔氏的這段話中可以分析出以下信息：第一，"替"之本義爲"廢"。第二，在唐代"屜"有兩個讀音：一爲說計反，即《說文》："屧之薦也"之"屟"。一爲他計反，即墊子之"屜"。第三，由於"替"字大行，而且與"屜"同音，所以以"替"代"屜"。

我們再調查"屟"。《說文·尸部》："屟，履中薦也。"段玉裁注改"履中薦"爲"履之薦"云："屧之薦也。'之'各本作'中'，今依玄應所引訂。此藉於屧下，非同鞵中苴也。薦者，藉也。吳宮有響屟廊，東宮舊事有絳地文屧屟百副，即今婦女鞵下所施高底。其字本音他頰切，轉爲他計切。今籢匱有抽屜，本即屟字。穌葉切。八部。"按，"中"字不煩改。"屟"本爲履中之木墊。朱和平說："古樂浪漢墓出土的男女革履，面塗黑漆，底部有木底嵌入。"[①] 可見漢人確實本以爲墊，後來才轉指木屐。"屟"本指木質鞋墊，後來由於鞋的形制發生改變，"屟"的內涵也發生變化，所墊之物不一定是木板，而可能是其他織物。與此同時，所指擴大指其他用於鋪墊的事物。到中古漢語時期"屟"的語音開始分化，在書面語中讀"說計反"，這可能是孔穎達所說"'屜'〔說計反〕

① 朱和平：《中國服飾史稿》，中州古籍出版社2001年版，第155頁。

自有正文”之緣由，在口語中讀“他計反”。這可能是孔氏所謂“鞍下‘屜脊’義亦無異”之所在。《說文·尸部》：“屟，履中薦也。”徐鍇《繫傳》：“臣鍇曰：履中替也。相聶反。”徐鍇直接以“替”代“薦”，說明在當時常用詞中“替”已經完全佔據主動。但徐氏還是注出了“屟”之古音，這是由於《說文》系列字書之目的在於探求字源。到《廣韻》時書面音完全退出交際。《廣韻·霽韻》“替”小韻（他計切）：“屜，履中薦也。亦作屟、屉。”

“替”在唐代已經開始由鞋墊擴到到指其他襯墊、墊子，同時引申出動詞“墊”義[①]。如唐義淨《根本說一切有部毘奈耶·過量作尼師但那學處》：“具壽鄔陀夷身形長大，每至臥時，爲護臥具，故於其足邊以諸樹葉而爲襯替。”（T23/895c）以上爲名詞。義淨譯《根本薩婆多部律攝·不舉敷具學處》：“凡是僧伽所有衣服不將餘物而襯替者，不合受用，其所替物，或兩重或多重，亦非疎破。若有不淨霑污，尋即應洗。”（T24/578a）以上爲動詞。

【約指】大約、大略。

約指爲語，唐梵相去一萬餘里，自古迴邅，致途遠阻。（卷四，釋玄奘）

“約指”意爲“大約、大略”。此詞《續傳》四出，其餘三例爲：

（1）南大海中有僧伽羅國，謂執師子也，相去約指二萬餘里。（卷四，釋玄奘）

（2）故使齊氏一統，民無兩情。釋侶闐邦，寺塔充國。二百萬眾，綱猷上統之言，四十千寺，咸列釋門之剎。約指剡洲，化境通括，像正任持，捲航之大未可相擬。豈法之力，惟人謂乎，弘斯在人，則顯公據其首也。（卷二四，論）

（3）量不可測，約指丈八，臨度終[②]異，致令發信彌增日新。（卷二五，釋慧達）

以上四例均可以用“大約、大略”來解釋，曾良釋同[③]。“約指”作

---

① 關於這一意義，可參王紹峰《初唐佛典詞彙研究》，安徽教育出版社 2004 年版，第 155 頁。

② “終”，資、磧、普、南、徑、清作“眾”。

③ 參曾良《敦煌文獻叢札》，浙江古籍出版社 2010 年版，第 122 頁。

爲“大約、大略”意義出現的頻率不高，在佛經中還有三例：

(4) 問：“律中僧列二百五十戒，戒本具之。尼則五百，此言虛實？”答：“兩列定數，約指爲言故。（道宣《四分律刪繁補闕行事鈔卷中·篇聚名報篇》，T40/46b）

(5) 次南大海中有僧伽羅國，謂執師子是也，相去約指二萬餘里。每夜南望見彼國中佛牙塔上寶珠光明，騰焰暉赫，現於天際。（道世《法苑珠林·感通篇·聖跡部》，T53/505a）

從以上例子看，除道世《法苑珠林》一例外，其餘五例均出自道宣手中。《法苑珠林》一例與例（2）相同。《法苑珠林》的材料應是來源於《續傳》，因爲該書多處引用《續傳》材料。道世乃道宣之法弟，受其影響是可能的。且道宣在《集神州三寶感通錄》卷下之後記中說：“予以麟德元年夏六月二十日，於終南山北酆陰之清宮精舍集之。素有風氣之疾，兼以從心之年。恐奄忽泫露，靈感沈沒，遂力疾出之，直筆而疏，頗存大略而已。庶後有勝事，復寄導於吾賢乎。其餘不盡者，統在西明寺道律師新撰《法苑珠林》百卷內具顯之矣。”（T52/435a）這裏雖然只是明確說道世的部分感應記來源於道宣，但也可以推知道宣的其他材料也可能被道世所利用。因此，我們可以認定以上“約指”是道宣之方言。

“約指”表“大約”義已經無疑，但其來源尚無法確詁。曾良認為：“具體意思是比劃指頭。”① 此說值得商榷。以上例子均與數量有關，自古及今，人類都有屈指計數的習慣。如白居易《秦中吟·贈友五首之四》：“請君屈指數，十年十五人。”白居易《哭諸故人》：“屈指數年世，收涕自思身。”因此“指數”有計算之義。如《佩文韻府·拾遺·入聲·一屋韻·木·補藻》“滚木”條：“乾道淳熙間，承平日久，凡遊觀皆無所禁。至於吹彈舞拍踏滚木撥盆雜藝不可指數，總謂之趕趁人，蓋耳目不暇給焉。”宋歐陽修《衡陽漁溪王氏譜序》：“又曰：‘吾宗人家於湘東者不可指數，其初一本也，源流而末益分，於是乎有期功之屬焉，有緦麻之屬焉，有袒免無服之屬焉，世之薄者於其疏屬眂如塗人，繇無譜以稽之也。”元陶宗儀《南村輟耕録》卷十五：“李恭敏公者，所居在江陰之南門。其門首巷坊亦題曰‘恭敏’，不知當日名坊之義，而七八十年來子孫

① 參曾良《敦煌文獻叢札》，浙江古籍出版社 2010 年版，第 122 頁。

消削，第宅傾圮殆盡。棄遺故址，竟爲里豪薛德昭所吞，土木一新，鄉閭健羡。忽有人獻諂于薛云：‘若不除去舊坊，終非君家利也。’薛深然之，指數恭敏之族尊且長者，惟李唐卿可主其事，乃呼至，贈泉百緡。”有時也可單用“指”。如杜甫《八哀詩·贈秘書監江夏李公邕》：“論文到崔蘓，指盡流水逝。”仇兆鰲注：“指盡，屈指數盡也。”

“指”有計算義，故“約指”之義本應爲“大約計算”或“大略計算”。“約指爲言”即“大約計算而言”。道宣《大唐內典錄·歷代諸經支流陳化錄》：“依撿群錄，斯緣備列詳之。今復連寫，則致弊於紙墨。然恐亂於疑僞，或有涉於緝修，故兩錄列名，定非別生之位。自餘不顯，便是支分之經。又代代分張，卷部漸廣，故且約指大數求名。故目出之。”（T55/333b）此句中的“約指大數”即“大略計算大概數目”之義，此句中的“約指”應爲其本義之用法。故“約指”之本義應爲“大約計算”或“大略計算”，後來可能由於語用的原因專指“大約”。

總之，《續傳》中的俗語詞在來源上有不同的歷時層級，俗語詞也是一個不斷發展的詞彙系統。《續傳》中的俗語詞具有文字與語音的不統一、特徵語素和結構類推的現象，與整個中古詞彙發展變化一致。

第四章 《續高僧傳》中的同義詞

僧傳是記錄僧人生活經歷的傳記，總結起來無非生老病死，學習經歷，形容氣質，事業功績，因此，每一篇僧傳雖然在內容上各有特點，但是萬變不離其宗，每篇文章的總體結構大致是相同的，對同一表達對象的用詞也大致是相似的，因此結構與內容的限定爲同一語義的聚合提供了條件。

第一節 同義詞的語義聚合

《續傳》中同義詞由於受其詞語來源的影響，在詞語聚合中表現出四個明顯的特徵。第一，古語與今語通用。第二，音譯和意譯互現。第三，世俗語與佛教語共存。下面我們具體討論有關問題。

一 古語與今語通用

由於《續傳》并非是完全用口語寫成，而且深受唐代文學與佛學文獻寫作趣雅的風氣影響，所以文中有大量文言詞，從而形成了古今通用的同義詞聚合現象。

【寐、寢、眠、睡】

（1）琮別夜寐，夢見黃色大人，身長三丈，手執頗梨捥[①]授云：“捥內是酒。”琮於夢中跪受之，曰：“蒙賜寶器，非常荷恩。但以酒本律禁，未敢輒飲。”寤已莫知其由。（卷二，釋彥琮）

---

① “捥”，諸本作“椀”。下同。

（2）乃[1]傾右脇而寢，都無氣息，狀若木偶。（卷二七，釋僧崖）

（3）後當將終，語諸僧曰："吾今日作一覺長眠。"便入室右脇而臥。明日怪眠不覺，看之久[2]終，方悟長眠語矣。（卷十六，釋法常）

（4）照苦睡，僧曰："但睡，我自恒業耳。"達日[3]不眠，更爲造食。（卷二五，釋僧照）

"寐"、"寢"在上古是常用詞，但在上古後期已經不用。據汪維輝先生研究，在唐代以後的近代漢語階段，"睡"替代了"眠"而成爲現代漢語表睡覺義的唯一口語詞[4]。汪先生還指出了睡覺意義的三次更替：寢（戰國以前）——臥（戰國兩漢）——眠（魏晉南北朝）——睡（近代漢語）。然而在《續傳》中以上詞語完全混用，這正是由於其文白夾雜的語言特點決定的。

【使人、淨人、家人、家臣】

（1）山粒難接，授受須淨。既闕使人，遂虛腹累宵，欣茲味空。（卷二十，釋道哲）

（2）有一大寺，五百僧徒。淨人僕隸，乃有數萬，皆宅其寺側。（卷四，釋玄奘）

（3）後教水觀，家人取柴，見繩床上有好清水，拾兩白石安著水中。（卷十八，釋法進）

（4）於臨終日普[5]召門人大眾，爰逮家臣。與之別已，自加結[6]坐。（卷十三，釋神素）

"使人"、"淨人"、"家人"均是依賴於寺院供給勞役的寺戶。宋道誠《釋氏要覽》卷下"淨人"條云："毗奈耶云，由作淨業，故名淨人。若防護住處，名守園民，或云使人。今京寺呼家人緣起者。""淨人"一詞，《魏書·釋老志》中已見。姜伯勤説："北魏世俗法律中賤人有奴婢、隸戶兩色；《唐律》中賤人有奴婢、部曲兩色。內律《量處輕重儀本》

---

① "乃"，諸本作"久"。

② "久"，資、磧、普、南、徑、清作"已"。

③ "達日"，普、南、清作"達旦"。

④ 參汪維輝《東漢—隋常用詞演變研究》，南京大學出版社 2000 年版，第 156—157 頁。

⑤ "普"，諸本無。

⑥ "加結"，資、磧、南作"加趺"；徑、清作"跏趺"。

中，所載僧侶的役屬人口，即包括奴婢賤隸與部曲客女諸色。故淨人中包括了從農奴到奴隸的不同層次，他們在‘爲僧作淨’這一點上統一起來，而被稱作淨人。從名稱互换來說，淨人又可以稱爲‘使人’、‘家人’、‘園民’、‘守園民’以及‘守伽藍人’。”他又說：“六至九世紀，中土佛寺‘使人’制度中的‘使人’一詞，已徑直爲‘淨人’、‘家人’等名稱所取代。”① “家人”本不限良賤，但在唐代俗語中亦多用作奴婢之代稱。②《漢書·儒林傳·轅固》：“竇太后好《老子》書，召問固。固曰：‘此家人言耳。’”顔師古注：“家人言僮隸之屬。”按，顔氏誤釋，據董師志翹先生研究，《漢書》中所謂的“家人”乃“庶人”之意，然而顔氏以僮隸釋“家人”正好說明在唐代奴僕可稱作家人。“家臣”本指春秋時各國卿大夫的臣屬，後亦泛指諸侯、王公的私臣。在《續傳》中被用作指“淨人”，而且僅此一例，這可能是受唐代奴婢稱呼的類推所至。唐代的奴婢名常以“家”組成雙音詞，如“家奴”、“家婢”、“家隸”、“家童（僮）”、“家人”等，③“臣”在上古本來就有奴婢之義，可能在此義位上受其他奴仆稱謂的影響，道宣使用了“家臣”一語。

二 音譯和意譯互現

《續高僧傳》由於是佛教典籍，因此該書中大量使用佛教詞語，而佛經是外來品，故而不免將外來詞語帶入漢語中，從而形成了音譯與意譯共出的現象。如：

【闍維、闍毘、火葬、焚】

（1）東宮下令給二十人輿尸，坐送至于山所。闍維既了，沙門玄謨收拾餘骸，爲之起塔於勝光寺，在乘師塔東，即貞觀七年四月六日也。（卷三，波羅頗迦羅蜜多羅）

（2）愻撫之洒淚，與弟子道基寺④闍毘遺陰。收其餘塵，散之風府。（卷十四，釋道愻）

（3）至八年正月二十九日卒於寺房，春秋七十有八。幢蓋道俗，相

① 參姜伯勤《唐五代敦煌寺戶制度》，中國人民大學出版社 2011 年版，第 3 頁。

② 參李伯重《唐代奴婢的異稱》，載《唐研究》（第六輯），北京大學出版社 2000 年版。

③ 同上。

④ “寺”，諸本作“等”。

與奔隨。乃火葬於終南之陰。(卷十二，釋靈幹)

(4) 有勅依法焚之，爲立白塔，建碑於寺。(卷二一，釋曇瑗)

玄應《一切經音義·菩薩本行經》上卷：“邪旬，或云闍維，或云闍毗，同一義也。正言闍鼻多，義是焚燒也。”《翻譯名義集·名句文法篇》：“闍維，或耶旬，正名荼毘。此云焚燒。《西域記》云：‘涅疊槃那，舊闍維。’訛也。《通慧音義》云：‘親問梵僧，未聞闍維之名。’”(T54/1137c) 慧琳《一切經音義·大般涅槃經音義》卷上：“闍毘，或闍維，或荼毘。古云耶旬，此云焚燒也。”可見，“闍維”、“闍毘”均是 Jha – pita 的音譯，而火葬是 Jha – pita 的意譯，有時又直接稱爲焚。闍維、闍毘、火葬、焚由於翻譯形式的不同而在《續傳》中互現。

【智慧、般若】

(1) 頗曰：“智慧人智慧人，不言此慧吾與爾矣。”(卷十三，釋道岳)

(2) 宅身荒谷四十餘載，狎魚鳥以樵歌，習禪那，思般若。(卷二一，釋智詵)

般若，Prajna，又作班若、波若、鉢若、般羅若、鉢剌若、鉢羅枳娘、般賴若、波賴若、鉢賢襖、波羅娘。譯曰慧、智慧、明。《大智度論·釋集散品下》曰：“般若者，秦言智慧。一切諸智慧中，最爲第一，無上無比無等，更無勝者，窮盡到邊。”(T25/370b)《大乘義章·六波羅蜜義十門分別》：“言般若者，此方名慧，於法觀達，故稱爲慧。”(T44/705a) 慧琳《一切經音義·大寶積經》卷四十一：“般羅若，梵語訛略也。正梵音鉢羅二合枳孃二合，唐云惠，或云智慧”《慧琳音義·金剛般若論》上卷曰：“鉢羅賢襖，梵語，唐云智慧也。”《續傳》卷三“釋慧淨”云：“然則佛陀之與先覺，語從俗異；智慧之與般若，義本玄同。”“智慧”與“般若”也因音譯和意譯不同而構成同義詞。

【懺、懺悔、露過、發露】

(1) 晝則伏懺，夜便纘錄。(卷一，釋寶唱)

(2) 嵩還京室，住總化寺。餐味《涅槃》，依行懺悔。身戒心慧，悉戴奉之。一鉢三衣，盈長不畜。遵經聖行，息世譏嫌。遂卒於世。(卷二六，釋道嵩)

(3) 人物繁擁，財事既積，便來外盜。賊者將取，心戰自驚。返來

露過，便授其戒。（卷二四，釋慈藏）

（4）後領徒五百來過叔氏敘見，當衢闡化。深惟昔釁，乃奉絹十匹。夫妻發露，雲始知之。（卷二五，釋慧雲）

“懺”本是梵語“懺摩”（kṡama）的音譯縮略。kṡama本是一種禮貌用語，相當於“對不起”、“請原諒”。因有請人息怒，向人道歉，乞求勿怪罪之意，所以意思乃爲“忍”。“懺悔”是一個音譯加意譯的合璧詞①。“懺悔”中的“悔”本應是“至心說罪”，要除去自己所犯的罪過，就要先向人發露自己的過錯。此義的梵語爲Apatti－desana（阿鉢底提舍那）。其中阿鉢底是“罪”，提舍那是“說”，故又可譯成“說罪”。宋法雲《翻譯名義集·眾善行法篇》：“懺摩，此翻悔過。又懺名披陳眾失，發露過咎，不敢隱諱。悔名斷相續心，厭悔捨離。能作所作合棄，故言懺悔。”懺悔的本義是表示對人坦露自己的過錯，求以容忍寬恕，因此又譯爲露過、發露。因此懺、懺悔、露過、發露實爲一詞，由於翻譯選擇的不同而形成了同義聚合。

【分衛、乞食】

（1）初達楊都，栖道場寺。掃衣分衛，攝念無爲。（卷十八，釋曇遷）

（2）火燒斫處，血斷帛裹，乞食如故，曾不告人。（卷十六，釋僧可）

“分衛”本是梵語Pindapa－ta的音譯。玄應《一切經音義·念佛三昧經》卷三：“分衛，此言訛也，正言賓荼夜，此云食團，謂行乞食也。”或翻爲團墮。玄應《一切經音義·菩薩瓔絡經》卷十二：“分衛，此言訛也，正言儐荼波多。儐荼，此云團，波多，此云墮。言食墮在鉢中也。或言賓荼夜，此云團。團者，食團，謂乞食也。”“分衛”和“乞食”也互出於《續傳》中。

三　世俗語與佛教語共存

由於佛典文獻的性質決定了《續傳》中對同一所指常常出現世人詞語與佛教詞語共存的現象。如：

① 詳參梁曉虹等《佛經音義與漢語詞彙研究》，商務印書館2005年版，第234—235頁。

【年、夏、臘】

（1）既滿五夏，發足遊方。（卷二，那連提黎耶舍）

（2）以戒律旁義有會他部者，乃重聽《大論》、《毘曇》，開沃津奧。又以心使未靜，就諸禪林學調順法。年踰十臘，方歸律宗。（卷二一，釋洪遵）

（3）於彼三年，恒任益州僧主，住龍淵寺。（卷二，闍那崛多）

"年"、"夏"、"臘"均可指時間，但其來源卻不同。"年"是世俗常用詞，而"夏"、"臘"則爲佛教術語。由於佛教夏期三個月安居講經，所以，"夏"在佛經中常被用爲時間名詞。如唐義淨《根本說一切有部尼陀那》卷三："如世尊說，五法成就，年滿五夏，得離依止，隨處遊行。乃至十夏，所到之處，仍須依止者。如其四夏五法成就，得離依止隨處遊不?""臘"本是僧人年齡的專用術語。丁福保云："歲終祭神，漢謂爲臘。因而比丘受戒後，終三旬之安居，名爲臘。取歲終之義也。出家之年歲，與俗異，以受戒以後之安居數爲年次也。"慧琳《一切經音義·四分律》卷十二："百臘，力盍切……《爾雅》注云：'一終名歲'。又取歲星行一次也。夏曰歲，商曰祀，周曰年，唐虞曰載，皆據一終爲名。今比丘或言臘或云夏，言兩同其事也。'一終'之義，案天竺多雨，雨安居從五月十六日至八月十六日也。土火羅諸國以十二月安居，此方言夏安居，從四月十六日至七月十五日，各就其事制名也。""年"、"臘"、"夏"由于均可在佛經中指時間，所以常常混用，並複合出"年臘"、"年夏"、"夏臘"等詞語。

【游、遊歷、歷遊、遊方】

（1）至年十二始遊于剡，遍禮塔廟，肆意山川。（卷六，釋慧約）

（2）雖遵融佛理，而以通道知名。遠涉艱關，無憚夷險。歷遊諸國，隨機利見。（卷一，拘那羅陀）

（3）至還京漳鄴，遊歷燕趙，化霑四眾，邪正分焉。（卷八，釋靈詢）

（4）時年二十有七受戒，三夏師徒結志，遊方弘法。（卷二，闍那崛多）

"游"、"遊歷"、"歷遊"、"遊方"均是"到远地游览；周游考察"之意。但"遊方"爲佛教術語，專指僧人雲遊。然而在《續傳》中以上詞語均可用於僧人之雲遊。

總之，《續傳》中的同義聚合首先充分反映了其作爲漢語佛典文獻的特徵，即在漢語固有詞彙中糅合了大量佛教術語，同時在漢語固有詞彙中加入了大量的非漢語詞彙。其次反映了唐代佛經的整體特點，即在趨於典雅的過程中也保留了佛經使用口語詞的習慣。

第二節　同義詞的義場結構

同義詞的聚合實際上是一種語義場的聚合。《續傳》中大大小小的同義詞群形成了不同形式的語義場。通過研究這些義場的結構形式，我們可以更深入地了解同義詞義場各成員之間的相互關係。《續傳》的同義義場主要有三種：一、放射型結構，二、平面環型結構，三、複合型結構。

一　放射型結構

所謂放射型結構是指構成義場的所有詞語都是同素義族。也就是不同的義位共用同一個核心語素，並以此爲基點產生出新的詞語，從而形成一個同義義場，義場中所有的詞與核心語素間形成一種放射關係。如：

（一）道家稱謂義場

【李、李氏、李宗、李道、李老、李張、李術、李莊、李館】

【李】甞處芮城，將開《攝論》。露縵而聽，李釋同奔。序王[①]將了，黃巾致問，酬答乃竟，終誦前關。辯曰："正法自明，邪風致翳。雖重廣誦，不異前通。黃巾高問，轉增愚叟，謂其義壯。"（卷十五，釋僧辯）

"李"在《續傳》中專指道家，是佛家對道家的稱呼。《續傳》中以"李"作詞素構成了一組表示道家稱謂的同義詞。

【李氏】益矣能忘，蹈顔生之逸軌，損之爲道，慕李氏之玄蹤。（卷十七，釋慧命）

【李宗】時松滋有道士姓俞者，學冠李宗，業該儒史。常講莊老，私用內經。（卷九，釋羅雲）

---

① "王"，諸本作"玄"。

【李道】及高祖之世，欲使李道東移，被于鳥服。度人授法，盛演老宗。（卷十三，釋道岳）

【李老】有弟子法存者，本是李老監，齊天保屏除，歸于釋種。（卷八，釋法上）

【李張】七歲任郡學生，勤閱三冬，藝該六典。皇隋肇運，便業李張。名預黃巾，身同觀宇。（卷十，釋靖玄）

"李"指老子，"張"即張陵，為五斗米教的創始人。《弘明集》卷八"妄稱真道二逆"："夫質懋纁霞者，言神丹之功；開明淨智者，必藹花之氣。雖保此為真，而未能無終，況復張陵妄稱天師，既侮慢人鬼，即身受報。"同卷劉勰"滅惑論"："張陵米賊……今祖述李叟，則教失如彼，憲章神仙，則體劣如此。上中為妙，猶不足筭，況效陵魯醮事章符，設教五斗，欲拯三界，以蚊負山，庸詎勝乎？"此處"李""張"并列指道教。

【李術】武帝雖滅二教，意存李術，便更置通道觀。學士三百人，並選佛道兩宗奇才俊邁者充之。（卷十一，釋普曠）

【李莊】禮序人倫，樂移風俗，無非耳目之翫，其勢亦可知之。未若李莊論大道，《周易》辯陰陽，可以悟幽微，可以怡情性。究而味之，乃玄儒之本也。（卷十八，釋曇遷）

【李館】有隋御寓，深信釋門，兼陳李館，爲收恒俗。（卷二四，論）

"李館"即道觀，借指道家。

以上九個詞以"李"作爲核心義素形成了一組放射型的同義詞族。

（二）"情愛"義場

【愛河、愛水、愛海、愛流、愛心、愛情、愛賊、愛染、愛網】

【愛河】炳慧炬以出重昏，拔愛河而昇彼岸。（卷三，釋慧淨）

丁福保云："愛欲溺人，譬之爲河。又貪愛之心，執著於物而不離，如水浸染於物，故以河水譬之。"①

【愛水】弟子飄蕩業風，沈淪愛水。雖餐法喜，弗祛蒙弊之心。（卷十七，釋智顗）

---

① 按，為正確理解以上詞語，我們多引用丁福保《佛學大詞典》說法，此段後面如引用，均簡稱"丁"。

丁云："又愛欲之煩惱，能潤業而引未來之果，故譬之以水。"

【愛海】父奉伯篤信大法，知其聰俊可期，神幽冥長濟愛海。（卷六，釋僧詢）

丁云："愛欲之海。欲之深如海也。"

【愛流】同居火宅，共溺愛流。生死未斷，何得不悲？（卷十三，釋道岳）

丁云："貪愛之流。貪愛能惑溺人心，譬如暴流也。"

【愛心】語俗而談，滔滔風流，愛心綿密，未覿其短，多容瑕累。（卷十五，論）

丁云："愛欲之心也。"

【愛情】慕道懷仁，觸類斯在，豈非愛情易守，放蕩難持耶？（卷十六，釋僧稠）

指俗愛之情。

【愛賊】愛賊既來，獄王潛至，打縛不久矣。（卷十八，釋法純）

俗愛如賊，故稱"愛賊"。

【愛染】不服新華，除其愛染。躬行忍辱，滑增上慢。（卷十八，釋本濟）

丁云："貪愛染著之情也。煩惱之名。"

【愛網】五蔭城墎，六賊丘陵。膠固愛網，縈迴業繩。（卷十九，釋智周）

猶情網。佛教謂人受其束縛，如墜網中，故稱。丁云："爲情愛所束縛也。"

以上九個詞語均是佛教對情愛的稱謂，它們以"愛"爲核心義素，也組成了一個放射型的同義義場。

上面兩組詞大多是偏正結構的詞語組成，這在放射型語義場中佔多數，但也有其他結構的同義詞族。如：

（三）"尋求"義場

【搜訪、搜求、搜選、搜舉、搜揚、搜採、搜擢、搜集、搜檢、搜簡】

【搜訪】大梁御宇，搜訪術能。以天監五年被勅徵召於楊都壽光殿、華林園、正觀寺、占雲館、扶南館等五處傳譯。（卷一，僧伽婆羅）

【搜求】搜求遺逸，皆令具足，備造三本[①]以用供上。（卷一，釋寶唱）

【搜括】搜括列代僧錄，創區別之，撰爲部帙，號曰《名僧傳》，三十一卷。（卷一，釋寶唱）

【搜選】搜選名匠，惠益民品[②]。（卷一，拘那羅陀）

【搜舉】乃下勅於洛水南濱上林園内置翻經館，搜舉翘秀，永鎮傳法。（卷二，達摩笈多）

【搜揚】開皇之譯，即預搜揚，勅召入京，從例修緝。（卷二，達摩笈多）

【搜採】勅境内能言之士不限道俗，及[③]搜採巖穴遁逸高世者，可與弘正對論，不得墜於國風。（卷八，釋曇延）

【搜擢】即陳翻譯，搜擢賢明。（卷四，釋玄奘）

【搜集】乃搜集大小乘經、律、論五百餘夾，合一千五百餘部，以永徽六年創達京師。（卷四，釋玄奘）

【搜檢】後因搜檢經中，方知往生本事。（卷十六，釋道珍）

【搜簡】陳主大悦，即停搜簡。（卷十七，釋智顗）

以上 11 個詞語爲并列式合成詞結構。

（四）“出發”義場

【發足、發蹤、發軔、發趾、發迹】

【發足】既滿五夏，發足遊方。（卷二，那連提黎耶舍）

【發蹤】發蹤跋涉，三載于兹。十人之中過半亡沒，所餘四人僅存至此。（卷二，闍那崛多）

【發軔】俄而發軔東夏，杖錫西秦。（卷三，釋慧淨）

【發趾】發趾張掖，途次龍沙。中途艱險，身心僅絕。（卷四，釋玄奘）

【發迹】沙門寶誌發迹金陵，然斯傅公，雙林明導[④]。時俗昌言[⑤]，莫

---

① “三本”，諸本作“三卷”。

② “民品”，諸本作“氓品”。

③ “及”，資、磧、普、南、徑、清作“乃”。

④ “明導”，麗藏作“明道”。

⑤ “昌言”，麗藏作“唱言”。

知其位。（卷二五，釋慧雲）

以上義場由動賓式詞語構成。

二　平面型結構

所謂平面型結構是同義詞主要成員構詞義素並不相同，它們組成一個封閉的環形。而如果成員是單音詞，成員之間還可能相互同義複合成詞，從而形成環形圈内的新成員。如前文提到的僧人年齡場。這一義場的主要成員有“年”、“夏”、“臘”構成，它們又複合成“年夏”、“年臘”、“夏臘”。這樣這六個成員就組成了一個語義場。在這個義場中“年”、“夏”、“臘”組成環形邊界，而“年夏”、“年臘”、“夏臘”則封閉於其中。如圖 4—1 所示：

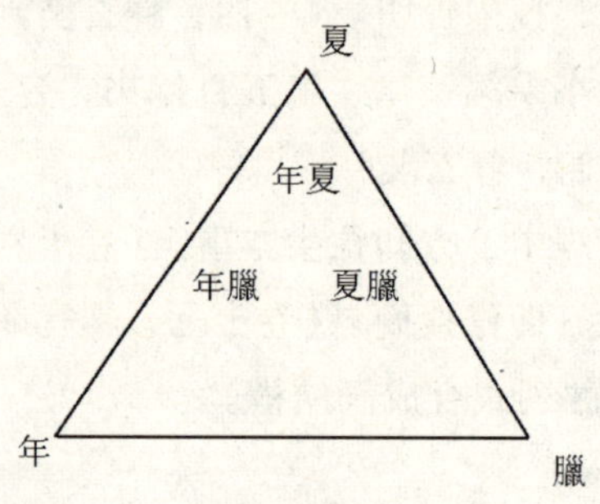

圖 4—1

在這一義場中各成員之間的地位是平等的，處於同一個層面，所以我們稱之爲平面型結構。平面型結構在《續傳》中也大量存在。如“埋葬”義場：

“埋葬”義場有六個單音詞：殯[①]、瘞、埋、藏、窆、葬。如：

【殯】哀動山世[②]，即殯於寶山靈泉寺側，起塔崇焉。（卷九，釋靈裕）

【瘞】雖明窆葬，行者猶希。故掩骼埋胔，𦊱[③]而瘞也。（卷二七，

① 按，“殯”本義為待葬，在《續傳》中引申為“埋葬”之義，故我們也把它列入“埋葬”義場。

② “世”，南、徑、清作“寺”。

③ “𦊱”，諸本作“䋄”。

論）

【埋】至正月九日告寺僧曰："奘必當死。經云：'此身可惡，猶如死狗。'奘既死已，勿近宮寺。山靜處埋之。"（卷四，釋玄奘）

【藏】學侶等恐有外侵，乃藏于龕內。（卷二五，釋法順）

【窆】即以其月八日窆於奉誠寺之南山。（卷二一，釋道成）

【葬】遂東歸莊嚴，訊問名德，奄然卒於故房，春秋七十二矣，即貞觀九年正月也。葬于京之西郊。（卷二十，釋道哲）

這六個單音詞可以相互複合，成爲并列合成詞。如：

【藏殯】至十七年遇疾悶絕。惟心不冷，未敢藏殯①。（卷十二，釋靈幹）

【殯葬】吾後日當去矣，生死人之常也，寄世本若行雲，慎無哭泣。各念無常，早求自度。喪②事殯葬，律有恒儀。碑誌飾詞一不須作。能依此訣，吾何言哉③？（卷二二，釋慧旻）

【埋殯】及終之時，感異香氣充於村曲。親疎同怪，遂埋殯之。（卷二八，釋遺俗）

【埋葬】言訖而終，遂依埋葬。（卷二八，釋遺俗）

【埋瘗】眾咸歎異，經久埋瘗（瘞），色相如初。自非願力所持焉能致此？（卷四，釋玄奘）

【藏瘗】鑿山爲窟，將欲藏瘗。（卷十九，釋法喜）

以上 12 個詞語組成了一個封閉的平面型結構。

三　複合型結構

複合型結構是指用以上兩種結構複合而成的複雜結構形式。在這種結構中，首先以平面結構作爲基礎，然後在這一結構中以某些成員作爲核心語素再生長出放射型義場。如：

（一）"幼小"義場

在《續傳》中組成"幼小"義場的平面義場的詞語有：幼、小、少、

① "殯"，資、磧、普作"擯"。

② "喪"，磧、南、清作"𠷔"。

③ "哉"，資、磧、普、南、徑、清作"矣"。

童×（×童）[①]、弱，以及這些詞語的複合詞幼小、童幼、童少、童小、少小。如：

【幼】有玄奘法師者，法門之領袖也。幼懷貞敏，早悟三空之心，長契神情，先包四忍之行。（卷四，釋玄奘）

【小】小有大概（慨），五歲能蔬齋。（卷三十，釋真觀）

【少】少懷恢敏，清貞自蓄。顧惟隻立，勤田爲業。（卷一，釋寶唱）

【弱】又早捨親愛，弱而貞苦。（卷七，釋慧勇）

【幼小】辯年幼小，最在末行，輕其行業，召令口誦。（卷十五，釋僧辯）

【童幼】沈毅少言，童幼早孤，依兄而長，悌友之至，聞於閭閻。（卷六，釋慧韶）

【童少】釋僧善，姓席氏，絳郡正平人。童少出家，便從定業。（卷十七，釋僧善）

【童小】釋法誠，姓樊氏，雍州萬年人。童小出家，止藍田王效寺，事沙門僧和[②]。（卷二八，釋法誠）

【少小】釋智勤，俗姓朱。隋仁壽因舍利州別置大興國寺度。少小以匡護爲心，每處眾發言，無不允睦。（卷二四，釋智勤）

在這一基礎上，有些成員又作爲詞根形成一些放射型同義義場。如：

1. “幼”字族。

“幼”字族有幼沖、幼年、沖幼、幼齡等。如：

【幼沖】雲年十六，甫在幼沖。銳志前驅，問常無常義，而容色無撓。賓主綽然，眾咸嘉賞。（卷九，釋羅雲）

【幼年】當時先達頗蔑其幼年，致或抗言褒貶者。（卷十八，釋曇遷）

【沖幼】護時沖幼，戲則圍[③]坐登講，採花列供，其父知爲法器。（卷十三，釋法護）

【幼齡】釋通幽，姓趙氏，河東蒲阪人。幼齡遺世，早慕玄風。（卷二一，釋通幽）

---

① “童”在《續傳》中沒有單獨以單音節形式出現的情況，但其所組成的複音詞較多，我們把它列入到根詞中，以便於陳述。下文中的“氣X”、“背X（X背）”均同。

② “和”，資作“弘”；磧、普、南、徑、清作“弘和”。下句首字同。

③ “圍”，諸本作“圖”。

2. “小”字族。

“小”字族有年小、小年等。如：

【年小】釋智凝，不詳姓族，豫州人。年小出家，積傳師習，經目[①]不忘，並貫懷抱。（卷十，釋智凝）

【小年】釋寶瓊，馬氏，益州綿竹人。小年出家，清貞儉素。（卷二八，釋寶瓊）

3. “少”字族。

“少”字族有少年、少齒等。如：

【少年】釋慧海，姓張氏，清河武城人。少年入道，師事鄴都廣國寺冏法師[②]。（卷十一，釋慧海）

【少齒】少齒登器，莫匪先之。（卷十三，釋道岳）

4. “童”字族。

“童”字族有童稚、童子、童亂、孩童、童丱、童孺等。如：

【童稚】童稚出家，止州廓龍淵寺輪法師所。（卷九，釋智方）

【童子】釋寶儒，幽州人也。童子出家，遊博諸講，居無常准，惟道是務。（卷十，釋寶儒）

【童亂】釋慧海，姓[③]張氏，河東虞鄉人。久積聞熏，早成慧力。年在童亂，德類老成。（卷十一，釋慧海）

【孩童】年在孩童，父引之見於真諦。（卷十一，釋吉藏）

【童丱】濟年爰童丱，智若成人。齒胄[④]之初，橫經就業。（卷十八，釋本濟）

【童孺】釋僧猛，俗姓段氏，京兆涇陽人。姿蔭都雅，神情俊拔[⑤]。童孺出家，素知希奉。（卷二三，釋僧猛）

5. “弱”字組。

“弱”字族有弱歲、弱年、弱齡等。如：

【弱歲】年在弱歲，早習丘墳。便曉文頌，榮冠閭里。（卷二三，釋

① “目”，磧、南作“自”。

② “冏法師”，諸本作“冏法師所”。

③ “姓”，諸本無。

④ “齒胄”，諸本作“齠亂”。

⑤ “俊拔”，資、磧、普、南、徑、清作“逈拔”。

慧淨）

【弱年】釋僧韶，姓王，齊國高安人。幼願拔俗，弱年從志。斂服道俗，恭敬師宗。（卷五，釋僧韶）

【弱齡】偃風神穎秀，弱齡悟道。晝讀經論，夜諷詩書。良辰華景，未嘗廢學。自爾幼而聰敏，州里稱焉。（卷七，釋洪偃）

（二）“死亡”義場

《續傳》中組成“死亡”義場的平面義場的詞語有：化、死、亡、卒、殞、即世、沒、崩、逝、往、終、遷、辭、漸、殂、氣X、背X（X背）、死亡、亡沒、化往、往化、終卒、終逝、遷化、去世等。如：

【化】言訖就枕，奄爾而化。（卷二，那連提黎耶舍）

【死】和上三年前患困如刀刺，欲不食而死。（卷四，釋玄奘）

【亡】爾時耶舍已亡，專當元匠。（卷二，闍那崛多）

【卒】普通五年因疾卒于正觀，春秋六十有五。（卷一，僧伽婆羅）

【殞】意乃含笑熙怡，告眾辭訣，奄然卒於法座，都講等僧亦同時殞。（卷一，菩提流支）

【即世】吾同氣四人，並先即世，唯余與爾相顧猶影。（卷十三，釋道岳）

【沒】昇座覆述，宣吐教理，有稱於時。先學大德相顧曰：“吾等沒後不足憂也。此人出家，紹隆遺法矣。”（卷十五，釋僧辯）

【逝】初將逝，告眾前云：“昨夜二菩薩見迎，一是生身。一是法身。吾已許之。尋有諸天又來迎接，以不願生故不許耳。”（卷七，釋慧布）

【往】淵聞之憫然曰：“毅師已往，我豈獨留。”俄而疾。（卷十八，釋僧淵）

【終】初未終前，數日不悆。（卷十八，釋智通）

【遷】自朗遷後，廣訊[1]所聞。（卷九，釋羅雲）

【漸】以武德末年遘疾將漸，而正氣明爽，告友人慧滿曰：“余其死矣，而精神不得超勝，如何?”有問意故，答云：“觀其來蔭，似作守寺之神耳。”（卷二一，釋智保）

【殂】忽聞父病，尋往覲之，既至即殂。（卷八，釋法上）

---

① “訊”，資作“評”；磧、普、南、徑作“誶”。

【死亡】又遇疫氣，死亡非一，皆投心乞命。（卷十五，釋玄鑒）

【亡沒】又見亡沒二親枕顗[①]膝上陳苦求哀，顗又依止法忍，不動如山。（卷十七，釋智顗）

【化往】又聽龍光綽禪[②]師《成實》。自綽化往，更採眾師。（卷九，釋慧暅）

【往化】既爾往化，鳥便飛出，外空旋轉，奄然翔逝。（卷十六，釋曇詢）

【終逝】禪師若終，必生淨土[③]。何以知然，向於眠中見西嶺上並是樓閣殿堂乘空而去。"言畢方知通已終逝。（卷十八，釋智通）

【終卒】又維那此日[④]打鍾，初不發聲。大小疑怪，不測所以。上坐僧超[⑤]謂有大變，執錫逃避。須臾信報，相已終卒。樹枯鍾噎，表其遷化之晨也。（卷二五，釋植相）

【殂化】而別未淹旬，已聞殂化[⑥]，春秋五十有三。（卷十二，釋淨業）

【遷化】至正月十一日午時遷化，時年七十有一。（卷一，拘那羅陀）

同時，在這個義場的某些根詞上，又形成了同根聚合的放射型義場。如：

1. “化”字族。

【怛化】生也有涯，庾俟長逝，永言怛化，不覺流襟。（卷三，釋慧淨）

【從化】明相纔出，奄然從化，春秋九十矣。（卷十二，釋慧覺）

【物化】《攝大乘論》誠乃清微，而傳自尼公，聽受又尠。今從物化，精益無從。中路徘徊，伊何取適？（卷十三，釋道岳）

【坐化】又有昊純等禪師，多有靈異，相從坐化，略不敘之。（卷十六，釋慧意）

【奄化】因斯乖愈四旬有餘，奄化於鄴城大覺寺，春秋七十矣。（卷二一，釋慧光）

---

① “顗”，資、磧、普、南、徑、清作“頭”。

② “禪”，諸本（不含石本，下同）無。

③ “淨土”，諸本作“淨土矣”。

④ “日”，資、磧、普、南、徑、清作“旦”。

⑤ “超”，資、磧、普、南、徑、清作“起”。

⑥ “殂化”，磧、南作“恒化”；普、徑、清作“怛化”。

2. “終”字族。

【終世】自終世之後，此事便絕。（卷二二，釋智首）

【終老】生而牙齒全具，迄於終老，中無亂毀，堅白逾常。（卷二二，釋法礪）

【畢終】後住[①]楚國，講《遺教論》以畢終矣。（卷二四，釋智實）

【命終】後因酒會遇疾命終，備覩地獄衆苦之相，廣有別傳，具詳聖迹。（卷二五，釋慧達）

【壽終】因往栖巖，其日傑患停講，乃至壽終，常見樊綽在傍。（卷十三，釋道傑）

3. “亡”字族。

【云亡】及靜之云亡，盡心喪之禮。（卷六，釋慧約）

【喪亡】且約孝通冝[②]感，思歸遄返。而二親喪亡，並及臨訣。（卷六，釋慧約）

【暴亡】有道士丁德靜於館暴亡，傳云山精所弊[③]。（卷六，釋慧約）

【凋亡】年九歲隋亂，眷屬凋亡，惟母及身。（卷十三，釋神照）

【坐亡】以年月坐亡於禪衆，禪師在[④]道場，年七十三矣。（卷十六，釋惠成）

4. “沒”字族。

【薨沒】後穆公薨沒，世子紇重爲檀越，開傳經論，時又許焉。（卷一，拘那羅陀）

【沈沒】四俗以之悲涼，七衆惜其沈沒。乃葬於白鹿原[⑤]四十里中。皂素彌滿，其塋與兄捷公相近。苕然白塔，近燭帝城。（卷四，釋玄奘）

【沒世】天子下詔曰：“玄琬律師戒行貞固，學業清通。方寄弘宣正法，利益群品。不幸沒世，情深惻悼。賜物如別。齋殯所須，事由天府。”（卷二二，釋玄琬）

---

① “後住”，資、磧、普、南、徑、清作“後往”。

② “冝”，諸本作“冥”。

③ “弊”，資、磧、普、南、徑、清作“斃”。

④ “禪師在”，資、磧、普、南、徑、清無。

⑤ “白鹿原”，普、南、徑、清作“白花原”。

5. “辭”字族。

【辭世】竟以畢年辭世，終如相言。（卷五，釋智藏）

【大辭】形勢不久，將畢大辭，宜各敦自愛，不宜後悔。恨福業未就，以爲慮耳。（卷十四，釋慧頵）

6. “逝”字族。

【神逝】以至德元年五月二十八日疾，少時平旦神逝，春秋六十有九。（卷七，釋慧勇）

【坐逝】住建初寺，禎明元年忽然坐逝，葬樓湖之山。（卷九，釋慧哲）

【告逝】屬以敦公告逝，戒品未圓，乃高步上京，更崇師轍。（卷十，釋智琳）

【奄逝】至期奄逝，春秋七十有餘矣。（卷十，釋慧暢）

【長逝】恐藤鼠交侵，欻然長逝。（卷十三，釋道岳）

【滅逝】至七月一日[①]中夜跏坐[②]，盥嗽整服曰：“有人請講菩薩戒也。”端坐怡然，不覺已滅逝於眾善之舊寺。（卷三十，釋真觀）

7. “背”字族。

【崩背】仁壽末年，獻后崩背。（卷十一，釋保恭）

【薨背】自延之涖道，勢總權衡。而卑牧自居，克念成治。解冠群術，行動物情，故爲七眾心師，豈止束形加敬，及聞薨背，無不涕零。各修銘誄，讚揚盛業。（卷八，釋曇延）

【背世】仁壽二年獻后背世，有詔追王入輔。（卷十一，釋志念）

【背喪】及生緣背喪，或有悲慕邀延者，潤情若風傳，不往登踐。（卷十五，釋靈潤）

8. “氣”字族。

【氣靜】乃合掌達旦，曰：“吾生淨土矣。”因而氣靜。（卷十八，釋智通）

【氣絕】及至後夜，覺有異相，就而觀之，方知氣絕。（卷十七，釋曇崇）

---

① “一日”，磧、普、南、徑、清作“七日”。

② “跏坐”，資、磧、普、南、徑、清作“跏趺而坐”。

【氣盡】因茲遘疾，還返慈悲。見佛來迎，因而氣盡。（卷十五，釋玄會）

9. “遷”字族。

【遷神】以貞觀八年十月十一日旦，遷神武丘之東寺，春秋七十一。（卷十四，釋智琰）

10. “往”字族。

【長往】又撰《無性攝論疏》，厥功始成，奄然長往[①]本寺，年六十六。（卷十三，釋功逈）

【永往】弟子智現等追惟永往，感息[②]難顧。鳩拾[③]餘身，於寺之西北鑿巖龕之。（卷十四，釋智正）

11. “殂”字族。

【殂落】開皇更始復返舊鄉，桑梓仍存，友朋殂落。（卷二六，釋辯寂）

【殂歿】天監七年齊隆寺法鏡徂（殂）歿，僧正惠超啟寵鎮之。（卷五，釋法寵）

通過以上分析可以得出如下結論：(1)《續傳》同義詞的產生有三種方式：第一，根素聚合。即以核心語素爲詞根，構成一個放射型同素義場。根素義場中詞語的語素組合關係根據實際情況可以有多種形式，也就是說同一根素義場的詞語的結構可能有多種。第二，同義聚合，即詞語在某一義位相同的情況下構成一個平面義場。第三，同義複合。即相同語義的義素可以在一定條件下互相組合，從而形成一個平面義場。(2)《續傳》同義義場的結構方式不僅僅是一個平面的，它們的結構在很多情況下是二層層級結構。即雖然在語義上所有詞語是平等的，但是在語義場的組成方式上很多時候具有層次性。

總之，《續傳》中的同義聚合反映了《續傳》作爲佛典文獻的典型特徵，同時反映了唐代佛經的整體特點，即在趨於典雅的過程中也保留了佛經大量使用口語詞的習慣。同義聚合的不同方式不僅反映了《續傳》同義詞結構的多樣性，同時表明了中古漢語詞彙到唐初已經極為豐富。

---

① “長往”，諸本作“長往於”。

② “感息”，資、磧、普、南、徑、清作“感恩”。

③ “鳩拾”，資、磧、普、南、徑、清作“鳩捨”。

第五章 《續高僧傳》詞語的結構研究

構詞法研究是語言研究的一個重要的組成部分，通過對詞語結構的分析，可以更深入地瞭解一個時代語言變化的面貌。蔣紹愚先生曾指出："近代漢語詞彙的研究不僅僅是詞語考釋，而且應包括構詞法的研究……漢語總的發展趨勢是由單音節變爲雙音節，這種趨勢在近代漢語時期尤爲明顯。但是，近代漢語時期複音化的情況究竟如何？這個問題似乎未做過深入研究。"①《續高僧傳》處於中古漢語與近代漢語交匯點上，作爲交匯點上的語言的詞語結構有什麼特點，這一點尚不是十分清楚。而《續高僧傳》作爲漢文佛教文獻又與一般翻譯佛經和其他漢語文獻有區別，在詞彙的結構上有何特徵。這兩個問題對漢語史研究均有一定的價值，基於以上考量，我們擬對《續傳》的詞語結構進行考察。

第一節 《續高僧傳》的複合式構詞

一 《續高僧傳》中的並列式複合詞

並列式構詞是《續傳》中的重要的構詞方式，總共有 5499 個，佔整個詞彙的 36.87%，佔合成詞的 42.92%，佔整個複合式合成詞的 45.20%。② 從歷時看，《續傳》中的并列式詞語可以分爲歷史承古詞和中古新生詞兩大類。其中承古詞有 1505 個，中古新生詞有 3994 個，新生詞

① 參蔣紹愚《近代漢語研究概況》，北京大學出版社 1994 年版，第 285 頁。

② 據本人統計，《續傳》有單音節單純詞 1957 個，多音節單純詞 142 個（包括 78 個聯綿詞），單純詞共計有 2096 個。合成詞中疊音詞有 65 個，複合式合成詞有 12164 個，超層次複合詞有 94 個，縮略式複合詞有 51 個，附加式構詞有 435 個，共 12809 個合成詞，詞語總量為 14905 個。又按，本文統計人名、地名、職官名不在統計之內。具體統計詳參附表 1。

大量增加，反映出並列式複合詞的迅猛發展。從音節結構上看，《續傳》中的並列式絕對多數是雙音節，三音節的詞語僅有一例①，這與其前的佛經文獻和其後的敦煌文獻均有不同。並列式複合詞可以從語義結構和語法結構兩方面進行分析。我們首先分析并列複合詞的語義結構。

（一）并列複合詞的語義結構分析

《續傳》的並列式複合詞可以分爲相同、相關、相反三個情況。

1. 相同關係

所謂相同，並不是指構成複合詞的語素的意義完全相同，而是指其理性意義基本相同。相同關係的複合詞有 3361 個，佔並列式複合詞的 61.12%。如：

【容相】相貌。

（法）愛於夕中，自以呪力現一大神。身著衣冠，容相瓌偉②，來舉繩床，離地四五尺。（卷二五，釋植相）

“容”，儀容。《玉篇·宀部》：“容，容儀也。”“相”指相貌，也是容儀。《荀子·非相》：“術正而心順之，則形相雖惡而心術善，無害爲君子也。”“容相”在中古佛經中出現甚多。如元魏佛陀扇多譯《銀色女經》：“彼城有女，名曰銀色，端正殊妙，容相具足，成就最上，勝妙色身。”（T3/450a）元魏慧覺譯《賢愚經·波婆離品》：“作是計已，即勅輔相：‘聞汝有子，容相有異，汝可將來，吾欲得見。’”（T4/432b）後來擴散到傳世文獻中，如宋佚名《異聞總錄》：“乾道六年，吳明可芾守豫章，其子登科，同年生清江朱景文因緣來見，得攝新建尉。適府中葺吳城龍王廟，命之董役，頗極嚴緻，及更塑偶像，朱指壁間所繪神女容相，謂工曰：‘必肖此乃佳！’”

【溝澗】山澗。

屬洪雨滂注，溝澗波飛，走往看之，而合案並乾，餘便流潦。（卷二八，釋法誠）

“溝”、“澗”均可指山間的流水道。“溝”，《爾雅·釋水》：“水注川

① 僅有卷十八“釋道舜”一例：“能感蛇鼠同居在繩床下，各孚產育，不相危惱。”卷二十五“釋僧林”：“年月淹久，孚乳產生乃有數十。”如果嚴格區分，以上兩例均應為單音節詞連用，并非詞。

② “瓌偉”，資、磧、普、南、徑、清作“傀偉”。

曰谿，注谿曰谷，注谷曰溝。”“澗”，《說文·水部》：“澗，山夾水也。”《詩·召南·采蘩》：“於以采蘩？於澗之中。”毛傳：“山夾水曰澗。”“溝澗”本指山溝水道。後秦佛陀耶舍共竺佛念譯《佛說長阿含經·第四分世記經三中劫品》：“爾時，此地溝澗、溪谷、山陵、埠阜無一平地，時人行來恐怖惶懼，衣毛爲竪。”（T1/144a）姚秦竺佛念譯《出曜經·無常品下》：“然彼行人隨時行道，瞻相時氣，春節以至，觀諸樹木悉皆蓓蕾，色如水精，漸轉敷花。復見溝澗水流澄清，靜無聲響。”（T4/621c）後來又引申指溝渠。如晉葛洪《抱朴子·外篇·逸民》：“設令呂尚居周公之地，則此等皆成市朝之暴尸而溝澗之腐胔矣。”《晉書·長沙王乂列傳》：“今卿復與太尉共起大眾，阻兵百萬，重圍宮城。羣臣同忿，聊即命將，示宣國威，未擬摧殄。自投溝澗，蕩平山谷，死者日萬，酷痛無罪。”

【果報】報應。

喜曰：“世間果報久已捨之，如何更生樂處，終是纏累。”（卷十九，釋法喜）

“果”梵語“颇罗”（Phala）的意譯。宋法雲《翻譯名義集·五果篇》：“頗羅，此云果。”（T54/1102c）後秦鳩摩羅什譯《十住毘婆沙論·譬喻品》：“常念果者，從因有事，成名爲果。”（T26/88c）“報”爲報應。《荀子·宥坐》：“爲善者天報之以福，爲不善者天報之以禍。”後來佛家用“果報”來指因果報應。丁福保云：“果報者，吾人今日之境界。爲對於過去世業因（不善不惡也）之結果，故曰果。又爲應於其業因而報者，故曰報。然則曰果，曰報，其體爲一，總括一切眾生自生至死之間，自己所感受之吉凶事而謂爲果報。”

【過隙】過錯。

會謁衡岳，方陳過隙。未及斷除，遂終身世。（卷二十，論）

“過”有“過錯”義。《廣雅·釋詁》：“過，誤也。”《字彙·辵部》：“過，失誤也。無心之失謂之過。”《尚書·大禹謨》：“宥過無大，刑故無小。”“隙”也有“過錯”義。《文選·揚雄〈解嘲〉》：“士得伸其志，室隙蹈瑕而無所詘也。”呂向注：“隙，過也。”“過隙”并列成詞也指過失。姚秦竺佛念譯《出曜經·惡行品》：“賢人守戒，眾德具足，多聞辯慧，言無缺漏，出言柔和，常行真誠。行四等心，慈愍一切。見小過隙，便懷恐懼，況當造無擇之罪？”（T4/745a）玄奘譯《瑜伽師地論·本地分中聞所成地第十之三》：“何等名爲二十七種？一衆所敬重；二言必信受；三處大衆中都無所畏；四於他宗旨深知過隙；五於自宗旨知殊勝德……”（T30/359b）“過隙”在傳世文獻中也存在。《後漢書·五行志》：“章帝建初四年冬，京都牛大疫。是時竇皇后以宋貴人子爲太子，寵幸，令人求伺貴人過隙以讒毀之。”“過隙”一詞在後來很難看到，可能是當時口語。

【俳戲】遊戲。

而童幼少言，不雜俳戲。每遊山泉，必先禮而後飲。（卷二七，釋僧崖）

“俳”本“雜劇”義。《説文·人部》：“俳，戲也。”段玉裁注：“以其戲言謂之俳，以其音樂言謂之倡，亦謂之優，其實一物也。”後來引申出“戲謔”義。《文心雕龍·論説》：“至如張衡《譏世》，韻似俳説。”《爾雅·釋詁上》：“戲，謔也。”“俳”“戲”同義複合成詞。西晋竺法护《修行道地經·行空品》：“退自思念，遭於母喪，心中悲慼，如火燒草，嗚呼痛哉，何忍當笑。適罹重喪，竊畏國王。即制哀心，如水澆火，遂復俳戲，稍忘諸憂，戲笑益盛，令王踊躍。”（T15/205b）《舊唐書·李藩列傳》：“王仲舒、韋成季、呂洞輩爲郎官，朋黨輝赫，日會聚歌酒，慕藩名，強致同會，藩不得已一至。仲舒輩好爲訛語俳戲，後召藩，堅不去，曰：‘吾與仲舒輩終日，不曉所與言何也。’後果敗。”

【背喪】去世。

及生緣背喪，或有悲慕邀延者，潤情若風傳，不往登踐。（卷十五，釋靈潤）

“背”有“去世”義。《文選·李密〈陳情事表〉》：“生孩六月，慈父見背。”張銑注：“背，死也。”“喪”也有“去世”義。《書·金縢》：“武王既喪，管叔及其羣弟乃流言於國。”孔傳：“武王死。”故“背喪”爲同義并列。姚秦鳩摩羅什《妙法蓮華經·如來壽量品》：“是時諸子聞父背喪，心大憂惱而作是念：‘若父在者，慈愍我等，能見救護，今者捨我遠喪他國。’”（T9/43a）失譯《陀羅尼雜集·摩醯首羅天王呪》“第三王子見父背喪，呼號懊惱，自投於地，良久乃蘇。”（T9/594c）失譯《陀羅尼雜集·摩醯首羅天王呪》：“宰相念言：‘大王在時恒以國事付囑於我，今此王子意志有異，我宜問之。’即前問言：‘今王背喪，諸群臣等

皆悉已集，父子之情不應如是。’默然而坐，而不涕泣。”（T9/594c）

“背喪”一詞僅出現於佛教文獻中，很可能是當時的一個俗語。[1]

2. 相關關係

相關關係是指構成并列複合詞的兩個語素的語義相近或有關聯。相關關係的并列複合詞有1932個，佔整個并列複合詞的35.14%。相關關係的例子如：

【庵舍】草屋。

但以堂宇未成，同居空露，蘧蒢庵舍。（卷八，釋慧遠）

“庵”，圓頂草屋。《釋名·釋宮室》：“草圓屋曰蒲。蒲，敷也；總其上而敷下也。又謂之庵。庵，奄也，所以自覆奄也。”“舍”，房屋；居室。《禮記·曲禮上》：“將適舍，求毋固。”孔穎達疏：“舍，主人家也。”

【朋翼】朋友，朋黨。

自季世佛法崇尚官榮，僥倖之夫妄生朋翼。（卷十六，釋僧達）

朋，朋友。《易·坤》：“西南得朋，東北喪朋。”孔穎達疏：“凡言朋者，非唯人爲其黨，性行相同，亦爲其黨。”高亨注：“朋，朋友。”翼，羽翼。《廣韻·職韻》：“翼，羽翼。”引申指朋友。玄奘《瑜伽師地論·本地分中菩薩地第十五初持瑜伽處自他利品第三之餘》：“是名菩薩族姓具足，得大財位，有大朋翼，具大僚屬。”（T30/484b）

【脣口】嘴巴。

因感風疾，脣口喎偏。（卷十二，釋善胄）

蕭齊求那毘地譯《百喻經·蹋長者口喻》：“於是長者正欲咳唾，時此愚人即便舉脚蹋長者口，破脣折齒。長者語愚人言：‘汝何以故蹋我脣口？’”（T4/551b）隋達摩笈多譯《起世因本經·地獄品中》：“應時燒彼眾生脣口，燒脣口已燒腭，燒腭已燒喉，燒喉已燒胸，燒胸已燒心，燒心已燒腸，燒腸已燒胃，燒胃已直過小腸，向下而出。”（T1/377a）《續傳》卷三十“釋慧常”：“然其聲發喉中，脣口不動，與人並立，推檢莫知。”

[1] 《春秋左傳·僖公三十三年》：“夏四月辛巳，晉人及姜戎敗秦師于殽。”杜預注：“晉侯諱背喪用兵，故通以賤者告姜戎。”此句中的“背喪”可能與以上例子同。如果這樣，則西晉就有“背喪”一詞了。

《敦煌變文校注·燕子賦（一）》："伊且單身獨手，嘍我阿莽孁（剪）斫。更被脣口噏嚅，與你到頭尿却。"

3. 相反關係

相反關係指構成并列式複合詞的語素的意義相反。相反關係的并列式複合詞有206個，佔整個并列式複合詞的3.75%。相反關係的例子如：

【開遮】佛教語。許可與阻止。

即深明機要，善達開遮，一人而已。（卷二二，釋慧璡）

開，允許。《晉書·李重傳》："謂九品既除，宜先開移徙，聽相并就。"《宋書·張永傳》："時將士休假，年開三番，紛紜道路。"遮，阻攔。《吕氏春秋·應同》："子不遮乎親，臣不遮乎君。"高誘注："遮，後遏也。"

【廣狹】面積大小。

或蝗暴廣狹，澤潤淺深，事符明鏡，不漏纖失。（卷二五，釋又德）

《雲笈七籤·天地部·總說天地五方》："（呵羅提國）廣狹九十萬里。"《新五代史·楚世家·馬希範》："莊宗問洞庭廣狹，希範對曰：'車駕南巡，才堪飲馬爾。'"

【官私】公家和私人。

是時也，莫問官私道俗，咸皆歎仰，俱發道心。（卷十七，釋智越）

卷二十"釋志超"："超聞之，慨而上諫，被衣舉錫，出詣郡城。望有執送，將陳所諫，而官私弗顧。"卷二三"釋靜藹"："及法滅之後，帝遂破前代，關山東西數百年來官私佛法①掃地並盡。"

【浮沈】沈浮，此偏指埋沒。

又以唱公所撰《名僧》頗多浮沈，因遂開例成廣，著《高僧傳》一十四卷。（卷六，釋慧皎）《漢語大詞典》引宋蘇軾《與人書》。

從構成詞語的語素關係看，相關關係的詞語最多，其次是相同關係，最後是相反關係。而且在相關關係中有大部分詞語的語義關係是一種承接和遞進關係。這反映出當時詞語組合的語法化特徵更加明確，語義關係反

① "法"，徑作"寺"。

而趨向鬆散①。

（二）并列複合詞的詞性結構分析

1. 名詞

并列複合詞中名詞性結構的詞有 1592 個，佔整個并列式的 29.02%。從結構來看有兩類：

（1）名 + 名→名詞

【府俞】腑臟。

其慈濟之深感激府俞。（卷二四，釋曇選）

“府俞”即腑臟，是中醫對人體內部器官的總稱。胃、膽、大腸、小腸、膀胱、三焦為六腑；心、肝、脾、肺、腎為五臟。清徐灝《說文解字注箋·廣部》：“人身亦有出納藏聚，故謂之五府六藏，俗別作腑臟。”“俞”通“腧”。腧是人的穴位。《集韻·遇韻》：“腧，五臟腧穴，通作俞。”《素問·欬論》：“治藏者治其俞。”沈澍農先生認為其本字應為“窬”。他說：“按‘腧穴’之‘腧’字後起，先秦古籍中多借‘俞’記之，後也有借作‘輸’的，大約在南北朝時期才造出專用字‘腧’。”②“府”、“俞”類義成詞表腑臟。如晉皇甫謐《甲乙經》卷五“九鍼九變十二節五刺五邪第二”：“二曰道刺，道刺者，病在上，取之下，刺府俞也。”

【僚左】僚屬。

後吳郡太守張充、吳興太守謝覽各遣僚左至都表上延請，有勅給船仗資糧發遣。（卷五，釋僧旻）

“僚左”即“僚佐”。《續傳》卷十三“釋法祥”：“二教周廢，便從俗吏。而抱德懷經，禮誦無輟。僚佐班列，同共嘉尚。”

（2）形 + 形→名詞

【秘要】奥旨精義。

窮真俗之教原，盡大乘之秘要。（卷三，釋慧淨）

---

① 胡敕瑞認為是構成聯合式的語素不夠，舍而求其次找相似的語素。參胡敕瑞《〈論衡〉與東漢佛典詞語的比較研究》，巴蜀書社 2002 年版，第 27 頁。本文認為更大的可能是詞彙雙音化時大量的臨時組合詞彙化，這才造成了聯合式中許多語義，并非相同或相近的詞被看作聯合式。

② 參沈澍農《中醫古籍用字研究》，學苑出版社 2007 年版，第 116 頁。

《後漢書·方術傳上·任文公》:"明曉天官風星祕要。"《續傳》卷十五"慧頵":"遂授三五秘要、符籙真文,并算數、式易、禁劾等法。"卷二二"釋玄琬":"謹獻秘要之經,請詳金口之教。"

【白黑】僧人和俗人。

及齊氏開泰,禮教夙被。白黑鑽仰,講說頻仍,後學知宗,前修改觀。(卷五,釋僧韶)

【乖咎】差錯

至其月二[①]十日,又依前集,衆論乖咎[②],是非滋生。並莫簡帝心,索然而退。(卷二三,釋道安)

"乖"有"差誤"義。《廣雅·釋詁四》:"乖,差也。""咎"也有"過失"義。《詩·小雅·北山》:"或湛樂飲酒,或慘慘畏咎。"鄭玄箋:"咎,猶罪過也。"二者并列,意爲"差錯"。道宣《廣弘明集·辯惑篇·周滅佛法集道俗議事》:"帝御正殿量述三教,以儒教爲先,佛教爲後,道教最上。以出於無名之前,超於天地之表故也。時議者紛紜,情見乖咎,不定而散。"(T52/135c)《廣弘明集·戒功篇·淨住子淨行法門·蕭子良〈在家從惡門〉》:"俗士每言談之次,或問白衣歸向何法,無不答云釋氏純臣。縱復實心錯背,亦羞言其乖咎。"(T52/310c)"乖咎"一詞不多,可能是當時之口語。

【長短】猶是非。

斯誠節勳後昆,厲清末法。兼以是非長短罕附胸懷。供給僧儔,身先軌物。(卷十一,釋彭淵)

"長短"有"是非"義。《續傳》卷二三"釋道安":"如何無心,仍著染濁,空爭長短,銖兩斗[③]斛。""空爭長短"即空爭是非。今成語中也有"爭長道短"、"道長論短"之說。此義項《漢語大詞典》未收。

"形+形→名詞"在《續傳》中極少。

2. 動詞

並列式複合詞中動詞有2591個,佔整個并列式的47.23%。從結構

---

① "二",資作"三"。

② "咎",資、磧、普、南、徑、清作"各"。

③ "斗",資、磧、普、南、徑、清作"升"。

上看也有兩類：

（1）動＋動→動詞

【藏竄】隐藏。

雖復藏竄，不免捉獲。（卷二七，釋玄覽）

“藏”，隐藏、潜匿。《易·繫辞上》：“顯諸仁，藏諸用，鼓萬物而不與聖人同憂。”“竄”，伏匿、隐藏。《左傳·定公四年》：“天誘其衷，致罰於楚，而君又竄之。”杜預注：“竄，匿也。”

【打築】打擊。

杜龕即被打築，遍身青腫。（卷二九，釋僧明）

“築”的本義是搗土使堅實。《説文·木部》：“搗，築也。”引申爲撞擊。《廣雅·釋詁一》：“築，刺也。”“打”、“築”意義基本相同，只是打的方式有別，二者複合成詞相當於打擊。唐義淨譯《根本薩婆多部律攝·第二部十三僧伽伐尸沙法之一·故泄精學處》：“言欲動者，謂精未離本處，即此無間不淨當流。雖精未流，已有變狀。或在身中而泄出者，謂精已轉動離於本處。或故作舞樂，或空裏搖身，或由打築，或因摩按，或以藥揩癢，或逆流動根，或揩氈褥，或石木瓶等，或於肉團故流不淨，並窣吐羅罪。”（T24/540b）

【炤爍】閃爍。

既冥會素情，深懷禮懺。乃覩神光炤爍，慶所希幸。（卷十二，釋慧海）

炤，照耀。《荀子·天論》：“列星隨旋，日月遞炤。”楊倞注：“炤與照同。”爍，閃爍。清談遷《棗林雜俎》中集“琴”：“翡翠照爍琉璃光，丹砂點漆流星芒。”

《漢語大詞典》“炤爍”條與此無干。

【珍敬】尊重。

今上嗣籙[①]，素所珍敬。追入優問，禮殊恒袟[②]。（卷四，釋玄奘）

“珍”在中古有“尊重”之意。《廣雅·釋詁三》：“珍，重也。”《文選·呂康〈命運論〉》：“名與身孰親也？得與失孰賢也？榮與辱孰珍？”

① “籙”，諸本作“錄”。

② “袟”，磧、普、徑作“秩”。

呂向注："珍，重也。"揚雄《太玄·馴》："靈囊大包，其德珍黄。"司馬光集注引王弼曰："珍者，爲物所貴。""敬"是"尊重"。二者複合表示尊重。此詞在佛經中出現甚早。如吳支謙譯《佛說太子瑞應本起經》卷下："女益珍敬，即與數女，俱入山中，望見好樹，即遣婢先往掃除。"(T3/479a) 後秦摩羅什譯《佛垂般涅槃略說教誡經》："汝等比丘，於我滅後，當尊重珍敬波羅提木叉。"(T12/1110c)

【悲結】悲痛憂鬱。

弟子等五百餘人奉遵遺旨，爾時雲高風靜，木[①]淨油香。七衆彌山，一心悲結。(卷二二，釋玄琬)

"悲"有"悲痛"義甚明，無需再釋。"結"爲"郁結"。《文選·曹丕〈與吳質書〉》："雖書疏往返，未足解其勞結。"劉良注："謂憂心之結。"《素問·疏五過論》："名當合男女，離絕菀結，憂、恐、喜、怒，五臟空虛，血氣離守，工不能知何術之語。"王冰注："結，謂結固餘怨。"《資治通鑒·晉紀二十一》："願單出一相見，以寫佇結之情。"胡三省注："企望之情郁積而不散曰結。""悲""結"連文則指悲痛憂鬱。北涼法盛譯《佛說菩薩投身飴餓虎起塔因緣經》："其王見已，更增悲結；前捉夫人手，涕淚交流。"(T3/425b) 元魏慧覺譯《賢愚經·月光王施頭品》："時婆羅門擔王頭去，諸王臣民夫人太子已見王頭自投于地，同聲悲叫，絕而復甦。或有悲結吐血死者，或有愕住無所識者，或自剪拔其頭髮者，或復劚裂其衣裳者，或有兩手劚壞面者。"(T4/390a)

(2) 名+名→動詞

【砥礪】磨練，鍛鍊。

乃服膺坐右，稟宗《成實》。刻情砥礪，寢食忘疲，苦思沈淪，坑岸斯墜。(卷七，釋慧勇)

【風雨】颳風下雨。

時遇風雨艱辛，泥路擁塞。(卷六，釋慧超)

"名+名→動詞"形式也極少。

3. 形容詞

形容詞性的并列複合詞有1245個，佔整個并列複合詞的22.69%。

① "木"，麗作"水"。

也有兩種類型：

（1）形+形→形容詞

【暢悅】喜悅。

承彼北背曾巖，南臨清渭，石鏡耀日，松蘿冒空，暢悅幽情，即而依赴。（卷十三，釋僧鳳）

"暢悅"有"喜悅"義。東晉僧伽提婆譯《增壹阿含經·弟子品》："能雜種論，暢悅心識，所謂拘摩羅迦葉比丘是。""暢悅心識"即"使心智喜悅"。梁釋慧皎撰《高僧傳·神異上·竺佛調》："後數年調白衣弟子八人入西山伐木，忽見調在高巖上，衣服鮮明，姿儀暢悅，皆驚喜作禮。""姿儀暢悅"即"姿態看起來很高興"。隋吉藏《百論序疏》："問：'爲通眾生聖心，爲通佛菩薩聖心耶？'答：'具有三義：一令眾生得悟正觀，名通眾生聖心。二邪教既除，正經便顯，暢悅佛心，名通佛聖心。三眾生病息，大士患除，故通菩薩聖心也。'"（T42/232a）"暢悅佛心"就是使佛心暢快。

【長偉】高大。

及孝宣請講，太子常迎。屢見神人，形甚長偉，密來翼從。（卷七，釋寶瓊）

"長偉"即高大。如卷二五"釋又德"："釋又德[①]，姓徐。雍州醴泉人[②]。形質長偉，秀眉骨面。"卷二六"釋法周"："釋法周，不知何許人。狀相長偉，言語[③]高大。"卷二九"釋慧雲"："而形貌長偉，骨面多髯，言晤[④]成章，眾所知識。"

【融泰】昌盛太平。

時漸融泰，頗懷嘉賞，授禮部等官，並不就。與朝士王邵[⑤]、辛德源、隆[⑥]開明、唐怡等情同琴瑟，號爲文外玄友。（卷二，釋彥琮）

"融泰"在中古有昌盛太平義。《宋書·倭國傳》："王道融泰，

① "又德"，資、普、南作"乂德"，磧、麗作"叉德"。

② "人"，資、磧、普、南、徑、清作"人也"。

③ "言語"，資、磧、普、南、徑、清作"言晤"。

④ "晤"，資、磧、普、南、徑、清作"語"。

⑤ "邵"，諸本作"劭"。

⑥ "隆"，諸本作"陸"。

廓土遐畿，累葉朝宗，不愆於歲。”《宋書·彭城王義康傳》：“敢緣陛下，聖化融泰，春澤覃被，慈育羣生，仁被泉草，實希洗宥，還齒帝宗。”《正統道藏·洞玄部·威儀類·靈寶領教濟度金書·科儀立成品·第一日早朝儀》：“十雨五風，融泰和於宇宙；八蠶九穀，彰盛治於郊畿。”

【曲細】細微之處。

安之所述，大啟玄門。其間曲細，猶或未盡。更憑正文，助光遺迹。（卷二，釋彥琮）

“曲”有“局部的、小的”之義。《漢書·禮樂志》：“事爲之制，曲爲之防。”王念孫雜志：“大事曰事，小事曰曲。”《禮記·中庸》：“其次致曲。”鄭玄注：“曲猶小小之事也。”“細”也有“細微”義。《廣雅·釋詁》：“細，小也。”《尚書·旅獒》：“不矜細行，終累大德。”孔傳：“輕忽小物，積害毀大，故君子慎其微。”二者并列成詞，意爲“細微”。《國語·周語下》：“二間夾鐘，出四隙之細也。”韋昭注：“四隙，四時之間氣微細者。”隋慧遠述《涅槃義記》卷五：“初地離麁，故說能壞二十五有。曲細論之，如彼二種生死章中具廣分別。”（T37/745a）

（2）其他詞性語素并列組合成的形容詞

除形＋形→形容詞外，《續傳》中還有少量其他詞性語素構成的形容詞。如名＋名、數＋數、量＋量等。例子如下：

名＋名：

【騷索】學識淵博。

釋法韻，姓陳氏，蘇州人。追慕朋從，偏工席上，騷索遠度，罕得其節。（卷二，釋法韻）

“騷”指《離騷》。《宋書·謝靈運傳論》：“原其颷流所始，莫不同祖《風》《騷》。”“索”指墳索。葛洪《抱朴子·逸民》：“窮覽墳索，著述粲然，可謂立言矣。”二者并列指學識淵博。“騷索”也寫作“搔索”。《續傳》卷三一“釋覺朗”：“服餌守中，賞心唯識，亦搔索之開士也。”

數＋數：

【一二】一兩个。表示少数。

斯例甚眾，略陳一二。（卷十一，釋保恭）

量+量：

【寸尺】比喻微小。

爾後詔書手勅月別頻至，寸尺小緣必親言及。（卷十六，釋僧稠）

4. 其他格式

除三大類外，《續傳》中還有少量的其他詞性的并列式複合詞，有副詞、連詞、量詞、代詞四類，共58個，佔整個複合詞的1.06%。如：

（1）副詞[①]

並列複合式副詞共有44個，佔並列複合詞的0.80%。如：

【凡在】所有。

尋有別勅，乃授僧正。戒德内修，威儀外潔。凡在緇侶，咸稟成訓。（卷六，釋慧超）

"凡在"是"所有"之義。李密《陳情表》："伏惟聖朝以孝治天下，凡在故老，猶蒙矜育，況臣孤苦，特為尤甚。"晋常璩《華陽國志·後賢志·文立廣休》："上疏曰：'臣子之心，願從疏以求昵，凡在人情，貪從幽以致明，斯實物性，賢愚所同。'"梁釋慧皎撰《高僧傳·譯經上·安世高》："凡三十九部，義理明析，文字允正，辯而不華，質而不野。凡在讀者皆亹亹而不勸焉。"沈約《宋書·顧琛傳》："劉誕狷狂，遂構釁逆，凡在含齒，莫不駭惋，臣等預荷國恩，特百常憤。"唐慧立本，彥悰箋《大唐大慈恩寺三藏法師傳》卷九："凡在群品，靡弗欣戴。"（T50/268c）《北史·循吏·王伽列傳》："凡在有生，含靈稟性，咸知好惡，並識是非。若臨以至誠，明加勸導，則俗必從化，人皆遷善。"據蔡鏡浩研究，"在"有"任、隨"之義[②]，同時其所組成的複合詞，"在所"有"任何東西，各種東西之義"，"在在"有"處處，到處"之義。"在"還

① 關於同義複合副詞至今存在着爭論。柳士鎮、牛島德次、許理和、曹廣順、梁曉虹、朱慶之、認為是複合詞，而解惠全、楊榮祥則認為不是詞，而是複合結構，詳細情況參楊榮祥《近代漢語副詞研究》，商務印書館2007年版，第283—286頁。另王海棻、香坂順一、吳福祥均談及此問題，我們在此認為它是複合詞。詳參王海棻《六朝以所漢語疊架現象舉例》，《中國語文》1991年第5期；香坂順一《白话語彙研究》，中華書局1997年版，第93頁；吳福祥《敦煌變文12種語法研究》，河南大學出版社2004年版，第65頁。

② 參蔡鏡浩《魏晉南北朝詞語例釋》，江蘇古籍出版社1990年版，408頁。

可與“皆”複合成詞，也為“所有、全部、都”義。南朝宋沈約《宋書·禮志（四）》：“賀循云：‘古禮異廟，唯謁一室’是也。既皆共廟，而闕於諸帝，於情未安，謂循言為允，宜在皆告。”“在”由此而引申出“凡是、所有”義是可能的。

【頗共】全部。

廣陳盛事，兼以立性閑穆，識悟清爽，文藻横被聞于京室。著集十卷，頗共傳之。（卷十八，釋法純）

“頗共傳之”即全部流傳。“頗”與“共”同義并列，表示範圍。如梁慧皎《高僧傳·譯經中·鳩摩羅什》：“爲性率達，不厲小檢，修行者頗共疑之。然什自得於心，未嘗介意。”《歐陽修集·蘇氏文集序》：“天聖之間，予舉進士于有司，見時學者務以言語聲偶擿裂，號爲時文，以相誇尚。而子美獨與其兄才翁及穆參軍伯長，作爲古歌詩雜文，時人頗共非笑之，而子美不顧也。”

【漸便】便。

惟見清泉，香而且美。合眾同幸。及亡[①]，龍泉漸便乾竭。（卷十五，釋慧璿）

“漸便”即“便”。“漸”有“便、乃”之意，表示行為的承接。如後秦佛陀耶舍共竺佛念譯《佛說長阿含經·遊行經第二中》：“時有工師子名曰周那，聞佛從彼末羅來至此城，即自嚴服，至世尊所，頭面禮足，在一面坐。時佛漸爲周那說法正化，示教利喜。”[②]（T1/18a）隋闍那崛多譯《佛本行集經·精進苦行品上》：“爾時菩薩從善生女乞得食已，於空靜處如法而食。食已經行，漸到一處。地方平整，清淨可喜。”（T3/765b）隋闍那崛多譯《佛本行集經·向菩提樹品中》：“出家苦行六年滿，今漸來向道樹間，自覺覺他以菩提，汝若有力共彼試。”（T3/775c）

“漸”“便”同義并列。

【重頻】頻繁。

---

① “亡”，資、磧、普、南作“止”。

② 按，蔣冀騁先生認為此句中“漸”為時間副詞，是“即、遂”之意，基本相同。參蔣冀騁《隋以前漢譯佛經虛詞箋識》，《古漢語研究》1994 年第 2 期。

乃上簡聞，蒙引內見。躬傳法理，無爽對揚。賜綵四十段，并宮禁新納一領，所將五僧加料供給。重頻慰問，勞接殊倫。（卷三，波羅頗迦羅蜜多羅）

“重頻”有“頻繁”義。此詞在世俗文獻中無例，在佛經中三見，但其他兩例均與此例同，可能是當時之口語。

其餘還有並總、並具、並皆、並共、並通等。曹廣順稱之爲“語法化中的重疊”，認爲：“較爲常見的是在一個新的虛詞產生後，新舊虛詞同時存在，而且，兩個同樣功能的虛詞在一個句子之類重疊使用。”① 朱慶之認爲：“這些雙音形式的產生大都不是出於表意的需要，它們只是原有的單音詞的同義擴展，它們當中的一部分可能是來自口語，另一部分則是翻譯佛典時的創造。”②

（2）連詞

並列複合連詞一共只有 6 個。佔並列複合詞的 0.11%。如：

【並及】以及。

又石函蓋上見二菩薩踞坐寶座，前有一尼，斂手曲敬。或見飛仙及三黃雀並及雙樹、麟鳳等象。（卷二一，释觉朗）

“並”在此爲連詞，韓愈《憶昨行和張十一》詩：“車載牲牢甕舁酒，並召賓客延鄒枚。”“及”也可作連詞。《詩・豳風・七月》：“六月食鬱及薁，七月烹葵及菽。”“並”“及”連類成詞也表示并列關係。《續傳》卷二“釋洪遵”：“初住嵩高少林寺，依資雲公開胸律要，並及《華嚴》、《大論》。”卷二二“釋玄琬”：“大將軍薛萬徹昆季並及母氏並欽崇戒約，蔬素形終。”道宣《律相感通傳・初問佛事》：“又問：‘鼓山竹林寺名何代所出?’答云：‘是迦葉佛時造，周穆王於中更重造寺。穆王佛殿並及塑像至今見存。’”（T45/875b）

【仍即】於是。

杖錫京輦，仍即謁帝承明，亟陳奧旨。（卷九，釋慧藏）

“仍”即乃。意爲“於是”。“即”也是“於是”之義。二詞并列成

① 參曹廣順《重疊與歸一：漢語語法歷史發展中的一種特殊形式》，《漢語史學報》第四輯。

② 參朱慶之《試論佛典翻譯對中古漢語詞彙發展的若干影響》，《中國語文》1992 年第 4 期。

複合連詞，仍然是“於是”之義。如《高僧傳·譯經下·釋法顯》：“頃之母喪，至性過人，葬事畢，仍即還寺。”《續傳》卷十四“釋法恭”：“入侍讌筵，既摛雅什，田衣作詠，仍即賜絳。有感聖衷，深見顏色，特詔留住，傳送京師。”又寫作“乃即”。孫思邈《備急千金要方》卷二二“論”：“夫癰疽初發至微，人皆不以爲急。此實奇患，惟宜速治，若療稍遲，乃即病成。”

【於即】於是。

於即研精覃思，無釋寸陰。（卷六，釋法常）

“於”、“即”均有“於是”之義[①]。二者組合成詞仍是“於是”。陳真諦《廣義法門經》：“有信心人由此四念，爾時於即生喜樂。”隋闍那崛多譯《佛本行集經·跋陀羅夫婦因緣品》：“其夫在田遙見其婦從家而出，入河岸下不見渡處，即起心念：誰在彼邊，共誰而住，於即不來。今我飢渴，甚大疲頓。”（T3/873b）玄奘譯《大唐西域記·二十三國·那羅稽羅洲》：“是時月十五日也，像頂流水，眾皆獲濟，以爲至誠所感，靈聖拯之。於即留停，遂經數日。”（T51/934b）

（3）量詞

量詞有6個，佔整個並列式的0.11%。如：

【儕輩】具戒之後，學超儕輩。（卷二一，釋道成）

【儕倫】而聰明振響，冠遠儕倫。（卷十，釋法彥）

（4）代詞

代詞僅兩條。

【彼我】彼我之意未忘，則他自之情不坦。（卷三，釋慧淨）

【彼此】竊疑翻傳之日，彼此異意。（卷二，達摩笈多）

我們以之與中古文獻進行對比（見表5—1）[②]。

---

① “於”有“於是”義，見董師志翹《試論〈觀世音應驗記三種〉在中古漢語研究方面的語料價值》，載《漢語史研究集刊》第五輯。又見董師《唐五代文獻詞語考釋五則》，《中國語文》2000年第2期。

② 按，《論衡》與佛經的數據來源於胡敕瑞《〈論衡〉與東漢佛典詞語的比較研究》，巴蜀書社2002年版，第70頁。

表 5—1 **《續高僧傳》與中古文獻對比表一**

結構方式 \ 數據		論衡		佛經		續傳	
		數量	百分比	數量	百分比	數量	百分比
從語素的語義關係上看	相同	311	76.22%	370	56.57%	3361	61.12%
	相類	95	23.28%	279	42.66%	1932	35.13%
	相反	2	0.48%	5	0.77%	206	3.75%
從語素的詞性看	名詞	72	17.65%	107	16.36%	1597	29.02%
	動詞	195	47.79%	362	55.35%	2866	47.23%
	形容詞	134	32.84%	152	23.24%	1248	22.69%
	其他	7	1.72%	33	5.05%	58	1.06%

從語義關係看，在相同與相類語素形成的并列式合成詞中，《續傳》均處於《論衡》與佛經之間，這反映出并列式發展的總體特點。據殷正林研究："魏晉時期，組成聯合式複音詞的詞素意義關係發生了巨大變化，大批新生複音詞的構成詞素既非同義、近義，又非反義，只是一種平行關係……意味着聯合式複音詞的構詞條件——先秦要求義同、義近——放寬了。"① 佛經最口語化，因此其相同關係的詞最少，而《續傳》遠在《論衡》成書時間之後，故其相類關係語素的比例較《論衡》高，但是它又沒有佛經通俗，所以相類關係語素的比例較佛經低。另外一個顯著特點是相反關係的比例《續傳》遠比前二者高，這可能與《續傳》語體風格有關。因爲《續傳》中的大多數傳記具有六朝以來的駢體風格，駢體追求語言的對仗，在用詞時常常有意採用一些相反關係的詞語，這就導致了相反關係并列式比例高於前二者。從詞性比例來看，動詞最多三者是一致的，反映出中古漢語并列式的整體發展趨勢②。胡敕瑞認爲："《論衡》與佛典新興聯合式雙音動詞的激增反映了東漢詞彙的劇烈變化，因爲動詞是

① 參殷正林《〈世說新語〉中所反映的魏晉時期的新詞和新義》，《語言學論從》第 12 輯，商務印書館 1984 年版。

② 據馬真研究，上古并列式複合詞形容詞最多，動詞次之，名詞最少。參馬真《先秦複音詞初探》，《北京大學學報》1980 年第 4 期。

所有詞類中最具活力的一種。"[①] 而名詞比例《續傳》遠比前二者高，這反映出中古漢語向近代漢語發展的趨勢。據陳明娥研究，在敦煌變文中，"名詞是并列雙音詞裡面數量最多的一個詞類。"[②]《續傳》處於中古漢語向近代漢語轉變的轉折點上，并列式名詞比中古佛經和《論衡》多，正好反映出其與近代漢語的密切關係。

其他詞性的并列式複合詞的存在，主要反映出并列虛詞，特別是并列副詞的發展，與其後的變文的特點接近[③]，說明《續傳》與中古漢語有密切的關係。

《續傳》并列式合成詞還出現了合成語素與所成詞詞性不一致的現象，這也反映出中古漢語的特點。因爲"先秦聯合式、偏正式複音詞構成詞素的詞性有一致的特點，少有例外。魏晉時期新生的複音詞則不然。"[④] 變得關係比較複雜。

二 《續傳》中的偏正式複合詞

偏正式複合詞也是《續傳》的重要組成部分。《續傳》中的偏正式詞語有 4785 個，佔整個詞彙的 32.10%，佔複合詞的 39.09%。從語義關係上可分爲定中和狀中兩大類。下面分兩類進行討論。

(一) 定中型

定中型有 3727 個，佔整個偏正式的 77.89%。

1. 定語 + 名詞中心語素。

定語 + 名詞中心語素的偏正式有 3724 個，佔整個偏正式的 77.83%。其中名 + 名、形 + 名、動 + 名、數 + 名、副 + 名佔絕大多數，佔名詞 + 中心語的 99.48%。

(1) 名 + 名

---

① 參胡敕瑞《〈論衡〉與東漢佛典詞語的比較研究》，巴蜀書社 2002 年版，第 179 頁。

② 參陳明娥《敦煌變文詞彙計量研究》，百花洲出版社 2006 年版，第 179 頁。

③ 陳衛蘭提出變文復音化的三個趨勢之一就是聯合式的構詞方式發生了質的變化，由實語素構詞發展為實、虛語素都可以構詞。參陳文《試論敦煌變文復音化的三個趨勢》，《北方論叢》1997 年第 5 期。

④ 參殷正林《〈世說新語〉中所反映的魏晉時期的新詞和新義》，《語言學論從》第 12 輯，商務印書館 1984 年版。

"名+名"有1667個，佔名詞+中心語的44.78%。如：

【北界】北部邊境。

其境北界，即東女國，與吐蕃接境。比來國命往還，率由此地。（卷四，釋玄奘）

【兵食】軍糧。

至期果獲。以事陳之，彼人云："兵食可亡，信不可廢。弟子俗人奉之，豈意釋門綴斯慮也。"（卷十五，釋志寬）

【盋袋】僧人出遊用於裝鉢的袋子。

室中唯一繩床，盋袋挂于壁上。（卷十九，釋智滿）

（2）形+名

"形+名"有1523個，佔40.91%。如：

【高彥】高朋。

又撰《法華經纘述》十卷。《勝鬘》、《仁王般若》、《溫室》、《盂蘭盆》《上下生》各出要纘，盛行於世。並文義綺密，高彥推之。（卷三，釋慧淨）既居慧日，高彥成群。常講《中觀》、《涅槃》、《攝論》。（卷十三，釋法護）

【達量】有氣度。

釋慧覺，俗姓范氏，齊人也。達量通鑒，罕附其倫。（卷十二，釋慧覺）自此已後更發仁風，據事引之，達量之弘者矣。（卷十四，釋道愻）于時達量道俗動豪①成論者非一，各踈②佛理，具引梵文。（卷二四，釋法琳）

【光緒】光輝的遺業。

光緒既著，風猷弘遠。（卷五，釋僧旻）承習禪慧，榮其光緒，比多徵引，終遁林泉。（卷十七，釋智舜）且夫讀誦徵感，其類繁焉，別有紀傳，故不曲盡，略引數條，示光緒耳。（卷二八，釋僧達）

（3）動+名

"動+名"有260個，佔7.00%。

【伴眾】同伴。

---

① "動豪"，資、磧、普、南、徑、清作"動毫"；麗作"動豪"。

② "踈"，資、磧、普、南、徑、清作"陳"，麗作"疏"。

神語獻曰："伴眾極多，悉在紫陌河上。惟三十人相隨，可令寺家設食。"（卷二五，釋洪獻）

【聽侶】聽眾。

席中聽侶，僉號英雄，四方多難，總歸綿益，相與稱讚，逸口傳聲。（卷四，釋玄奘）聽侶千[①]餘，皆一時翹秀，學觀榮之。（卷五，釋智藏）又率諸聽侶，諷誦《涅槃》大品。人各一卷，合而成部。（卷六，釋慧韶）

【封表】唐初給皇帝所上的一種奏章。

又上遺封表於帝。（卷二二，釋玄琬）衛嵩本我之胤，張賓乃彼之餘。異嚮同心，脣齒相副。競列封表，曲引遊言。冒謟帝心，覆絕仁祀，時未思其禍始也。（卷二四，論）

"封表"應是唐初給皇帝所上的一種奏章。《褚遂良集·再諫五品以上妻犯姦没官表》："臣今月五日詣虔化門進封表，論五品以上官人妻及女等有犯罪者沒爲官婢。"褚遂良為初唐名臣，他自稱其所上奏章為"封表"，可見"封表"是時人對這種奏章的通稱。疑即"封事"之異名。此義《漢語大詞典》未收。

（4）數＋名

"數＋名"有 224 個，佔 6.02%。

【五天】五印度。

斯即五天之良史，亦乃三聖之宏圖。（卷二，達摩笈多）向使法蘭歸漢，僧會適吳，士行、佛念之儔，智嚴、寶雲之末，纔去俗衣，尋教梵字，亦霑僧數，先披葉典，則應五天正語充布閻浮，三轉妙音並[②]流震旦。（卷二，釋彥琮）初奘在印度聲暢五天，稱述支那人物爲盛。（卷四，釋玄奘）

【二行】正行和雜行。

四儀託於戒節，二行憑於法依。（卷二十，釋智超）

其他形式有"量＋名"、"代＋名"等詞，還有少量"形＋代"、"形＋量"，這些詞的中心語素雖不是名詞性的，但一般把它們也看作是名詞

---

① "千"，諸本作"百"。

② "並"，資、磧、普、南、徑、清作"普"。

中心語素。這些詞總共有49個，佔名詞+中心語偏正式的1.32%。如：

量+名：

【尺牘】文辭。

兼通外典，妙善尺牘。（卷十二，釋慧覺）。

代+名：

【爾日】當天。

文宣處座目驗①臧否，其徒爾日皆捨邪從正，求哀濟度。（卷二三，釋曇顯）爾日天台送書并致香蘇石蜜，觀覽書曰："宿世因緣最後信矣。"（卷三十，釋真觀）

副+名：

【非人】佛教語。相對於人間而言的天界、冥界的眾生。

自非立正處懷，焉使非人投告？（卷十四，釋三慧）

形+量：

【方寸】指心。

楚越拘情，得喪兼遣。方寸之地，悠然罕測。（卷十，釋智聚）專志在於本毒，去取匠於方寸。（卷二二，論）《漢語大詞典》引唐劉知幾《史通·自敘》。

形+代：

【倒我】顛倒之妄見。

斯皆拔倒我之宏根，顯坏形之可厭，以將崩之朽宅，貿金剛之法身。（卷二七，論）

"倒我"爲佛教四顛倒之一，道宣《釋門歸敬儀·引教徵事篇》云："分分增明，仍猶過習，如何氷執，一觀便休。此乃凡懷，遵承倒我，我我因循，何由見覺。"（T45/860b）

2. 中心語素+定語

《續傳》中還出現了中心語在前的偏正式名詞，共有4例②，佔0.08%：

① "目驗"，資、磧、普、南、徑、清作"自驗"。

② 按，《續傳》中還有"管清"之類的詞，如卷七"釋法朗"："切切管清，遙遙鼓聲。"實質是"清管"，是為修辭需要而臨時改動的，我們不列入前置式中。

【車牛】牛車。

勑施車牛人力衣服飲食，四時不絕。（卷五，釋法寵）

【皇高】高皇。

皇高亟延義集，未曾不勑令雲先入後下詔令。（卷五，釋法雲）

【蒿艾】艾蒿。

聚砂以爲福事，蒿艾以爲殿塔。（卷十九，釋普明）

【匠石】古代名石的巧匠。

余以擁腫拳曲，不中規繩，而匠石輟斤，忽垂顧眄。（卷十九，釋智周）

以上詞語除“皇高”外，其餘均爲上古舊詞，而“皇高”也帶有擬古的特徵，雖然極少，但反映了《續傳》中文言詞的特色。

（二）狀中型

狀中型共有 1057 個，其中動詞中心語有 981 個，佔偏正式的 20.50%，形容詞中心語 76 個，佔偏正式的 1.59%。

1. 動詞中心語素。

動詞中心語分爲五類，即形 + 動、副 + 動、名 + 動、動 + 動、數 + 動。

（1）形 + 動

“形 + 動”有 568 個，佔動詞中心語的 57.90%，是最大的一類詞。如：

【別勑】特別命令。

並唱奉別勑兼贊其功。（卷一，釋寶唱）具情上啟，即蒙別勑，爲[①]四天王寺，聽在居住。（卷三，闍那崛多）又上表請，尋下別勑，令于遁王給其鞍乘。（卷三，釋玄奘）

【飽噉】猶飽食。

飽噉而旋，惟取牛十頭擬勞軍士。（卷二二，釋慧璡）帝曾命酒并蒸肫，勑置豐前，令遣食之。豐聊無辭讓，極意飽噉。（卷二五，釋道豐）

【博贍】廣博。

于時又有中天竺僧勒那摩提，魏云寶意，博贍之富，理事兼通。（卷

① “為”，資、磧、普、南、徑、清作“為造”。

一，菩提流支）

“博瞻”有“廣博”義。如道宣《量處輕重儀》：“豈名博瞻機教，弘濟時俗耶?”（T45/839c）《北堂書鈔·設官部·中書令》“處機近”條：“《晉中興書》：‘王珉，字秀琰，遷拜爲中書科令。詔曰：“新除侍中王珉，才學博瞻，理義精通，宜處機近以察時務，其以珉長兼中書令。”’”

（2）副+動

“副+動”有167個，佔動詞中心語的17.02%。如：

【不救】不治。

以八月二十日遘疾，自省不救，索紙題詩。（卷一，釋法泰）因而搆疾，自知不救。（卷三，波羅頗迦羅蜜多羅）未暇[①]經始，便感重疾，知命不救，謂弟子曰：“常願生淨土而無勝業。雖不生三途，亦不生天。當[②]還生淨土[③]作沙門也。汝等努力行道，方與吾會。”（卷二五，釋植相）

【的無】毫無。

的無痛所，右脇而終于住寺，春秋七十有九。（卷十五，釋法常）栖泊僧寺，的無定所。（卷二三，釋曇顯）初積云疾，的無所苦，自知即世，告門人曰：“吾今七十有五，吾[④]卒今年矣。”（卷二九，釋道積）

【頗測】猶叵測。

法門深妙，時沙門智顗，定慧難踰，人神頗測，靜嘆精利，事等夙成。共諸前學，頻請重講。（卷七，釋警韶）《漢語大詞典》引元劉壎《隱居通議·駢儷二》

（3）名+動

“名+動”有137個，佔動詞中心語的14.70%。如：

【瓶瀉】喻沒有保留，沒有遺漏。

而難陀迦葉馬鳴龍樹，既同瓶瀉，有若燈傳。故得妙旨微言，垂文見意。（卷三，釋慧淨）歷耳不忘，經目必憶。常能覆述，有如瓶瀉。（卷

---

① “暇”，諸本作“暇”。

② “當”，諸本作“堂”。

③ “淨土”，諸本作“涪土”。

④ “吾”，資、磧、普、南、徑、清無。

六，釋僧詢）眾善講堂付門人玄鏡，鏡承瓶瀉，相從不絕。（卷三十，釋直觀）

【壁立】像牆壁一樣聳立，形容山崖石壁的陡峭。

既達山阿，壁立無路。（卷四，釋玄奘）

（4）動+動

“動+動”有93個，佔整個動詞中心語的9.48%。如：

【飛驟】飛奔，形容速度快。

賾隨紙賦筆，飛驟如風。（卷三，釋慧賾）

歎濱海，道難留，指日榮遷飛驟。《全宋詞·趙長卿〈喜遷鶯（上魏安撫）〉》輕醉醒、堤月籠沙，鞍松寶輪飛驟。史祖達（《全宋詞·史祖達〈玉燭新〉》）

【俯提】提攜。

伏希俯提，所請世世結緣，遂其本願，日日增長。今奉請爲菩薩戒師。（卷十七，釋智顗）

《正統道藏·洞玄部·威儀類·靈寶領教濟度金書·罪·科儀立成品〔開度通用〕·十真君醮儀·告符》：“皈依地府變成玉，寶肅巍巍譽望長。仰奉三天三省令，俯提九地九幽場。”《正統道藏·洞玄部·威儀類·靈寶領教濟度金書·愛二·科儀立成品〔傳度齋用〕·弟子謝恩醮·請稱法位新授》：“亶由恩光，俯提愚昧。”日釋守篤分會《大涅槃經玄義文句會本》卷上：“俯者，就下也，提者，誘也，如嬰兒失故鄉，俯提弱喪即其事也。”（X36/21a）

（5）數+動

“數+動”有16個，佔整個動詞中心語的1.63%。如：

【一無】毫無，一點沒有。

詰曲重沓二十餘門，一無錯誤。（卷六，釋曇鸞）惟留衣鉢，餘者傾盡，一無遺餘。（卷五，釋智藏）或報以金帛者，一無所受。（卷八，釋寶彖）

【倍多】成倍增加。

於是歷諸大小乘國及以僧寺，聞見倍多。（卷二，達摩笈多）《漢語大詞典》引韓愈《論淮西事宜狀》。

【兩亡】兩者同樣失去。

是則師資兩亡，敢以文疏仰及。（卷二一，釋洪遵）《漢語大詞典》引蘇軾《和劉道原詠史》。

2. 形容詞中心語素

形容詞中心語素可分爲副+形、形+形、名+形三類。

（1）副+形

“副+形”共51個，佔形容詞中心語的67.10%。

【不群】不同凡响。

法師博物不群，智思無限。（卷三，釋慧淨）廪幼而聰頴，獨悟不群。（卷七，釋安廪）出言清越，厲然不群。（卷八，釋曇延）

【非久】不久。

天樂非久，終墜輪迴。蓮華藏世界是所圖也。（卷十二，釋靈幹）波若自知壽命將盡非久，今故出與大眾別耳。（卷十七，釋智越）

【大好】很好。

神僧頷頭曰：“大好精進業。今東屋格上如許經並自誦之，欲得聞不?”（卷二五，釋僧照）眾僧便於西院會之，神曰：“大好飲食，勞費師等。雖然僧綱不赴[①]齋供，後會使知。”（卷二五，釋洪獻）有六時念善，大好，若不能具，一時亦好。如是一念，其心亦好。皆能滅惡也。（卷二七，釋僧崖）《漢語大詞典》引韓愈。

（2）形+形

“形+形”共18個，佔形容詞中心語的23.68%。

【別致】新奇；與眾不同。

研心所指，科科別致。（卷八，釋寶彖）《漢語大詞典》引《紅樓夢》第一回

【重昏】十分昏暗；愚昧。

炳慧炬以出重昏，拔愛河而昇彼岸。（卷三，釋慧淨）豈謂重昏之夜，燭慧炬之光，火宅之朝，降法雨之澤。（卷四，釋玄奘）

（3）名+形

“名+形”共7個，佔形容詞中心語的9.21%。

【霞明】像彩霞一樣明麗。

① “赴”，資、磧、普、南、徑、清作“起”。

慧悟霞明，樂說不窮（卷四，釋玄奘）《漢語大詞典》引唐王勃《乾元殿頌》

【冰潔】形容德行清白高潔。

淨養威儀，霜厲冰潔。（卷十二，釋淨業）《漢語大詞典》引唐薛用弱《集異記·蔡少霞》

我們與中古文獻作比較（見表5—2）：

表5—2 《續高僧傳》與中古文獻對比表二

結構方式＼數據		論衡		佛經		續傳	
		數量	百分比	數量	百分比	數量	百分比
從語義關係上看	定中	130	89.66%	207	90.79%	3727	79.77%
	狀中	15	10.34%	21	9.21%	1057	20.23%
從語素結構上看	×+名	131	90.34%	214	93.86%	3727	79.77%
	其它	——	——	——	——	1057	20.23%

從語義關係看，狀語中心語大量增加，反映出《續傳》狀語中心語構詞有了較大的發展。而從語素構成看，形容詞中心語大大減少，而其他構詞形式大大增加，表現出構成方式向多樣化發展。

三 《續傳》中的述賓式複合詞

《續傳》中的述賓式合成詞有1708個，佔整個複合的13.95%。述賓式又可分爲動詞加關係語素的動賓式和介詞加關係語素的介賓式兩大類。

1. 動賓式

動賓式共有1701佔有絕對優勢。主要有動+名、動+形、動+動、動+副四類。

（1）動+名

“動+名”共有1651個，佔動賓式的97.06%。如：

【拔俗】出家。

釋僧韶，姓王，齊國高安人。幼願拔俗，弱年從志斂服，道俗恭敬師宗。(卷五，釋僧韶)

【班條】發布命令，同"頒條"。

隋漢王諒作鎮晉陽，班條衛冀，搜選名德，預有弘宣。(卷十一，釋志念)

【放身】縱身。

乃放身懸壑，至地起坐。及眾就視，方知已逝。(卷二七，釋法曠) 2 道俗讚善，儐從相催，嚬慼不已，放身巖壑。(卷二七，論)

(2) 動 + 動 (30 個)

【奉誨】奉教。

中百四論日夜研尋，恂恂奉誨。(卷十二，釋道判)

【垂教】垂訓。

原聖人垂教，教被行人，人既不行，還同不學，有違者驅出。(卷九，釋靈裕) 大聖垂教，正象爲初。禪法廣行，義當修習。(卷二十，論)《漢語大詞典》引唐牛僧孺《辨私論》。

【失圖】失計。

達頂生之非固，曉吳濞之失圖。(卷十四，釋慧頵)

(3) 動 + 形 (14 個)

【標奇】與眾不同。

王司空孤秀一時，沈恭子標奇絕代。(卷三，釋慧淨) 固當斧藻標奇，文高金玉，方可聲通天樂，韻過恒致。(卷四，論) 及至年長，善《成實論》，深得其趣。備講之業，卓犖標奇。(卷六，釋法貞)

【超凡】超出凡俗。指得道、成仙。

近則安國利民，遠則超凡證聖。(卷二四，釋法琳)《漢語大詞典》引《醒世恒言·李道人獨步雲門》

【稱最】最好。

承脂那東國，盛轉大乘，佛法崇盛，贍洲稱最。(卷四，那提) 長沙大寺，聖像所居，天下稱最，東華第一。(卷十六，釋法京) 舉高一十一級，竦耀太虛，京邑稱最。(卷十七，釋曇崇)

(4) 動 + 數 (6 個)。

【稱首】第一。

又奉別教，撰修文疏。契旨卓陳，足[①]爲稱首。（卷二，釋彥琮）玉獨標稱首，登座談敘，罔不歸宗，盡諦窮神，煥然開發。（卷六，釋真玉）卓爾緇衣，欝爲稱首。（卷八，釋曇延）

【抱一】道家謂專精固守不失其道。

豈止絕聖棄智，抱一守雌，泠然獨善，義無兼濟。較言優劣，其可倫乎？（卷三，釋慧淨）普欲捨筌檢理，抱一知[②]，守道行禪，通濟神爽。（卷十六，釋道正）

"動+動"、"動+形"、"動+數"結構共佔4.82%，說明動賓式的主體是動+名，然而"動+動"、"動+形"、"動+數"[③]的出現表明《續傳》中的動賓式結構有了新的發展。[④]

2. 介賓式

介賓式非常少，共只有7個，佔述賓式的0.41%。如：

【比後】及後。

比後下塔，還復飛來。（卷二六，釋賀超）

【及今】

忽一旦告弟子曰："吾年老力微，不久去世。及今明了誡爾門徒，佛法難逢，宜勤修學。人身難獲，慎勿空過。"（卷四，釋玄奘）告眾曰："同住多年，凡情易隔。脫有相惱，希願開懷。然人道難逢，善心易失。及今自任，勿誤後身。"（卷十九，釋慧超）

據胡敕瑞統計，《論衡》中的介賓式是1.99%，而佛典中有2.05%[⑤]，而《續傳》僅0.41%，明顯反映出不同，其中原因尚不清楚。

四 《續傳》中的動補式複合詞

《續傳》中的動補式複合詞有43個，佔複合詞的0.35%。動補式可

---

① "足"，資、磧、普、南、徑、清作"雅"。

② "知"，資、磧、普、南、徑、清作"宗"。

③ "數+名"的形式出現於上古，但成詞還應該在中古，所以我們說它中古才出現。

④ 按，我們主要是與胡敕瑞所提供的動賓式進行比較，因為目前尚未有對中古詞語結構進行詳細數據分析的專著，胡先生的研究相對詳實，所以我們以之為參照對象。參胡敕瑞《〈論衡〉與東漢佛典詞語的比較研究》，巴蜀書社2002年版，第54—58頁。

⑤ 同上書，第70頁。

以分爲兩大類：一類爲動結式，一類爲處所式。下面分兩個部分來進行論。

1. 動結式

所謂動結式是指外動詞加內動詞結構的複合詞。外動詞表示原因，內動詞表示結果。如：

【割裂】拋棄。

雲乃割裂哀情，微進飲粥。（卷五，釋法雲）

【變作】變成。

其內自變作雙樹之形，高三尺餘。（卷十八，釋曇遷）

【放還】放回去。

勅遣中書侍郎岑文本宣勅語僧等："明詔久行，不伏者與杖。"諸大德等感思①命難，飲氣吞聲。實乃勇身先見，口云："不伏此理，萬刃之下甘心受罪。"遂杖之放還。（卷二四，釋智實）

關於動結式產生的時間目前學界仍然存在着爭論，但有一點可以肯定，即唐五代動結式已經產生，《續傳》證實了這一看法。同時動結式的數量極少，這說明這種結構在當時並不成熟。

2. 處所式

所謂處所式是指整個結構可以看作是從將後置狀語的標記"於"省略後所形成的動詞與地點狀語構成的動補結構。如：

【浮水】漂於水面。

得舍利一枚，浮水順轉。淵造新橋將行竪柱，其鐓自然浮水，來至橋津。（卷十八，釋僧淵）

【伏地】俯伏在地上。

至《華嚴·六地》，忽有一雁飛下，從浮圖東順行入堂，正對高座伏地聽法。（卷八，釋僧範）

【流世】流傳於世。

所著論疏雜集《四聲指歸》、《詩譜決疑》等百有餘卷流世。（卷五，釋僧旻）別有本傳流世，見費節三寶錄。（卷十六，釋信行）撰《頓教一

① "感思"，諸本作"咸思"。

乘》二十卷。因時制儀[1]，共遵流世。(卷十八，釋本濟)

【騰空】向天空飛升。

洗浴適竟，山中鳥狩異色殊形常所不見者並皆來集房側，履地騰空，悲鳴喚呼，經日方散。(卷十九，釋智晞)

以上補語均是處所補語。朱德熙先生把補語分爲五類：結果、趨向、可能、狀態、程度，無處所補語[2]。向熹[3]、王雲路[4]均未談及此類結構，從實際來看，以上詞語中古均已成詞，完全可以作爲補語來處理。也可以看出動補式詞語在《續傳》中類型有了新發展，補語的分佈更廣泛。

五 《續傳》中主謂式複合詞

《續傳》中的主謂式合成詞有 130 個，佔複合詞總數的 1.06%。

【報盡】去世[5]。

滌除便穢，誓以報盡爲期。(卷二一，釋慧光) 自藹入法行大慈門，繒纊皮革一無踐服，惟履麁布終于報盡。(卷二三，釋靜藹)

【塵飛】喻指天下動盪。

大業末歲，猶未塵飛，而朗口惟唱賊，朝夕不息。(卷二五，釋僧朗)

《大唐創業起居注》卷二："四海波振而冰泮，五岳塵飛而土崩。"《敦煌變文校注·頻婆娑羅王后宮綵女功德意供養塔生天因緣變》："感得四方晏靜，八表欽威，外無草動而塵飛，內有安家而樂業。"

【力竭】氣力用盡。

遠造則力竭難通，近從則心輕易徙。(卷十一，釋普曠)《漢語大詞典》引元龍輔《女紅餘志·佳次婦》。

【神逝】去世。

以至德元年五月二十八日遘疾，少時平旦神逝，春秋六十有九。(卷

① "制儀"，諸本作"判儀"。

② 參朱德熙《語法講義》，商務印書館 1982 年版。

③ 參向熹《简明漢語史》，商務印書館 2010 年版。

④ 參王雲路《中古漢語詞彙史》，商務印書館 2010 年版。

⑤ 據曾良先生研究，"報"有"一生"之義，此處"報"即應此義。參曾良《佛經字詞考釋》，《語言科學》2004 第 3 期。

七，釋慧勇）遂對衆開之，下坐怗然，奄爾神逝於岐州陳倉縣之龍宫寺。（卷十三，釋僧鳳）顧諸法屬，深累住持。通告好住，怗然[①]神逝。（卷二六，釋慧誕）

【天造】謂自然生成，對人爲而言。

晚貫籍延興，時當草創，土木凡[②]石工匠同舉，而事歸天造，形命未淪。（卷二一，釋通幽）《漢語大詞典》引李白《酬殷明佐見贈五雲裘歌》

據胡敕瑞研究，《論衡》中的主謂式爲 0.33%，佛典爲 1.23%[③]。《續傳》爲 1.06%，反映出主謂式合成詞當時的發展情況。據萬久富統計《宋書》主謂式佔複音詞的 0.7%，《世説新語》爲 0.8%，變文爲 0.92%。[④] 這是對複音詞的統計，如果換成複合詞，比例應更高，因此《續傳》介於傳世文獻和佛典之間的比例是可接受的。

除此以外，《續傳》中還出現了兩個名量式複合詞“糧粒”、“疏本”，雖然很少，但反映了《續傳》構詞法已經非常完備。

我們把《續傳》與《宋書》、《世説》和《變文》複音詞進行了對比，得出如下結論[⑤]：

第一，從複音詞中單純詞的構成情況分析，《世説》和《變文》中的疊音詞和聯綿詞的比例最高，而《宋書》與《續傳》極為相似，比例都很低。這是由於它們各自的文學色彩決定的。據萬久富研究：“這正説明了聯綿詞、疊音詞在文學性較強的作品中特別活躍。同時也説明，語音造詞手段，從上古漢語發展到今天，並沒有得到加強。”[⑥] 四書中最具比較性的是《宋書》與《續傳》，它們同為中古史傳，文體性質相同，詞語數量大致相似，因此二者比較最有説服力。《宋書》疊音詞與聯綿詞總比例比《續傳》高，説明它的文學性還稍強一點。而音譯詞的比例《宋書》比《續傳》低得多，這正是《續傳》作為佛典文獻外來詞多的特點的

---

① “怗然”，資、磧、普、南、徑、清作“恬然”。

② “凡”，諸本作“瓦”。

③ 參胡敕瑞《〈論衡〉與東漢佛典詞語的比較研究》，巴蜀書社 2002 年版，第 70 頁。

④ 參附表 2。

⑤ 同上。

⑥ 參萬久富《〈宋書〉複音詞研究》，鳳凰出版社 2006 年版，第 105 頁。

反映。

第二，從合成詞的比例看，《續傳》是四書中最高的，反映了中古合成詞不斷發展的特徵。但複合式合成詞所佔的比例要比《宋書》低，而附加式和其他構詞法要高，反映出其口語化的程度要比《宋書》稍高。

第三，從複合式合成詞的構成看，《續傳》中的并列式比《宋書》明顯降低，而偏正式、動賓式、主謂式、動補式明顯升高，反映出複合詞結構在迅猛發展。

綜上所述，《續傳》中的複合詞類型眾多，語素結構複雜，全面反映了初唐時期複合詞的總體面貌。同時各種類型所佔比例相差懸殊，并列式和偏正式最多，名量式最少，也與漢語詞彙的總體發展相適應。同時，《續傳》中還出現了疊音詞、縮略詞和超層次合成詞充分表現了其合成詞結構的豐富性與多樣性。

第二節 《續高僧傳》的附加式構詞

《續傳》中的附加式構詞也十分豐富。附加式詞語有435個，佔總匯的2.9%，佔合成詞的3.34%。其中可以分爲前加式構詞和後加式構詞兩大類。下面分別對其進行描述。

一 前加式構詞

前加式的詞綴有承古而來的“有”、“言”、“載”、“式”、“云”、“爰”等，這些詞綴在前文已經討論，故只統計其出現頻率，不再另作討論。

（一）名詞＋前綴

1. 老（2個）

“老”在六朝以後虛化爲詞頭[①]。向熹分爲五種情況[②]。《續傳》中有兩種：

（1）置於親屬稱謂前。

① 參向熹《簡明漢語史》，商務印書館2010年版，第279頁。按，王力先生認為“老”作詞頭是在唐代。參王力《漢語史稿》（修訂本），《中華書局》1980年版，第223頁。

② 參向熹《簡明漢語史》，商務印書館2010年版，第279—281頁

【老舅】吾於卜筮頗工，至於取斷，依俙而已，豈如汝之明耶？老舅實顧多慚，方驗宣尼之言“後生可畏”也。（卷十八，釋曇遷）

“老舅”既可自稱，也可他稱。如《四部叢刊·集部·增修詩話總龜·卷之九·評論門五》：“山谷謂龜父云：‘甥最愛老舅詩中何等篇？’”此爲自稱。《玄怪錄》卷一“韋氏”：“又一年，母曰：‘有王悟者，前參京兆軍事，其府之司錄張審約者，汝之老舅也，爲王媒之，將聘汝矣。’”此爲他稱。

（2）置於動物前。

【老虎】惟業坐禪，寺後竹林，常於彼坐，有四老虎遶於左右。（卷十八，釋法進）

此例中“老虎”蔣紹愚先生懷疑其仍有實義，① 但從本句意義分析，分析爲“老老虎”實在有些勉強，故將其視爲附加式構詞。

2. 第（30 個）

從漢代開始，“第”開始用作序數詞的詞頭開始使用，到中古，除了年、月、日的序數形式不用“第”外，其餘均大量使用。如：

【第八】第八級中，平旦火起。有二道人不忍焚爐，投火而死。（卷一，菩提流支）

【第三】後返豫章鶴嶺山，敫又與璣法師隨從，因復爲說第三分，具得十海十道。（卷一，釋法泰）

【第九】講至“業品疏”第九卷，文猶未盡。（卷一，釋法泰）

（二）動詞＋前綴

1. 加（4 個）

王雲路認爲：“由於‘加’字含義的抽象性與概括性，在與其他單音節動詞組合時，其含義主要在後一具體語素上……這就容易使與單音節結合的‘加’向動詞附加成分的角色轉化。”②

【加毀】嘗講《花嚴》，輒有一僧加毀云：“是乃伽斗，竟何所解。”當夜有神加打，死而復蘇。（卷八，釋僧範）

① 參蔣紹愚、曹廣順《近代漢語語法史研究綜述》，商務印書館 2005 年版，第 72 頁下注。另外，董秀芳認為“老鼠”、“老虎”、“老鷹”、“老師”、“老百姓”中的“老”沒有一定的規則性和周遍性，不是詞綴。參董秀芳《漢語的詞庫和語法》，北京大學出版社 2004 年版，第 32 頁。

② 參王雲路《中古漢語詞彙史》，商務印書館 2010 年版，第 268—269 頁。

【加助】帝又曰："何爲不禮三寶?"答曰："自力兼擬，未假聖賢加助。"（卷八，釋曇延）

【加敬】尊敬。解冠群術，行動物情，故爲七眾心師，豈止束形加敬，及聞薨背，無不涕零。（卷八，釋曇延）

【加飾】而無恃聲望，不言加飾。（卷十一，釋慧海）

2. 為（4 個）

"爲"在中古也在與單音節動詞構成雙音節動詞時，由於語義比較抽象而開始變成一個前綴。王雲路說："'爲'本是一個很虛化、應用很廣泛的動詞，正因爲如此，當許多動詞要構成雙音節而苦於找不到相應的同義詞時，往往把'爲'附加在單音節動詞語素前，構成雙音詞，這時候'爲'的含義很弱、很虛。"[①] 如：

【爲言】約略爲言，贍部一洲山叢斯地，何以知耶。（卷四，釋玄藏）

【爲怪】自昔相傳，祖憑佛教，至於三論。晃所師遵，准義幽通，不無同會，故引解也。如僧肇著論，盛引老莊，猶自申明，不相爲怪。佛言似道，何爽綸言?（卷四，釋玄藏）

【爲損】僧正非但無益，爲損弘多。（卷五，釋智藏）

【爲愧】時聞此聲，足[②]代簫管。塵隨風來，我未暇掃，致忤名賓，爲愧多矣。（卷六，釋道超）

3. 行（11 個）

朱慶之認爲："以上諸詞裡的'行'都不是表意所必須的語素，其作用只在於幫助單音節動詞雙音化。"[③] 王雲路說："'爲'與'行'最具有作動詞附加成分的條件，因爲它們含義不具體，動作性不強，應用十分廣泛。"[④]《續傳》中也存在這一用法，如：

【行講】及講《大論》，天雨眾花，旋遶講堂，飛流戶內，既不委地，久之還去。合眾驚嗟希有瑞也。宗雖目對，初不怪之，行講如初，後不重述，時共伏其遠度。（卷十一，釋道宗）

【行施】最厭世情重，將捐四部，行施獎誨，多以戒禁爲先。（卷二

① 參王雲路《六朝詩歌詞語研究》，黑龍江教育出版社 1999 年版，第 35 頁。

② "足"，磧、普、南、徑、清作"是"。

③ 參朱慶之《佛典與中古漢語詞彙研究》，文津出版社 1992 年版，第 140 頁。

④ 參王雲路《中古漢語詞彙史》，商務印書館 2010 年版，第 300 頁。

三，釋曇無最）

【行用】通人罕遇，終以事迷，竟不行用。（卷二三，釋僧衄）

【行悔】遵奉律儀，昏曉行悔，悲淚交注。（卷二五，釋僧遠）

【行啼】言情酸切，行啼而去。（卷二七，釋僧崖）

4. 試（5 個）

【試比】試比先達，抑亦繼之。（卷二，闍那崛多）

【試尋】及明行餅，皆訝緊韌[①]，抽拔難斷。千人一飽，咸共欣泰。試尋匠者，通問失所。（卷二九，釋德美）

【試瞻】開善大忍法師，匿影鍾山，遊心方等。將欲試瞻先達，問津高士，因操桴扣寂，用程玄妙。乃歎曰："龍樹之道方興東矣。"（卷三十，釋真觀）

5. 還（2 個）

"還"多與"如"、"同"、"似"等構成雙音詞。如：

【還同】如同。原聖人垂教，教被行人，人既不行，還同不學，有違者驅出。（卷九，釋靈裕）

【還如】吾講《成實》積三十載，開悟匠導[②]，望有功夫。解本擬行，斯遺誡也。今解而不行，還如根本不解矣。徒失前功，終無後利。往不可追，來猶可及。請並返京，吾當別計。（卷三十，釋道紀）

6. 有（3 個）

【有如】常能覆述，有如瓶瀉。（卷六，釋僧詢）

【有若】手不舉筆而開塞任情，吐納清爽，洞會筌[③]旨，有若證焉。（卷八，釋道憑）

【有似】信同瓶喻，有似燈傳。（卷五，釋智藏）

（三）代詞 + 前綴

1. 伊（3 個）

（1）"伊"主要用作代詞前綴[④]。如：

---

① "緊韌"，磧、普、南、徑、清作"堅韌"。

② "匠導"，資、磧、普、南、徑、清作"正導"。

③ "筌"，資、磧、普、南、徑、清作"詮"。

④ 關於"伊"有不同的看法，古敬恆認為其為句首助詞，可以放在不同的代詞前，詳參古敬恒《"伊余"非詞說》，《中國語文》1996 年第 5 期。此處從王雲路先生說。

【伊我】伊我東鄙，匪咎西賢，悲夫！（卷三，釋波頗）

【伊何】中路徘徊，伊何取適？（卷十三，釋道岳）

（2）“伊”也可用在表示時間的語素前。如：

【伊昔】伊昔承恩，誨深提耳。（卷十三，釋法護）

二　後加式構詞

（一）名詞＋後綴

1. 子（10 個）

“子”在先秦時已經虛化爲詞尾，用於表示人和小而圓的東西。中古已經成熟，《續傳》中有如下類別：

（1）表稱謂或職業

【魔子】初潤隋末在興善院感魔相嬈，定志不移，冥致善神捉去。經宿告曰：“昨日魔子依法嚴繩，深知累重，自感而死。”（卷二十，釋靈潤）

【郎子】有僧乞食，因即勸云：“郎子既有善性，可向天台山出家，其中有初[①]依菩薩在彼說法。”（卷十九，釋普明）

此爲唐代新生詞。如《南史·虞寄傳》：“寄字次安，少聰敏。年數歲，客有造其父，遇寄於門，嘲曰：‘郎子姓虞，必當無智。’寄應聲曰：‘文字不辨，豈得非愚！’”《北史·暴顯傳》：“顯幼時，見一沙門指之曰：‘此郎子好相表，大必爲良將，貴極人臣。’語終而失之。”

（2）表動物和植物

【鰕子】未出家前，山行見一蟲[②]甚瘦，又將一子於澗中取鰕子，鰕子又不可得。（卷二七，紹闍梨）《漢語大詞典》“蝦子”條：“2. 蝦。”無書證，此可補。

【狗子】時越常俗，多棄狗子。（卷十四，釋智凱）

【師子】卯時又見諸天寶蓋樹側菩薩及黃師子。（卷二六，釋法楷）

【李子】往開善寺採得李子數斛，撮欲噉之，先得枝葉，覺而悟曰：“吾正應從學，必踐深極矣。”（卷六，釋慧韶）“李子”《漢語大詞典》

---

① “初”，麗作“四”。

② “蟲”，諸本作“大蟲”，本傳下同。

無例證，此可補。

（3）表器物

【瓶子】雖爾手把瓶子，倚傍猶可。（卷二四，釋曇選）

“瓶子”一詞在隋朝就有了。道宣《廣弘明集》載隋王邵《舍利感應記》：“番州於洪楊鄉崇楊里之靈鷲山寺起塔，掘得宋末所置石函三。其二各有銅函，盛二小銀像，其一有銀瓶子盛金瓶，疑本有舍利，今乃空矣。”（T52/216a）《漢語大詞典》引南唐劉崇遠《金華子雜編》，晚。

（4）表自然無生物

【帖子】初開皇十三年，廣州有僧行塔懺法，以皮作怗[①]子二枚，書爲善惡兩字，令人擲之，得善者吉。（卷二，達摩笈多）

“怗”應爲“帖”之訛。“帖子”《漢語大詞典》釋作“以書或紙充當的夾子。”所指稍小，此處“貼子”爲皮制。又引孟郊《古意》詩：“啓貼理針綫，非獨學裁縫”爲始證，晚。

【屋子】故有王斌論並、明琛蛇勢、會空屋子、宗統語工。聽其論道，惟聞煞死之言，覩其容色，但見紛披之相。（卷十五，論）

《漢語大詞典》引《朱子語類》卷七十：“龜山云：‘不要拆壞人屋子’。”晚。

【石子】後教水觀，家人取柴，見繩床上有好清水，拾兩白石安著水中。進暮還寺，彌覺背痛，具問家人，云安石子。語令：“明往可除此石。”（卷十八，釋法進）

太田辰夫說：“到唐代，‘子’就成了幾乎所有名詞的後綴。”[②] 但從《續傳》看，“子”還是主要用來表示動植物和自然無生物，與中古非常相似，而不如晚唐五代豐富。

2. 頭（10 個）

“頭”虛化爲名詞詞尾，王力、太田辰夫認爲產生於六朝[③]，周法高則上推至晉[④]。《續傳》中“頭”作詞尾的情況如下：

---

① “怗”，諸本作“貼”。

② 參太田辰夫《中國語歷史文法》，北大出版社 2003 年版，第 85 頁。

③ 參王力《漢語史稿》，中華書局 1980 年版，第 269 頁；太田辰夫《中國歷史文法》，北京大學出版社 2003 年版，第 87 頁。

④ 參周法高《中國古代語法・構詞編》，中華書局 1990 年版，第 265 頁。

（1）用在方位詞後，表示方位（3 個）

【東頭】東頭僧寺恒共千人。（卷一，釋曇曜）

【西頭】西頭屋內有一沙門，端坐儼然，飛塵沒膝。（卷二五，釋僧照）

“頭”用在方位詞後表示方位在東漢和西晉譯經中就已經有了。朱慶之[1]、陳秀蘭[2]均已有討論。

（2）用在普通名詞後，表示處所

【屋頭】尋爾復去，於屋頭現面。（卷二五，釋植相）

【床頭】駕去後，謂弟子曰：“除却床頭物。”（卷二五，釋道豐）

【堂頭】初相置足於綿州城西柏林寺，院[3]成就，於堂頭植梧桐一株，極爲繁茂，忽以四月十五日無故葉落。（卷二五，釋植相）

（3）用於事物名詞後，表事物

【岸頭】時夜大闇，崖底純棘，無安足處。欲上岸頭，復恐軍覺。（卷二五，釋僧朗）

【木頭】見像如木頭，聞經如風過馬耳。（卷二七，釋僧崖）

（4）用於身體名詞後，表示身體的某一部分

【膝頭[4]】所止龕室纔容膝頭，伏夏嚴冬，形不出戶，故寒不加絮，熱不減衣，安然守道，無爲而已。（卷十六，釋法忍）

“頭”作詞尾在《續傳》中已經表現得比較成熟。

3. 來（3 個）

“來”作時間詞的後綴，可以和形容詞、名詞、動詞及其詞組結合。如：

【晚來】爾日雖聞，情無領悟。晚來却想，悔將何及。（卷二，那連提黎耶舍）

---

① 參朱慶之《佛典與中古漢語詞彙研究》，文津出版社 1992 年版，第 168—170 頁。

② 參陳秀蘭《對許理和教授〈最早的佛經譯文中的東漢口語成分〉一文的幾點補充》，《古漢語研究》1997 年第 2 期。

③ “院”，資、磧、普、南、徑、清作“院宇”。

④ 按，胡敕瑞認為“膝頭”的“頭”還有實義，不是詞綴。我們認為“膝頭”就是“膝”，“頭”的意義極為虛化，同時具有規律性和周遍性，因此認定它為詞頭。參胡敕瑞《〈論衡〉與東漢佛典詞語的比較研究》，巴蜀書社 2002 年版，第 62 頁。

【昔來】檀越有福能感幽靈，斯之祥徵，昔來未有。（卷十五，釋靈潤）

【古來】又聞五臺山者即《華嚴經》清涼山也，世傳文殊師利常所住處，古來諸僧多入祈請，有感見者具蒙示教。（卷二十，釋曇韻）

4. 自（1 個）

【手自】宮中常設日百僧齋，王及夫人手自行食。（卷二，那連提黎耶舍）

（二）動詞 + 後綴

1. 來（3 個）

【生來】沙門慧休，道聲高邈，行解相富[①]，夸罩古今。獨據鄴中，昌言傳授，詞鋒所指，海內高尚，又往從焉。不面生來，相逢若舊。（卷四，釋玄奘）

【死來】將終前夕，有一沙彌死來已久，見拜[②]云："違奉已來，常爲天帝驅使。栖遑無暇，癈修道業。不久天帝請師講經，願因一言得免形苦。"意便洗浴燒香，端坐靜室，候待時至。（卷二五，釋僧意）

【病來】即令拂拭房宇，燒香嚴待。病來多日，委臥不起。（卷十二，釋善胄）

2. 復（2 個）

【試復】握管之暇，試復論之。（卷二，釋彥琮）

【知復】余之難人，問不過十。卿今答勢不盡，知復何陳？（卷十一，釋慧海）

3. 取[③]（7 個）

向熹說："動詞'取'，漢代開始與別的動詞連用……六朝以後，常用於動補結構中充當補語，仍然有'取得'的意思……'取'進一步虛化成動詞詞尾，意義上有三種情況。一是表示動作行爲的結果，可譯爲'住'或'了'。二是表示動作行爲的持續，可譯爲'着'。三是作爲動

① "富"，諸本作"當"。

② "見拜"，資、磧、普、南、徑、清作"見形拜影"。

③ 按，吳福祥把"取"、"得"看作是一種高度虛化的"動相補語"，參吳福祥《重談"動 + 了 + 賓"格式的來源和完成體助詞"了"的產生》，《中國語文》1998 年第 6 期。

詞詞尾，沒有明顯的意義。”[①]《續傳》中的分佈情況如下：

（1）表示動作行爲的結果，可譯爲“住”或“了”

【買取】師子國王買取此處興造斯寺，僧徒僅千，大乘上座部所住持也。（卷四，釋玄奘）

【撤取】曾於江陵勸一家受戒奉佛爲業。先有神廟不復宗事，悉用給施。融便撤取送寺，因留設福。（卷二五，釋僧融）

（2）表示動作行爲的持續，可譯爲“着”

【承取】乃至涕唾便利皆先以手承取，施應食眾生，然後遠棄。（卷十一，釋吉藏）

【扶取】又龕西魏村張暉者夙興惡念，以盜爲業。夜往安所私取佛油，瓮受五十[②]，背負而出。既至院門，迷昏失性，若有所縛，不能動轉，眷屬鄉村，同來爲謝。安曰：“余不知，蓋《華嚴》力乎?”語令懺悔，扶取油瓮，如語得脫。（卷二七，釋普安）

（3）作爲動詞詞尾，沒有明顯的意義

【救取】乃述《制惡見論》，顧謂門師曰：“日光既出，熒燭奪明。師所寶者，他皆破訖，試救取看。”（卷四，釋玄奘）

【迎取】見大鬼神，其眾無數，帶甲持仗，云：“將此金輿迎取慈藏。”（卷二四，釋慈藏）

【圖取】又於石佛山內採石爲函，磨飾纔了，彩文間發，彪炳光現，山海、禽狩、仙人等像備出其中，雖復圖取，十不呈一。（卷二六，釋辯寂）

《續傳》“取”作詞尾與向先生所述極吻合。王雲路認爲“～取”在六朝時期原爲并列結構，後來發生了微妙變化，“取”可以與眾多的單音節動詞結合，具有廣泛的適應性，因而表義成分越來越小，表音功用日益明顯，逐步虛化爲附加成分[③]。此語甚是，但王先生所舉例證，僅“喚取”一例引《北齊書·祖珽傳》外，其餘引例均比《續傳》用例晚。向先生所舉例證除任昉《奏彈劉整》一例外，也均比《續傳》晚。從《續

① 參向熹《簡明漢語史》，商務印書館 2010 年版，第 504—505 頁。

② “十”，諸本作“升”。

③ 參王雲路《中古漢語詞彙史》，商務印書館 2010 年版，第 312—313 頁。

傳》用例可以看出"取"至少在初唐就已經變成詞綴了。

（三）形容詞＋後綴

1. 自（6 個）

【好自】思之念之，好自將身。（卷二三，釋道安）

【久自】女人窮業久自種得。竭貧行施，用希來報。（卷二七，釋普安）

【深自】待移之誚興世，瓚初聞之，深自赧怍曰："問非切並，不欲因[①]人。謂言彼解，何言致斃。"因遂杜口，不事言論。（卷十，釋法瓚）

【躬自】躬自稽顙，致留三日，方紓本情。（卷一，拘那羅陀）

2. 加（13 個）

王雲路說："如果'加'前是單音節形容詞，'加'後是雙音節動詞（或形容詞），根據韻律平衡原則，經過重新排列組合，就由'單音節形容詞＋［加＋雙音動詞（或形容詞）］'變成（單音節形容詞＋加）＋雙音動詞（或形容詞），變成了"～加"構成的後附加式形容詞。"[②] 但王先生又說"如果'加'後不是雙音節動詞或形容詞，則另當別論。"我們認爲王先生對詞綴"加"的來源研究是正確的，但對其句法位置的限定卻值得商榷。因爲王先生對詞綴的認定有三個標準：頻率、意義、類推，沒有句法位置，而且如果以句法位置爲標準必然帶來不必要的麻煩。如"密加"：

（1）母初孕日，自然不食酒肉五辛。時以同塵身子故，密加異之。（卷二八，釋空藏）

（2）流支乃操柳枝聊撝井中，密加誦呪。纔始數遍，泉水上涌，平及井欄。（卷一，菩提流支）

"密加"在例（1）中置於單音節動詞前，而在例（2）中置於雙音節動詞前，如果說它在例（1）中不是附加式構詞，而在例（2）中是，則理論上就無法解釋。因此"～加"不能以位置來限定，而只能以頻率、意義、類推作爲依據。據此我們在《續傳》中找到 13 個"～加"，如：

---

① "因"，資、磧、普、南、徑、清、麗作"困"。

② 參王雲路《中古漢語詞彙史》，商務印書館 2010 年版，第 273 頁。

【遙加】雍州牧魏王遙加欽請，以爲戒師。（卷十四，釋法恭）

【精加】諸有破故佛像，仰所在官司精加檢括，運送隨近寺內。（卷十八，釋曇遷）

【潛加】相與出家，同遵律業，潛加𧒂扇，豈不以身名致嫌乎。（卷二二，釋慧進）

【厚加】陳郡謝惠[1]雅相欽賞，出守豫章，迎請講說，厚加嚫遺。（卷六，釋慧開）

【倍加】承先私憾，倍[2]加事之。（卷十六，釋僧達）

（四）副詞＋後綴

1. 復（22 個）

【無復】自是南中無復講主，雖云敷說，蓋無取矣。（卷一，釋法泰）

【裁復】及晚上講，裁復數交，詞義遂擁。（卷五，釋僧旻）

【方復】寺眾見其志決，方復開許。（卷十二，釋善胄）

【終復】終復宅身龍岫，故是行藏有儀耶？（卷二十，論）

【頻復】而覩其儀服猥濫，名相非潔，頻[3]復輕削，故初並不顧錄。（卷二三，釋曇顯）

2. 自（11 個）

【頗自】務達平和開拓，頗自矜尚。（卷五，釋法護）

【方自】常遇天雨，澡罐在庭。恐傷他[4]性，令淨人知舉，方自從用。（卷十，釋靖嵩）

【便自】琚年十九，便自出塵，聽坦師釋論。（卷十二，釋智琚）

【但自】汝等但自觀身如幻，便無愛結自纏。（卷十五，釋志寬）

【徒自】秋風徒自急，無復白雲歌。（卷二十，釋曇瑗）

3. 來（9 個）

【由來】加以有梁之盛，明德云繁，薄傳五三[5]，數非通敏，斯則同世相侮，事積由來。（論）

---

① “惠”，資、磧、普、南、徑、清作“譓”。

② “倍”，磧、普、南、徑、清作“倚”。

③ “頻”，資、磧、普、南、徑、清作“頗”。

④ “他”，資、磧、普、麗作“地”。

⑤ “五三”，諸本作“三五”。

【當來】畜生同死，棄捨百千，血乳成海，骨積大山，當來兼倍，未曾爲利。（卷二三，釋靜藹）

【比來】弟子好事人也，比來供承，望師降意，而全不賜一言。此北狄耳，獸心人面，煞生血食，何足可尚？不期對面遂成彼此。（卷二五，勒那漫提）

4. 加（9 個）

“加”作副詞後綴王雲路已論[①]。《續傳》中有 24 個類似用例。如：

【甚加】又從莊嚴曇斌歷聽衆經。探[②]玄析奥，妙盡深極。高難所指，罕不倒戈。昔吐蘊藉，風神秀舉。齊竟陵王子良甚加禮遇。（卷五，釋法寵）

【更加】置舍利於水鉢，請乞行道。即見三枚相逐上水。旋器右[③]行，七遍既滿，一時沈下。邕與子弟更加深信。（卷八，釋僧妙）

【轉加】展轉陶埏五十餘遍，研諷[④]文理，轉加昏漠。（卷十五，釋慧休）

【別加】爾後每有恩勑，別加慰勞。（卷十九，釋法藏）

【各加】帝精悟朗鑒，内烈外溫，召僧入内七霄[⑤]禮懺，欲親覩僭（愆）犯，冀申殿黜。時既密知，各加懇到。（卷二三，釋靜藹）

《續傳》中還出現了名詞性語素 + 加構成副詞的例子，如：

【日加】恒每清素自潔，私立道場，日加禮誦，修諸淨業。（卷十，釋靖嵩）

5. 當（4 個）

【方當】方當樹德淨土，闡教禪林。豈意湛露晞晨，業風飄世。長辭奈苑，遽掩松門。（卷十一，釋吉藏）

【必當】至正月九日告寺僧曰：“奘必當死。經云：‘此身可惡，猶如

① 參王雲路《中古漢語詞彙史》，商務印書館 2010 年版，第 270—272 頁。

② “探”，諸本作“採”。

③ “右”，資、磧、普、南作“有”。

④ “諷”，諸本作“詞”。

⑤ “霄”，資、磧、普、南、徑、清作“宵”。

死狗。’奘既死已，勿[①]近宮寺。山靜處埋[②]之。”（卷四，釋玄奘）

【定當】我今將學，必先要心。三藏微言，定當窮旨，終無處中下之流。（卷九，釋靈裕）

【故當】促路非騏驥之逸轡，灌木豈是鸞鳳之栖息。故當引水而沐枯魚，戢翼而朋寡鶴耳。脫其不爾，幸無略光陰。（卷十三，釋海順）

6. 者（5 個）

【向者】向者阿彌陀佛來，汝等不見耶[③]？不久吾當去耳。（卷十二，釋善胄）

【頃者】頃者吠聲既靜，則良政字民。（卷十三，釋道岳）

【今者】初瓦官寺四十人坐，半入法門。今者二百坐禪，十人得法。（卷十七，釋智顗）

【昔者】昔者隋高作相，因過此寺，遇一沙門深相結納。（卷十，釋慧最）

【往者】往者西涼法讖，世號通人。（卷四，論）

7. 應（2 個）

【則應】向使法蘭歸漢，僧會適吳，士行、佛念之儔，智嚴、寶雲之末，纔去俗衣，尋教梵字，亦霑僧數，先披葉典，則應五天正語充布閻浮，三轉妙音並[④]流震旦。（卷二，釋彥琮）

【必應】府僚無舊，必應寒熱。（卷六，釋明徹）

8. 手（2 個）

入矢義高先生認爲：“（手）作爲副詞詞綴，並不是所有副詞都可以附帶的。這裏又感到不可思議的是它有局限性。”[⑤]

【給手】將終，語門人曰：“急砌殿基，吾當講《涅槃》也。”聞皆給手[⑥]。（卷十六，釋惠成）

---

① “勿”，諸本無。

② “埋”，諸本作“藏”。

③ “不見耶”，資、普、南、徑、清作“還見不”；磧作“還見否”。

④ “並”，資、磧、普、南、徑、清作“普”。

⑤ 參入矢義高《中國口語史的構想》，載《漢語史學報》第四輯。

⑥ “給手”，資、磧、普、南、徑、清作“急手”。

【自手】夢見自手造素[①]七佛八菩薩像，形並端峙，還自繢飾。（卷八，釋慧遠）

（五）連詞＋後綴

1. 復（10 個）

【雖復】雖復應移存沒，法被澆淳，斯乃利見之康莊，缺有之弘略。（序）

【亦復】此雖是法[②]師之事，然佛亦復付囑國王。（卷五，釋智藏）

【縱復】此實可畏，但吾年老，縱復荷[③]旨附會，終不長生。（卷五，釋智藏）

【而復】而復委辭林野，歸宴天門。（卷二十，論）

2. 當（1 個）

【若當】隆曰："若當行此稅，國事不存[④]。"（卷二一，釋慧光）

3. 云（7 個）。

【輒云】魏高陽王元邕亟相延請，累宵言散，用袪鄙悋。或清晨嘉會，一無逮者，輒云深恨，不同其敘。故聞風傾渴者遙服法味矣。（卷六，釋法貞）

【乃云】及命過時，當夕半山已上如列數千炬火。近村人見，謂是諸王觀[⑤]禮，旦就山尋，乃云珍卒，方委冥祥外應也。（卷十六，釋道珍）

【或云】與弟子三人居相州鼓山中，不求利養。或云練丹黃白，醫療占相，世之術藝無所不解。（卷二五，釋道豐）

【既云】既云神化，固不可以由來擬之。輒敘篇中，識僧倫之難偶耳。（卷二六，論）

（六）代詞＋後綴

1. 復（4 個）

【何復】正當以不關異言傳，令知會通耳，何復嫌於得失乎。（卷二，釋彥琮）

---

① "素"，資、磧、普、南、徑、清作"塑"。

② "法"，諸本無。

③ "荷"，諸本作"阿"。

④ "存"，資、磧、普、南、徑、清作"在"。

⑤ "觀"，資、磧、普、南、徑、清作"覲"。

【彼復】碧雞譽於漢臣，白馬稱於儆吏。以今方古，彼復何人。（卷三，釋豐淨）

【奚復】自有①送終，奚復過也。（卷十四，釋智琰）

【許復】將還山寺，請現神力。侃云："許復何難。"（卷二五，釋慧侃）

從上以描述可以看出《續傳》幾乎保留了中古所有的詞綴現象，充分反映了中古到唐初這一歷史時期的語言面貌。同時，有些詞綴在《續傳》中出現了跨類現象，有的既可充當詞頭，又可充當詞尾，表現出附加式構詞的發展。

據萬久富研究，《宋書》中的附加式構詞佔複合詞的 2.44%，《世說新語》為 4.6%，敦煌變文為 7.27%，而《續傳》為 3.35%。② 《續傳》附加式的比例比《宋書》高而比《世說》及敦煌變文低，究其原因，在於附加式也反映出口語化程度的高低，變文口語程度最高，所以其附加式的比例也高，而沈約的《宋書》口語化最低，所以附加式也最少。《續傳》的附加式構詞比例反映出其口語程度高於一般史書，而低於口語化較強的白話的特點。

第三節 《續高僧傳》中語素的語法化現象

《續高僧傳》中有些詞語出現了語素的語法化現象。所謂語素的語法化是指在中古時期有些雙音詞的語素，在語義變得抽象的同時，其語法化的作用變得更加明顯，從而使其具有廣泛的適用性。語素的語法化首先表現爲語素的範疇化，其次表現爲語素的羨餘化，第三表現爲語素的詞綴化。下面分別論之。

一 語素的範疇化

所謂範疇化是指有些名詞語素，在不斷抽象的過程中，語法的範疇意義變得突出。範疇化實質是語義泛化的結果，泛化（generalization）是指

① "自有"，資、磧、普、南、徑、清作"自古"。

② 參附表 2。

“實詞語義的抽象化、一般化和擴大化，它是以實詞的部分具體義素的脫離和詞義的適用範圍擴大為前提的。”[①] 如：

1.【調】

“調”是物品。如卷二“釋曇顯”：“而覩其儀服猥濫，名相非潔，頻復輕削，故初並不顧錄。惟上統法師深知其遠識也，私惠其財賄以資飲噉之調。”卷二九“釋德美”：“大業末歲夏，召千僧七日行道，忽感異人形服率然來告美曰：‘時既炎熱，何不打餅以用供養？’美曰：‘麵易辦也。人多餅壞，何由可致？’便曰：‘易可辦耳，且[②]溲二十[③]斛麵，作兩日調，餅不壞也。’”

“調”有“物品”義李維琦已作討論[④]。但“調”在《續傳》中似乎成了一個泛化的語素成分，它可以和其他語素組合成雙音詞來表示某類物品。如：

【恒調】時屬儉歲，糧粒無路。造《卜書》一卷，令占之取價。日米二升，以爲恒調。（卷九，釋靈裕）

【常調】又居山有蕈，觸樹皆垂。隨採隨出，供僧常調。（卷十七，釋智顗）/麥惟六石，同置一倉，日磨五斗，用供常調。（卷二十，釋志超）

“恒調”、“常調”就是日常供給。

【行調】便爲裝行調，付給經論。（卷四，釋玄奘）/勑給國書，并資行調。（卷十二，釋道判）

“行調”相當於行裝。

【食調】所得食調，及時將返，用供同厄，遂達有年。（卷九，釋靈裕）/幽栖寺中，絕無食調，唯資分衛，大遵清儉。（卷十六，釋慧勝）/唯置大鉢一口，每日引諸乞兒，所得食調總鉢中，還請食分亦和其內，雜爲饘粥。便行坐乞人，手自斟酌。（卷二四，釋曇遷）

“食調”相當於食物。

---

① 參張宜生《論與漢語副詞相關的虛化機制：兼論現代漢語副詞的性質、分類與範圍》，《中國語文》2000 年第 1 期。

② “且”，資作“日”；磧、普、南、徑、清作“先”；麗作“且”。

③ “二十”，麗藏作“三十”。

④ 參李維琦《佛經詞語匯釋》，湖南師範大學出版社 2004 年版，第 80 頁。

【死調】有鄉人李遷者，性偏嗜酒。既遇時氣，無由自濟。遂悔酒過，用爲死調。俄爾鑒至，無何便去，遷遂除差。因爾厭離飲酒，永不涉言。（卷十五，釋玄鑒）

“死調”相當於毒藥。

【餅調】膳夫[①]以酒酵和麵，擬爲餅調，候時不起，因以問那。答曰：“此不合食。”（卷二六，闍提斯那）

“餅調”就是餅。

【齋調】於塔側造池供養，因獲古井。水深且清，輕軟甜美。舉州齊（齋）調[②]一從此井，而無竭濁，莫不嗟嘆。（卷二六，釋道璨）

“齋調”就是齋。

我們在佛經中還發現類似詞語，如：

【糧調】初發惶懅，唯作七日糧調，規俟一人而已。既已出城，其心憒亂，乃涉十四日道。已經數日，糧食乏盡。（元魏慧覺等譯《賢愚經·梵天請法六事品》，T4/356）

“糧調”即糧食。此段文字兩者同出，正好說明此問題。

【衣調】復經時，王更出遊觀，見衆人忽忽，各執所務。紡織裁縫，辦具衣調。王問臣言：“此諸人等，何以故爾，辛苦執作？”（元魏慧覺等譯《賢愚經·蓋事因緣品》，T4/403b）

“衣調”依據上文可知是衣物。

朱慶之先生曾經提出“實語素”之概念，認爲“在本時期漢語詞彙雙音化的過程中，有某些單音節詞似乎具有特別強的與其他詞相結合使其由單變雙的能力。”[③] 王雲路也說：“作爲附加成分的虛語素必須具備以下特點：第一，具有較強的粘附力，能與實語素（或曰詞根）緊密結合，二者形成一詞而不能分開；第二，具有很大的活躍性，能與某一類或幾類詞語廣泛結合，而不是偶然的臨時組合；第三，虛語素的本來意義較有概括性。”[④] 王先生所說的虛語素實際上就是朱先生所說的實語素，我們在這裡雖不把“調”看作是虛語素，但是王先生所提出的有較大概括性卻

① “夫”，磧作“去”。

② 按，原文作“齊”，根據文意，應為“齋”字。此乃形近而誤。

③ 參朱慶之《佛典與中古漢語詞彙研究》，文津出版社 1992 年版，第 138 頁。

④ 參王雲路《中古詩歌附加式雙音詞舉例》，《中國語文》1999 年第 5 期。

是很可取的。“調”字在《續傳》中就充當作這樣的角色，它把原來的單音詞變成了雙音詞，表現出漢語明顯的雙音化趨勢。同時作爲一個上位詞，它具有一種典型的概括性，在和其他下位詞組合時，使下位詞義不被削弱，而自身虛化，使詞語表義清晰。同時，在和不同詞性的根詞語素，如“恒”、“常”、“死”，結合時，由於其意義的寬泛性，可以突出根詞語素的特徵。這可能是中古時期此類雙音詞得以發展的原由。

至於“調”爲何有物品義，本文認爲應該是從當時更流行的“調度”縮略而來的。“調度”在東漢中就存在“用具用品”之義。如《漢書·王莽傳》:“其以此年二月建寅之節東巡守，具禮儀調度”“具禮儀調度”即準備好巡守禮儀用的用具用品[①]。這一詞語被佛經借用，就《大正藏》的檢索結果來看，西晉失譯的《玉耶女經》:“長者到舍，廣設調度，嚴飾床座”（T2/864c）是其最早例證。同時，通過對《大正藏》的檢索，我們發現作爲“物品”出現的“調”最早出現在元魏時的《賢愚經》，“糧調”、“衣調”也均出現於該書，“食調”也最早出現於此書。

2.【服】

“服”本指王畿以外的地方。《尚書·益稷》:“弼成五服，至于五千。”孔傳:“五服，侯甸綏要荒服也。服五百里。”而到《續傳》其意義發生泛化，與其他語素結合泛指所有偏僻的地方。如:

【西服】自從西服來至東華，循歷翻譯，合三十七部一百七十六卷。即《佛本行集》、《法炬》、《威德》、《護念》、《賢護》等經是也。（卷二，闍那崛多）

【南服】自江東佛法弘重義門，至於禪法，蓋蔑如也。而思慨斯南服，定慧雙開。（卷十七，釋慧思）

【邊服】王曰:“憶往年法集，有傖僧韶法師者乃堪此選耳。若得同行，想能振起邊服。”便邀之至蜀。（卷六，釋慧韶）

以上西服、南服、邊服已經很少“有王畿以外的地方”之意，而更著重強調邊遠。下面的例子就明顯表現出一種語義扩展的意味。如:

---

① 此參李維琦《佛經詞語匯釋》，湖南師範大學出版社2004年版，第81頁。

【楚服】然以法流楚服，成濟已聞。岷絡[①]三巴，尚昏時網[②]。（卷十三，釋慧暠）

【韓服】文華騰翥於韓服，博贍猶愧於中原。（卷十三，釋圓光）

【淮服】又往山東，彼岸諸師競留。對講《地持》、《十地》，名稱普聞。故東漸海濱，南窮淮服，聽涉之最，無與爲儔。（卷十三，釋曇藏）

以上均表具體地名。"服"本身的實際意義開始削弱，而所指開始擴大，指各地。

【山服】丹陽一郭受戒道俗三千餘人奔走山服，哀慟林野。（卷二十，釋智聰）/從容山服，詠歌林野。（卷二四，釋法琳）

"山服"一詞的出現表明"服"不再是一個具體的地域概念，而是一個抽象的地域概念。這一抽象的過程正好是"服"字不斷的上位化的過程。也就是説"服"由一個具體的地域概念經過抽象變成一個比原來更高一層的上位概念。這樣它就可以和其他表具體地域的語素組成新的雙音詞。這種組合方式是中古雙音詞語義組合中一種常見的方式。

3.【壤】

"壤"本指泥土，引申指疆域、區域。如《左傳·哀公元年》："句踐能親而務施，施不失人，親不棄勞，與我同壤，而世爲仇讎。"在中古"壤"與其他語素大量複合組成雙音詞，其意義也開始變化，由具體的疆域變成較抽象的"地區"。如：

【邊壤】生在邊壤，佛法未弘。自非目驗，無由承奉。（卷二四，釋慈藏）

【關壤】隋[③]開皇，關壤往往民間猶習《提謂》。（卷一，釋曇曜）

【齊壤】時又有沙門慧曉，厥姓傅氏，所[④]以禪績獻公[⑤]，文才亞於慧命，比[⑥]遊齊壤，居止靈巖，數十年間幽閑精[⑦]業。（卷十七，釋慧命）

① "岷絡"，諸本作"岷洛"。

② "時網"，諸本作"時罔"。

③ "隋"，諸本作"隋初"。

④ "所"，麗作"亦"。

⑤ "獻公"，資、磧、普、徑作"功"。

⑥ "比"，諸本作"北"。

⑦ "精"，資、磧、普、南、徑、清作"積"。

【陳壤】至聖納謗於祇園，王子被讒於清眾。儒宗絕粒於陳壤，堯湯遭變於中原。雖玄素之相或乖，而業命之緣無爽。（卷二九，論）

【秦壤】承聖季年，因俘秦壤，住長安崇華寺。（卷八，釋慧善）

【周壤】帝以延悟發天真，五眾傾[①]則，便授爲國統。使夫周壤導達，延又有功。（卷八，釋曇延）

【蒲壤】貞觀之初還反蒲壤[②]，緇素慶幸，歡詠如雲。（卷十五，釋志寬）

【西壤】惟夫大覺之照臨也，化敷西壤，迹紹東川。（序）

【東壤】然莫測法教始末緣由，西徂東壤年世[③]帝代，故具錄事條，遣僧向鄴，啟所未聞事。（卷八，釋法上）

【北壤】有集數十卷，多在淮南，少流北壤。（卷九，釋道莊）

以上各詞已經側重於指各地，與疆域概念關係不大。

【華壤】優遊自任，亦季世縱達之高僧也。故華壤英俊謂之[④]諺曰："大論主釋迦迴法界多羅一時領。"（卷十三，釋神迴）

【京壤】尋又下勅，令撰《西域傳》，素所暗練，周鏡目前，分異訛錯，深有徵舉。故京壤名達，多尋正焉。（卷二，釋彥琮）

【帝壤】王又於京師置日嚴寺，別教延藏往彼居之。欲使道振中原，行高帝壤。（卷十五，釋吉藏）

【州壤】情性溫和，韻調清雅。好弘經數[⑤]，名顯州壤。（卷五，釋僧韶）

【鄉壤】法師等豈又[⑥]不以欲還鄉壤，親事弘化？宜令所司備禮，各送本州。（卷九，釋僧粲）

【本壤】沙門智訓遊學京華，數論通敏，同還本壤，投分與交，淵弗許也。（卷六，釋寶淵）

【舊壤】耶舍北背雪山，南窮師子，歷覽聖迹，仍旋舊壤。（卷二，

---

① "傾"，資、磧、普、南、徑、清作"法"。

② "壤"，諸本作"晉"。

③ "世"，資、磧、普、南、徑、清作"三十"。

④ "謂之"，諸本作"為之"。

⑤ "經數"，諸本作"經教"。

⑥ "又"，資、磧、普、南、徑、清無。

那連提黎耶舍）

【平壤】悵恨所經，已越山險，將達平壤，不果祈願。（卷四，釋玄奘）

以上各詞更側重於指地區，與疆域義幾乎無關。

【機壤】更觀機壤，遂欲汎舶往楞伽修國。（卷一，拘那羅陀）

【勝壤】至光太二年六月，諦厭世浮雜，情弊形骸，未若佩理資神，早生勝壤。遂入南海北山，將捐身命。（卷一，拘那羅陀）

【世壤】周氏滅齊，二教淪沒。乃潛形世壤，衣以斬縗三升之布，頭絰麻帶，如喪考妣。（卷九，釋靈裕）

【苦壤】思欲弘宣至道，濟斯苦壤。（卷十六，釋僧稠）

以上“壤”已經明顯不再指疆域大小，而是通過抽象，成爲一個表地域範疇的特有義素。其性質與“服”相同。

4.【師】

【律師】年十八投僧祐律師而出家焉。（卷一，釋寶唱）

【禪師】兼有白足禪師來相啟發。（卷一，釋曇曜）

【法師】太建三年[①]，毘請建興寺僧正明勇法師續講《攝論》。（卷一，釋法泰）

【獵師】昔聞流水長者遂能救十千之魚，曠野獵師豈得害三歸之鹿。（卷三，釋慧淨）

“師”表示掌握某一專門知識或專業技能的人。這一意義在上古就已經有苗頭，如《孟子·告子上》：“今有場師。”趙岐注：“場師，治場圃者。”到中古迅速擴展，朱慶之列舉了船師、教書師、渡師、陶師、畫師、作皮師、射師、算師、餅師、魚師、馬師、木師、兵師等25個表職業的名詞[②]。這說明“師”完全已經範疇化，具有很強的語化法的傾向。

5.【家】

【農家】居室貧儉，事若農家，唯有經史盈車。（卷一，菩提流支）

【寺家】當有見者謂寺家失火，競來救之。及覩神光乃從金瓶而出，皆嘆：“未曾有也。”（卷八，釋僧妙）

---

① “三年”，諸本作“二年”。

② 參朱慶之《佛典與中古漢語詞彙研究》，文津出版社1992年版，第162頁。

【蠱家】又見在蠱家食飯，匙接蠱精置于疊下，而快食如故，又不爲患。（卷二十，釋曇韻）

【佛家】佛家自號爲內，內則小也。諂道家爲外，外則大也。邊俗信心於斯風革，酒家毀其柞[1]器，漁者焚其罟網。（卷二十，釋曇韻）

“家”也表示掌握某一專門知識或專業技能的人。朱慶之例舉了門家、屠家、田家、染家、陶家、冶家、治皮家、怨家、對家、檀越家、國家等12個詞語[2]。王雲路舉了理家、道家、施家、獵家、屠家等，並認爲此類語不宜看作詞綴，[3] 這一見解應是很正確的。

6.【兒】

【屠兒】承道不護淨，乃擲筯而起曰：“寧噉屠兒食，此洋銅何得噉也？”（卷二一，釋智詵）

【乞兒】唯置大鉢一口，每日引諸乞兒，所得食調總鉢中，選請食分亦和其內，雜爲饘粥。便行坐乞人，手自斟酌。（卷二四，釋曇選）

“兒”也表示從事某種工作的人。顏洽茂例舉了伎兒、貧兒、放牛兒。並認爲“這一類基本表示身分、職業，具有‘類名’的功能。”[4] 從整個用詞情況看，這是一個貶義性的稱謂。

以上詞語的抽象化的結果表現爲一種範疇化傾向，這說明範疇化傾向在中古是明顯存在的。究其原因可能有二：第一，漢語雙音化的需要。漢語在中古迅速的雙音化，在這一過程中如何既經濟又有效的創造偏正式雙音詞就成爲一個問題。於是人們就用這種範疇化的方式來創造詞語。程湘清說：“充當正語素的有一些意義較概括的單音詞，由於能夠起一類詞大類名的作用，因而具有較強的構詞能力。這類單音詞在先秦時已有‘人’、‘夫’、‘士’、‘氏’、‘師’、‘子’等，到《論語》中‘人’依然比較活躍，其他‘士’所構詞尚有一定數量，‘夫’、‘民’、‘子’、‘師’所構詞，則有所簡少，但又另外新增加了‘工’、‘匠’、‘家’、（以上爲表人的）‘蟲’、‘物’、‘樹’（以上爲表人的）等。《論衡》中的這些類

[1] “柞”，資、磧、普、南、徑、清作“笮”。

[2] 朱慶之：《佛典與中古漢語詞彙研究》，文津出版社1992年版，第161—162頁。

[3] 參王雲路《中古漢語詞彙史》，商務印書館2010年版，第289頁。

[4] 參顏洽茂《佛教語言闡釋——中古佛經詞彙研究》，杭州大學出版社1997年版，第188頁。

似詞根的單音詞，在後世、直到現代漢語中都保持着較強的構詞功能。"[①] 這可能是內因。第二，佛典翻譯對漢語的影響。朱慶之說："已有一些材料表明"家"、"師"、"匠"一類詞在佛典語言裏大量出現與原文的構詞法有關。例如根據《大藏經索引》（吉林文史出版社，1987）提供的材料'穿珠家'和'穿珠匠'的原文是 manikāra，'鐵作家'是 lohakāra，'鍛金師'是 suvarnakāra，'象牙師'是 dantakāra……這些詞原文都是複合詞，即一個名詞加上 kāra。Kāra 的詞根是 vkr，意爲'做'。kāra 的意思是'做某件事情或從事某項工作的人'。~ kāra 都被譯成了'家'、'師'、'匠'等，這就客觀上起了推動漢語某些構詞兼構形語言成份發展的作用。"[②] 從這段話可以知道，當時的僧人通過佛經翻譯已經能夠分析偏正式結構的構成，於是在這一風氣的影響下，以漢語固有語素來創造新的詞語，從而推動了以上範疇化形式的發展。這是外因。

二　語素的羨餘化

所謂語素的羨餘化是指有些語素在語法化的過程中語意已經基本消失，成爲一種羨餘。

1. 【告】

"告"本義是告訴，但在《續傳》中明顯有一種虛化趨勢。如：

【告乞】于時徒伴二十餘人行至[③]大林中，遇賊劫掠，纔獲命全。入村告乞，乃達東境。(卷四，釋玄奘)

【告索】既達安州，糧粒勇貴。旦往隨州巡里告索，暮達鬲所如常採聽。(卷十四，釋慧稜)

【告別】及明告別，成曰："昨夜一檀越被凍困苦。"常漸之，永誡。(卷十六，釋惠成)

【告辭】不言姓字，於此告辭。(卷六，釋慧超)

以上三個詞"告"的具體意義就已經虛化成一種隱性意義，不具有主導作用，於是語義偏指向後面的成分。

---

① 參程湘清《兩漢漢語研究》，山東教育出版社 1992 年版，第 314。

② 參朱慶之《佛典與中古漢語詞彙研究》，文津出版社 1992 年版，第 173 頁。

③ "至"，諸本無。

【告終】暨三月二十日，正念告終。（卷七，釋寶瓊）

【告逝】屬以敦公告逝，戒品未圓，乃高步上京，更崇師轍。（卷十，釋智琳）

【告錫】夏后水土成功，玄珪告錫。方知天時人事，影響若神。（卷十，釋法彥）

【告集】故使山門告集，日積高名。（卷十七，釋慧思）

【告興】承周道失御，隋曆告興，遂與同侶俱辭建業。（卷十七，釋曇遷）

【告始】元正告始，景福惟新。伏惟殿下膺時納祐，罄無不宜。（卷二二，釋玄琬）

以上詞語“告”的具體意義更趨虛化，基本上起湊足音節的作用。

【告節】爾時冬至告節，氣序祁寒。（卷十二，釋慧隆）

【告倦】聽眾千餘，孜孜善誘，曾無告倦。（卷十七，釋僧昮）

【告勞】處處採聽，隨席談論。雖逢塗阻，未曾告勞。（卷六，釋曇准）

以上三詞中“節”是名詞，“倦”、“勞”是形容詞，但是在與“告”組合以後，均變成動詞性詞語。這說明“告”雖然沒有多大的實在意義，但卻成爲一個動詞結構的標記，與之組合而成的詞均是動詞。

2.【取】（42 個）

朱慶之指出：“以上諸詞裏的‘取’也都不是表意所必須的語素，其作用同樣是幫助單音節動詞雙音化。這類動詞好像有實在的意義……但就表義需要上說，仍然是羨餘成分。”①

【取訊】或博諮先達，或取訊行人，或即目舒之，或討讎集傳。（序）

【取進】師子虎象縱橫騰倚，每思登踐，取進無由。（卷四，釋玄奘）

【取信】左僕射高熲奉以戒法，合門取信，於今不傾，並彥之開濟。（卷十，釋法彥）

【取終】因縱疾取終。（卷十一，釋法侃）

【取窆】遺旨令尸陀北嶺，後取②窆於山南。（卷十七，釋慧實）

---

① 參朱慶之《佛典與中古漢語詞彙研究》，文津出版社 1992 年版，第 142—143 頁。

② “取”，諸本作“收”。

【取别】後自知命極，預告有緣，至八月初當來取别，時未測其言也。（卷二十，釋道昂）

【取差】渴則[①]急鹽塞其口，痢則絕食取差。（卷二一，釋智保）

【取擬】道安慨時俗之混并，悼史藉之沉網[②]，乃作《二教論》取擬武帝。（卷二三，釋道安）

【取訖】至七月十日，乃白僧曰："昨夜神人見催，經餘一卷，午前取訖。"（卷七，釋寶瓊）

以往的研究只提及"取+動詞性語素"結構，而在《續傳》中我們發現了"取+形容詞性語素"結構，如：

【取異】誕育之後，取異[③]儕童。（卷十四，釋智琰）

【取静】有時乞食，暫往村聚，多依林墓，取静思惟。（卷二七，釋普圓）

這一現象的出現說明"取"作爲構詞語素正進一步的泛化，其意義也相應進一步的虚化。

以上現象說明在中古漢語中有部分動詞語素在相互組合時，前一語素表意功能不太明確，而更多地開始表現爲一種湊足雙音節的語法功能，表現出一種語法化的傾向，這在上古漢語中是沒有的。

3. 【累】

"累"本為拖累，在佛經中被用來指一切有礙于成道的行為或事物，但在與名詞語素構成雙音節詞時變成了一個隱性義素。曾良先生也說："佛道有消極厭世的思想，以有身及妻兒家屬、財產爲拖累，故派生出一系列與'累'結合的詞。"[④] 而據李麗研究，"家累"一詞在晉代以前均指家中財產，晉代以後，才產生新的意義"家屬"[⑤]。這說明"～累"是在佛經影響下才產生出來的。《續傳》中如：

【罪累】自爾專思罪累，屏絕人事。（卷二，釋彥琮）

---

① "則"，資、磧、普、南、徑、清無。

② "沉網"，資、磧、普、南、徑、清作"沉罔"。

③ "取異"，資、磧、普、南、徑、清作"輒異"。

④ 參曾良《敦煌文獻叢札》，浙江古籍出版社2010年版，第99頁。

⑤ 參李麗《〈魏書〉詞匯研究》，南京師范大學2006年博士論文，第12—13頁。

【惑累】四年之譯，三帙獻功。掩抑[①]慧燈，望照惑累。（卷三，波羅頗迦羅蜜多羅）

【塵累】豈止區區梵眾獨荷恩榮，亦使蠢蠢迷生方超塵累而已。（卷四，釋玄奘）

【患累】至於顏回好學，勤改前非，季路未修，懼聞後語。功勞智擾，役神傷命。爲道日損，何用多知。誓欲枯木其形，死灰其慮，降此患累，以求虛寂。（卷七，釋亡名）

此句前曰"功勞智擾，役神傷命"，後云"降此患累"，可見"患累"就是憂患。

【俗累】具戒已後，歷求善友，深厭俗累，絕心再往。（卷十二，釋道判）

"俗累"即世俗。卷二三"釋淨藹"："有清信大士，具官身，嬰俗累。恕崇法理，精感明靈。神化斯應，遂使群經騰翥，等扶搖之上昇，隻[②]卷飄返，若丹烏之下降。""嬰俗累"就是"羈絆於世俗"。

【點累】歲登具受，履操逾遠，志業尤勇。念守[③]所持，誓無點累。（卷十三，釋海順）

【煩累】生平本胡越，關吳各異津。聯翩一傾蓋，便作法城親。清談解煩累，愁眉始得申。（卷十八，釋曇遷）

【妻累】既將出俗，猶縈妻累。先勸喻已，便爲解髮。資給道具，送往尼寺。（卷十八，釋真慧）

【形累】嘗以四分之一用資形累，通夏翹足，攝慮觀佛，誠策勤之上達也。（卷十八，釋本濟）

【纏累】世間果報久已捨之，如何更生樂處，終是纏累。（卷十九，釋法喜）

【瑕累】由斯聲唱更高，玄儒屬目，翰林文士，推承冠絕。競述新製，請摘瑕累。（卷三，釋慧淨）

曾良還舉了"弱累"、"餘累"、"口累"、"世累"、"情累"[④]。以上

① "抑"，資作"仰"。

② "隻"，資、磧、普、南、徑、清作"候"。

③ "守"，諸本作"定"。

④ 參曾良《敦煌文獻叢札》，浙江古籍出版社 2010 年版，第 99 頁。

“累”均退居隱性地位，變成了一個名詞性標記。由於通過抽象，概括性的範疇意義增強，所以組成了大量的同類詞。

4.【量】

“量”的本義是稱量。《說文·重部》：“量，稱輕重也。”再引申指事物的長短、大小等，在《續傳》中開始虛化。如：

【鉢量】坐具無勞截淨，鉢量未必姬周。（卷二二，論）

【形量】纔有昏情，便有靈祇相誡。或動身衣，或有聲相，又現白服，形量[①]丈餘，遶院相警，往往非一。（卷十七，釋智舜）/上形量過人，苕然[②]眾表。百千眾中，孤超[③]頸現。（卷八，釋法上）

【情量】監獄者深知情量，取拔無由。（卷二十，釋靜琳）/情量虛蕩，一裙一披[④]，布納重縫。（卷二五，釋通達）

【智量】少在童亂，智量過人。（卷二十，釋志超）

【意量】意量弘廣，容姿都雅，人有勃怒，初不改容，眾服其忍力也。（卷二六，釋明馭）

【相量】晚還故鄉，有浮江石像[⑤]者，如前傳述，後被燒爐而不委相量，無由可建。（卷三十，釋法韻）

【識量】是知法寶弘博，定在中天，識量玼瑣，誠歸東夏。（卷一，拘那羅陀）

【風量】性度夷[⑥]簡，風量陶然。（卷八，釋道慎）

以上“量”幾乎已經虛化，沒有多少具體意義，“量”在語義抽象的同時表現出一種語法化的傾向，泛化成一個名詞標記，所以王雲路歸之爲名詞概括性語素[⑦]。據聶志軍研究，“量”有時還可寫作“兩”[⑧]。如《一神論》：“所以五蔭是土，魂魄少許似身兩，共五蔭，共魂魄，自一身。”

---

① “量”，資、磧、普、南、徑、清作“影”。

② “苕然”，磧、普、南、徑、清作“岧然”。

③ “超”，資、磧、普、南、徑、清作“超”。麗作“起”。

④ “披”，諸本作“帔”。

⑤ “石像”，資作“名像”。

⑥ “夷”，資、磧、普、南、徑、清作“虛”。

⑦ 參王雲路《中古漢語詞彙史》，商務印書館2010年版，第229頁。

⑧ 參聶志軍《唐代景教文獻詞語研究》，湖南人民出版社2010年版，第200頁。

5.【到】

在中古漢語中，“到”、“至”在“到達”義位上是同義關係。由於“至”發展爲程度副詞，有“極”之義，受到這一義位的沾染，“到”也產生了程度副詞的用法，相當於“甚、極”。如：

（1）乃深惟曰：諸佛淨土，豈限方隅，人竝西奔，一無東慕，用此執心，難成迴向。便願生蓮華佛國，曉夕勤到，誓不久留。（卷六，釋真玉）

（2）若人現起重罪，苦到懺悔則易除滅，何以故？如迷路近故，過去重障必難迴，轉迷深遠故。（隋智愷說，門人灌頂記《摩訶止觀》卷四，T46/36b）

（3）普賢觀云：“精進苦到，得見釋迦分身多寶、東力善德等及七佛世尊。”（隋智愷《妙法蓮華經文句》卷十上，T17/135b）

宋慧因《註梵網經》卷下：“苦到，苦切至到。”（X38/587c）慧因以“至到”釋“到”應該是極爲精當。慧琳《一切經音義·瑜伽師地論（大唐新譯）》卷十一：“懇到，口佷反，《通俗文》：‘至誠曰懇。’懇亦堅忍也。到，至也、極也、苦也。”慧琳之說與慧因同[①]。

但在中古，“到”似乎有虛化的跡象。如：

【勤到】

忽聞東方有淨蓮華佛國莊嚴世界，與彼不殊。乃深惟曰：“諸佛淨土，豈限方隅。人竝西奔，一無東慕。用此執心，難成迴向。便願生蓮華佛國，曉夕勤到，誓不久留。”身無疹瘵，便行後事[②]。受[③]諸弟子衣服、几杖、麈尾、如意，分部遺誥，各有差降。（卷六，释真玉）

“曉夕勤到”指曉夕勤奮，如釋爲“曉夕極爲勤奮”反而於義有礙。

【懇到】

頻爾數轉[④]，詞逾懇到。（卷七，釋寶瓊）

---

① 按，于淑健認為“‘單到’、‘單至’、‘至到’義同，且均為同義義復詞，指程度達到極點。”但于氏結論語焉不詳。參于淑健《敦煌佛經詞語札記》，《語言研究》2009年第4期。又方一新《〈高僧傳〉詞語考釋》、馮利華《〈真誥〉詞語輯釋》均認為“到”有“懇切”義，可商榷。

② “事”，資無。

③ “受”，諸本作“授”。

④ “數轉”，資、磧、普、南、徑、清作“轉數”。

“詞逾懇到”中作者用“愈”來修飾“懇到”則完全是把“懇到”作爲一個詞來處理的。因爲“逾”是甚度副詞，如果把“到”再理解爲甚度副詞就有屋中架屋之感。所以從此句可以看出，道宣已經對“懇到”一詞作了重新分析。柳宗元《爲耆老等請復尊號表》：“被玄化而益深，望鴻名而未覩，懇倒之至，夙夜不寧。”“懇倒之至”也應如此，而《漢語大詞典》釋“懇到”爲“懇至”是未能看到“到”的虛化。

【精到】

又僧明道人，爲北臺石窟寺主。魏氏之王天下也，每疑沙門爲賊。收數百僧五[①]縶縛之。僧明爲魁首，以繩急纏，從頭至足。剋明[②]斬決。明大怖，一心念觀音。至半夜，覺纏[③]小寬。私心欣幸，精到[④]彌切。及曉，索然都斷。既因得脫，逃逸奔山。（卷二五，釋超達）

“精到彌切”，“精”是精誠。“精到”只能理解爲精誠，不然後置之程度副詞就顯得非常累贅。資、磧、普、南、徑、清作“禱”，也是認識到把“到”釋爲“至”之困境，然而改換者並沒有從整體上來看“到”的虛化現象，所以作了錯誤改動。

我們再聯繫其他文獻。

【簡到】

秦大將軍尚書令常山公姚顯，真懷簡到，徹悟轉詣，聞其名而悅之。（梁僧祐《出三藏記集》卷八“自在王經後序”，T55/59a）

“真懷簡到”《全晉文》作“其懷簡到”。“簡到”猶簡澄。

【誠到】

贈太師光庭嘗爲重任，能徇忠節，忽隨化往，空存遺事。其子屢陳誠到，請朕作碑。機務之繁，是則未暇，朝廷詞伯，故以屬卿。（清董誥輯《全唐文·元宗〈賜張九齡勅〉》）

“誠到”猶“忠誠”，因爲“陳誠到”是動賓結構，“陳”後應是個賓語，所以“誠到”應爲一個詞。

【忠到】

---

① “五”，南、徑、清、麗作“互”。

② “明”，麗藏作“期”。

③ “纏”，資、磧、普、南、徑、清作“繩”。

④ “到”，資、磧、普、南、徑、清作“禱”。

朕方以文德來遠人，未欲便興干戈。王既欵列忠到，遠請軍威，今詔交部隨宜應接。伐叛柔服，寔惟國典，勉立殊效，以副所期。（《南齊書·東南夷列傳》）

“忠到”猶“忠誠”。“欵列忠到”也是動賓結構，“忠到”只能認爲是一個詞。

【絕到】

傅玄《正都賦》云：‘手戲絕到，凌虛寄身，跳丸擲掘，飛劍舞輪。’”（《北堂書鈔·樂部·倡優·擲掘舞輪》）

“絕到”也應看作一個詞，意爲絕妙。如《永樂大典·二紙·子·道家子書五》：“洪景盧謂列子勝莊子，則失之矣。然其間又有絕到之語，決非秦漢而下作者所可及。”“絕到之語”即絕妙之語，不煩釋爲“絕妙之至之語”。

王雲路認爲“到”是一個形容詞性概括語素，並認爲可以和名詞和形容詞組合①。王先生舉“情到”一詞作爲名詞之例，我們只看到這一孤例，故不把它列入討論。

綜上所述，“到”在單獨使用時受到“至”之沾染，有“甚、極”之義，但在與形容詞性語素組合時，其副詞詞性已經非常虛化，成為一個標記成分。

語素的羨餘化也可能與雙音化有關，我們分析上面五組例子可以發現“告”、“取”、“累”、“量”、“到”在中古由於不同的原因變得比較抽象，因此容易與某一類語素進行組合，從而形成以它們爲詞根的同類詞。這種程式化的具有類推作用的結構方式非常符合漢語的構詞要求，因而被大量使用。

三 語素的詞綴化

1.【事】

在《續傳》中我們還可以發現，有些語素有語法化成爲詞綴的現象。如：

中古漢語裏的“事”在有些雙音結構中已經虛化，沒有意義，變成

① 參王雲路《中古漢語詞彙史》，商務印書館2010年版，第219頁。

了一個副詞詞綴。關於詞綴的認定，王雲路提出了三個標準，即頻率、意義和類推[①]，我們認爲“事”可以滿足以上標準。下面分別進行陳述。

【即事】即，便。

（1）夜夢有人以刀臨之，既忽警寤，即事歸懺。（卷十五，釋玄鑒）

（2）太子復問于馭者言：“世間之中，何者名老？”馭者即事報太子言：“凡名老者，此人爲於衰耄所逼，諸根漸敗，無所覺知，氣力綿微，身體羸瘦，既到苦處，被親族駈無所能故，不知依怙……”（隋闍那崛多譯《佛本行集經·出逢老人品》，T3/720b）

（3）爾時善臂阿修羅王，見彼世尊及諸一切聲聞、菩薩、天人大眾一切皆居金翅鳥上，一切皆有金剛密跡隨逐其後。見此事已，各作斯念……複作是念：“我今亦應普現如是諸幻化事。”作是念已，即事欲作種種幻化。（隋闍那崛多譯《大法炬陀羅尼經·入海神變品》，T21/671c）

【將事】將要，準備。

（1）諸屠大怒，將事加手，並仡然不動。（卷十六，釋法聰）

（2）恐致損傷，將事移止。（卷二二，釋慧旻）

（3）時大夫人報主兵臣曰：“汝今應知，我等後宮久不見王，情深戀慕，將事朝謁，宜時嚴駕。”（唐義淨譯《根本說一切有部毘奈耶雜事·第八門第十子攝頌之餘》，T24/393b）

【尋事】便。

“尋”作副詞有不同的意義，“尋事”因之也有不同。

（1）年十五誦《法華經》，兩旬有半，一部都了。尋事剃落，學無常師。（卷十七，釋慧命）

（2）憲還京室，尋事卒也。（卷二六，釋寶意）

上二例中“尋事”是“不久”義。

（3）陵和南，昨預沈儀同法席，餐奉甘露無畏之吼，眾咸歸伏。然正法炬，朗諸未悟。自慶餘年得逢妙說，尋事諮展此不申心。謹和南。（隋灌頂纂《國清百錄》卷二《陳左僕射徐陵書》，T46/801a）

例（3）中的“尋事”即“常常”。“尋事諮展此不申心”即常常諮

---

① 參王雲路《中古漢語詞彙史》，商務印書館2010年版，第275—277頁。

展此不申心。據董師志翹研究，“尋”在中古有“經常”、“常常”之意①。

【猶事】猶。

“猶事”可以放在動詞之前，義爲“仍然”，相當於“猶”。如：

（1）今既納承嗣之懇請，亦已虛懷，舍脅從之前非，悉命原免。如其譎詭時日，猶事逗留，國有常刑，法難屢屈。過期不至，獲罪如初。（《冊府元龜·帝王部·姑息》）

（2）敕趙桓：“省所上降表，汝與叔燕王俁、越王偲已下宗族及宰臣百僚、舉國士民、僧道、耆壽、軍人于十二月二日出郊望闕稱臣待罪事，具悉……析木版圖，第求入手；平山僞詔，曾不愧心。罔天罰以自幹，忽載書而固犯。肆予纂紹，猶事涵容。”（金佚名《大金吊伐錄·廢國取降詔》）

“猶事”也可以放在名詞之前，也相當於“猶”，但使其後名詞動詞化。如：

（3）經於五年，猶事沙彌，未敢受具。（卷二十，釋靜琳）

“猶事沙彌”即“依然是沙彌”。“沙彌”被名詞動用。

【便事】便。

（1）涉律三載，便事敷演。（卷二二，釋玄琬》）

（2）至元魏太武大延元年，流化將訖，便事西返。（卷二五，釋慧達）

（3）矩時爲黄門侍郎，奏請德武離婚，煬帝許之。德武將與裴別，謂曰：“燕婉始爾，便事分離，方遠投瘴癘，恐無還理。尊君奏留，必欲改嫁耳，於此即事長訣矣！”（《舊唐書·列女傳·李德武妻裴氏》）

【敢事】敢，表謙敬。

（1）敢事旌表，傳芳後葉。（卷二三，釋靜藹）

（2）拘摩羅王曰：“雖則不才，常慕高學，聞名雅尚，敢事延請。”（玄奘《大唐西域記》卷十）

（3）靜泰不惟鄙昧，輒撰斯文，敢事加損。（唐釋靜泰《大唐東京大敬愛寺一切經論目序》）（T55/180c）

---

① 參董志翹、蔡鏡浩《中古虛詞語法例釋》，吉林教育出版社1994年版，第571頁。

【方事】方。

“方事”即方。“方”作副詞用或同於“才”，或同於“將”，“方事”也隨之有不同。

（1）曾于一日安公正講《涅槃》，俊命章設問，遂往還迄暮，竟不消文。明旦又問，講難精拔。安雖隨言即遣，而聽者謂無繼難。俊終援引文理，征並相訓。遂連三日止論一義。後兩舍其致，方事解文。（卷二三，釋道安）

此“方事”爲“才”義。

（2）又言昔法顯、智嚴，亦一時之士，皆能求法，導利群生，吾當繼之。乃結侶陳表，有勅不許，諸人咸退，唯法師不屈。既方事孤遊，又承西路艱嶮，乃自試其心。（唐釋冥祥《大唐故三藏玄奘法師行狀》，T50/214a）

（3）循海西北行五百餘里，至素葉城，逢突厥葉護可汗方事畋遊，戎馬甚盛。（唐釋慧立本，釋彥悰箋《大唐大慈恩寺三藏法師傳》卷二）（T50/227a）

（4）近有邊王，貪婪兇暴，聞此伽藍多藏珍寶，驅逐僧徒。方事發掘，神王冠中鸚鵡鳥像乃奮羽驚鳴，地爲震動，王及軍人辟易僵僕，久而得起，謝咎以歸。（玄奘《大唐西域記》卷一，T51/874a）

上三例“方事”均爲“將”義。

【頻事】頻頻。

（1）年立之後，頻事開解，蔚爲宗匠。（卷五，釋僧旻）

（2）辯、勇二師當塗上將，頻事開折（析），亟經重席。（卷三十，釋真觀）

【常事】常常。

（1）又以《涅槃》本務，常事弘獎。言令之設，多附斯文。（卷十二，釋童真）

（2）三十五十，常事養育。（卷十四，釋智凱）

（3）若能如是修習法者，則爲常存供養於我。此人一七二七三七，乃至七七，或復百日，或復千日，或復三四千日，或復常事憶念我者，我爲現身，冥密示逐，而佑護之。（唐菩提流志譯《不空羂索神變真言經·如意阿伽陀藥品》，（T20/342c）

(4) 爾時世尊在室羅伐城逝多林中，如佛所說，若舍貴族而出家者多獲利養，然諸釋種既出家已利養豐多。彼於衣服常事料理，長衣長鉢，絡囊腰絛，並多貯畜。(義淨譯《根本說一切有部毘奈耶·從非親尼取衣學處》，T23/722b)

【專事】專門。

(1) 自爾專事弘經，周輪無輟。(卷十五，釋道洪)

【躬事】親自。

(1) 于時四方義聚，人百其心，法令未揚，或愆靈化，而端躬事軌勉，咸敬而揖之。(卷十八，釋靜端)

(2) 我當嚴備四種力軍，往如來所，躬事奉敬。(玄奘譯《大寶積經·菩薩藏會第十二之二十大自在天授記品》，T11/317b)

【親事】親自。

(1) 顯時遇疾，心希鄉飯，主人上坐親事經理，勅沙彌爲取本鄉齋食。(卷九，釋僧明)

(2) 復有俱致摩囉身天，商主前行詣向佛所，爲欲禮覲供養，親事聽法。(隋闍那崛多譯《佛華嚴入如來德智不思議境界經》卷上，T10/919b)

【勿事】不要。

(1) 忍聽者，勸令情和聽可，勿事乖違。(道宣撰《四分律刪繁補闕行事鈔·通辨羯磨篇》，T40/11a)

(2) 師乃流誨曰："爾爲大緣，時不可再，激于義理，豈懷私戀。吾脫存也，見爾傳燈。宜即可行，勿事留顧。觀禮聖蹤，我實隨喜。紹隆事重，爾無間然。"（義淨撰《南海寄歸內法傳·四十古德不爲》，T54/233a)

(3) 但章疏語局，情見言通，口授文傳，理無不攝，請詳鈔意，勿事遲疑。(宋釋元照撰《四分律行事鈔資持記上一上·釋序題》，T40/158a)

【動事】動輒，用在動詞前表動作的經常性。

(1) 又有行福末凡，稟素疎野，廣讀多誦。情見特隆，偏略戒科。謂講生例不如常飲淳乳，飽我心神。靜處幽閒，何過相及。斯皆靡聞教行，動事疑遲。不學無知，隨念交集。所以每講聽采，坐列群僧。就務鑽

研，其人無幾。學猶不解，況不學乎。牛毛麟角，頗爲近實。（卷二二，論）

【唯事】唯。

頭陀聚落，唯事一餐，宴坐林中，但披三納。（卷二四，釋道會）

通過以上分析，我們可以看到，“事”在中古，在有些情況下，已經虛化爲一個副詞詞綴。

2.【隨】

朱慶之先生指出：“在漢譯佛典中，我們常可以看到‘隨～’的說法，大多數都是帶着前綴 anu－的梵語詞之仿譯。anu－放在動詞名詞前，可以表示‘之後’‘旁邊’‘沿着’‘附近’‘之下’‘伴隨’等等意思……以上複合詞中的 anu－有比較具體的意思，譯成‘隨’還是有道理的；但是 anu－在很多場合並沒有具體的意義，只起擴充音節的作用，在漢譯時也譯成了‘隨’。”① 朱先生列舉了隨判、隨攝、隨行、隨生、隨法、隨貪、隨成熟等十六個“隨”做前綴的例子。王慶也說：“‘隨’ is a full verb in Archaic chinese. Once the correspondence between ‘隨’ and the prefix ‘anu－’ in Sanskrit is esatblished, ‘隨’ has gradually turned into a prefix in the language of Chinese Buddhist sutras due to the influence of calquing.”② 我們在《續傳》中也發現了此類結構，如：

【隨敬】尊敬。

每見儀像沙門，必形心隨敬。（卷九，釋靈裕）

“隨敬”即尊敬。如唐道世《法苑珠林·述意部》：“是以隨敬一僧則五眼開淨，隨施一毫則六度無盡也。”唐慧沼撰《金光明最勝王經疏》卷三：“不爾下文不應云：‘我等亦常爲弘經故，隨敬如是持經之人。’”（T39/233c）

【隨遭】遭遇。

裕得書惟曰：“咸陽之厄，驗於斯矣。然命有隨遭，可辭以疾。”又曰：“業緣至矣，聖亦難違。”（卷九，釋靈裕）

“隨遭”即遭遇。道宣《廣弘明集·內德論·通命篇》：“故隨遭之命

① 參朱慶之《佛教漢語研究》，商務印書館 2009 年版，第 438—439 頁。

② 參王慶《佛經翻譯對中古漢語詞彙和語法的影響》，中國戲劇出版社 2008 年版，第 141 頁。

度於天而難詳，殀壽之年考於人而易惑。人之爲賞罰也，尚能明察而不濫，天之降殃福也，豈反淆亂而無倫哉?”（T52/191a）玄奘《瑜伽師地論·本地分中菩薩地第十五初持瑜伽處發心品第二》：“或時見他隨遭一苦觸對逼切，或時見自隨遭一苦觸對逼切，或見自他隨遭一苦觸對逼切，或見二種俱遭長時種種猛利無間大苦，觸對逼切。”（T30/481a）玄奘《瑜伽師地論·攝決擇分中聲聞地之二》：“又諂曲者隨遭一種苦惱事已，於彼怨對所遭苦事，實無如是重憂重苦，然自顯示有重憂苦，謂深歎恨愁憂苦惱，乃至悶絕。”（T30/675b）

【隨講】講解。

自爾周輪，隨講無替。雖無成濟，而學者推焉。（卷十一，釋道宗）

【隨灰燼】變成灰燼。“灰燼”名詞動用。

佛寺僧坊，並隨灰燼。（卷十五，釋玄鑒）

【隨給】給予。

有濟芳美者，便隨給貧病。（卷二一，釋道禪）

“隨給”即給予。道宣《廣弘明集·誡功篇序·訶詰四大門》：“汝之所須無窮，我隨給汝不少。”（T52/309c）

綜上所述，在中古漢語中，有一部分語素在語言發展的過程中，開始出現了語義的抽象，成爲新的詞綴。但是成爲詞綴的動因是不相同的，有的是漢語語言本身發展而來的，而有的則是由於佛經翻譯給漢語帶來的。作爲佛典文獻的《續高僧傳》既體現了漢語本身的語言結構的變化，也反映了佛經翻譯對漢語詞彙結構的影響。

總之，《續傳》中複合詞的結構全面反映了中古到近代詞語結構的多樣性。同時通過比較，一系列的數據均反映出《續傳》作爲中土佛教文獻詞彙的獨特特徵，即其口語化的程度比一般中土文獻更高，而又比口語性更強的中土文獻低，也比翻譯佛經口語化程度低。續傳》中複合詞還反映了從中古到近代詞語結構的不斷發展的現實。

第六章 《續高僧傳》詞語的演變研究

語言是人類的交際工具和思維工具，詞彙是語言的建築材料。隨着社會的不斷發展，語言也會不斷的發展，而其中最能反映社會變化的就是詞彙。詞彙研究最重要的一個方面就是語語的發展與變化。但意義的研究歷來是語言研究的弱項，布龍菲爾德曾說："所以在語言研究中對'意義'的說明是一個薄弱環節，這種情況一直要持續到人類的知識遠遠超過目前的狀況爲止。"① 《續高僧傳》的詞彙中詞語的變化集中於其中所出現的新詞新義。② 所謂新詞新義並沒有一個確切的標準，董師志翹先生認爲比較可行的辦法是用《漢語大詞典》這部當前最具權威性的"古今兼收，源流並重"的語文工具書作爲主要判斷標準，早於《漢語大詞典》中的始見例的時代的爲新詞和新義。雖然《漢語大詞典》的書證現已廣爲學人詬病，但目前可能還沒有其他更好的區分辦法。因此我們在此也採用這一標準。當然所謂《續傳》中的新詞新義並不是僅僅出現於《續傳》中，或僅僅是在《續傳》中爲最早書證，我們只是以《續傳》爲研究目標，盡力挖掘其中有用的成分，爲漢語史研究提供更多的語料，所以有的詞語可能更早的出現於其他文獻中，但在《漢語大詞典》中並未記載，在本篇中也可能加以討論。

第一節 《續高僧傳》新詞的特點

《續傳》中的新詞新義極多，就新詞來說，具有三個特點：一來源的

① 布龍菲爾德：《語言論》，商務印書館 1980 年版，第 167 頁。

② 關於新詞新義的前人已經進行了大量討論，玆不再舉，詳參萬久富《〈宋書〉複音詞研究》，鳳凰出版社 2006 年版，第 148—154 頁。

廣泛性，二語體風格的多重性，三結構的一致性。下面分別闡述。

一 來源的廣泛性

所謂來源的廣泛性是指《續傳》中的新詞非常充分的反映了當時的社會生活，全面的揭示了當時社會政治、經濟、文化、宗教、對外關係、民風民俗等各個方面。試舉例以證之。

(一) 反映當時政治制度的新詞

【國司】藩國掌握財政的機構。

開皇末歲，煬帝晉蕃，置四道場，國司供給。(卷十一，釋吉藏)

“國司”是藩國掌握財政的機構。煬帝當時是晉王，所以他所設置的道場由其國司供給。關於“國司”這一機構的設立，新、舊《唐書》均有記載。《舊唐書·職官志（三）》：“親王國令一人，〔從七品下〕大農二人，〔從八品下〕尉二人，〔正九品下〕丞一人，〔從九品下〕錄事一人，典衛八人，舍人四人，學官長一人，食官長一人，丞一人，廄牧長二人，丞二人，典府長二人，丞二人。國令、大農掌通判國事；國尉、國丞掌判國司，勾稽監印事；典衛守居宅；舍人引納；學官教授內人。”此段中國司與國事、守衛、引納、教授分立，說明其職能是關於財政事務。唐王方慶《魏鄭公諫錄·諫簡點中男入軍》：“陛下初即位，詔書云：‘逋租宿債，欠負官物，並悉原免。’即令所司列爲事條，秦府國司，亦非官物。陛下自秦王爲天子，國司不爲官物，其餘官物，復將何有?”這條文獻的記載不甚清楚，宋司馬光《資治通鑒》資卷一百九十二《唐紀》八：“陛下初即位，下詔云：‘逋負官物悉令蠲免。’有司以為負秦府國司者非官物，徵督如故。陛下以秦王升為天子，國司之物非官物而何?”此條文獻說明國司是掌握藩國財政的機構。《舊唐書·竇威列傳》：“誕，抗第三子也。隋仁壽中起家爲朝請郎，義寧初辟丞相府祭酒，轉殿中監，封安豐郡公，尚高祖女襄陽公主。從太宗征薛舉，爲元帥府司馬，遷刑部尚書，轉太常卿。高祖諸少子荊王元景等未出宮者十餘王所有國司家產之事，皆令誕主之。”“國司”與“家產”并列，說明其性質相同。司馬光《資治通鑒》卷一百九十一《唐紀》七“高祖神堯大聖光孝皇帝下之上”：“戊辰，以宇文士及爲太子詹事，長孫无忌、杜如晦爲左庶子，高士廉、房玄齡為右庶子，尉遲敬德為左衛率，程知節為右衛率，虞世南為中舍人，褚亮為舍人，姚思廉爲洗馬。悉以齊王國司金帛什器賜敬德。”齊王是李元吉，以其國司之財物賜尉遲敬德，也說明國司是管理藩國財政的機構。

從國司主管人員的職務來看，它也應是管理財政的機構。唐李林甫《唐六典》卷二十九：“親王國國令一人，從七品下。（隋置，皇朝因之。）大農二人，從八品下。（漢諸侯王國置大司農，晉諸王國置大農，與郎中令、中尉為三卿。宋、齊、梁、陳、北齊王國並有大農，隋置一人，皇朝因之。）……國令、大農掌通判國司事，國尉掌分判國司事，國丞掌付事、勾稽、省署、鈔目、監印、給紙筆事。”國令相當於漢之家令，主管家事。《三國志·魏志·董卓傳》：“卓遷相國，封郿侯，贊拜不名，劍履上殿，又封卓母爲池陽君，置家令、丞。”到隋朝始稱管理親王財政事務的官員為國令。唐魏徵《隋書·百官志下》：“開皇中置國王、郡王、國公、郡公、縣公、侯、伯、子、男為九等者，至是唯留王、公、侯三等，餘並廢之。王府諸司參軍更名諸司，書佐六，屬參軍則直以屬為名。改國令為家令，自餘以國為名者皆去之。”楊廣改國令為家令，足見二者之關係。唐劉肅《大唐新語》卷六“舉賢第十三”：“元軌，高祖子也。……嘗使國令徵賦，令曰：‘請依諸王國賦貿易取利。’元軌曰：‘汝為國令，當正吾失，返說吾以利也。’令慙而退。”可见当时国令不仅管理财物，而且大部分王国的国令还利用本国资产经营营利。《唐令拾遺·雜令》[①]：“諸王公主，及宫人不得遣親事帳内邑司，奴客部曲等在市興販及邸店沽賣者出舉。”說明當時藩國經商的風氣極為盛行，以至不得不用法律來約束。大司農原為大農令，漢武帝太初元年更名大司農。掌租稅錢穀鹽鐵和國家的財政收支，為九卿之一。晉朝開始在藩國設立大農，隋唐以後所置略同，可見大農也是主管財政的。因此，從其人員構成看，國司也是為管理財務而設立的。

與之相似的還有公主的“邑司”，因為親王稱國，公主稱邑。唐杜佑《通典》卷三一《職官》十三：“二年閏正月，敕公主府設官屬。鎮國太平公主儀比親王，長寧、安樂唯不置長史，餘並同親王。宜城、新都、定安、金城等公主非皇后生，官員減半。其金城公主以出降吐蕃，特宜置司馬。至景龍四年六月，停公主府，依舊邑司。”可見國司與邑司職能與地

① 參仁井田升《唐令拾遺》，長春出版社 1989 年版，第 857 頁。

位相同。五代劉昫《舊唐書·職官一》:“王公以下置府佐國官,公主置邑司。”所記也基本一致。李林甫《唐六典》卷三十:“公主邑司令一人,從七品下。(《漢書·百官表》:‘宗正屬官有公主家令,公主所食曰邑。’晉太康中為長山長公主置家令一人,宋、齊已後時有其職,隋氏復置,皇朝因之。神龍初,公主府並同王府置官屬,景雲初罷之。)丞一人,從八品下。(晉《起居注》云:‘太康十一年詔曰:“南郡公主家令、丞缺,何以不補?”隋有其職,皇朝因之。’)録事一人,從九品下。(皇朝因隋置。)公主邑司官各掌主家財貨出入田園徵封之事,其制度皆隸宗正焉。”宋宋敏求《唐大詔令集》卷一0八“政事”“停修金仙玉眞兩觀詔”:“奉為則天皇后東都建荷澤寺,西京建荷恩寺。及金仙玉眞公主出家,京中造觀,報先慈也。豈願廣事營構,虛殫力役?朕每卑宮菲食,夕惕宵衣,惟木從繩,虛心啓沃,所欲修營兩觀。外議不識朕心,書奏頻繁。將為公主所置,其造兩觀並停。其地便充金仙玉眞公主邑司,令竇懷貞檢校所有錢物瓦木,一事以付公主邑司收掌。諸處供兩觀用作調度,限日送納邑司。”這兩段文獻明確指出邑司是管理公主財物的機構,相應的國司也應該如此。

國司一詞反映了隋唐藩國的財政制度。

【行文】官府開具的介紹信。

昔從岱岳,路出徐州。遇一縣令問以公驗,懍常齎《法華》一函,乃答云:“此函中有行文。”檢覓不見,令怒曰:“本無行文,何言有邪?”(卷十六,釋法懍)

按,“行文”即“公驗”。此句前文“問以公驗”,後文答以“此函中有行文”。可見行文只是“公驗”的俗稱。敦煌佛經S. 516《歷代法寶記一卷·唐朝第六祖》:“遂乃出賀蘭山,至北靈州出行文,往劍南礼金和上,遂被留後姚嗣王不放。大德史和上、辯才律師、惠庄律師等諸大德不放来。至德二年十月,却從北靈州默出,向定遠城及豊寧軍使楊含璋處出行文,軍使苦留,問和上:‘佛法爲當只在劍南,爲復此間亦有?若彼此一種,縁何故去?’和上荅:‘若識心見性,佛法遍一切處,无住爲在學地,善知識在劍南,所以遠投。’軍使又問和上:‘善知識是誰?’和上荅:‘是无相和上,俗姓金,時人号金和上也。’軍使頂礼,便出行文。”此段話中三處“出行文”均爲開具公驗之意。《隋書·高祖紀下》:“庚寅，勑舍客無公驗者，坐及刺史、縣令。”可見公驗相當於官府開具的介紹信。“行文”反映出唐代社會嚴格的人口流動管理制度。

【閽司】門衛。

忽覺身貫三木自然解脱，見門猶閉，閽司數重守之，計無出理。（卷二五，釋僧融）

按，“釋僧融”一傳《法苑珠林·感應緣》也引，但誤記爲出《梁高僧傳》。董師志翹《〈觀世音應驗記三種〉譯注》也有記載。閽，門。《文選·揚雄〈甘泉賦〉》：“選巫咸兮叫帝閽，開天庭兮延羣神。”劉良注：“帝閽，天門也。”司，主管。《書·高宗肜日》：“嗚呼！王司敬民，罔非天胤，典祀無豐於昵。”孔傳：“王者主民，當敬民事。”“閽司”即負責看門的人。“閽司”反映了唐代監獄的管理機制。

（二）反映軍事生活的詞語

【團隊】隊伍。

有僧法雅夙昔見知，武皇通重，給其妻媵，任其愆溢。僧眾惘然，無敢陳者。奏請京寺驍捍[①]千僧用充軍伍。有勑可之。雅即通聚簡練，別立團隊。（卷二四，釋智實）

“團隊”是唐代一個軍事術語，指隊伍。《唐律疏議》卷二八：“疏議曰：軍雖凱還，須依部伍，若不隨團隊而輒先歸者，各減軍亡罪五等，其逃亡者同在家逃亡法。”“團”，“隊”均是當時軍隊編製。《隋書·儀禮志三》：“騎兵四十隊，隊百人置一纛。十隊爲團，團有偏將一人。”《新唐書·兵志》：“士以三百人爲團，團有校尉。”

【關邏】

關邏嚴設，又照月光。（卷十二，釋道判）

“關邏”即關防。後秦鳩摩羅什譯《大莊嚴論經》卷四：“我昔曾聞，有差老母，入於林中採波羅樹葉賣以自活，路由關邏，邏人稅之。於時老母不欲令稅，而語之言：‘汝能將我至王邊者，稅乃可得。若不爾者，終不與汝。’於是邏人遂共紛紜往至王所。”（T4/275b）北涼藏曇無讖譯《大方廣三戒經》卷中：“説王及賊事，又説關邏事，亦説飲食事，云何佛聚集？”（T11/696a）東晉佛陀跋陀羅共法顯譯《摩訶僧祇律·明四波

① “捍”，資、磧、普、南、徑、清作“悍”。

羅夷法之三》："食已語比丘言：'阿闍梨爲我持少物過此稅處。'比丘言：'世尊制戒，不聽我持應稅物過關邏處。"（T22/274c）

慧琳《一切經音義·大寶積經》卷二"關邏"條："上告環反。鄭玄注：'《周禮》云："界上門也。"'《聲類》：'關，扃也。癸熒反。'《說文》云：'以水橫持門戶也……下勒餓反。《考聲》云：'邏，遮也。'《集訓》曰：'遊兵斥候遮邏也。'"可見"關邏"既設關口，又有巡邏，因而得名。

（三）反映宗教制度的詞語

《續傳》作爲佛教典籍，其中自然多有反映宗教制度的詞。如：

【僧司】昔晉氏始置僧司，迄茲四代。（卷六，釋僧遷）

僧司是專門管理僧人的國家機構。魏晉時期管理僧人的機構叫僧曹，據《魏書·釋老志》："曇曜奏：平齊戶及諸民，有能歲輸穀六十斛入僧曹者，即爲'僧祇戶'，粟爲'僧祇粟'，至於儉歲，賑給飢民。又請民犯重罪及官奴以爲'佛圖戶'，以供諸寺掃洒，歲兼營田輸粟。高宗並許之。"魯迅《古小說鉤沈·旌異記·正文》："有一後生，聰俊難問，詞音鋒起，殊爲可觀，不覺遂晚。實本事鑒爲和上，既聞此語，望得參話，希展上流，整衣將起，咨諸僧司：'鑒是實和上。'諸僧直視，忽隱寺所在，獨坐磐石柞木之下。向之寺宇，一無所見。"可見隋朝僧曹就已經稱僧司了，其後到明代均有僧司之機構。如清徐松輯錄《宋會要輯稿·還俗》："十二月，尚書右丞、集賢院學士馬亮言：'天下僧徒數十萬，多遊墮兇頑，隱跡爲僧，結爲盜賊，汙辱教門。欲望今後除額定數剃度外，非時更不放度，及常年聚試之際，先委僧司看驗保識，如行止不明，身有雕刺及曾犯刑憲者，並不得試經。仍於逐年試，帳前牓此條貫。'從之。"元拜柱等纂修《通制條格·僧道·詞訟》："御史臺官人每說，在先立着僧司衙門時節，告僧官每取受不公不法勾當多有文書來。自罷了僧司之後，教僧人生受的文書，行臺廉訪司都不曾有文書。"明余繼登《典故紀聞》卷十："宣德間，湖廣荊門州判官陳襄言：'各處近有惰民，不顧父母之養，妄從異端，私自落髮，賄求僧司文憑，以遊方化緣爲名，遍歷市井鄉村，誘惑愚夫愚婦，靡所不爲。所至，官司以其爲僧，不之盤詰，奸人得以恣肆。乞敕天下有司、關津，但遇削髮之人，捕送原籍，治罪如律。果是僧，止居本處，不許出境，庶革奸弊。'從之。"

【國俸】國家給予僧人的俸祿。

國俸給之，通於聽眾。（卷八，釋曇延）

從魏晉開始，各朝統治者均設專門機構來管理僧人，同時實行嚴格的僧籍管理制度，對公度的僧人國家每年給予一定的俸祿，這就是國俸。如卷九“釋靈裕”：“國俸所資，隆重相架。”《舊唐書·高祖本紀》有沙汰僧伲詔。中云：“諸僧、伲、道士、女冠等，有精勤練行、守戒律者，並令大寺觀居住，給衣食，勿令乏短。”可見公度之僧享有國家所給之衣食，即國俸。《續傳》卷二五“釋園通”：“夏了病愈，便辭通去。通曰：‘今授衣將逼，官寺例得，衣賜可待，三五日間，當贈一襲寒服。’”圓通為高齊時人，靈裕為隋人，可知國俸所資，遠在唐前。

以上詞語反映了中古時期國家對佛教的管理形式。

除以上詞語外，還有大量反映社會各方面情況的詞語。如：

【城隔】城。

時漢王諒於所治城隔內造寺，仍置寶塔，今所謂開義寺是也。（卷二，释彦琮）

“城隔”一詞他書未見。但中古有“隔”一詞，指建築物中分隔出的空間。《太平廣記》卷四四八“錢伯成”（出《廣異記》）：“其女睡食頃方起，驚云：‘本在城中隔子裏，何得至此。’”此指錢伯成家紙隔子。東晉瞿曇僧伽提婆譯《增壹阿含經·七日品第四十之一》：“鐵圍中間有八大地獄，一一地獄有十六隔子。”（T2/736a）當時城市也以道路分爲不同的空間，本文之“隔”可能就是引申指這種由於道路劃分而形成的區域。因爲城市如隔，所以稱爲城隔。“城隔”一詞反映了當時人們對城市的佈局與規劃的認識。

【奴賊】盜賊。

大業末歲，栖南山大和寺[1]，群盜來劫，定初不怖。盜曰：“豈不聞世間[2]有奴賊耶？”定曰：“縱有郎賊，吾尚不怖，況奴賊耶？”（卷十九，釋僧定）

---

① “栖南山大和寺”，諸本作“栖心南山太和寺”。

② “間”，諸本無。

《寒山詩注·汝為埋頭癡兀兀》："直待斬首作兩段，方知自身奴賊物。"項楚先生注："'奴'、'賊'皆是詈人語。"按，項先生未確詁。"奴賊"即盜賊。"賊"并非強盜，而是當時起來造反的人，方一新對此已有研究①。"奴賊"應是對這些造反的人的貶稱。《舊唐書·丘和列傳附行恭》："大業末，與兄師利聚兵於岐、雍間，有眾一萬，保故郿城，百姓多附之，羣盜不敢入境。初，原州奴賊數萬人圍扶風郡，太守竇璡堅守，經數月，賊中食盡，野無所掠，眾多離散，投行恭者千餘騎。"此句前用"群盜"後用"奴賊"可見奴賊即盜。《隋書·元弘嗣列傳》："明年，帝復征遼東，會奴賊寇隴右，詔弘嗣擊之。"關於"奴賊"的來歷唐人自有說明，《新唐書·丘和列傳》："賊食盡無所掠，眾稍散歸行恭。行恭遣其酋說賊共迎高祖，乃自率五百人負糧持牛酒詣賊營。奴帥長揖，行恭手斬之，謂眾曰：'若皆豪桀也，何爲事奴乎？使天下號曰奴賊。'眾皆伏，曰：'願改事公。'"《大唐新語·忠烈》："常達爲隴州刺史，爲薛舉將仵政所執以見舉，達詞色不屈。舉指其妻謂達：'且識皇后否？'達曰：'只是一老嫗，何足可識？'舉奇而宥之。有奴賊帥張貴問達曰：'汝識我？'達曰：'汝逃奴耶！'瞋目視之。大怒，將殺之，人救獲免。"可見"奴賊"是對當時造反的人的貶稱。"奴賊"一詞充分反映了隋末唐初社會的動盪不安。

【族胄】門第。

然順族胄菁華，言成②世範。(卷八，釋慧順)

"族胄"即門第。"族"即家族。《尚書·堯典》："克明俊德，以親九族。"陸德明釋文："上自高祖，下至玄孫，凡九族。""胄"即世系。宋葉適《陳處士姚夫人墓誌銘》："君俛而不肯，久乃言曰：'吾胄出太邱長寔，從婺徙台，貽範、貽序，著名神宗朝。'"故"族胄"有門第義。如宋求那跋陀羅譯《雜阿含經》卷四二："不賞名族胄，怯劣無勇者，忍辱修賢良，見諦建福田，賢聖律儀備，成就深妙智，族胄雖卑微，堪爲施福田。"(T2/304a) 唐義淨奉譯《根本說一切有部毘奈耶》卷四三："仁是大臣之子，族胄高勝，云何捨棄於此雜類卑下人中，食無簡別，坐無次

① 參方一新《東漢魏晉南北朝史書詞語箋釋》，黃山書社1997年版，第175頁。

② "成"，資、磧、普、南、徑、清作"誠"。

第，而爲出家?”（T23/863a）“族胄”一詞反映出中古門第思想在華夏民族中的影響。

【商主】商人的頭領。

同伴五百皆共推奘爲大商主，處位中營，四面防守。（卷四，釋玄奘）

“商主”是佛經中常見的詞語。如後秦佛陀耶舍共竺佛念譯《佛說長阿含經·第二分弊宿經卷第三》：“時有商人，有千乘車，經過其土，水穀、薪草不自供足，時商主念言：‘我等伴多，水穀、薪草不自供足，今者寧可分爲二分，其一分者於前發引。’”（T1/45c）宋求那跋陀羅譯《雜阿含經》卷二三：“又一時，商主將其婦入於大海，入海時，婦便生子，名曰爲海。如是在海十有餘年，採諸重寶，還到本鄉，道中值五百賊，殺於商主，奪彼實物。”（T2/164a）“商主”一詞反映了當時印度和西域一帶商人經商的模式。

【壁虱】臭蟲。

又告門人曰：“吾見超禪師寄他房住，素有壁虱不噉超公。乃兩道流出，向餘房內。”（卷二十，釋曇韻）

“壁虱”即臭蟲。《歸田瑣記·治喉鵞方》：“秋坪嘗自粵東歸。於江山舟次，聞同舟人有譚奇證及治喉鵞方者，云斷燈草數莖，纏指甲，就火熏灼，俟黃燥，將二物研細。更用火逼壁虱〔即臭蟲〕十個，一並搗入爲末。以銀管向所患處吹之，極有神效。”又名茭蚤、扁虱、壁駝等。清趙學敏《本草綱目拾遺·蟲部·壁虱》：“《山堂肆考》：‘壁虱身扁而臭，不能跳，善嚙人，名曰茭蚤，又名扁虱。’《五雜俎》：‘壁虱閩人謂之木虱，多杉木所生。治者以蕎麥燒灰水淋之。江南壁虱多生水中，惟延綏生土中，遍地皆是，入夜則緣床入，人遍體成瘡，雖徙至廣夏，懸床空中，亦自空飛至。’《事物紺珠》：‘壁虱一名壁駝，遍小褐色，而嚙人。’《六書故》：‘扁虱著牛馬，食其血，產荐蓐間，差小人膚，俗謂荐蚍，又名茭虱，今人訛爲壁矣。’是古人雖有其名，從無入藥者。”

“壁虱”一詞在西晉竺法護譯經中已見。如《正法華經·應時品》：“有諸鬼神，志懷毒害，蠅蚤壁虱，亦甚眾多。百足種種，及諸魍魎，四面周匝，產生乎乳。”（T9/76b）

“壁虱”一詞反映了中古的衛生狀況。

【天口、藏耳】東吴。

所以天口之侶，藏耳之賓，心計目覽，莫不奔競。（卷七，釋法朗）

按，《古今圖書集成·博物彙編·神異典·僧部列傳》“法朗”條引文同上。“天口”、“藏耳”，是當時隱語。所謂隱語是指“人們爲隱蔽自己，爲避諱禁忌而創造使用的一切秘密語。”① 在漢語隱語中有一類隱語是折字構詞。這種方法源於古代的拆字遊戲。當時人們常用拆字的方式來組成一個單純詞。如“兵”叫“丘八”。所謂“天口”就是“吴”。傅崇矩《成都通覽·成都之呼物混名》：“口天，吴也。”李子峰《海底·隱語》：“吴，口天子、張口巴。”聯繫本句的上下文，釋法朗乃陳楊都興皇寺高僧，“以梁大通二年二月二日，於青州入道。遊學楊都，就大明寺寶誌禪師受諸禪法，兼聽此寺象律師講律本文。又受業南澗寺仙師《成論》，竹澗寺靖公《毘曇》。當時譽動京畿，神高學眾。”從上可知，法朗講學的根據地乃在揚州，揚州是吴地腹心，因此“天口”之“吴”應無疑問。“藏耳”從上文看，也是折字。釋法朗是陳時人，在揚州傳教，因此此字極可能是“東”字，因爲我們常把“陳”稱爲“耳東陳”，“陳”字作爲朝代在當時應該是很有影響的，因此作爲拆字遊戲的目標也是可能的。“藏耳”即去耳也。“陳”去“耳”就是“東”。由於前句“吴”字折成“天口”以湊成佛經常見的四字音節，所以道宣又把“東”字析成“藏耳”。這樣上下句互文成爲“東吴”。“天口之侶，藏耳之賓”的意思就是東吴之學士。用拆字來構成詞的例子很多。如李白《司馬將軍歌》：“狂風吹古月，竊弄章華臺。”《後漢書·光武帝紀上》：“讖記曰：‘劉秀發兵捕不道，卯金修德爲天子。’李賢注：‘卯金’，‘劉’字也。”關於拆字成詞的內在理據俞理明先生有精當的分析。他說：“以漢字爲基礎創造詞語，首先與漢字的造字結構分析有關。在傳統的六書中，會意的分析法把構成漢字的幾個部件都看作是表意的部分，其中文字形體的組合與意義的複合吻合，因此，一些字所表示的詞義，可以根據它們的構成部分的意義，用複合詞或詞組的形式表達。在語用中，人們擴大了這種表達方式的使用範圍，把會意分析擴大到那些不是用會意方法組合成的合體字或獨體字中，違反造字理據析形造詞，形成了假性的會意表達，產生了一些在

① 郝志倫：《漢語隱語論綱》，巴蜀書社 2001 年版，第 8 頁。

字面上有理可循，但沒有意義組合關係，具有單純詞性質的詞語。”[①]“天口”“藏耳”反映了中古時期廣泛流行的拆字遊戲對文學和文化的影響，“具有濃厚的俚俗性和行業性”[②]。

二　語體風格的多重性

由於《續傳》具有文獻彙編的語料性質，而且所寫內容極爲廣泛，因此其中的語言成分十分複雜，我們前面已經從文言詞、佛教詞、俗語詞三個方面對其進行了一定的討論。如果從新詞的角度來看，《續傳》詞語的語體風格也是極不統一的，有的詞十分典雅，有的詞則十分通俗。典雅者如：

【版金】比喻本質很好。

豈非版金成寶，方資銑鏤[③]，瑄玉有美，必待刮摩，誠有由矣。（卷七，釋慧勇）

“版金”一詞實際上是一個化典，《文心雕龍·原道》：“玉版金镂之質，丹文綠牒之華，誰其尸之，亦神理而已。”劉勰以此來比喻辭采的文和質。如《征聖》篇：“然則，聖文之雅麗，固銜華而佩實者也。”道宣用此典來表示人的本質十分出色。

【高衒】夸耀、卖弄。

時南武都，今孝水縣[④]，有法愛道人高衒道術，相往觀之。（卷二五，釋植相）

“高衒”即夸耀、卖弄。“衒”有“夸耀、卖弄”義，三國魏曹植《求自試表》：“夫自衒自媒者，士女之醜行也。”故“高衒”有夸耀、卖弄之義。如卷二“釋彥琮”：“沆[⑤]於道術，澹於名利，不欲高衒，其備六也。”

【偏艱】母親去世。

---

① 參俞理明《漢字形體對漢語詞彙的影響》，《四川大學學報》（哲學社會科學版）2007年第2期。

② 同上。

③ “銑鏤”，資作“乃鏤”；磧、普、南、徑、清作“刻鏤”。

④ “孝水縣”，資、磧、普、南、徑、清作“孝水縣也”。

⑤ “沆”，資、磧、普、南、徑、清作“躭”。麗藏作“沈”。

十三偏艱，孝知遠近。斷水骨立，聞者涕零。（卷七，釋安廩）

“偏艱”指母親去世。錢大昕《潛研堂文集·序·春星草堂詩集序》：“十齡能賦，弱冠成名，才子之稱，播在人口，固已凌鮑謝而軼溫李矣。然而文章雖貴，遇合偏艱，孝廉之船往而輒返，中書之省過而不留。”唐代有“偏露”一詞。《草藏敦煌社會歷史文獻釋録書儀鏡》：“凡無父稱孤露，無母稱偏露。”“偏艱”應與“偏露”同義。

通俗者如：

【方宵】整夜。

月落參横，清誦無逸。及燭然香馥，懺禮方宵。（卷七，釋寶瓊）

“方宵”是中古到近古一個很流行的俗語。如明佚名《六朝詩集·梁劉孝綽集·酬陸長史倕》：“朝猿響甍棟，夜水聲帷薄，餘景騖登臨，方宵盡談謔。”《文苑英華·封禪·李嶠〈大周降禪碑〉》：“昧旦勤懇，方宵厲惕。”唐王勃《王子安集·碑·梓州飛烏縣白鶴寺碑》：“滿月晨昭，窺列棟于方宵。”《全唐詩·李乂〈侍宴安樂公主新宅應制〉》：“牽牛南渡象昭回，學鳳樓成帝女來。平旦鵷鸞歌舞席，方宵鸚鵡獻酬杯。”宋葉適《水心先生文集·古詩》：“歸來日已夕，舊徑成溝坑，大車者誰子，不寐方宵行。”

【公途】国家职事。

而寺非幽阻，隸以公途，晦迹之賓，卒難承業。乃徇物闢表，意在度人，還返晉川，選求名地。武德五年，入于介山，創聚禪侶。（卷二十，释志超）

清董誥輯《全唐文·李絳〈兵部尚書王紹神道碑〉》：“中外便兮恩寵殊，遷司馬兮領司徒。趨丹墀兮伏青蒲，杜私門兮辟公途。期方遠兮帝命俞，運何屈兮吾道孤。”陸心源輯《唐文拾遺·崔致遠〈柳李讓知白沙場榷酒務〉》：“牒奉處分，前件官直道立身，公途勵志，學已窺室家之富，在曾致州縣之勞。今以備食三行，搜資六物，豈使弊歸於下，只令利在其中。”《全唐文·後唐莊宗〈責授李鏻李瓊勅〉》：“罰罪賞功，大朝常憲。掩瑕宥過，前聖格言。工部侍郎李鏻、宗正少卿李瓊等早在公途，忝居班列，靡思畏懼，各犯刑章。因補置官吏之秋，見詐僞依違之跡，自招罪狀，合寘嚴科，但以常預臣僚，始當興復，特示哀矜之旨，俾寬流遣之文，降秩趨朝，殊爲輕典，推恩念舊，所宜慎思。”《全唐文·薛驥〈對家僮視天判〉》："公然有違，法在無赦，難專候業，定欲窺天。措之罪刑，應須搶地，乙告非法，既葉公途。請寘條約章，無容詞訴。"

宋李燾《續資治通鑒長編·真宗》："上睹臣僚以不和聞者，謂宰相曰：'……苟人之所欲不妨於事，勉而從之，公途王事，必可行矣。然臣下鮮能適中，或殘刻害生人，或弛慢妨公理。'"宋陸遊《陸氏南唐書·周鄭李三劉江汪郭伍蕭李盧朱五魏列傳》："徐鉉使京師，後主手疏言，惟簡託志妙門，存心道典，伴臣修養，不預公途，葢爲之聲價，冀動朝聽。"

【曳疾】帶病。

仍於靜夜策杖，曳疾出到中庭，向月而臥。（卷十九，釋智璪）

"曳疾"也是中古的一個俗語。《莊子·大宗師》："俄而子輿有病……跰𨇤而鑑於井曰：'嗟乎，夫造物者又將以予爲此拘拘也。'"郭象疏："跰𨇤，曳疾貌。言曳疾力行，照臨于井，既見己貌，遂使發傷嗟。尋夫大道自然，造物均等，豈偏於我，獨此拘攣？欲顯明物理，故寄兹嗟嘆也。"跰𨇤也寫作"跰蹮"，犹蹣跚，郭象以"曳疾貌"釋之，非常形象的描述了病人行走不穩的樣子，也說明"曳疾"是當時常用之詞。陸德明釋文引司馬彪也云："病不能行，故跰𨇤也。"他如隋灌頂撰《大般涅槃經玄義》卷下："衣殫糧盡，虧其次第，於是懷挾鄙志，託命遂安。草本略通，放筆仍病。縣令鄧氏呼講《淨名》，曳疾應之。事不兼舉，寄疏他舍。"（T38/12b）灌頂撰《隋天台智者大師別傳》："開皇十九年十一月六日，土人張造年邁脚蹶，曳疾登龕拜曰：'早蒙香火，願來世度脫。'仍聞龕內應聲，又聞彈指。造再請云：'若是冥力，重賜神異。'即復如初。造泣而拜，戀慕忘返。"（T50/197a）

三　結構的一致性

所謂結構的一致性是指許多高頻語素在組成新詞時，其結構明顯與語素的語義選擇有關，同一個語素可以組成一系列的相同結構的新詞。如：

【藏×】

"藏"作爲構詞語素在《續傳》中構成了七個新詞：

【藏瘞】自靈骨初臨，迄于藏瘞，怗然[①]恬靜，燈耀山谷。（卷十二，

① "怗然"，諸本作"怡然"。

釋童真）

【藏殯】惟心不冷，未敢藏殯[1]。（卷十二，釋靈幹）

【藏翳】既副情望，遂即藏翳。（卷十二，釋寶襲）

【藏掩】眼有重瞳，二親藏掩而人已知。（卷十七，釋智顗）

【藏隱】值周滅法，權處俗中，爲諸信心之所藏隱。（卷十九，釋智藏）

【藏疾】又器宇恢雅，含垢藏疾。（卷十八，釋曇遷）

【藏竄】雖復藏竄，不免捉獲，口云："身屬伯耳，心屬諸佛。終無俗志，願深照也。"（卷二七，釋玄覽）

以上七個詞中只有一個"藏疾"是動賓式，其他均爲并列式，反映出"藏"在構成新詞的時候有很強的語義的選擇性。

又如【朝×】

【朝秀】尚書敬長瑜及朝秀盧思道、元行恭、那恕[2]等，並高齊榮望，欽揖風猷。（卷二，釋彥琮）

【朝望】陛下屬當佛寄，弘演聖蹤。粲等仰會慈明，不勝欣幸，豈以朽老用辭朝望？（卷九，釋僧粲）

【朝典】每與周武對揚三寶，析理開神，有聲朝典。（卷十一，釋普曠）

【朝宗】信法海之朝宗，釋門之棟幹矣。（卷十四，釋智琰）

【朝輔】武皇容其小辯，朝輔未能抗也。（卷二四，釋法琳）

【朝伍】普應佩席於天門，慧滿載衣[3]於朝伍。（卷二四，論）

以上六個新詞中，只有"朝宗"爲并列結構，其餘均爲偏正結構，而"朝宗"之"朝"的語義與其他詞中"朝"的語義並不相同，這說明名詞性的"朝"在組成雙音詞時，其結構的選擇也是有規律的。

以上兩例均表明《續傳》新詞的生成與其語素的意義是有關係的，新詞的結構具有可類推的規律性。

---

① "殯"，資、磧、普作"擯"。

② "那恕"，諸本作"邢恕"。

③ "載衣"，徑作"戴衣"。

第二節 《續高僧傳》新詞的衍生方式

《續高僧傳》新詞的衍生方式主要有同義複合、單音擴充、短語詞化、語用成詞、縮略成詞、化典成詞、換素成詞、合璧造詞等。其中縮略成詞、化典成詞前文已經作了較詳細討論，故不再贅述。

一 同義複合

同義複合是指組成新詞的兩個語素是意義相同、相近。同義複合是中古時期新詞的主要來源，《續傳》新詞也反映了這一特點。根據語義關係又可分爲同義和近義兩類。

（一）同義關係

所謂同義關係是指組成新詞的語素的意義基本相同。如：

【疵謗】毀謗。

七衆日用而不知，四遠欽風而不足。故得法位久司，疵謗無玷。（卷七，釋寶瓊）

“疵謗”一詞最早出現於道宣的作品。《廣弘明集》卷六“叙列代王臣滯惑解”：“詳瑒上言，欲沙汰僻左，非爲疵謗矣。”（T52/128a）“疵”有“非議”義。《荀子·不苟》：“正義直指，舉人之過惡，非毀疵也。”楊倞注：“疵，病也。或曰讀爲訾。”《漢書·陳湯傳》：“論大功者不録小過，舉大美者不疵細瑕。”到唐代“疵”、“謗”複合也指“毀謗”。此詞用例極少，應是當時口語。宋杜大珪《新刊名臣碑傳琬琰集·鄭翰林獬傳》：“臣伏見日者嘗詔諸郡敦遣遺逸之士，致之闕下者凡二十餘人。覆試祕閣，皆命以官。於時猥有謬舉者，士論譁沸，於是不復再舉。今間年取進士擢第者二百人，其所失者爲不少矣，而士大夫不以爲怪，一爲敦遣而疵謗百出。蓋進士習熟之久，而敦遣起于一日，此論者未足以爲輕重，而亦有媢疾者間之也。”

【差損】病愈。

後又送舍利于熊州十善寺，有人𤼷①躄及痼疾者積數十年，聞舍利初

① “𤼷”，諸本作“攣”。

到，輿來禮懺。心既殷至，忽便差損，輕健而歸。（卷十一，释慧海）

“差”有“病愈”義。《方言》卷三：“差，愈也。南楚病愈者謂之差。”《廣韻·卦韻》：“差，病除也。”字又寫作“瘥”。《說文·疒部》：“瘥，愈也。”“損”有“減輕、病愈”義。《全晉文·王獻之·雜帖》：“獻之白。不審疾得損未？極懮。”《高僧傳·神異·竺佛圖澄》：“時有痼疾，世莫能治者，澄爲醫療，應時瘳損。”二者并列，表示病愈。宋釋元照撰《四分律行事鈔資持記下·釋主客篇》：“‘若有’下明暫住復去法，‘下座得病’下明遇病料理法。上座有病，理合看視故，但明下座，恐捨棄故。得脫謂差損。”（T40/409b）“得脫謂差損”即病愈爲差損。

“差損”一詞在唐宋均存在。《四分律刪繁補闕行事鈔卷下·四藥受淨篇》：“明了論云：‘有身必有病，雖少差損，後必重發。’”（T40/117c）《正統道藏·太玄部·唐·李淳風·金鎖流珠引·卷之二十三·辭三·治救病疾禁止鬼神追捉妖祟出牒等法》：“今無處依投，以虔誠切心，歸依大道，救治禁止鬼賊之病差損，伏乞處分者。”《正統道藏·洞玄部·表奏類·前蜀·杜光庭·太上宣慈助化章·卷之二·毀七·伏誓從道乞丐一生章》：“臣以愚闇，宣化無功，未審其罪過輕重，身被何考而委頓積時，不蒙差損，肉人元元，欲自改悔，雀鼠貪生，誠可憐傷。”《太平聖惠方》卷八七“治小兒腦疳諸方”：“若久不差損，兒眼目漸漸羸瘦，頭大項細，故謂之腦疳也。”

【儕黨】同伴。

我與卿同出西州，俱爲沙門。卿一時邀逢天接，便欲陵駕儕黨。我惟事佛，視卿輩蔑如也。（卷五，釋僧遷）

《正統道藏·正乙部·上清河圖內玄經·卷下·明三·香燈謝文四》：“或發泄冢墓，開他棺槨，刑尸罰鬼，驚骸動神，欺滅儕黨，痛感天人。”明陳子龍等選輯《皇明經世文編·王司馬疏·請發帑金以充撫賞疏》：“獸相食人且惡之，逆奴芟除儕黨，草菅鄰封，非虎酋與諸酋所樂與。可信二。”明張自烈《正字通·鳥部》：“鶡，呼葛切，音曷。鳥狀似雉，色黃黑而褐，首有毛，角有冠。性愛儕黨，有被侵者，直往赴鬥，雖死不置。《禽經》云：‘鶡，毅鳥也。’”

“儕”有“輩、類”義。《左傳·僖公二十三年》：“晉鄭同儕，其過子弟固將禮焉，況王之所啓乎！”杜預注：“儕，等也。”釋慧琳《一切經音義·續高僧傳》卷五："儕黨，上仕皆反，《考聲》：'等類也。'""黨"有"朋黨"之義。《淮南子·氾論訓》："攝威擅勢，私門成黨，而公道不行。"高誘注："黨，羣。"故"儕"、"黨"同義並列指同伴。

【鄙恥】羞恥。

又東南行，經于七國，至劫比他國。俗事大自在天，其精舍者高百餘尺，中有天貌①，形極偉大，謂諸有趣由之而生。王民同敬，不爲鄙恥。(卷四，釋玄奘)

按，"貌"應爲"根"。"根"在佛經中可指生殖器，"天根"即大自在天的生殖器。西土當時有生殖崇拜的習俗，故玄奘云"王民同敬，不爲鄙恥。""鄙恥"即羞恥。吳支謙譯《佛說太子瑞應本起經》卷上："太子有從伯仲之子兄弟二人，長名調達，其次曰難陀。調達雖有高世之才，自然難暨，然而自憍，常懷嫉意。請戲後園，的附鐵鼓，俱挽彊而射之。太子每發，中的徹鼓。二人不如，以爲鄙耻。"（T3/474b）元魏慧覺等譯《賢愚經·尼提度緣品》："時有一人，名曰尼提，極貧至賤，無所趣向，仰客作除糞，得價自濟。……垂當出里，復見世尊，倍用鄙恥，迴趣餘道，復欲避去，心意怱忙，以瓶打壁，瓶即破壞，屎尿澆身，深生慚愧，不忍見佛。"（T4/397a）《三國志·蜀志·杜周杜許孟來尹李譙郤傳·評》："譙周詞理淵通，爲世碩儒，有董、揚之規，郤正文辭燦爛，有張、蔡之風，加其行止，君子有取焉。二子處晉事少，在蜀事多，故著于篇。"裴松之注："張璠以爲譙周所陳降魏之策，蓋素料劉禪懦弱，心無害戾，故得行也。如遇忿肆之人，雖無他算，然矜殉鄙恥，或發怒妄誅，以立一時之威，快其斯須之意者，此亦夷滅之禍云。"

【備彈】竭盡。

欲遍遊閻浮，備彈靈迹，以十三年內具表聞帝。當蒙恩詔，令使巡方，并給使人，傳國書信。(卷二十，釋靜琳)

按，"彈"應爲"殫"。宋孝宗《御註大方廣圓覺修多羅了義經下》："善男子，其心乃至圓悟涅槃俱是我者，心存少悟，備殫證理，皆名人相。"（X10/162c）此句中"備殫證理"在宋行霆《圓覺經類

① "貌"，諸本作"根"。

解》卷四中作“備彈證理”。明德清《大方廣圓覺脩多羅了義經直解》卷下：“善男子，其心乃至圓悟涅槃，俱是我者，心存少悟，備殫證理，皆名人相。”德清釋：“彈，盡也。謂了悟涅槃極盡之理爲我，若存絲毫悟心未忘，即名人相。”（X10/500c－501a）可見，“殫”、“彈”完全有相混之可能。

唐密宗《大方廣圓覺修多羅了義經略疏注》卷下：“備殫證理，無非不盡故曰備。殫，盡也。”（T39/565a）故“備”、“殫”爲同義并列。清徐松輯錄《宋史·徐臻列傳》：“徐臻，溫州人。父官河南，德祐元年春，臻往省，以道阻。會天祥勤王，臻往依之，以筆札典樞密，小心精練。天祥被執，臻脫難復來，願從天祥北行，扶持患難，備殫忠款，至隆興病死。”明德清述《妙法蓮華經通義·妙法蓮華經妙音菩薩品》：“然佛以大圓鏡智平等說法，圓照法界，始終一貫，稱性所演，以備殫群情，本無思量分別。”（X31/592a）

（二）近義關係

近義關係指組成新詞的語素意義相近。如：

【鞍乘】騎乘。

又上表請，尋下別勑，令于逌王給其鞍乘。既奉嚴勑，駝馬相連[1]，至于沙洲。（卷四，釋玄奘）

“鞍”本指“鞍馬”，“乘”指騎乘，中古受雙音化的影響合併成詞指騎乘。此詞大約出現於隋代。《隋書·百官志（中）》：“太僕寺，掌諸車輦、馬、牛、畜產之屬。統驊騮（掌御馬及諸鞍乘）、左右龍、左右牝（掌駝馬）、駝牛（掌飼駝騾驢牛）、司羊（掌諸羊）、乘黃（掌諸輦輅）、車府（掌諸雜車）等署令、丞。”在此句中“御馬”與“諸鞍乘”相對。“御馬”指皇帝所騎之馬，“諸鞍乘”指皇帝之外的其他人所騎之馬。陸心源輯《唐文拾遺·林藻〈深慰帖〉》：“藻那日送歐陽回，至橫灞，便屬馬脊破，爛潰特甚，不堪乘騎，數日來都不出入。雖不得數至問疾，常令問中和，知減損，將謂程寬，且將息，不知發日頓近，明後閑暇，得鞍乘，當奉詣，未際預懸離別之悵悵也。”此句前云：“便屬馬脊破，爛潰特甚，不堪乘騎”，後曰：“得鞍乘，當奉詣”。可見“鞍乘”即騎乘。

① “連”，諸本作“運”。

“鞍乘”一詞在唐代甚爲流行。董誥輯《全唐文·太宗〈答元奘還至于闐國進表詔〉》：“聞師訪道殊域，今得歸還，歡喜無量，可即速來與朕相見。其國僧解梵語及經義者亦任將來。朕已勅于闐等道使諸國送師，人力鞍乘應不少乏。令敦煌官司於流沙迎接，鄯善於沮沫迎接。”宋王溥《唐會要·御史臺中·館驛》：“自幽鎮兵興，使命繁並，館驛貧虛，鞍馬多闕。又敕使行傳，都無限約。驛吏不得視券牒，隨口即供，驛馬既盡，遂奪鞍乘。衣冠士庶，驚擾怨嗟。”《太平廣記》卷一百二十七“盧叔敏”：“生以僮僕小甚，利其作侶，扶接鞍乘，每到店必分以茶酒。紫衣者亦甚知媿。”（出《逸史》）

【憋惡】性急易怒。

嘗有清河[①]張弘暢者，家畜牛馬[②]。性本憋[③]惡，人皆患之，賣無取者。順示語慈善，如有聞從，自後更無觝嚙。（卷二十，釋法順）

“憋惡”在中古有“性急易怒”義。《新集藏經音義隨函錄》卷二八《續高僧傳》卷二五“憋惡”條：“上普滅、普列二反。怒也，急性也。”慧琳《一切經音義·菩薩生地經》：“急憋，下裨列反。《方言》：‘急性也。’《說文》云：‘憋，惡也。’郭注云：‘憋，從心敝聲也’。”慧琳《一切經音義·經律異相》卷一：“惡憋，下篇滅反。《方言》：‘憋，惡也。’郭璞曰：‘憋忕，急性者也。’《古今正字》从心敝聲，敝音必袂反。”从“敝”之字多有“急”義。劉熙《釋名·釋首飾》：“有鷩冕，鷩，雉之憋惡者，山鷄是也。鷩，憋也，性急憋，不可生服，必自殺。故畫其形於衣，以象人執耿介之節也。”劉熙以“憋惡”來描述鷩之性急，正與上文同。《廣雅疏證·釋詁》：“嫳者，《說文》：‘嫳，易使怒也。’”潘岳《射雉賦》：“鷩悍害南山，經其山有鳥焉，其狀如鷄而三首六目六足三翼，其名曰鵸鵂。”郭璞注云：“鵸鵂急性。”錢繹《方言箋疏》卷十：“急性謂之憋，亦謂之憋忕。物之急性者謂之鷩，亦謂之鵸鵂，其義一也。”《篆隸萬象名義》：“嫳，普列反，易使怒也。”而“惡”有“發

① “清河”，資、磧、普、南、徑、清作“張河江”。

② “馬”，普、南、清作“焉”。

③ “憋”，諸本作“弊”。

怒”義①，如《朝野僉載》卷六：“衢州龍游縣令李凝道性褊急，姊男年七歲，故惱之，即往逐之，不及，遂餅誘得之，齩其胸背流血，姊救之得免。又乘驢於街中，有騎馬人韃鼻撥其膝，遂怒，大罵，將毆之，馬走，遂無所及。忍惡不得，遂嚼路傍棘子流血。”“惡”即“怒”義。《方言》：“鉗、疲、憋，惡也。南楚凡人殘罵謂之鉗。”“殘罵”即怒罵，惡罵，所謂氣急敗壞之舉。又可寫作“嫳惡”。慧琳《一切經音義》卷二六《大般涅盤經》第十九卷：“其性嫳惡，‘弊’音篇滅反，性急疾妒也。有作‘憋’，亦同也。”故“憋”“惡”成詞有性急易怒之義。

《經律異相》卷十四“目連化諸鬼神，神自說先惡”：“時有一揵陀羅神，居七寶宮，與眾超絕，身形端正，聰明殊特，然人身狗頭。目連怪問：‘何以乃爾？’答曰：‘吾維衛佛時大富長者也，憙飯比丘梵志，供給貧乏。爲人急性憋惡，麁言罵詈直出，不避老少。飲食人客，小不可意，便云：“不如餧狗。”以是言之故，狗頭人身。好施供養，受此福堂。’”（T53/75a）灌頂撰《南本大般涅槃經會疏》卷十七：“爾時王舍大城阿闍世王，其性憋惡，喜行殺戮，具口四過貪恚癡，其心熾盛，唯見現在，不見未來。”（T36/584a）

還有一種情況是二者沒有同義和近義關係，只是相關，也可形成一種複合，我們暫且也歸之爲同義複合。如：

【繁擁】繁多。

有事判約，筆斷如流。務涉繁擁者，便云：“我本道人，不閑俗網。”周國上下，咸委其儀度也。（卷十一，釋普曠）

“繁擁”即繁多。《梁書·武帝紀下》：“日止一食，膳無鮮腴，惟豆羹糲食而已。庶事繁擁，日儻移中，便嗽口以過。身衣布衣，木緜皁帳，一冠三載，一被二年。”《續通典·禮凶九·忌日不廢軍務議》：“今陛下親御六軍，已登寇境，庶務繁擁，伏待剖決。可以尊先聖之常經，略近代之公議。望請所有軍機要切，百司依式聞奏。”玄奘譯《大寶積經·菩薩

① 參蔣禮鴻先生《敦煌變文字義通釋》，上海古籍出版社1997年版，第315頁；又張永言“握髮殿”也存。參張永言《詞彙學簡論》，華中工學院出版社1982年版，第32頁；另呂叔湘《語文札記·惡發》，載《國文月刊》1946年第43、44期合刊；朱慶之《佛經翻譯與中古漢語詞彙二題》（《中國語文》1990年第2期），王鍈《唐宋筆記語辭匯釋》（中華書局2001年版，第45頁），黃征《敦煌語言文字學研究》（甘肅教育出版社2002年版，第143頁）均有訓釋。

藏會第十二毘利耶波羅蜜多品第九之四》："舍利子，是時贍部洲中，有八萬四千大城，有無量千村邑、聚落、市肆、居止，復有無量百千拘胝那庾多一切眾生住如是處。人物繁擁，極爲興盛。"（T11/281b）

【分略】安排部署。

有弟子法存者，本是李老監，齊天保屏除，歸于釋種。明解時事，分略有據。上乃擢爲合水寺都維那。（卷八，釋法上）

卷十八"釋本濟"："訓有分略之能，樹豐導引之說，當令[1]敷化宗首，莫與儔之。"

"分略"一詞前人已釋。隋智顗《妙法蓮華經文句》卷五上："國邑聚落有大長者。三處稱譽爲大，豈非姓貴；長者豈非位高；衰邁豈非耆老；財富無量豈非豐足；多有田宅即分略周贍，豈非智深；多有僮僕豈非勢大？"（T34/65c）唐湛然述《法華文句記》卷六上云："分略周贍者，部分謀略，故有周贍，大度通見。"（T34/258a）

【容藝】容貌技藝。

晚入京輔，採略未聞。雖經懷抱，無一新術，時未測其通照也。住于寶剎寺中，潛其容藝。（卷十，釋淨願）

宋廖瑩中《江行雜錄》："守念昔留某官處晚膳，出京都廚娘調羹，極可口。適有便介如京，謾作承受人書，托以物色，費不屑較。未幾承受人復書曰：'得之矣，其人年可二十餘。近回自府第，有容藝，能算能書，旦夕遣以詣。'直不旬月果至。"

二　單音擴充

所謂單音擴充是指原爲單音節的詞通過增加音節變成雙音節詞，單音詞與雙音詞所表示的意義沒有變化。如：

【庵屋】小屋。

煙霞風月，用祛亡反，峯名避世，依而味靜。惟一繩床，廓無庵屋。露火調食，絕諸所營。（卷二三，釋靜藹）

"庵屋"一詞現在最早可見的文獻爲劉宋。劉宋求那跋陀羅譯《佛說樹提伽經》："佛言：'樹提伽，五百商主，將諸商人齎持重寶經過險路。

[1] "令"，諸本作"今"。

于時深山之中見一病道人，給其庵屋、厚敷床褥；給其水漿、鍋鏑、米糧；給其燈燭。于時，乞願願得天堂之供；今得果報。于時，布施者是誰？樹提伽是也；病道人者，我身是也；五百商主人皆得阿羅漢道也。'”佛陀什共竺道生等譯《五分律·五分律第五分之二臥具法》："大會時諸比丘來多，房舍大而少，無有住處。佛言：'於房中次第敷臥具，足使容身滿而止。若欲以衣遮前，聽各各遮。若足者善，若不足，外有空處，聽作庵屋。舊住比丘應爲作之。'”既作庵屋，過大會已，爲火所燒，延及住處。佛言：'過大會已，應壞而去。若舊住比丘惜不聽壞者，客比丘但囑舊住比丘而去。”（T22/167c）

“庵屋”在唐代也應爲口語。《漢書·胡建列傳》："時監軍御史爲姦，穿北軍壘垣以爲賈區。”顏師古曰："坐賣曰賈，爲賣物之區也。區者，小室之名，若今小庵屋之類耳。故衛士之屋謂之區廬，宿衛宮外士稱爲區士也。”顏師古以“庵屋”釋“區”是典型的以今釋古，因此該詞應爲當時口語。也寫作“菴屋”。《王梵志詩校注》卷六“夢遊萬里自然”詩："且寄身為菴屋，就裡養出神仙。”

“庵”本指圓頂草屋。《釋名·釋宮室》："草圓屋曰蒲。蒲，敷也；總其上而敷下也。又謂之庵。庵，奄也；所以自覆奄也。”後泛指簡陋的草屋。《廣雅·釋宮》："庵，舍也。”《資治通鑒·漢紀四十六》："規親入庵廬。”胡三省注："庵，草屋。”到中古，在雙音化的推動下，“庵”一般不再單獨使用，於是增加了一個類別語素構成了新詞。

【白鶴】鶴。

又建塔之始，白鶴一雙繞墳鳴淚，聲其哀婉，葬後三日，欻然永逝。（卷六，釋慧約）復感白鶴於上徘徊，久之乃逝。（卷十，釋法彥）穿壙之日，鍬鍤纔施，感白鶴一群自天而下，遙曳翻翔，摧藏哀唳。（卷十二，釋道慶）

“鶴”擴展爲“白鶴”意義也沒有任何變化，但增加了一個特徵語素。

【眉毛】眉。

至曉，以盆水自映，乃見眼邊烏黯，謂是垢汗，便洗拭之，眉毛一時隨手落盡。（卷二五，釋僧遠）

“眉毛”替換“眉”是漢語雙音化的產物。東晉佛陀跋陀羅譯《佛說觀佛三昧海經·觀相品第三之二》："眉下三畫及眼眶中，旋生四光，青、黃、赤、白，上向艷出入眉骨中，出眉毛端，亦如前法。"（T15/650c）姚秦竺佛念譯《出曜經·無常品下》："時諸迦惟羅越國釋種聞佛所說，知已射術無有罣礙，與流離王共鬪，以箭相射，或殘眉毛，或殘鬚鬢，無所傷損。"（T4/624b）

"眉"變成"眉毛"其所指也沒有任何變化，只是增加了一個範疇語素。

三 短語詞化

短語詞化是指原來是短語的結構通過隱喻或轉喻變成爲詞。徐時儀先生說："從歷時的角度看，現代漢語中的複合詞大多是由詞組詞彙化凝固而成，詞組詞彙化反映了漢語詞彙由單音節向雙音節發展的趨勢，很多雙音詞在發展過程中都經歷了一個從非詞的分立的句法層面的單位到凝固的單一的詞彙單位的語法化過程，即由短語詞或詞組演變爲詞。"[①] 中古的複合詞也同樣如此，《續傳》中的詞語如：

【鞭心】專心。

鑽仰積序，節食鞭[②]心，九旬一食米惟四升[③]。（卷十六，釋僧稠）

"鞭心"意爲約束思想以專注於某事之上。後秦鳩摩羅什譯《大智度論·釋四念處品》："若心散亂，當念老、病、死三惡道苦，身命無常，佛法欲滅；如是等鞭心令伏，還繫不淨觀中，是名勤精進。"唐澄觀述《大方廣佛華嚴經隨疏演義鈔》卷六二："疏'則能鞭心令復本觀者'，即莊子意，如人驅羊不及群者，謂之爲後鞭。令及群，故云鞭後。修心如羊馳散如不及群，令復本觀，即及群也。無常三途等，即是鞭也。"後來引申爲專心。如徐世昌輯《晚晴簃詩匯·趙銘〈李蒓客同年用山谷以雙井茶寄子瞻詩韻疊寄三首依韻奉答〉》："陶侯絕學繼越縵，廿年手讐汝長書。鞭心入微恣幽討，冥若縋海探驪珠。爲文傷命古有諸，豈徒茂陵病相如。紅蟫已化素編在，仙魂飛渡來鏡湖。"清潘德輿《養一齋詩話》卷

① 參徐時儀《漢語白話發展史》，北京大學出版社 2007 年版，第 246 頁。

② "鞭"，資、磧、普、南、徑、清作"鞕"。

③ "升"，資、磧、普、南、徑、清作"斗"。

九："太白詩'我志在刪述，垂輝映千春'，昌黎詩'先王遺文章，綴緝實在余'，此皆高著眼孔，有囊括百世之意，然後吐氣奮筆，足爲一代宗匠。學者徒於聲律字句間鞭心低首，反覆攻苦，求爲傳人，而終與秋草並腐、煙雲等滅者，非不幸也，其樹立使然也。"

【比後】次後、以後。

及初行道，設二佛盤。忽有蜻蛉二枚各在盤上，相當而住，形極麁大，長五寸許，色麗青綠，大如人指。七日相續，如前停住。行道既散，欻然飛去。比後下塔，還復飛來。填埋都了，絕而不見。（卷二六，釋圓超）

可洪《新集藏經音義隨函錄·增一阿含經》卷十五："比後，上毗比反，次也。"可見"比後"即次後、以後之意。元魏慧覺等譯《賢愚經·波婆離品》："於時長者，遣人來索，珠師聞法，五情甘樂，語言：'且去！比後當穿。'其人復語：'今急須之，念時著手。'"（T4/434a）東晉瞿曇僧伽提婆譯《增壹阿含經·高幢品第二十四之二》："世尊告曰：'如是，如汝所言。優陀耶當知，先至白淨王所，吾比後當往。所以然者，刹利之種先當遣使令知，然後如來當往。汝到，語王："却後七日，如來當來見王。"'"（T2/622c）西晉聶道真譯《異出菩薩本起經》："龍白佛言：'從今以去，我自歸佛，自歸經。'佛語龍言：'比後當有衆阿羅漢、比丘僧，汝亦當復務自歸之。'"（T3/620b）《晉書·王湛列傳》："初，述家貧，求試宛陵令，頗受贈遺，而修家具，爲州司所檢，有一千三百條。王導使謂之曰：'名父之子不患無祿，屈臨小縣，甚不宜耳。'述答曰：'足自當止。'時人未之達也。比後屢居州郡，清潔絕倫，祿賜皆散之親故，宅宇舊物不革於昔，始爲當時所歎。"

【詞力】文采。

愷素積道風，詞力殷贍。（卷一，釋法泰）

"詞力"一詞首見於道宣作品。《大唐內典錄》卷九"大乘經正本"："《諸法無行經》（二卷三十一紙），後秦羅什譯。右一經再譯，隋崛多所翻爲《諸法本無經》，三卷，詞力未足，同本故略。"（T55/315b）《大唐內典錄》卷十"歷代道俗述作注解錄"："《涅槃無名九折十演論》，無名子（今有其論，云是肇作，然詞力浮薄，寄名烏有）。"（T55/330a）此詞北宋猶存。如宋釋道潛《參寥子集·東坡先生挽詞》："博學無前古，雄文冠兩京。筆頭千字落，詞力九河傾。雅量同安石，高才類孔明。平生勳業志，鬱鬱閟佳城。”宋劉摯《忠肅集·次韻余翼贈陳長史繪》：“居閒更覺新詩好，詞力還堪僕命騷。”《全宋詞·陳大昌〈念奴嬌〉》：“猶記一柱專秋，創開殊選，倒峽餘詞力。”

【出境】出使。

崔子武等擅出境之才，議其贍對，眾莫能舉。世祖文皇以偃內外優敏，可與杭[1]言，勅令統接賓禮。

“出境”意爲走出國境，在中古又引申爲“出使”之義。《三國志·吳書·三嗣主傳·孫皓》：“寶鼎元年正月，遣大鴻臚張儼、五官中郎將丁忠弔祭晉文帝。及還，儼道病死。”裴注：“《吳志》曰：張儼字子節，吳人也。弱冠知名，早歷顯位，以博聞多識拜大鴻臚。使于晉，皓謂儼曰：‘今南北通好，以君有出境之才，故相屈行。’”《全後周文·庾信〈周太子太保步陸逞神道碑〉》：“齊國通和，封人受使。以公有出境之才，見命張旃之禮。既珠盤歃血，定楚國之連名；弓首登壇，反齊人之侵地。是謂使乎，固稱光國。”

【廻慮】改變主意。

既迫茲固請，翻然廻慮。(卷十四，釋法恭)

“廻”有改换，改變之意[2]。如《太平廣記》卷二四四《李德裕》：“(德裕)謂禹錫曰：‘吾於此人不足久矣，其文章何必覽焉，但以回吾精絕之心，所以不欲看覽。’”(出《北瑣夢言》)在唐代“廻慮”大量使用，在高頻使用下，這一短語也變成了詞。如：

唐陸贄《翰苑集·中書奏議五·論裴延齡姦蠹書一首》：“若謂斂怨不足致危亡，則建中之亂危亦至矣……故靈祇嘉陛下之誠，臣庶感陛下之意，釋憾廻慮，化危爲安。陛下亦當爲宗廟社稷建不傾不拔之永圖，爲子孫黎元垂可久可大之休業。”徐鉉《騎省集·祭世宗皇帝文》：“恭惟盛德，乃聖乃神，爰初纘服，舊邦惟新，瞻顧函夏，實始經綸，三驅示禮，四載彌勤，濟之以武，守之以文，降鑒廻慮，全國庇民。”

【大途】大抵。

---

① “杭”，資、磧、普、南、徑、清作“抗”。

② 參王鍈《唐宋筆記語詞釋義》，《中國語文》1987年第1期。

然彼天音未必同此，故東川諸梵聲唱尤多。其中高者，則新聲助哀，般遮、掘①勢之類也。地分鄭魏，聲亦參差，然其大途不爽常習。（卷三十，論）

“大途”在佛經義疏中有“大抵、大概”之意。宋遵式述《觀音義疏記》卷四“釋重頌”：“第二重頌是隋煬大業中智者滅後笈多所譯，方入大部，故疏闕釋。《靈感傳》：‘天人語南山云：“什師八地菩薩，譯《法華》，闕觀音重頌。”’既涉冥報，信有此文。今扶上二番問答，隨文略釋，固難盡理，講者但令不失上文，大途梗概何必騁異。”（T34/958c）宋元照撰《四分律行事鈔資持記中一下》：“問：據此所解即應不立種類耶？答：前後兩解大途不異，但前以七支總攝種類，後以七支自爲根本，別立業戒統收種類。多見妄解，故此細釋。‘作’句中前約根本種類統收眾戒，然與業道容有相濫‘故須料簡。”（T40/267a）

關於“大途”的“大抵”義之由來，前人已有解釋。唐湛然《止觀輔行傳弘決》卷第三之一：“今解釋名。初結前生後，亦是來意次第。‘大途’去結前也，‘復以’去生後也。途，道也。未委論其蹊徑，故曰大途。”

【卻想】回想。

晚來卻想，悔將何及。（卷二，那連提黎耶舍）

“卻想”即回想。“卻”有“回轉、返回”之意。晉陳壽《益部耆舊雜記》：“福往，具宣聖旨，聽亮所言，至別去數日，忽馳思未盡其意，遂卻馳騎還見亮。”前蜀韋莊《自孟津舟西上雨中作》詩：“卻到故園翻似客，歸心迢遞秣陵東。”“卻想”就是回頭想。宋宗密述《圓覺道場禪觀等法事禮懺文》卷七：“卻想前科情已破，對思後段法圓彰。”（X47/418b）盧僎《十月梅花書贈》：“紅顏白髮雲泥改，何異桑田移碧海。卻想華年故國時，唯餘一片空心在。”劉禹錫《初至長安》：“左遷凡二紀，重見帝城春。老大歸朝客，平安出嶺人。每行經舊處，卻想似前身。不改南山色，其餘事事新。”

---

① “掘”，資、磧、普、南、徑、清作“屈”。

四　語用成詞

所謂語用是指有些詞由於長期地在具體語用環境中使用而凝固成詞。如：

【須歸】回家。

既言須歸好去，照尋路得還。（卷二五，釋僧照）

"須歸"告别之辭，猶言回家。"須歸"本是一個超層次結構，如《敦煌變文校注·秋胡變文》："汝今再三，棄吾遊學，努力勤心，早須歸舍，莫遣吾憂。"《敦煌變文校注·漢將王陵變》："回頭乃報楚家將：'大須歸家著鄉土，一朝兒郎偷得高皇號，還解捉你兒郎母。'"但由於長期連用，成爲慣用語，於是詞彙化而有詞的意味。如《敦煌變文校注·維摩詰經講經文》："汝今帝釋早須歸，領取眷屬卻回去；莫向室中爲久住，休于林内發狂言。"《舊唐書·回紇列傳》："葉護奏曰：'回紇戰兵，留在沙苑，今且須歸靈夏取馬，更收范陽，討除殘賊。'"張志和《漁父》詞："西塞山前白鷺飛，桃花流水鱖魚肥。青箬笠，綠蓑衣，斜風細雨不須歸。"李明認爲"某些詞語（用×表示），尤其是慣用語，發展出了'說×'這個意義。這類詞義演變常發展出動詞義。"[①]"須歸"是從言語到言語行爲演變的結果。具體過程爲：超層次"須歸"〉（慣用詞）說"須歸"〉回家。

【好去】送别之言。

有門人外行者，皆報好去。（卷四，釋玄奘）

"好去"是送别之言。如隋闍那崛多譯《佛本行集經·羅睺羅因緣品下》："放象龍時即說偈言：汝今好去象龍王，供養父母當孝順，我寧自捨此命根，於汝更不相擾亂。"（T3/911a）義淨譯《根本說一切有部毗奈耶·阿蘭若六夜學處》："問言：'聖者，眾家廚内煮食之物，爲用瓦器爲銅釜耶？'苾芻即便示其庫屋告言：'於此庫中充滿銅器。'既知此已，賊便欲去。報言：'聖者，向來廢仁善品，妨我家業，今且辭去，後更諮參。'報言：'好去。'"（T23/755b）《漢語大詞典》引唐張鷟《遊仙窟》，遲。

① 參李明《從言語到言語行為：試談一類詞義演變》，《中國語文》2004年第5期。

【追深】十分。

重蒙令旨，恩渥載隆，追深悚怍。（卷三，釋慧淨）

“追深”猶“十分”。常用在文書之結尾。如：

（1）冀蒙矜允，幽顯沾恩。法事仰幹，追深愧踖。沙門某敬白。（灌頂《國清百錄·述蔣州僧書》，T46/804c）

（2）歲序推移，日月如逝。智者遷化，已將一周，追深悲痛，情不能已，念慕感慟，何堪自居。今遣典籤吳景賢往彼設齋，奉爲亡日追福，遲知一二。楊廣和南，開皇十八年。（灌頂《國清百錄·王遣使入天臺設周忌書》，T46/812b）

（3）謹即嚴衣捧鉢，以望善來之賓，拂座清塗，用竚逾城之駕，不勝慶慰翹顒之至。謹奉表以聞，輕觸宸威，追深戰越。（慧立本、釋彥悰箋《大唐大慈恩寺三藏法師傳》卷九，T50/271c）

（4）謹上《玄圃園講頌》一首。文慚綺發，思闕彫英。徒懷舞蹈之心，終愧清風之藻。冒昧呈聞，追深赧汗。謹啟。（《廣弘明集·法義篇·上皇太子玄圃講頌啟》，T52/242a）

（5）休仁慚恩懼罪，遽自引決。追尋悲痛，情不自勝，思屈法科，以伸矜悼。可宥其二子，並全封爵。但家國多虞，釁起臺輔，永尋既往，感慨追深。（《全宋文·明帝〈罪始安王休仁詔〉》）

五 換素造詞

所謂換素是指隨着詞彙的不斷豐富，在語言中形成了無數同義和類義語場，而語言由於組合規律是有限而且可重複的，於是人們利用這一規則替換詞語的某一構詞語素從而形成新的詞語。李宇明認爲：“大多數新產生的詞語，都有一個現成的框架背景，這一框架就像造詞模子一樣，能批量生產新詞語。”① 董秀芳指出詞彙能力包括詞庫和詞法兩部分：詞庫是一個語言中具有特異性的詞彙單位的總體，存儲在使用者的頭腦中。詞法是關於一個語言中可以接受或可能出現的複雜的詞的內部結構知識，或者說是生成語言中可能的詞的規則。前者稱爲“詞彙詞”（lexical word），

① 參李宇明《詞語模》，載邢福義編《漢語法特點面面觀》，北京語言大學出版社 1999 年版，第 146 頁。

後者稱爲“詞法詞”[1]（morphological word）。董氏這一理論告述我們詞庫是潛在的，而詞法是顯現的，人們可以通過詞法規定運用潛在詞庫來創造新詞。但是語言是交流的工具，所造詞語要被其他受眾接受就必須能夠被受眾理解，因此新造詞就必須與舊詞保持一定的相似性。用原型理論講就是要保持演變體與原型的聯繫。於是最有效的方式就是用同義語素去替換原型中的語素，從而實現正常的擴散。《續傳》中此類形式甚多，我們在第五章“《續傳》中俗語詞的結構類推現象”一節中已經從其結構角度進行了討論，現在從造詞法角度對其中所出現的新詞新語進行討論。如：

【便穢】糞穢

晝夜存道，財無盈尺之貯；滌除便穢，誓以報盡爲期。（卷二一，釋慧光）

“便穢”是在“糞穢”的結構同化下類推換素而形成的。“便”本指排泄大小便，如：《漢書·張安世傳》：“郎有醉小便殿上，主事白行法。”引申爲糞便，如趙曄《吳越春秋·勾踐入臣外傳》：“越王因拜：‘請嘗大王之溲以決吉凶’，即以手取其便與惡而嘗之。”到中古，“糞穢”一詞開始在出現。如劉宋求那跋陀羅譯《雜阿含經》卷十九：“一時，佛住波羅奈國，仙人住處鹿野苑中。乃至尊者大目犍連言：‘我於路中見一眾生，舉體糞穢以塗其身，亦食糞穢。乘虛而行，臭穢苦惱，啼哭號呼。’”（T2/137c）吳支謙譯《菩薩本緣經·兔品》：“汝今復當聽餓鬼中種種諸苦，所謂飢渴所逼，身體乾枯，於無量歲初，不曾聞漿水之名。乃至穢糞，求不能得，頭髮長利，纏繞其身，故令身中支節火然，遙望見水至則火坑，飢渴所逼往趣糞穢，復有惡鬼神持刀杖固遮。”（T3/065a）《隋書·酷吏傳·田式》：“或僚吏姦贓、部內劫盜者，無問輕重，悉禁地牢中，寢處糞穢，令其苦毒。”由於“便”“糞”在“糞便”意義上同義，於是到唐代又出現了“便穢”一詞。如：玄奘譯《大般若波羅蜜多經·初分願行品》：“復次，善現！有菩薩摩訶薩具修六種波羅蜜多，見諸有情受用段食，身有種種大小便利，膿血臭穢，深可厭捨。善現！是菩薩摩訶薩見此事已作是思惟：‘我當云何拔濟如是受用段食諸有情類，令其身中無諸便穢？’”（T6/695a）

---

① 參董秀芳《漢語的詞庫和語法》，北京大學出版社2004年版，第9頁。

【波涌】波浪湧起貌。比喻眾議激烈。

于時佛化雖隆，多遊辯慧，詞鋒所指，波涌相凌。至於徵引，蓋無所算①。可謂徒有揚舉之名，終虧直心之實，信矣。（卷二十，論）

“波涌”是在“波騰”的結構同化下換素而形成的。“涌”和“騰”均可指水流上湧。《說文·水部》：“涌，騰也。”段注：“騰，水超涌也。”《文選·郭璞〈江賦〉》：“圓淵九迴以懸騰，溢流雷呴而電激。”李善注：“騰，水涌也。”而且“騰”“涌”早在東漢就已經複合成詞。《文選·王延壽〈魯靈光殿賦〉》：“玄醴騰涌於陰溝，甘露被宇而下臻。”張銑注：“騰涌，流貌。”“波騰”在中古成詞，如《晉書·潘岳傳附潘尼傳》：“於是浮僞波騰，曲辯雲沸，寒暑殊聲，朝夕異價。”由於“騰”“涌”義同，於是受“波騰”的類化出現了“波涌”。

【參訊】猶參問。佛教術語，參師問道。

繫想繩床，下帳獨靜。道俗參訊，略示綱猷。令其住心，緣向所授。（卷十六，釋道正）

“參訊”是在“參問”的影響下形成的。“問”“訊”均可指詢問。《尚書·呂刑》：“皇帝清問下民。”蔡沈集傳：“清問，虛心而問也。”《詩·小雅·正月》：“召彼故老，訊之占夢。”毛傳：“訊，問也。”“問”“訊”也複合成詞表詢問。如“問訊”：劉向《說苑·談叢》：“君子不羞學，不羞問。問訊者，知之本，念慮者，知之道也。”“訊問”：劉向《說苑·建本》：“故曰，訊問者，智之本；思慮者，智之道也。”“參問”一詞最早出現於西晉。白法祖譯《佛般泥洹經》卷上：“中有癡比丘。不解經戒者。當問尊老比丘。比丘不得怒。其有比丘。不了是經。中有比丘。知經戒。知佛所說。當往參問。”（T1/116c）由於“參問”廣泛運用，而且在佛經中成爲一個術語詞，於是在它的結構下人們同義類推，又創造出“參訊”一詞。如：

（1）小德還家，欲驗其言，即夕遽遣人參訊難公。果以此日於蘭公處睡臥，至夕無疾而亡。（唐懷信《釋門自鏡錄卷下·害物傷慈錄·宋新寺沙門難公飲酒被謫事》，T51/814c）

（2）初謁雲居，後詣雪峯、玄沙兩會，參訊勤恪。（《宋高僧傳·習

① “算”，資、磧、普、南、徑、清作“筭”。

禪篇·後唐漳州羅漢院桂琛傳》）

【都郭】都城。

登岸，帝又使駙馬蔡凝宣勅云："至人爲法，以身許道。法師等善明治亂，歸寄有敘，可謂懷道正士，深可嘉之。宜於都郭大寺安置，所司供給，務令周洽。"（卷十，释靖嵩）

"郭"指外郭，城指内城，析言有別，渾言則無，因此"城""郭"同義。可能正是如此，唐人才以"郭"替換"城"，創造了一個新詞。此詞在文獻中還有用例。如王勃《山亭興·序》："漢家二百所之都郭宮殿，平看秦樹四十郡之封畿山河。"唐張鷟《龍筋鳳髓判·左右屯衛二條》："請於都郭，別置屯兵，思患預防，不虞先備。"《資治通鑑考異·隋紀上》："癸巳密襲回洛東倉，破之。攻偃師、金墉，不克。乙未，還洛口。"司馬光考異云："略記三月辛未，密遣孟讓將二千餘人夜入都郭，avoid燒豐都市北，曉而去。"按劉餗《隋唐嘉話》上卷："洛陽南市，即隋之豐都市也。初築外垣之時，掘得一冢。"由此可見豐都的地理位置，也說明其也有城墻。這反證出此句中的"都郭"就是指洛陽城。

"都郭"還可以泛指城市。如唐義淨譯《根本說一切有部毘奈耶藥事·諸大弟子及佛自說業報》："九十一劫時，我在親慧城，見毘鉢尸佛，欲入大都郭。"（T24/090c）李紳《過吳門二十四韻》："煙水吳都郭，閶門架碧流。"

【開說】開講。

太建十一年二月，有跋摩利三藏弟子慧哿者，本住中原，值周武滅法，避地歸陳。晚隨使劉璋至南海，獲《涅槃論》。敫曾講斯經，欣其本習，伏膺請求。便爲開說，止得《序分》、《種性分》前十三章玄義。（卷一，釋法泰）

"說"有"講解"之義。《論語·八佾》："成事不說。"何晏集解引包咸曰："事已成，不可復解說。""講"也有"解說"義。《漢書·夏侯勝傳》："始勝每講授，常謂諸生曰：'士病不明經術……'""開講"一詞首先產生。吳康僧會《舊雜譬喻經》卷上："我二人俱行，此人見一象迹別若干要，而我不解。願師重開講，我不偏頗也。"（T4/514a）但以後來佛經中"開說"成爲主流。如西晉安法欽譯《阿育王傳·本施土緣》："在於優留慢荼山那羅拔利阿蘭若處，具一切智最勝清淨爲諸賢聖眾生之類開說法門。”（T50/102b）東晉佛馱跋陀羅譯《大方廣佛華嚴經·離世間品》：“離吝法手，盡能開說一切法故。”（T09/656c）“開說”一詞在佛經中大量存在，究其原因，是因爲最初佛經翻譯力求通俗，所以選擇了常用詞“說”來替換“講”。

除以上詞語外，我們在《續傳》中還可以看到許多言語性質的結構，言語最能夠體現出語言的變化，這些結構可以幫助說明替換性擴散。

【哀涼】同“悲涼”。

後見疾，浹旬大漸斯及，誡訓慈切，衆侶哀涼。（卷十四，釋智琰）

“悲涼”指悲伤凄凉。漢班固《白虎通·崩薨》：“黎庶殞涕，海内悲涼。”杜甫《地隅》诗：“喪亂秦公子，悲涼楚大夫。”“悲涼”一詞在《續傳》中用例甚多。如卷四“論”：“四俗以之悲涼，七衆惜其沈沒。”卷十二“釋慧海”：“道俗悲涼，競申接足。”由於“悲”和“哀”在“哀傷”義上同義，於是道宣臨時用“哀”替換了“悲”，從而形成了一個新的言語形式。

【播迹】傳揚功績。

後聞遠公播迹洛陽，學聲遐討。（卷十，釋慧暢）

“播迹”是受“播名”的影響而出現的語詞。“名”“迹”雖然不是同義詞，但經常在一起聯用而成詞。如《漢書·張安世傳》：“安世曰：‘明主在上，賢不肖較然，臣下自修而已，何知士而薦之?’其欲匿名迹遠權勢如此。”《穆天子傳》卷三：“天子遂驅升于弇山，乃紀名迹于弇山之石。”到中古“播名”一詞產生，如潘岳《爲賈謐作贈陸機》詩：“況乃海隅，播名上京。”《魏書·高允傳》：“道茂夙成，弱冠播名。”於是在“播名”的類化推動下出現了“播迹”。“播迹”一語在後來也有零星用例。如宋楊侃《兩漢博聞·序》：“如司馬遷之《史記》亦煩心於勤敏，播迹於勞瘁以成之。而兩《漢書》則又有所因述採輯，頗易其間。”明楊慎《升菴集·後蚊賦》：“欣絶彙兮，鼈戴山抃，聖播跡兮，使爾負山。”

【形設】同“象設”。此指形狀。

復有隸字三枚，云“正國得”也，形設正直，巧類神工，名筆之人未可加點。（卷十，釋寶儒）

“象設”原指佛像。《文選·王中〈頭陀寺碑文〉》：“象設既闢，睟容已安。”吕向注：“象，謂佛之形象也。”後亦可指雕像。齊謝脁《齊敬皇后哀策文》："陳象設於園寢兮，映輿鍐於松楸。"《說文·彡部》："形，象也。"《漢書·王莽傳中》："白煒象平"顏師古注引晉灼曰："象，形也。"由於"形""象"在"形狀"義位上同義，於是在"象設"的格式下產生出了"形設"一語。

綜上所述，在中古漢語晚期的《續高僧傳》中大量的新詞新語的出現是在原有格式下通過語素替換的形式產生的。這種現象的實質其實是一種詞法的語法類推，而其得以實現的條件是由於潛在的詞庫可以提供類似語素。通過類似語素的替換既保證了結構的穩定性，又實現了詞語的豐富性。王紹峰曾提出"語素替換是詞彙歷史演變的一種通常形式"①，但是王氏僅僅把語素替換看作是異形詞的一種形式，說明其對這一演變規律的認識還不是十分清晰。王雲路先生認爲在漢譯佛經中存在"以同義語素替換造詞"的方法。她說："（以同義語素替換造詞）就是利用漢語固有雙音詞，改變其中一個語素，換成相應的同義語素，從而產生與中土文獻意義相同的詞。"② 王先生把這種造詞法僅限制在佛經翻譯中，我們認爲範圍過小，同時換素構詞并非佛經翻譯者創造的構詞方法，而是中古漢語本身具有的一種造詞形式。如王先生所舉之"單已"一詞並非首先出現在唐義淨譯經中，而是出現在《續高僧傳》中。卷二十八"釋寶相"："而生常清潔，不畜門人。單已自怡，食無餘粒。斯亦輕清之高士也。"可見"單已"并非譯經者利用漢語固有語素造詞，而是漢語本身語素替換的結果。萬久富在談到《宋書》複音詞的構成時，曾提出"改換原有複音詞的某一語素構成新詞"③。他說："改換複音詞的某一語素，代之以處於同一語義場中的別的語素，構成新詞，新詞與舊詞詞形有別，但在語義上與舊詞構成近義、同義關係。"萬氏舉了"犴圄"、"協輔"來說明該問題。可見，與《續傳》幾乎同時成書的《宋書》中也存在同素替換現象。丁喜霞類推創新也有類似思想④。張小艷有類比構詞，其實也是換素

① 參王紹峰《初唐佛典詞彙研究》，安徽教育出版社 2004 年版，第 278 頁。

② 參王雲路《再論漢譯佛經新詞、新義產生途徑》，《漢語史學報》第九輯，上海教育出版社 2010 年版，第 139 頁。

③ 參萬久富《〈宋書〉複音詞研究》，鳳凰出版社 2006 年版，第 161 頁。

④ 參丁喜霞《中古常用并列雙音詞的成詞和演變研究》，語文出版社 2006 年版，第 349 頁。

構詞，張氏舉“愛景”、“畏景”、“遲景”、“人李”、“窮春”五詞爲例[①]，這説明在近古也存在換素構詞這一現象。

六 合璧造詞

所謂合璧造詞就是佛經翻譯時採用梵語音譯加漢語意譯的方式構成梵漢合璧詞。關於梵漢合璧現象在中國這一説法可以追溯到唐代。唐栖復《法華經玄贊要集》卷十：“言‘梵摩’云等者，解梵義也。‘梵摩’者是具足梵語。此云寂靜，不造惡業故；清淨者，離瞋故；淨潔者，身有光明故。……若言‘梵摩’，唯是梵語也。若言‘寂靜’、‘清淨’、‘淨潔’，唯是唐言。若言‘梵潔’，唐梵雙兼也。今唯言‘梵’，但是梵語之中略却‘魔’字，故云略也。”（X34/412a）唐大覺《四分律鈔批》第十本：“錯麥迦師者，立謂錯麥，此方言迦師，是梵語，今梵漢兩舉故曰也。”（X42/895a）後唐景霄纂《四分律鈔簡正記・三十捨墮》：“生色者，天生自然金不假因緣名生色也。似色者，似猶像似金之類。則生似是梵言，金銀是漢語。或云金銀生緣者。梵漢雙舉也。”（X43/300a）宋道誠《釋氏要覽》有“華梵兼名”之説，丁福保在《佛學大辭典》也常用“華梵雙舉”一名。明如愚在《妙法蓮華經知音・序》中説：“蓋佛法來自西域，其言有不免華梵兼用，其義有不免即世出世之差别。”（X31/338a）此語可謂道破合璧詞之實質。

日本學者也注意到了這一現象。諸橋在《大漢和辭典》“懺悔”條提出了“梵漢合成語”。宮坂宥勝《佛教語入門》在某些條目下也使用了這一概念。另外望月、中村元、須藤隆仙等也分别提出了“華梵雙舉”、“梵漢雙舉”、“唐梵重標”等定義。但是對這一現象進行深入研究的當屬梁曉虹先生。他在《論梵漢合璧造新詞》一文中全面討論了合璧詞的界定、條件、構成、研究意義。[②] 在其後的一系列著作中梁先生均闡釋了這一觀點。《續高僧傳》中有大量的合璧詞。可以説是該書造詞的一個特色。

---

① 參張小艷《敦煌書儀語言研究》，商務印書館 2007 年版，第 326 頁。

② 參梁曉虹《論梵漢合璧造新詞》，《福建師范大學學報》1986 年第 4 期；又載於朱慶之編《佛教漢語研究》，商務印書館 2009 年版，第 284—306 頁。

（一）梵漢合璧構成偏正式新詞

【鉢器】

每日拄杖在門驅趁防者，携引羇僧，供給鉢器，送至食堂。（卷二四，釋曇選）

“鉢”是梵文 patra 的音譯省略，《釋氏要覽》卷中“道具”條：“梵云鉢多羅，此云應器，今略云鉢也。又呼鉢盂，即華梵兼名也。”（T54/279a）清書玉箋記《毗尼日用切要香乳記》卷下：“‘鉢’者，半梵語，略去‘多羅’二字。《十誦律》云鉢是恒沙諸佛之標幟，而非廊廟之器用。”（X60/185c）“鉢”加其類名構成“鉢器”。

“鉢”還可以作爲中心語素構成偏正式合成詞。如大鉢、石鉢、飯鉢、水鉢、瓦鉢等。

【禪師】

至庚寅年，大武感致癘疾，方始開悟。兼有白足禪師來相啟發。帝既心悔，誅夷崔氏，事列諸傳。（卷一，釋曇曜）

“禪”是梵文“禪那”之音譯省略。译爲“弃恶”、“功德丛林”、“思惟修”、“静慮”等。宋法雲編《翻譯名義集四・辨六度法篇》：“禪那，此云靜慮。《智論》云：‘秦言思惟修，言禪波羅蜜。”（T54/1116a）後來“禪”逐漸成爲一個語素和類名構成新詞。

除“禪師”外還有類似詞。如禪法、禪思、禪林、禪坊、禪院、禪床、禪房、禪味、禪衆、禪境、禪匠、禪府、禪慮、禪侶、禪業、禪宗、禪慧等。“禪”還可以作中心語素構成偏正式合成詞。如八禪、三禪等。

【塵劫】

道名流慶，歷遂[①]古而鎮常，赴感應身，經塵劫而不朽。（卷四，釋玄奘）

“劫”是梵文 kalpa 的音譯，“劫波”（或“劫簸”）的略稱。慧琳《一切經音義・慧苑〈音新譯大方廣佛花嚴經音義卷上・世主妙嚴品之一〉》“不思議劫”條曰：“劫，梵言，具正云‘羯臘波’，此翻爲長時。”道宣《釋家譜氏・序》：“‘劫’是何名？此云時也。若依西梵名曰‘劫波’，此土譯之名大時也。”（T50/84c）鳩摩羅什譯《大智度論・釋往生

① “遂”，諸本作“邃”。

品第四之上："劫簸，秦言分別時節。"（T25/339c）明智旭《彙釋重治毗尼事義集要卷第四·音義》："一劫者，世界一番成壞也，梵語'劫波'，或云'劫簸'，此翻分別時節。"（X40/380c）清通理《法華指掌疏卷一之上》："劫，半梵語，具云劫波，此翻時分，時稱無數，已云久矣。"（X33/506b）

"劫"作爲語素在《續傳》中也組成了許多偏正式詞語。如累劫、劫累、歷劫、末劫、劫數、萬劫、劫壞、往劫、長劫等。

【梵行】

法師梵行精淳，理義淵遠。弘通玄[①]教，開導聾瞽。道俗欽仰，思作福田。（卷九，釋靈裕）

"梵"是"梵摩"、"婆羅賀摩"、"梵覽摩"之省，意爲"清淨"、"寂靜"。葛洪《要用字苑》："梵，潔也。"慧琳《一切經音義·惠苑·新譯大方廣佛花嚴經音義》卷下："梵謂梵摩，具云跋濫摩，此云清淨也。"《續傳》卷三十"論"："考其名實，梵者，淨也。"類似的例子《續傳》有梵侶、梵志。

【佛寺】

去恒安西北三十里武周山谷北面石崖，就而鐫之，建立佛寺，名曰靈巖。（卷一，釋曇曜）

"佛"是"佛陀"（Buddha）之略，又作休屠、佛陀、浮陀、浮圖、浮頭、勃陀、勃馱、部陀、母陀、沒馱。唐窺基《異部宗輪論述記》："佛陀梵音，此云覺者，隨舊略語，但稱曰佛。"（X53/568b）宋元照《四分律含注戒本疏行宗記一上之一》："言佛者，梵云佛陀，或云浮陀、佛馱、步他、浮圖、浮頭，蓋傳音之訛耳。"（X39/731a）可度箋《大佛頂如來密因修證了義諸菩薩萬行首楞嚴經》卷一："梵語沒馱、佛陀，華言覺者。今經但存'佛'，不言餘字，蓋秦人好略。"（X11/887a）

"佛陀"訛略成"佛"後變成了一個極能產的語素，組成了一群偏正式詞語。如佛經、佛法、佛理、佛殿、佛教、佛事、佛性、佛堂、佛典、佛家、佛慧、佛牙、佛齒、佛影、佛使、佛像、佛象、佛相、佛院、佛宗、佛塔、佛國、佛海、佛日、佛骨、佛曲、佛化、佛種、佛果、佛號、

---

① "玄"，資、磧、普、南、徑、清作"聖"。

佛境、佛窟、佛子、佛乘、佛屋、佛盤、佛德、佛龕、佛世、天佛、臥佛等。

【尼寺】

他日清旦，猴犬前行，徑至尼寺。(卷二五，釋僧朗)

“尼”是“比丘尼”的簡稱。又譯作“苾蒭尼”。“尼”本是天竺女性之通稱。智顗《妙法蓮華經文句》卷二上：“尼者，女也。通稱女爲尼，通稱男爲那。”(T34/16b) 宗密述《金剛般若經疏論纂要下》：“尼者，此云女也。優婆塞此云近事男，優婆夷此云近事女。”(T33/169c) 梵語“尼”在漢語中變成了一個語素，在《續傳》中組成了尼寺、尼眾、尼流等詞。

(二) 梵漢合璧構成并列式新詞

所謂梵漢合璧構成并列式新詞是指梵語章節所表示的意義與漢語語素之間有同義或同類關係。

【懺悔】

因接還寺，竭情懺悔。(卷二五，釋僧雲)

“懺”是梵語“懺摩”(ksama)之略，悔過之義。唐澄觀《貞元新譯華嚴經疏》卷十：“‘懺’者梵音，具云‘懺摩’，此云悔過。”(X5/193c) 後來譯人把“懺摩”省略成“懺”，然後加上其意譯“悔”組成了一個新的複合詞。唐栖復《法華經玄贊要集》卷四：“懺悔者，唐梵雙說，梵云‘懺摩’，此云‘悔過’。”(X34/257b) 後唐景霄《四分律鈔簡正記》卷十五：“梵語‘懺摩’，唐言‘悔往’。‘悔’以悔責爲義，‘往’以往謝彰名。即是追變昔心，顯成犯聚。經稱‘懺悔’，唐梵雙標。今云‘懺’名，存其略梵。”(X43/380b)

《續傳》中以“懺”爲語素組成的并列式詞語還有：懺禮、懺蕩、懺謝、懺洗、懺除等。

【檀越】

頂以檀越昇位，寺宇初成，出山參賀，遂蒙引見。(卷十九，釋灌頂)

“檀”是“檀那”、“陀那”的省略，譯曰佈施，施與。隋慧遠《大乘義章·六波羅蜜義十門分別》：“初言‘檀’者，是外國語，此名布施。以己財事分布與他，名之爲布，輟己惠人，目之爲施。”譯人以“檀”加上“越”組成并列式合成詞。宋可度箋《大佛頂如來密因修證了義諸菩薩萬行首楞嚴經》卷一：“梵語‘檀波羅蜜’，華言‘布施’。既行布施，然後越生死此岸，到菩提彼岸名‘越’。此則唐梵雙舉。”（X11/891b）唐定賓《飾宗義記》卷五“雨浴衣戒”：“‘檀越’者，訛略，梵云‘陀那鉢底’，譯爲‘施主’。‘陀那’是施，‘鉢底’是主。亦有釋云：‘檀越’者，謂由行檀越廢貧乏者。義釋也。”（X42/157b）同樣的詞有“檀捨”。

【嚫賜】

時漢王諒作鎮晉陽，承幹起塔王之本寺，遠遣中使嚫賜什物。（卷十二，釋靈幹）

“嚫”是梵文 daksina 之音譯省稱。Daksina 爲施財之義。後來略爲“嚫”，與漢語中的“賜”結合成雙音詞。此類詞有嚫施、嚫遺、供嚫。

【維那】

初未終前，數日不悆。維那鳴鍾而杵自折，識者以爲不越振矣。（T50/557b）

“那”是梵語“羯磨陀那”之略。元德煇《勅修百丈清規》卷四：“《寄歸傳》云：‘維那’，華梵兼舉也。‘維’是綱維，華言也。‘那’是梵語‘羯磨陀那’刪去三字從略，此云悅眾也。”（T48/1132b）唐定賓《飾宗義記·尼揵度》：“言‘維那’者，梵云‘羯磨施那’，此云‘授事’，謂於諸事指授於他。舊言‘維’者，是‘綱紀’義，‘那’者，梵漢合說，故言‘維那’也。”（X42/283b）

【眾僧】

內史次大夫唐怡元行恭覆奏曰：“天下眾僧並①令還俗，獨度一人，違先帝詔。”（卷十九，釋法藏）

“僧”是“僧伽”之略。隋慧遠《大乘義章·三歸義三門分別》：“所言‘僧’者，外國正音名曰‘僧伽’，此方翻譯名‘和合眾’。”（T44/654a）宋宗鏡《銷釋金剛科儀會要註解》卷一：“‘僧’者，略梵語，具云‘僧伽’，此云‘眾和合’，此方翻譯名‘和合眾’也。”（X24/652c）“眾”和“僧”并列成詞。唐密宗《佛說盂蘭盆經疏》下：“梵語

① “並”，諸本作“普”。

‘僧伽’，此云‘眾和合’。……‘眾僧’者，唐梵重標，譯人之拙。”（T39/510b）宋遇榮《佛說盂蘭盆經疏孝衡鈔》卷下：“‘譯人拙者’，如疏云‘眾僧受供’，蓋取文詞穩順，令人易解，所以華梵雙標。”（X21/551a）相同結構如“僧侶”。

梵漢合璧造詞所形成詞的數量在漢語中較少，但是卻極具特色，既充分反映出佛教文化對漢語的深遠影響，又顯示了漢語詞彙系統與時俱進，不斷吸收當代新鮮元素來充實自己的特點。

第三節 《續高僧傳》中詞的新義

《續傳》中不僅出現了大量的新詞，而且還出現了大量的新義，限於篇幅，我們在此略舉幾例，以展示其多樣性。

一 名詞新義

【瀅】水潭。

至京東渭陰洪陂坊側，且臨渭水，稱念禮訖，投身瀅中。（卷二七，釋玄覽）

“瀅”在中古有“水潭”之義。如：

（1）故感應傳云，初海造塔于定州恒岳寺，塔基之左有瀅，名曰龍淵。其水不流，深湛懸岸。及將安置，即揚濤。沸涌激注，通于川陸。

“瀅”名“龍淵”，而且“深湛懸岸”，可見水勢不小。

（2）武德初年，從業藍谷化感寺側。巖垂乳水，岳往承之，可得二升，懸渧便絕。乃曰：“吾無感也，故水①輟流。”遂以殘水寫渧下瀅中。一心念誦。日取一升，經六十日，患損方復。

“以殘水寫渧下瀅中”，“瀅中”即水潭中。

（3）始悟一音所演，欣怖交懷，海迹蹄瀅，淺深斯在。

“海迹蹄瀅”指如海之迹，如蹄之瀅，因此“瀅”也指水潭。

“瀅”，《說文》無。“瀅”同“濴”。慧琳《一切經音義·三寶感通傳》中卷：“瀅中：縈定反，呂延濟注《甘泉賦》云：‘滆瀅，水小皃

① “水”，諸本作“使”。

也。’義與‘濴’同。前已訓釋，錄文从‘營’作‘瀅’，誤也。”（T54/831a）《廣韻·徑韻》：“瀅，小水。”唐寫本《唐韻》第十八頁：“瀅，小水。”黑水城殘卷《廣韻·徑韻》也作“瀅，小水。”說明“瀅”在唐代的主要意義為“小水”，而此處均作“水潭”義講，說明其義新出。《篆隸萬象名義·水部》有“𤁙，胡駉反、烏廻反，小水、澤。”“𤁙”應為“滎”。宋刻本《集韻·徑韻》：“瀅滎，汀瀅，小水。或作滎。”《篆隸萬象名義》成書於唐代，而此條釋義比《廣韻》中“瀅”多出一個義項“水潭”。“潭”、“澤”義近，說明當時“水潭”義新出。也寫作“濴”。《集韻·清韻》：“瀯濚濴濴：瀠瀯，水回皃。或从縈、从滎、从滎。”《宋本玉篇·水部》：“濴，烏營切，水泉貌。濴，同上。”“水泉”、“水潭”義也近。

【厲疾】疾病或病人。

又收養厲疾男女別坊，四事供承，務令周給。（卷二“那連提黎耶舍”）

卷八“釋僧妙”：“寺有一僧，睡居房內，眾共喚之，惛惛不覺，竟不見光相。未幾便遇厲疾，咸言宿業所致。遂有感見之差。”卷十六“釋僧稠”：“從移止青羅山，受諸厲疾供養。情不憚其臭潰，甘之如薺。”卷十七“釋慧思”：“所止菴舍野人所焚，遂顯厲疾，求誠乞懺，仍即許焉。既受草室，持經如故，其人不久所患平復。”卷二八“釋道積”：“諸有厲疾洞爛者，其氣彌復醬勃，眾咸掩鼻，而積與之供給，身心無貳。或同器食，或爲補浣。”

二 動詞新義

【成業】成就事業。

以旻法師標正經論妙會機神，譚思通微，易鉤深奧，乃從其成業。（卷六，釋明徹）

“成業”即成就事業。玄奘譯《大唐西域記·摩伽陀國下》：“初興功也，穿傷龍身，時有善占尼乾外道，見而記曰：‘斯勝地也，建立伽藍，當必昌盛，爲五印度之軌則，逾千載而彌隆，後進學人易以成業，然多歐血，傷龍故也。’”卷八“釋曇延”：“延安其寺宇，結眾成業。”卷十“釋慧暢”：“又至京邑，仍住淨影，陶思前經，師任成業。”

【鼓】發動、發表義。

鼓言動論，衆所憚焉。（卷十四，釋三慧）

“鼓”有“發動、發表”義。如《高僧傳·義解一·支遁》：“曩四翁赴漢，于[1]木蕃魏，皆出處有時，默語適會。今德非昔人，動靜乖哀，遊魂禁省，鼓言帝側，將困非據，何能有爲?”《續傳》卷二二“論”：“每一披闡，坐列千僧。競鼓清言，人分異辯。勒成卷帙，通號命家。”卷二四“釋智實”：“何乃起善星之勃見，鼓調達之惡心。”

【慕】悲。

即遣送出，至馬槽側。顧慕流淚，自傷罪重，不蒙留住。（卷二五，釋圓通）

“慕”有“悲”義[2]。如《晉書·左貴嬪傳》：“我后安厝，中外俱臨，同哀並慕。”沈約《登臺望秋月》：“居人臨此笑以歌，別客對之傷且慕。”由於“慕”有“悲”義，故中古又“哀慕”成詞。如《晉書·安平獻王孚傳》：“奄忽殂隕，哀慕感切。”《續傳》中此義甚多。如卷二五“釋慧云”：“後忽失其所在，往者不見，號慕轉深，悲戀之聲慟噎山谷。”卷三十“釋真觀”：“攀[3]德號慕，悲起纏雲。”唐代碑刻中還有“摧慕”一詞，也為“悲傷”之意[4]。如《唐代墓誌彙編·李君墓銡之銘》：“孺子摧慕，愛女泣血。”

【勝致】成功。

明自惟曰：當是育王遺像散在人間，應現之來，故在斯矣。即召四遠同時拖舉，事力既竭，全無勝致。（卷二九，釋僧明）

“勝致”即成功。蕭齊求那毘地譯《百喻經》卷一“子死欲停置家中喻”：“若不得留，要當葬者。須更殺一子，停擔兩頭，乃可勝致。”（T4/543c）圓照撰《佛說十力經大唐貞元新譯十地等經記》：’時王極垂禮接，祇奉國恩，使還對辭，并得信物。獻欸進奉，旋歸大唐。奉朝當爲重患，纏綿不堪勝致，留寄健馱邏國中，使歸朝後漸痊平。”（T17/715c）唐一

① 按，“于”應為“干”，參湯用彤校本第165頁。

② 參顧久《語詞札記四則》，《中國語文》1991年第4期。另王繼如《說“慕”》有相似觀點。參王繼如：《訓詁問學叢稿》，江蘇古籍出版社2001年版，第204頁。

③ “攀”，麗藏作“敘”。

④ 參羅維明《論中古墓誌對辭書編撰的重要價值》，《語言科學》2004年第2期。

行《大毘盧遮那成佛經疏·悉地出現品》:“如佛初欲成道時,在於金剛道場,復除此座已,更無餘座堪能勝致此也。”(T39/701a)

【約】依據、根據。

約時講說,不替寒溫。(卷十五,釋僧辯)

“約”乃“依據、根據”之義,此義江藍生(1997:423)已經提及。現補充《續傳》例證:

(1)重過則依方等,輕罪約律治之。(卷十八,釋慧瓚)

(2)約相兩敘,牟盾[①]乖蹤,就緣判教,各有其致。(卷二十,論)

(3)唱言五住久傾,十地將滿,法性早見,佛智已明。此並約境住心,妄言澄靜[②]。還緣心住,(卷二十,論)

(4)時會彌天,恢張儀範,僧眾常則,皆約戒科。附相轉心。不覺心移,故懷虛託。(卷二二,論)

(5)最問曰:“老子周[③]何王而生,何年西入?”斌曰:“當周定王三年,在楚國陳[④]苦縣厲鄉曲人里。九月十四日夜生。簡王四年爲守藏吏。敬王元年八十五,見周德陵遲,遂與散關令尹喜西入化胡,約斯明矣。”(卷二三,釋曇無最)

(6)叉[⑤]以手指撝:“某日當雨,但齊某處。”約時雨至,必如其言。(卷二五,釋叉德)

(7)如斯遣累,未曰清澄。固[⑥]約前論,薄爲准的。(卷二九,論)

(8)法師說法之功,律師知律之用,今且隨相分位,約務終篇。(卷三十,論)

“約”作“依據、根據”講,並非產生在唐代。《莊子·秋水》:“約分之至。”成玄英疏:“約,依也。”《文選·孔安國〈尚書序〉》:“約《史記》而修《春秋》。”孔穎達疏:“准依其事曰約。”李周翰注:“約,依約也。”此義北宋時還存在。《能改齋漫錄》卷十二“晏元獻節儉”條

① “牟盾”,諸本作“矛盾”。

② “靜”,資、磧、普、南、徑、清作“淨”。

③ “周”,資、磧、普、南、徑、清作“同”。

④ “陳”,資、磧、普、南、徑、清作“陳州”;麗作“陳郡”。

⑤ “叉”,資、普、徑作“又”。

⑥ “固”,磧、普、南、徑、清作“因”。

記晏殊與家兄手貼事："殊家間僕使等，直至今兩日內破一頓豬肉。"吳曾注："定其兩數，或回換買他魚肉，亦只約豬肉錢數，以此可久。"

"約"在《續傳》中還有"依靠"之意。如：

(9) 仁壽置塔，奉勅召送於青州勝福寺中。處約懸峯，山參天際，風樹交結，迥瞰千里，古名巖勢之道場也。(卷二六，釋智能)

"處約懸峯"就是寺廟倚靠着懸崖。王云路先生曾指出"約"有"沿、依"[①] 之意。此例印證了王先生的觀點。

"約"在《續傳》中還有"估量"的意思。如：

(10) 斷許既了[②]，蠕蠕腰間皮袋裏出一物，似今秤衡[③]。穿五色線，線別貫白珠。以此約樹，或上或下，或旁或側。抽線陜眼，周迴良久。(卷二五，勒那漫提)

《漢語大詞典》引白居易《自题小草亭》诗"緑醅量盞飲，紅稻約升炊"爲初始例證，晚。

三　形容詞新義

【丁寧】重疊，重複。

三者胡經委悉，至於歎詠，丁寧反復，或三或四，不嫌其繁，而今[④]裁斥，三失本也。

"丁寧"有重疊、重複之意。卷二"釋彥琮"："凡此十篇，止存三業。上弘佛道，下攝自他。詞甚丁寧，義存遺著，庶其覽者知其意焉。如或有虧，請俟箴誨。"卷八"釋慧遠"："自遠之通法也，情趣慈心，至於深文隱義，每丁寧頻復，提撕其耳，唯恨學者受之不速，覽者聽之不盡，一無所惜也。"《佛說陀羅尼集經翻譯序》："然則經律論業，傳者非一，唯此法門未興斯土，所以丁寧三請，方許壇法。三月上旬赴慧日寺浮圖院內，法師自作普集會壇，大乘琮等一十六人，爰及英公、鄂公等一十二人，助成壇供。"(T18/785a) 王日休譔《龍舒增廣淨土文·淨土起信》："論其理，則能淨其心，故一切皆淨，誠爲唯心淨土矣；論其跡，則實有

① 王雲路《漢魏六朝詩歌校注釋例》,《古籍整理與研究學刊》1999 年第 4 期。

② "了"，資、磧、普作"子"。

③ "衡"，資、磧、普、南、徑、清作"錘"。

④ "今"，清作"令"。

極樂世界。佛丁寧詳復言之，豈妄語哉。”（T47/255c）

【勁利】风雨强劲有力。

南風勁利，樹林北靡。（卷二一，釋圓超）

蘇舜欽《依韻和伯鎮中秋見月九日遇雨之作》：“衆香愛春發枯荄，我知惟動兒女懷。天地昏酣醉夢裏，人有爽思皆沉埋。豈如秋風勁利劇刀劍，刮破天膜清光開。衰根危蒂埽除盡，辨別松竹並蒿萊。青娥供霜洗夜月，兼以皓露驅纖埃。常年此夕或陰晦，今歲澄澈將快哉。”

【首尾】連續。

承帝京上德吉藏法師，四海標領，三乘明匠。尋詣奉旨，欣擊素心。首尾兩遍，命令覆述。（卷十四，釋智拔）

“首尾兩遍”是“連續兩遍”之義。這一用法在佛經中極多。如吳康僧會譯《六度集經·布施度無極章·須大拏經》：“隣國困民，歸化首尾，猶衆川之歸海。宿怨都然，拜表稱臣。”（T3/11a）吳康僧會譯《六度集經·布施度無極章》：“四方病者馳來，首尾歎其弘潤。”（T3/3c）失譯《佛滅度後棺斂葬送經》：“王亡尊鉢，憂忿交胸，布告諸國，購鉢千金。連年募之，令出首尾。民貪重賞，遍索不得。”（T12/1114b）姚秦鳩摩羅什譯《仁王般若波羅蜜護國經·囑累品》：“人壞佛教，無復孝子。六親不和，天神不祐。疾疫惡鬼，日來侵害。災怪首尾，連禍縱横，死入地獄，餓鬼畜生。若出，爲人兵奴。果報如響如影，如人夜書，火滅字存。”（T8/833c）

【循環】反復，不斷。

乍覽瓊章，用袪痼疾。徘徊吟諷，循環卷舒。”（卷三“釋慧淨”）

“循環”在佛經中有“反復”、“不斷”之義。如唐地婆訶羅譯《方廣大莊嚴經·出家品》：“作如是說，種種譬喻，審諦籌量，次於己身，從頭至足，循環觀察，亦復如是。”（T3/573c）玄奘譯《大般若波羅蜜多經·第八那伽室利分》：“彼近事女遶善現身，循環覓手，竟不能得，瞬息之間，身亦不現，即便恭敬讚善現言：‘善哉！善哉！聖者！聖者！乃能如是身亦不住、相亦不現，實爲希有，是故如來常說：‘善現得無諍住最爲第一。’’”（T7/979a）慧愷《阿毘達磨俱舍釋論序》：“今既改變梵音，詞理難卒符會，故於一句之中循環辯釋，翻覆鄭重，乃得相應。”（T30/161a）

四 副詞新義

【便】時間副詞，才，表示動作行爲發生很晚。

還至浙江，有鮑郎子神者，一鼓涌浪，七日便止。正值波初，無由得度。(卷五，釋曇鸞)

“便”在《續傳》中有“才”之意，表示時間延續了很長。“七日便止”意即七天才停止。其他如卷一“釋寶唱”：“天監四年便還都下，乃勅爲新安寺主。”

“天監四年便還都下”，寶唱“建武二年擺撥常習，出都專聽。涉歷五載，又中風疾。會齊氏云季，遭亂入東，遠至閩越，討論舊業。”據上下文意可知是“天監四年才回到京都”卷八“釋僧範”：“又曾處濟州，亦有一鴞飛來入聽，訖講便去。”這是寫僧範感化之深，感得貓頭鷹都來聽經，而且要等講經結束後才離去。卷九“釋法安”：“應命搆擊，問領如嚮，往復既久便止。”“往復既久便止”是往返了很久才結束。《經律異相》卷四十四“貧人供僧報致富”條：“昔有貧家供養道人，一年便去。”(T53/232c)“一年”言供養時間之長，故“便”也是“才”之意。

“便”還可以與“方”複合成詞。如《繫觀世音應驗記·釋僧朗道人》：“須臾，漸覺光明，遂日出照地，眼見棘刺，方便得下。”董師志翹先生說：“‘方’和‘便’都有‘才’義，……《太平廣記》卷三二八‘沙門英禪師’(出《兩京記》)：‘吾生時未有佛法，地下見責功德，吾但以放生矜恤縈孤應之，以福薄，受罪未了。受此一餐，更四十年，方便得食。’”①

“便”如果進一步虛化，就成爲連詞，用於條件複句的後一個分句，表示結果依據條件出現，相當於“才”。如卷二“釋彥琮”：“研若有功，解便無滯。”《經律異相》卷三七“清信士始精進未懈後生慚愧鬼不能害”條：“鬼神之法：人令已殺，己使欲殺，但彼有不可殺之德，法當還殺便已。”(T53/200b)

【頓】完全、徹底。

後頓絕穀，惟噉香蜜。(卷二七，釋會通)

① 參董志翹《〈觀世音應驗記〉三種譯注》，江蘇古籍出版社2002年版，第183頁。

“頓”可作程度副詞，表示“完全、徹底”。“頓絕穀”就是一點也不吃穀。“頓”乃“徹底”之意甚明。他如：

（1）奚假落髮翦鬚，苦違俗訓，持衣捧盋，頓改世儀？（卷二，釋彥琮）

“頓改世儀”就是“完全改變世俗的禮儀”。

（2）論道說義，終日竟夜，兩情相得，頓寫幽深。（卷十一，釋彭淵）

“頓寫幽深”就是“盡寫幽深”

（3）每至商推玄理，頓徙遲疑。（卷十二，釋慧隆）

“頓徙遲疑”就是“徹底地解決了疑問”。

（4）燒指烘心，痛惱之情頓遣，檐禽庭狩，長往之志彌存。（卷十四，釋法恭）

“頓遣”就是徹底排遣。

（5）自斯已後，頓忘眠倦，身心精勵，遂經夏末。（卷十五，釋靈潤）

“頓忘眠倦”就是完全忘記了睡眠和疲倦。

“頓”由指範圍的“全部”轉指表程度的“完全、徹底”，這種引申是可能的。

【合】副詞，一起，共同。

及淵初誕，天雨銅錢於庭。家內合運，處處皆滿。父運疲久，口噓唱之，錢不復下。（卷十八，釋僧淵）

卷二十“釋智聰”：“聰以山林幽遠，糧粒艱阻。乃合率楊州三百清信以爲米社，人別一石，年一送之。”卷二一“釋慧光”：“會佛陀任少林寺主，勒那初譯《十地》。至後合翻，事在別傳。”卷二一“釋寶瓊”：“每結一邑，必三十人合誦《大品》，人別一卷。”卷三十“釋真觀”：“乃致書僕射徐陵，文見別集。陵封書合奏，帝懍然動容，括僧由寢。”

【莫匪】沒有不。

少齒登器，莫匪先之。（卷十三，釋道岳）

“莫非”在上古漢語中一般用在名詞前面，表示“沒有一個不是”。如卷十八“釋曇遷”：“且自天地覆載，莫匪王民。”但在《續傳》中出現了用於動詞前的新用法。意爲“沒有不”。如卷十五“論”：“戒定慧品莫匪陶甄。”卷十九“釋僧邕”：“乃與邕同來至止帝城。道俗莫匪遵奉。”卷二九“釋慧胄”：“所以竹樹森繁，園圃周遶，水陸莊田，倉廩碾磑，庫藏盈滿，莫匪由焉。”

【向】已經

因曰：“今日向晚，明須相見。”（卷六，釋曇鸞）

“向晚”即“已晚”“向”可作時間副詞，有“已經”之義。如卷一“釋法泰”：“泉路方幽噎，寒隴向凄清。一朝隨[①]露盡，唯有夜松聲。”此句中“方”和“向”同義相對，均表示“已經”[②]。此義前哲已經注意到。劉淇《助詞辨略》卷四：“向，往也。梁簡文帝《謝竹火籠啟》：‘庭雪向飛。’向，已也。向得爲已者，向，往也。往，已然者也，轉相訓。”其他文獻中也有記載，如：

（1）昔辛有見被發而祭者，知戎之將熾。余觀懷、滑之世，俗尚驕褻，夷虜自遇。其後羌胡猾夏，侵掠上京。及悟斯事，乃先著之妖怪也。今天下向平，中興有徵，何可不共改既往之失，脩濟濟之美乎！（葛洪《抱朴子·外篇·刺驕》）

（3）時眾軍會議，或曰：“百年之寇，未可盡克。今向暑，水潦方降，疾疫將起，宜俟來冬，更爲大舉”。（《晉書·杜預列傳》）

五　介詞新義

【由來】以來。

入室弟子明衍，受業由來，便事之爲和上。（卷十二，釋智琚）

“受業由來”即“受業以來”。據陳長松研究“由、以均爲介詞，意義相通。”[③] 此處應爲其例。他如卷二九“論”：“然罪積由來，福興伊始，俱惟妄想，而善卦難諧，愚凡所履，諒參其用。”

綜上所述，《續傳》中的詞語由於時代的變化，也在不斷的變化發展，在中古到近代前期產生了不少新的義項，使中古漢語語義表達更加豐富完善。

---

① “朝隨”，諸本作“隨朝”。

② “方”有“已經”之義，如岑參《秋夕聽羅山人彈三峽流泉》“知音難再逢，惜君方老年。”“方老年”即“已老年”。

③ 陳松長：《二王雜帖語詞散釋》，《古漢語研究》1991年第1期。

第四節　《續高僧傳》語義的變化方式

任何詞語的演變都是在一定的規律之下進行的，《續高僧傳》語義的變化也是有據可尋的。總結起來大致有語義的引申、語義的相因生義、語義沾染、語義類推和語義嫁接。

一　語義的引申

語義的引申是指新舊兩個詞語的語義在邏輯上發生了擴大，縮小和轉移。引申規律是語義變化的主要規律，在《續傳》的表現也同樣如此。

（一）語義的擴大

語義的擴大是指語義變化後所反映的客體範圍比原來大。如：

【本紀】高僧的傳記。

詳觀列代數賢，則紹隆之迹可見。藻鏡則日月同仰，清範則高山是欽。具彰本紀，其續昌矣。（卷二四，論）

"本紀"本指紀傳體史書中帝王的傳記。劉知幾《史通·本紀》："及司馬遷之著《史記》也，又列天子行事，以本紀名篇，後世因之，守而勿失。"《史記·五帝本紀》唐張守節題解："裴松之《史目》云：'天子稱本紀，諸侯曰世家。'本者，繫其本系，故曰本；紀者，理也，統理衆事，繫之年月，名之曰紀。"而在《續傳》中卻指高僧的傳記，所指的範圍擴大。如卷二七"論"："復有引腸樹表，條肉林中，舒顔而臨白刃，含笑而受輕辱，並如本紀，又可嘉哉。"

卷二八"論"："且夏屋非散材所成，大智豈庸情所搆。固當通其所滯，悟其所迷。不然，則至聖於何起悲，正士於何揚化。事敘緣於本紀，故不廣之。"

【方複】方正。

然風彩高峻，容止方複。言談之際，機俊變通。（卷十三，釋玄續）

"容止方複"即容止方正。"方複"應爲"方幅"之假借，本指規模方正。如《南史·徐勉傳》："吾清明門宅無相容處。所以爾者，亦復有以。前割西邊施宣武寺，既失西廂，不復方幅。"梁陶弘景《真誥·稽神樞一》："齊初，乃敕句容人王文清，仍此主館，號爲崇玄，開置堂宇廂廊，殊爲方幅。”在此引申爲人的容止方正，使用範圍擴大。

【克昌】國運昌盛。

及天厭陳德，隋運克昌。（卷十四，釋慧頵）

“克昌”本指子孫昌大。《後漢書·方術傳·謝夷吾》：“上令三辰順軌於歷象，下使五品咸訓于嘉時，必致休徵克昌之慶，非徒循法奉職而已。”而《續傳》用來指國運昌盛。如卷二四“釋智實”：“今鼎祚克昌，既憑上德之慶，天下大定，亦賴無爲之功。”所指擴大。

【誅殄】殺害。

又龕東石壁澗左有索頭[①]陀者，川鄉巨害，縱横非一。陰嫉安德，恒思誅殄。與伴三人持弓挾刃，攘臂挽弓[②]，將欲放箭。箭不離弦，手張不息。怒眼舌噤，立住經宿。聲相通振，遠近雲會。（卷二七，釋普安）

“誅殄”本指诛灭有罪之人。《後漢書·宦者傳·曹節》：“陛下即位之初，未能萬機，皇太后念在撫育，權時攝政，故中常侍蘇康、管霸應時誅殄。”《隋書·高祖紀下》：“以上天之靈，助戡定之力，便可出師授律，應機誅殄，在斯舉也，永清吴越。”此句是殺害好人。詞的感情色彩發生變化，所指擴大。

【誘化】誘導教化。

以死自誓，誘化不息。（卷六，釋道宗）

“誘化”即“誘導教化”，是指誘導使之向好的方面轉化。他如：

（1）而滿恒業無怠，精厲其誠。時或墮學，親召別誡。委引聖量，誘化凡心。預在聞命，莫不淚流而身伏，噎歎良久。並由承法行已，感發前人，故得機教不妄弘矣。（卷十九，釋智滿）

（2）爾時有一梵志名光華，博學眾經，廣宣法典，無義不達，有五百眾侍從啟受。數數往詣維衛如來，聽受經典，誘化群黎，開發愚冥，勸示正真，行作沙門，修德爲業。（西晉竺法護譯《生經·佛說光華梵志經》，T3/98c）

（3）天王當知，菩薩亦爾。愚夫貪著處在六趣，生死火宅不知出離；是諸菩薩以平等心，種種方便誘化令出，皆悉安置圓寂界中。（玄奘譯

① “頭”，諸本無。

② “弓”，磧、普作“強”。

《大般若波羅蜜多經·第六分念住品》，T7/935b）

《漢語大詞典》漏收此義項。此義的出現，表明“誘化”的意義擴大。

（二）詞義的轉移

詞義的轉移指詞語變化後，表示另一類客體。

【班列】比類。

末年耽滯偏駮，遂掩徽猷。故不爲時匠之所班列。（卷十四，釋道基）

“班列”本指朝班的行列。潘岳《夏侯常侍誄》序：“天子以爲散騎常侍，從班列也。”王勃《常州刺史平原郡開國公行狀》：“加上柱國，隨班列也。”在上句話中指與其比類，相當於“比數”。由名詞變成動詞，詞義的語義核心也發生了轉變。

【經遠】作長謀劃。

學貴經遠，義重疎通，鑽仰一方，未成探賾。（卷四，釋玄奘）

“經遠”即長久、長期。“經遠”在中古有“經涉遠途”之意。《三國志·吳志·諸葛恪傳》：“智與衆同，思不經遠。”晉葛洪《抱朴子·論仙》：“欲經遠而乏舟車之用。”又引申出長久、長期。詞義發生轉移。如：

（1）義當經遠陶治，方可會期，十住羅穀，抑當其位。（卷二十，論）

（2）但學未經遠，難得遍知，故略編之，想未繁撓，日別異見，具如後述。（卷二六，釋法揩[①]）

【才筆】有文學才能的人。

于時佛教隆盛，無德稱焉，道俗才筆[②]互陳文理。自武帝膺運，時[③]三十有七，在位四十九載。（卷一，釋寶唱）

“才筆”本指寫詩作文的才能。《北堂書鈔》卷七一引南朝宋何法盛《晉中興書·瑯琊王錄》：“（王鑒）少以文學才筆著稱。”而上句“才筆”

---

① “揩”，資、磧、普、南、徑、清作“楷”。

② “才筆”，諸本作“才華”。

③ “時”，諸本作“時年”。

指有文學才能的人，所指轉移。

【行往】來往之人。

收其餘燼，爲起塔[①]於城西二里[②]端正樹側龍岸鄉中。列植楊柏，行往揖拜。（卷二十，釋道哲）

“行往”本指往來。如卷十六“釋法聰”：“行往所及，慈救爲先。”卷十六“釋曇相”：“因有行往，見人弋繳網羅禽獸窮困者，必以身代贖，得脫方捨。”而上句引申指來往之人，意義已經轉移了。

【奉】敬重。

襄陽法琳素與交遊，奉其遠度，因事而述。（卷二五，釋僧朗）

《續傳》中“奉”產生出了“敬重”義。如：

（1）太武皇帝夙奉音問，深知神異，隆禮敬之。（卷二五，釋轉明）

（2）今上奉其德，仰其神，引入內禁，隆禮崇敬。（卷二五，釋法順）

按，“奉”的本義是承持。《說文·廾部》：“奉，承也。”所謂“奉”實質是恭敬的承持。《廣雅·釋詁三》：“奉，持也。”顏師古《匡謬正俗》卷三：“奉者，皆謂恭而持之。”因此，“奉”均有恭敬的隱性義素。後成爲一個敬語廣泛使用。如《續傳》卷二六“釋道密”：“奉請十方常住三寶願起慈悲，受弟子等請，降赴道場，證明弟子，爲諸眾生發露懺悔。”漢代“奉”與“尊”成詞，表尊重。如賈誼《新書·淮難》：“今奉尊罪人之子，適足以負謗於天下耳。”這樣在“尊”的拉動下，“奉”的隱性義素被顯現，從而引申出“敬重”義。慧琳撰《一切經音義·大般若波羅蜜多經》卷四十九：“奉覲，逢捧反，《廣雅》：‘奉，獻也。’《考聲》：‘尊也。’杜注《左傳》云‘養也。’《說文》：‘承也。’”（T50/317a）可見到中古“奉”的“尊”義已經盛行。

【結誓】發誓。

生來結誓，願終安養。常令侍者讀經，玉必跪坐，合掌而聽。（卷六，釋真玉）

“結誓”即發誓。“結誓”一語出現很早，《楚辭·九思·怨上》：

---

① “塔”，資、磧、普、南、徑、清作“磚塔”。

② “里”，磧、普、南作“重”。

“秉玉英兮結誓，日欲暮兮心悲。”義為共結約信，即共同發誓。如：

（1）道俗虔請，結誓留之。（卷一，拘那羅陀）

（2）其婦遂與迦葉結誓：“我與君等各處異房，要不相觸。”（道略集《雜譬喻經》，T4/524b）

（3）吳興袁乞妻臨終執乞手云：“我死，君再婚否？”乞言：“不忍也！”既而服竟更娶。乞白日見其死婦語之云：“君先結誓，云何負言？”因以刀割其陽道。雖不致死，人性永廢。（南北朝劉敬叔《異苑》卷六）

後佛經中縮小專指單方面的發誓。如：

（4）牛便結誓：“汝今殺我，將來之世我不置汝。正使得道，猶不相放。”立誓已竟，便爲所殺。（元魏慧覺等譯《賢愚經·梨耆彌七子品賢愚經》，T4/401b）

【鄉村】鄉親。

既至院門，迷昏失性，若有所縛，不能動轉，眷屬鄉村，同來爲謝。安曰：“余不知，蓋《華嚴》力乎？”語令懺悔，扶取油瓮，如語得脫。（卷二七，釋普安）

“鄉村”在唐代有“鄉親”之意。如唐李延壽《南史·謝方明列傳》：“囚逡巡墟里，不能自歸，鄉村責讓，率領將送，竟無逃者。”唐惠詳《弘贊法華傳·書寫·唐巴西令狐元軌》：“又覓《老子》，便從火化。鄉村嗟異，讚詠成音。”（T51/45a）唐釋圓照《代宗朝贈司空大辨正廣智三藏和上表制集》卷五“賀湫所祈雨表一首”：“覺超與鄉村父老等，以戴以躍，不覺手舞于閭閻，乃汳乃止，自然足蹈於衢巷，無任抃踊之至。”（T52/854b）“鄉村”本指村莊，此引申指同村莊的人，詞義發生轉移。

二 相因生義

相因生義的概念是蔣紹愚先生提出的。蔣先生認爲這種詞義演變的方式包括兩種類型：第一，同義型。“指的是甲詞有 a、b 兩個義位，乙詞原來只有一個乙 a 義位，但因爲乙 a 和甲 a 同義，逐漸地乙詞也產生一個和甲 b 同義的乙 b 義位。”第二，反義型。“甲詞有 a、b 兩個義位，乙詞原來只有一個乙 a 義位，但因乙 a 和甲 a 是反義，逐漸地乙詞也產生出一個和甲b反義的乙義位。"①

同義型的例子如：

【編】敘述。

但學未經遠，難得遍知，故略編之，想未繁撓，日別異見，具如後述。(卷二六，釋法揩)

"編"本義是依順序把簡編起來。《説文·糸部》："編，次簡也。"段注："以絲次弟竹簡而排列之曰編。"引申爲排列，如編年、編列、編印。《公羊傳·隱公六年》："《春秋》編年，四時具，然後爲年。"劉兆曰："编，比連也。"

"敘"也有次序、次第義。《書·舜典》："納於百揆，百揆時敘。"孔穎達疏："於是皆得次序，無廢事也。"《周禮·地官·鄉師》："凡邦事，令作秩敘。"鄭玄注："敘，猶次也。"

由於"編"、"敘"同義，所以在《續傳》中出現了"編敘"一詞。如：

(1) 有勅送館，付琮披覽，并使編敘目錄，以次漸翻。(卷二，釋彥琮)

正因爲兩者在"次序"義位上有相同的意義，所以當"敘"產生了"敘述"義後，又使"編"產生了"敘述"義。如：

(2) 又善屬文藻，編詞明切。撰願誓文七十餘紙，意在共諸眾生爲善知識也。(卷二七，釋大志)

【孚】

敷述聖化，通孚家國。(卷八，釋慧遠)

"孚"有"孚卵"義。《廣雅·釋詁一》："孚，生也。"王念孫疏證"孚卵謂之孚，孚化也謂之孚。"慧琳《一切經音義·大般涅槃經》卷三十："孚乳：《通俗文》云：'卵化曰孚。'"(T54/478b) 揚雄《太玄·戾》："陽氣孚微。"司馬光集注："卵之始化謂之孚，草之萌甲亦曰孚，然則孚者物之始化也。""化"也有生化義。《周禮·秋官·柞氏》："若欲其化也。"鄭玄注："化，猶生也。"《素問·陰陽應象大論》："在地爲化。"張志聰集注："物生謂之化。"故"孚"、"化"在"出生"義上大

① 參蔣紹愚《古漢語詞彙綱要》，商務印書館2004年版，第82頁。

致相同。

而“化”又有“教化”義，於是相因成義，“孚”也產生出了“教化”義。

【諷】歌頌。

既而遐邇諷德，聲聞天庭。（卷二九，釋僧晃）

“諷”與“誦”在“背誦”義上同義。《說文・言部》：“諷，誦也。”《說文・言部》：“誦，諷也。”二者互訓，因此，“諷”、“頌”又同義并列成詞。如《周禮・春官・瞽蒙》：“諷誦詩，世奠繫。”鄭玄注：“諷誦詩，謂闇讀之不依詠也。”又引申爲廣義的朗誦。如卷六“釋慧韶”：“又率諸聽侶，諷誦《涅槃》大品。人各一卷，合而成部。年恒數集，倫次誦之。”

由於“誦”還有“歌頌”義。《左傳・襄公三十一年》：“文王之功，天下誦而歌舞之，可謂則之。”於是受到“誦”的影響，“諷”也產生了“歌頌”義。

反義型的例子如：

【凡】凡人、俗人。

凡謂之吉，聖以之咎。（卷七，釋亡名）

“凡”本指平凡。《後漢書・崔駰傳》：“蓋樹高靡陰，獨木不林，隨時之宜，道貴從凡。”李賢注：“《老子》曰：‘和其光而同其塵。’故言道貴從其凡。”“聖”本指事無不通，光大而化之人。《書・洪範》：“恭作肅，從作乂，明作哲，聰作謀，睿作聖。”孔傳：“於事無不通謂之聖。”《詩・小雅・小旻》：“國雖靡止，或聖或否。”毛傳：“人有通聖者，有不能者。”《孟子・盡心下》：“充實而有光輝之謂大，大而化之之謂聖，聖而不可知之之謂神。”但在中古佛經中“凡”、“聖”變成了一組反義詞，於是由於“聖”有“聖人”義，而反推出“凡”有“凡人”、“俗人”之義。

如：

（1）三變此方，改穢成淨，亦能變凡成聖不？（卷九，釋智方）

（2）若爾則六十小劫謂如食頃，但是聖覩，凡不能覩。凡聖俱覩，凡聖俱聖？（卷九，釋智方）

（3）斯德被聖凡，皆此之例。（卷二十，釋曇榮）

【皂白】僧人和俗人。

但靈廓妙理，三業同臻。冀思莫二，皂白非感耳。（卷十四，釋道宗）

“皂白”即“黑白”。由於“黑白”在中古引申出“僧俗”義，於是“皂白”也產生出了“僧俗”之意。如：

（1）故轜駕連陰，幢蓋相接。數里之間，皂白斯滿。墳於城東，立碑表德。（卷七，釋亡名）

（2）會隋末壅閉，唐運開弘。皂白歸依，光隆是慶。（卷二十，釋靜琳）

三　詞義沾染

所謂詞義沾染，也就是詞義感染，這一術語是由胡敕瑞首先提出來的①。是指甲乙兩個詞並無直接的同義或反義關係的詞，由於某種特殊的原因被常常組合在一起，結果組合中的某個成份受其前後成份的影響，獲得了與之相同的語義。胡氏“感染”一詞不如“沾染”確切，故我們用語義沾染作爲此類現象的術語。

【唱】名聲。

但以經藏飈拔，聲實沸騰，無礙奔涌，談吐横逸，竊疑詞富，兼駭唱高。（卷七，釋寶瓊）

“唱”在《續傳》中有“名聲”之義。除上例外還有卷十四“釋慧頵”：“由附緇侶，稟聽眾經。後至前達，日增榮唱。”卷十五“釋法常”：“大業之始，榮唱轉高。爰下勅旨入大禪定。”以上“榮唱”即顯著的名聲。

“唱”的“名聲”義的產生可能與道宣方言有關。在道宣的作品中有一個很具特色的詞語“聲唱”。此詞僅出現於道宣的作品中。如：

（1）爲詩序云：“由斯聲唱更高，玄儒屬目，翰林文士，推承冠絕。競述新製，請擿瑕累。”（卷三，釋慧淨）

（2）隨聞出疏，即而開學。聲唱高廣，鄴下榮推。（卷七，釋道寵）

（3）年纔弱冠，預擬斯倫。高第既臨，聲唱逾遠。（卷十四，釋

① 參胡敕瑞《〈論衡〉與東漢佛典詞語的比較研究》，巴蜀書社2002年版，第182頁。

慧頵）

（5）大業初年，聲唱尤重。帝以聲辯之功動衷情抱，賜帛四百段，氈四十領。（卷三十，釋立身）

（6）奘又論議，伏諸外道，授以歸戒，更廣揚化。是則東天佛教由奘弘之，聲唱遐塞，戒日王知。（道宣《釋迦方志·遺跡篇第四之餘》）（T51/965c）

（7）大業之紀，聲唱轉高。預有才人，無不臨造。（道宣《集古今佛道論衡卷丙·皇太子集三教學者詳論事》）（T52/383a）

“聲唱”即名聲，“唱”的“名聲”義可能就是由於“唱”在“聲唱”中受到“声”的沾染而獲得的。

【動】經過。

遷弘化此土，屢動暄涼，黑白變俗，大有成業。（卷十八，釋曇遷）

“動”在此句中意為“經歷”。“屢動暄涼”即屢經寒暑。“動”的這一義項的產生，是由於“動經”而來的。在中古“動經”有“經歷”這一意義。如：

（1）至夜有燈照之，道俗往觀，失燈所在。遠望還見，動經兩月，光照逾明。（卷二一，釋覺朗）

（2）建平四年春二月，夜地震，在棲之雞皆驚擾飛散。三月備德故吏趙融自長安來，始具母兄凶問。備德號慟吐血，因而寢疾，動經旬餘，幾於不振。（南北朝崔鴻《十六國春秋》卷六十三《南燕錄》一）

（3）諸犯死罪非十惡，而祖父母、父母老疾應侍，家無期親成丁者，上請。【疏】議曰：權留養親，動經多載，雖遇恩赦，不在赦限。（唐長孫無忌《唐律疏議》卷第三）

（4）過是日後，隨業受報，若是罪人，動經千百歲中，無解脫日。（唐實叉難陀譯《地藏菩薩本願經卷下·利益存亡品》，T13/784b）

（5）湖南爲客動經春，燕子銜泥两度新。（杜甫《燕子來舟中作》）

（6）且從東入臺山，入山谷行五百里，上至巉岩之頂，下到深谷之底，動經七日，方得到五臺山地。（日圓仁《入唐求法巡禮行記》卷三（七月二日））

以上“動經”連用均表示經過、歷經。據蔡鏡浩先生研究，漢魏六朝存在著把雙音節詞或詞組節略成單音節的情況。[1]“動”可能就是這種節略的結果，故而也有了“經歷”義。

【谷風】夫妻。

自有陳淪沒，物我分崩。或漏網以東歸，或入籠而北上。谷風以恩相棄，伐木以德相高。（卷十四，釋慧頵）

“谷風”本是《詩經·邶風》中的詩篇。古人認爲其爲歌詠夫婦之道。“習習谷風，以陰以雨”毛傳云：“興也，習習，和舒貌。東風謂之谷風。陰陽和而谷風至，夫婦和則室家成，室家成而繼嗣生。”此借指夫妻，是因爲《谷風》這首詩歌所表達的內容對題目的一種沾染。同樣“伐木”指朋友也是這種情況，不再贅述。

四 語義類推

所謂語義類推是指同一義場的一組詞在演變時有同時向一個方向演變的現象，在這一演變過程中，原來類詞中沒有發生演變的詞也受義場整體演變的影響而演變，從而與先期演變的詞一起形成一個新的義場。我們把這種語義變化稱之爲語義類推。語義類推可能由語義本身而形成，也可能由於語法的整體類推而形成。如：

【薄】副詞，表示程度高，相當於很、甚。

但以律部未精，重遊京輦。信同瓶喻，有似燈傳。俄而《十誦》明瞭，諸部薄究。（卷五，釋智藏）

此句“薄究”是研究得十分透徹。據我們考察，“薄”在中古後期作甚度副詞出現的例子很多。如：

（1）前白佛言：“佛天中天，衆聖之師，願默寂然。是事見付，薄能挫折此外異學，猶金翅鳥臨海諸龍。”（劉宋釋寶雲譯《佛本行經》T04/85b）

此句“薄能挫折此外異學，猶金翅鳥臨海諸龍”是說“頗能摧折外道，就像金翅鳥殺死海中的龍一樣容易”。佛教傳說中的金翅鳥兇猛異常，是龍之天敵，因此如果把“薄”解釋成弱度副詞，是不符合語意的。

（2）時有道朗、法忍、智欣、慧光，並無餘解，薄能轉讀。道朗捉

---

① 參蔡鏡浩《論漢魏六朝詞語的節略現象》，《語言研究》1988年第2期。

調小緩，法忍好存擊切，智欣善能側調，慧光喜騁飛聲。（梁慧皎《高僧傳》T50/414b）

“薄能轉讀”是“很善於轉讀”。

(3) 儻復彊埸不虞，軍資有闕，薄須費計，伏聽徵求。（唐道宣《廣弘明集》T52/278a）

此句是陳釋真觀《與徐僕射領軍述役僧書》中的內容，因爲領軍要役使僧眾，真觀請求歸還僧人資財，同時說：“如果戰場意想不到的事情發生了，軍需缺乏，十分需要軍費，隨便徵求。”句中“不虞”與“薄須”對出，說明情況緊急，軍需急迫，這樣“薄須”就只能是急需了。

(4) 釋明解者，姓姚，住京師普光寺。有神明，薄知才學，琴詩書畫京邑有聲。然調情敞悅，頗以知解自傲。於諸長少無重敬心，至於飲噉不異恒俗。（唐道宣《續高僧傳》T50/665c）

此句中的“薄”相當於強程度副詞的“頗”。因爲從文意上看，只有很有才學，才可能琴詩書畫京邑有聲，明解也才可能以此自傲。

因此以上四例可以證明“薄”可以充當甚度副詞。

在佛教文獻中我們還能看到“薄”與“頗”相搭配的例子。如：

(5) 遂于寂禪師處學秘心闕，頗經年載，薄知要義。（唐義淨《大唐西域求法高僧傳》，T51/11c）

“頗經年載，薄知要義”是說道宏在寂禪師處學秘心闕，學習了許多年，對秘心闕的要義十分知曉。

(6) 覆往襄州，在和上處重聽蘇呾羅，披尋對法藏。頗通蘊處，薄撿衣珠。化城是息，終期寶渚。遂乃濯足襄水，顧步廬山。（唐義淨《大唐西域求法高僧傳》，T51/10b）

“衣珠”在佛經中相當於因緣、真相。《法華文句記》云：“眾生身中有昔種緣，名爲衣珠。”（T34/209b）《法華玄義釋籤》“衣珠本譬昔聞實相，實相若顯，名契寂理。”（T33/818a）《盤若心經略疏連珠記》：“貞元曰：‘妄隨境變，體逐相遷。鼓擊真源，浩蕩無際。彼以衣珠秘藏爲物性之真源。”（T33/555b）“頗通蘊處，薄撿衣珠”是讚美貞固對法藏的精微很是精通，對義理的涵義極爲瞭解。

我們還可以找出“薄”與“尤”搭配的例子。如：

(7) 會甯律師，益州成都人也。稟志操行，意存弘益。少而聰慧，

投跡法場。敬勝理若髻珠，棄榮華如脫屣。薄善經論，尤精律典。（唐義淨《大唐西域求法高僧傳》，T51/4a）

在中古的中土文獻中也存在“薄”作甚度副詞的用例。如：

（8）武功既彰，天威薄曜。（陸雲《陸士龍集》卷五《吳故丞相陸公誄》）

此句是陸雲追敍陸遜大破曹休于石亭之事。“天威薄曜”就是孫權的威名經此一戰而大振。“薄”即大、甚之意。

（9）及其靈威薄震，重關莫守，故知英算所苞，先勝而後戰也。（《宋書》卷四六《王鎮惡、檀韶、向靖、劉懷慎、劉粹列傳贊》）

此段的前文寫劉裕“崛起布衣，非藉民譽，義無曹公英傑之響，又闕晉氏輔魏之基，一旦驅烏合，不崇朝而制國命，功雖有餘，而德未足也。”“若非樹奇功於難立，震大威于四海，則不能承配天之業，一異同之心。”因此，劉裕屢建大功，最終“靈威薄震，重關莫守”，成一代帝王。沈約“震大威”與“靈威薄震”先後而出，可見此“薄”乃大、甚之意。

（10）元和二年十二月敕：自今已後，州府所送進士，如跡涉疏狂，兼虧禮教，或曾任州府小吏，有一事不合清流者，雖薄有辭藝，並不得申送。（《唐會要》卷七十六《貢舉中·進士》）

此句中的“薄”只能當“很”講，州府所選拔的進士，只要不合清流或虧於禮教，即使很有才藝也不得申送。

（11）王源中，文宗時爲翰林承旨學士。暇日與諸昆季蹴鞠于太平里第，球子擊起②，誤中源中之額，薄有所損。俄有急召，比至，上訝之，源中具以上聞。上曰：“卿大雍睦！”（五代王定保《唐摭言》卷十《海敘不遇》）

此句中“薄”是相當於“很”。如果是“略”，皇帝就不至於驚訝。（xvixvixvi）

（12）歐陽澥者，四門之孫也，薄有辭賦，出入場中僅二十年。善和韋中令在閣下，澥即行卷及門，凡十餘載，未嘗一面，而澥慶吊不虧。韋公雖不言，而心念其人……巨容因籍澥答書，既呈於公，公覽之憮然，因曰：“十年不見，酌然不錯！”（《唐摭言·雜記》）

此句中的“薄”也是“很”的意思。不然歐陽澥不可能出入考場近二十年，只是天意弄人，不逞其志而已。

“薄”不僅可以用於動詞前，還可以用於形容詞前。如：

(13) 薄冷，足下沈痼已經歲月，豈宜觸此寒耶？人生稟氣，各有攸處，想示消息。(清嚴可均《全晉文・王獻之・雜貼》)

(14) 夏日感思兼悼，切割心懷，痛當奈何奈何！得思道書，慰意。薄熱，汝比各可不？吾並故諸惡勞，益匆匆。獻之白疏。(同上〕

(15) 吉藏啟景：上至奉旨，伏慰下情。薄熱，不審尊體何如？伏願信後寢膳勝常。誨授無乃上損，吉藏粗蒙隨眾，拜覲未即，伏增戀結，願珍重。今遣智照還啟，不宣謹啟。(《國清百錄》，T46/821c)

(16) 密謝編欄固，齊由灌溉平。松姿真可敵，柳態薄難並。(《全唐詩・齊已〈禪庭蘆竹十二韻呈鄭谷郎中〉》)

例 (13) 中的“薄”應當作“很”講。因爲下文說“足下沈痼已經歲月，豈宜觸此寒耶”，王獻之用“寒”字與“冷”相對，而且說“豈宜觸此寒”，可見“寒”的程度還比較深。因此“薄”只能是甚度副詞。例 (14) “薄”也應爲甚度副詞，因爲古人噓寒問暖是一種禮節，“薄冷”、“薄熱”都是強調天氣不好，要注意身體。而且王獻之說“吾並故諸惡勞，益匆匆”，“匆匆”是疲頓之意。郭在貽先生對此句的解釋是：“我身上仍有些老毛病，而且更感疲頓。”① 這應是夏日天氣盛熱，使人疲倦困乏的結果。例 (15) 按文理也應同。例 (16) “真”、“薄”對出。此詩是寫蘆竹的傲人之姿可與松之貞幹比美，而柳樹的那種低媚之態就根本不能與其相提並論了。因此從語義上看，“薄”也是“很”的意思。

從以上例句中可以看出，“薄”不僅可以修飾、限制動詞，還可以修飾、限制形容詞，而且都表示程度加深，因此可以斷定它是中古時期一個新興的甚度副詞。

葛佳才提出：“從語法角度對單個副詞的意義、功能進行詳盡、精確的分析和描寫，是副詞研究的基礎，而歸納法是其基本方法。目前考釋工作已經積累了豐富可靠的材料性成果，我們有必要運用系統方法，把某一階段某些相關的副詞放在一起，作綜合的或比較的研究。唯其如此，才可能在個體訓釋的基礎上，總結副詞的使用特點或演變規律，並通過對特點

① 參郭在貽《釋“匆匆”“無賴”》，《中國語文》1981 年第 1 期。

或規律的分析、解釋，促進對副詞虛化的方式、條件、機制或動因等的理論思考。"[①] 甚度副詞的"薄"的產生可能與魏晉時期微度副詞系統整體向甚度副詞發展有關。許嘉璐曾提出同步引申理論，認為"一個詞意義延伸的過程常常'擴展'到與之相關的詞身上，帶動後者也沿相類似的線路引申。"[②] 不僅古漢語中存在這種現象，據趙大明研究，在現代漢語中也存在這種現象[③]。洪波也提出"不同詞彙單位由於分佈在相同的句法環境中受到相同的因素的影響，從而出現方向相同的虛化。"[④] 而且認為這種因素對詞彙單位虛化的影響帶有強制性。在上古"頗、差、僅、稍、略、薄"均可以表示程度較弱，這是它們的基本用法。因此以上詞語可以看作是一個微度副詞系統。而據葛佳才研究，在上古末期"頗、差、僅、稍、略"均產生了偏高程度的語法特徵[⑤]。Bybee 指出世界各種語言都遵守一個規律："任何語法源義相同或者相近的詞，它們語法化的過程都是一樣的。"[⑥] 在整個系統語法特徵都發生變化時，"薄"就很可能受系統的語法類推而產生出偏高程度的用法。

同時，"薄"也具有發展爲甚度副詞的語義基礎。《說文·艸部》："薄，林薄也。"段玉裁注："林木相迫不可入曰薄，引申凡相迫皆曰薄。""薄"本義是指密得不能入的叢林，本身就隱含着一種程度高的意味。由此而引申出甚度副詞的用法是可能的。

由於語義的內在因素，加上微度副詞語法系統整體向甚度副詞衍化，最終促成了甚度副詞"薄"的產生。

五 語義嫁接

《續高僧傳》不同於世人文獻的一個重要的特徵就是其宗教性，宗教

---

① 參葛佳才《系統方法在古漢語虛詞研究中的應用價值——以東漢副詞的系統研究為例》，《語文研究》2008 年第 3 期。

② 參許嘉璐《論同步引申》，《中國語文》1987 年第 1 期。另張博稱之為聚合同化，見張博《組合同化：漢語詞義衍生的一種途徑》，《中國語文》1999 年第 2 期。

③ 參趙大明《也談詞義的同步引申》，《語文研究》1998 年第 1 期。

④ 參洪波《漢語歷史語法研究》，商務印書館 2010 年版，第 311 頁。

⑤ 參葛佳才《東漢副詞系統研究》，岳麓書社 2005 年版，第 145—149 頁。

⑥ 參 *Bybee, Joan L, Revere D, Perkins, &William Pagliuca* (1994) *The Evolution of Grammar: Tense, Aspect, and Modality in the Language of the World. Chicago: University of Chicago Press.*

文獻不可避免的要使用大量的術語來表達其哲理。早期佛典爲了實現本土化，曾大量使用中土文化固有的術語來表達其思想。這樣，在中土固有的語詞中出現了新的佛教意義，梁曉虹稱這種詞為"佛化漢詞"[①]，並說"就是指用漢語固有詞表示佛教意義，這是'舊瓶裝新酒'。"我們把這種語義變化稱之爲語義嫁接[②]。

【愛心】愛欲之心。

語俗而談，滔滔風流，愛心綿密，未覿其短，多容瑕累。（卷十五"論"）

"愛心"本指喜愛之情。《禮記·樂記》："其愛心感者，其聲和以柔。"《史記·律書》："喜則愛心生，怒則毒螫加，情性之理也。"佛教借指愛欲之心。宋施護《佛說大集法門經》卷上："復次，四愛生，是佛所說。謂有苾芻，因彼衣服而生愛心，愛心起故，即生取著。有苾芻，因彼飲食，而生愛心，愛心起故，即生取著。有苾芻，因坐臥具，而生愛心，愛心起故，即生取著。有苾芻，因諸受用，而生愛心，愛心起故，即生取著。此名四愛生。"

（T1/229c）

【本事】佛生前之事。

寺有塼塔四枚，形狀高偉，各有四塔鎮以角隅。青瓷作之，上圖本事。（卷二六，釋法周）

"本事"本指原事、舊事。《呂氏春秋·求人》："故賢主之於賢者也，物莫之妨，戚愛習故，不以害之，故賢者聚焉……此五常之本事也。"《漢書·藝文志》："丘明恐弟子各安其意，以失其真，故論本事而作傳，明夫子不以空言說經也。"唐劉知幾《史通·論贊》："蔚宗《後書》，實同班氏。乃各附本事，書於卷末。篇目相離，斷絕失次。"佛經用來指佛生前之事。如玄奘譯《顯揚聖教論·攝淨義品第二之二》："本事者，謂宣說前世諸相應事，是爲本事。"（T31/509a）

【道理】佛理。

---

① 參梁曉虹《佛教詞語的構造與漢語詞彙的發展》，北京語言學院出版社 1994 年版，第 65 頁。

② 顏洽茂先生稱之為"灌注得義"。參顏洽茂《試論佛經語詞的"灌注得義"》，《漢語史研究集刊》第一輯（上），巴蜀書社 1998 年版。

通即絕粒竭誠，遶獄行道。其夜聽事野狐鳴叫，怪相既集，通夕不安，及明放遣。通曰："我遶獄行道正得道理，如何見放?"（卷二四，釋法通）

道理本指事理、事物的規律。《文子·自然》："用衆人之力者，烏獲不足恃也；乘衆人之勢者，天下不足用也。無權不可爲之勢，而不循道理之數，雖神聖人不能以成功。"唐韓愈《京尹不臺參答友人書》："人見近事，習耳目所熟，稍殊異，即怪之，其於道理有何所傷?"佛家自稱道人，因此又把佛理叫做道理。如失譯《別譯雜阿含經》卷十："佛告阿難：'於先昔，彼問一切諸法，若有我者，吾可答彼犢子所問。吾於昔時，寧可不於一切經說無我耶？以無我故，答彼所問，則違道理。所以者何？一切諸法，皆無我故。'"（T2/444c）

【大夏】印度。

自斯地北，民雜胡戎，制服威儀，不參大夏，名爲邊國蜜利車類，唐言譯之"垢濁種"也。（卷四，釋玄奘）

"大夏"在中古，特別是佛經中不是指大夏國，而是指印度。如卷四"釋玄奘"："使既西返，又勑王玄策等二十餘人，隨往大夏，并贈綾帛千有餘段，王及僧等數各有差。"卷四"那提三藏"："大夏召[①]爲文士，擬此土蘭臺著作者。"至於其產生原因，則與佛教傳入後所發生的是夷夏之爭有密切關係。佛教徒爲了鼓吹佛教的正統性，就宣揚印度爲世界之中心，於是西夷變成中土，中華變成了東鄙。《經律異相》卷二十七"摩訶劫賓寧王伐舍衛遇佛得道三"條："然與中土不相交通。後有商客往到金地，以四端細㲲奉上彼王。王問商客言：'此物甚好，為出何處?'啟曰：'出於中國。'王復問言：'其中國者號字云何?'答曰：'名羅悅衹，又名舍衛。'"（T53/145c）吉川忠夫說："對於道宣來說，佛法才是最高的價值，因此以天竺作爲中夏，換言之，即作爲世界之中心、文明的中心，把這一意識依托於'大夏'二字上來看，首先是不會錯的。如果是這樣，那麼相反，中國就不能不邊土了……無論如何，道宣的主張是，天竺位於天地之中央，而且聖賢也是從狄夷中輩出，佛雖說不是在中國所生，但不

---

① "召"，諸本作"名"。

能說就不是聖人。”① 正是由於佛教徒的這種天竺中心說觀點的出現，於是“大夏”一詞被賦於了新的含義。

總之，《續傳》中詞語的詞義來源廣泛，組成新義的方式多種多樣，詞義變化發展的途徑也十分豐富。

① 參吉川忠夫《六朝精神史研究》，江蘇人民出版社2010年版，第356—357頁。

結　語

《續高僧傳》作為唐代初年的僧傳文學，深刻地烙上了時代文學的烙印，其語言也明顯地顯現出當時文學語言的特徵。帥志嵩曾經總結《續傳》語言為“雙重因素影響下的僧傳語言”，如果僅從這一論斷來說，帥氏的總結無疑是較恰當的。具體而言，《續傳》語言是佛教詞、文言詞、俗語詞和常用詞四位一體的產物。《續傳》作為僧人傳記，其中不免參雜著大量的有關佛教教義與生活的詞語，這一點不言而喻。而作為文學作品，正如呂淑湘先生所言，唐宋以前的文學作品中是找不到純粹口語化的作品的，都帶有一定的超文本特徵。《續傳》在文風上受魏晉六朝以來的駢體文影響，而在材料上又有大量文獻來自碑刻銘文，而碑刻語言是極為典雅的，因此就僧傳而言，《續傳》在高僧三傳中用詞最為典雅是可以理解的。而常用詞是幾千年來語言延續的基石，因此在《續傳》有一定數量是正常的。但是《續傳》絕非一般人想象的那樣沒有多少語言研究的價值，而是在華麗外表之下包含著大量反映中古時期語言特徵的俗語詞，本文通過大量的例證證明了這一事實。究其原因，儘管在語言的表現形式上《續傳》受到駢麗文風的影響，但作為佛教文獻，《續傳》並沒有拋棄自己自立教以來就堅持的以口語來表達思想的基本宗旨，因此，在這一宗旨的約束下，《續傳》表現出了與其他作品所不同的一面，也顯示了整個僧傳語言的總體特徵。

本書不僅從定性上以大量的例證證明了《續傳》佛教詞、文言詞、俗語詞混合雜糅的特徵，證明了董師志翹先生一直堅持的中土佛教文獻是部分詞語是進入到一般詞彙中的紐帶的觀點，還從定量研究入手，通過與中古其他文獻比較，證明了《續傳》詞彙結構總的特徵是界於純中古中土文獻和翻譯佛經之間的事實，證明了《續傳》處於中古到近代漢語演變過程之間的事實。

本書研究可以分為五大塊，第一大塊為緒論，主要介紹《續傳》的版本流傳及研究價值。第二大塊為前三章，主要想通過定性分類研究來揭示《續傳》的語言構成特色。第三大塊為第四章，主要研究詞彙的聚合特徵及其層級構成。第四大塊為第五章，主要想從定量分析的角度找到《續傳》語言的總體特徵。第五大塊為第六章，主要研究新詞新義的特徵及其發展變化方式。

本書的創新有如下三點：

第一，研究材料的新開拓。僧傳是佛教文獻中比較另類的一種文獻，是本土高僧所著的漢文佛教典籍，高僧三傳是研究當時佛教的重要材料，也是研究當時政治、經濟、軍事、文化、民俗的重要依據，這一點已經不用討論。但是作為反映當時社會各方面現象的重要史料，在語言研究上一直未引起重視。近年來，董師志翹先生一直呼吁要重視本土佛教文獻的語言研究，這一問題也逐漸引起學界關注。但是到目前為止，尚未有全面、系統的僧傳語言研究，僅有的研究是兩篇關於《高僧傳》的副詞研究成果，而帥志嵩的研究只是利用《續高僧傳》"感應篇"材料舉例性地對《續高僧傳》詞彙進行了考察，不足以揭示《續傳》的真實情況。到目前為此，尚未有人對《宋高僧傳》進行語言研究。因此就系統全面而言，本文是第一次對僧傳語言進行較全面和詳盡的剖析。

第二，認識論的新視野。專書研究一般都是對語言進行詳細描寫的共時研究，而本文在對其語料進行研究時，既注重對其共時平面的描寫，也注重對其歷時層積的探討，較認真地實踐了以史為目的的漢語史研究。如對文言詞的分類描述，對俗語詞的層級分析等。

第三，研究結果的新發現。本文在研究過程中，通過對語料的分析，得到一批有價值的新成果。主要有以下幾方面：

（1）為前人研究提供了新佐證。如猛、勘償。

（2）對前人研究的疏漏進行了補證。如"經"、"白"。

（3）發現了前人沒有發現的新現象。如"動"、"薄"。

（5）挖掘解釋了一批新詞語。如"度"。

本文由於學養有限，加之成稿匆忙，其中錯漏定然比比，懇請方家指正，不勝感激之至！

附表 1

《續高僧傳》複音詞結構及其比例

<table>
<tr><td rowspan="11">複音詞</td><td rowspan="3">單純詞 204 佔總匯的 1. 37%，佔複音詞的 1. 60%。</td><td colspan="2">疊音式 65　佔總匯的 0. 44%。</td></tr>
<tr><td colspan="2">聯綿式 79　佔總匯的 0. 53%。</td></tr>
<tr><td colspan="2">音譯式等 60　佔總匯的 0. 40%。</td></tr>
<tr><td rowspan="8">合成詞 12809 佔總匯的 85. 94%，佔複音詞的 98. 40%。</td><td rowspan="5">複合式 12164</td><td>并列式 5498　佔總匯的 36. 89%。</td></tr>
<tr><td>偏正式 4785　佔總匯的 32. 10%。</td></tr>
<tr><td>動賓式 1708　佔總匯的 11. 46%。</td></tr>
<tr><td>主謂式 130　佔總匯的 0. 87%。</td></tr>
<tr><td>動補式 43　佔總匯的 0. 29%。</td></tr>
<tr><td colspan="2">附加式 435　佔總匯的 2. 9%。</td></tr>
<tr><td colspan="2">重疊式 65　佔總匯的 0. 44%。</td></tr>
<tr><td colspan="2">超層次及縮略等 145　佔總匯的 0. 97%。</td></tr>
</table>

附表 2
《續高僧傳》複音詞結構類型歷時對照表

文獻 類型	世説新語 60100 字 2126 詞	宋書 510000 字 11416 詞	續高僧傳 428500 字 13013 詞	敦煌變文 270000 字 4347 詞	備註
單純詞	129 2	224 2	204 1.57	404 9.29	
疊音詞	71 3.44	52 0.46	65 0.50	241 5.54	
聯綿詞	58 2.73	151 1.32	79 0.61	163 3.75	
音譯詞		21 0.18	60 0.46		
合成詞	1784 83.91	11177 97.9	12809 98.43	3633 83.57	
複合式	1686 79.3	10780 94.8	12164 93.48	3317 76.31	
聯合式	926 43.56	7730 67.8	5498 42.25	2113 48.61	
偏正式	573 26.95	2241 19.6	4785 36.77	800 18.48	

续表

類型＼文獻	世說新語 60100 字 2126 詞	宋書 510000 字 11416 詞	續高僧傳 428500 字 13013 詞	敦煌變文 270000 字 4347 詞	備註
動賓式	77 3. 62	583 5. 1	1708 13. 13	170 3. 91	
主謂式	17 0. 8	81 0. 7	130 1. 00	40 0. 92	
補充式	93 4. 37	67 0. 59	43 0. 33	194 4. 46	
附加式	98 4. 6	270 2. 4	435 3. 34	316 7. 27	
重疊式		49 0. 4	65 0. 50		
其他	213 10. 02	93 0. 7	145 1. 11	310 7. 13	

說明：每一格中上一行數字是詞數，下一行數字是所佔全部複音詞的百分比①。

① 資料來源：程湘清：《世說新語複音詞研究》，載《魏晉南北朝漢語研究》，山東教育出版社 1988 年版，第 2—77 頁；程湘清《變文複音詞研究》，載《隋唐五代漢語研究》，山東教育出版社 1992 年版，第 1—107 頁；萬久富《〈宋書〉複音詞研究》，鳳凰出版社 2006 年版，第 101 頁。

參考文獻

論　文

安家瑶：《唐長安西明寺的考古發現》，唐研究（第六卷），北京大學出版社 2000 年版。

曹廣順：《〈祖堂集〉中的"底（地）""卻（了）""着"》，《中國語文》1986 年第 3 期。

陳秀蘭：《對許理和教授〈最早的佛經譯文中的東漢口語成分〉一文的幾點補充》，《古漢語研究》1997 年第 2 期。

方一新：《東漢語料與詞彙史研究芻議》，《中國語文》1996 年第 2 期。

馮春田：《試論結構助詞"底（的）"的一些問題》，《中國語文》1990 年第 6 期。

葛佳才：《系統方法在古漢語虛詞研究中的應用價值：以東漢副詞的系統研究爲例》，《語文研究》2008 年第 3 期。

郭在貽：《俗語詞研究概述》，《語文導報》1985 年 9—10 期。

顧久：《語詞札記四則"，《中國語文》1991 年第 4 期。

何亞南：《漢譯佛經與傳統文獻詞語通釋二則》，《古漢語研究》2000 年第 4 期。

黃征：《漢語俗語詞研究的幾個理論問題》，《杭州大學學報》1991 年第 2 期。

李麗：《〈魏書〉詞彙研究》，南京師范大學 2006 年博士論文。

李明：《從言語到言語行爲：試談一類詞義演變》，《中國語文》2004 年第 5 期。

李向平：《專制王權下的傳統中國佛教制度》，佛光山文教基金會，

《普門學報》第 34 期。

李宇明：《詞語模》，載邢福義編《漢語法特點面面觀》，北京語言文化大學出版社 1999 年版。

梁曉虹：《佛教典籍與近代漢語口語》，《中國語文》1992 年第 3 期。

劉正平：《佛教譬喻理論研究》，《宗教學研究》2010 年第 1 期。

［美］梅維恆，王繼紅、顧滿林譯：《佛教與東亞白話文的興起：國語的產生》。載朱慶之編《佛教漢語研究》，商務印書館 2009 年版，第 362 頁。

牟潤孫：《論佛釋兩家之講經與義疏》，載藍吉富主編《現代佛學大系》(26)，臺北：彌勒出版社 1984 年版。

［日］入矢義高，艾廼鈞譯：《中國口語史的構想》，《漢語史學報》(第四輯)，上海教育出版社 2004 年版。

帥志嵩：《雙重因素影響下的僧傳語言：〈續高僧傳〉語言研究》，四川大學 2002 年碩士論文。

萬金川：《宗教的傳播與語文變遷：漢譯佛典研究的語言學轉向所顯示的意義》，原載《正觀》2001 年第 19 期、2002 年第 20 期。又載入朱慶之《佛教漢語研究》，商務印書館 2009 年版，第 535 頁。

汪維輝：《佛典語言研究有三難》，《普門學報 2003 年〈讀後感〉》。

《論詞的時代性和地域性》，《語言研究》2006 年第 1 期。

王海棻：《六朝以所漢語疊架現象舉例》，《中國語文》1991 年第 5 期。

王雲路：《從唐五代語言詞典看附加式構詞法在中古近代古漢語中的地位》，《古漢語研究》2001 年第 2 期。

《百年中古漢語詞彙研究述略》，《浙江大學學報》2001 年第 4 期。

《中古漢語詞彙研究綜述》，《古漢語研究》2003 年 2 期。

《試說翻譯佛經新詞新義的產生理據》，《語言研究》2006 年第 2 期。

《試論音變在詞語發展中的作用》，《漢語史學報》（第八輯）2009 年。

王雲路、郭穎：《試說古漢語中的詞綴“家”》，《古漢語研究》2005 年第 1 期。

徐時儀：《“掉”的詞義衍變遞擅探微》，《語言研究》2007 年第 4

期。

［日］伊吹敦，釋證道譯：《關於〈續高僧傳〉增補的研究》，原載《東洋思想與宗教》第七號。又載臺灣《諦觀》第69期，1992年。

俞理明：《漢字形體對漢語詞彙的影響》，《四川大學學報》（哲社版）2007年第2期。

朱慶之：《試論佛典翻譯對中古漢語詞彙發展的若干影響》，《中國語文》1992年第4期。

論　著

布龍菲爾德：《語言論》，商務印書館1980年版。

蔡鏡浩：《魏晉南北朝詞語例釋》，江蘇古籍出版社1990年版。

蔡言勝：《〈世說新語〉方位詞研究》，南開大學出版社2008年版。

曹廣順：《近代漢語助詞》，語文出版社1995年版。

曹廣順、遇笑容：《中古漢語語法史》，巴蜀書社2006年版。

陳明娥：《敦煌變文詞彙計量研究》，百花洲出版社2006年版。

陳文傑：《早期漢譯佛典語言研究》，臺灣：佛光山文教基金會2002年版。

程湘清：《兩漢漢語研究》，山東教育出版社1992年版。

《隋唐五代漢語研究》，山東教育出版社1990年版。

陳秀蘭：《敦煌變文詞彙研究》，四川民族出版社2002年版。

《魏晉南北朝文與漢文佛典語言比較研究》，中華書局2008年版。

陳垣：《中國佛教史籍概論》，上海書店出版社2005年版。

陳新、黎東編：《中國諧趣文字奇觀》，蘇州大學出版社1994年版。

戴昭銘：《文化語言學導論》，語文出版社1996年版。

丁喜霞：《中古常用并列雙音詞的成詞和演變研究》，語文出版社2006年版。

董爲光：《漢語詞義發展基本類型》，華中科技大學出版社2004年版。

董秀芳：《詞彙化：漢語雙音詞的衍生和發展》，四川民族出版社2002年版。

《漢語的詞庫和語法》，北京大學出版社2004年版。

董志翹:《訓詁類稿》，四川大學出版社 1998 年版。

《中古文獻語言論集》，巴蜀書社 2000 年版。

《〈入唐求法巡禮行記〉詞彙研究》，社會科學出版社 2000 年版。

《〈觀世音應驗記〉三種譯注》，江蘇古籍出版社 2002 年版。

《中古近代漢語探微》，中華書局 2007 年版。

董志翹、蔡鏡浩:《中古虛詞語法例釋》，吉林教育出版社 1994 年版。

范文瀾:《唐代佛教》，重慶出版社 2008 年版。

方一新:《東漢魏晉南北朝史書詞語箋釋》，黃山書社 1997 年版。

馮勝利:《漢語的韻律、詞法與句法》，北京大學出版社 1997 年版。

符淮青:《詞義的描寫與分析》，外語教學與研究出版社 2006 年版。

高國藩:《敦煌古俗與民俗流變》，河海大學出版社 1989 年版。

高文培:《近代漢語詞典》，山東教育出版社 1992 年版。

高小方:《中國語言文字學史料學》，南京大學出版社 2005 年版。

高小方、蔣來娣:《漢語史語料學》，高等教育出版社 2005 年版。

葛本儀:《漢語詞彙研究》，人民出版社 1985 年版。

葛佳才:《東漢副詞系統研究》，岳麓書社 2005 年版。

龔國強:《隋唐長安城佛寺研究》，文物出版社 2006 年版。

郭錫良:《古代漢語》，天津教育出版社 1992 年版。

郭在貽:《郭在貽語言文學論稿》，浙江古籍出版社 1992 年版。

《郭在貽文集》（四卷），中華書局 2002 年版。

果燈:《唐道宣〈續高僧傳〉批判思想初探》，臺北：臺灣東初出版社 1992 年版。

郝志倫:《漢語隱語論綱》，巴蜀書社 2001 年版。

郝春文、寧可:《敦煌社邑文書輯校》，江蘇古籍出版社 1997 年版。

何樂士:《古代漢語虛詞通釋》，北京出版社 1985 年版。

洪波:《漢語歷史語法研究》，商務印書館 2010 年版。

［日］弘法大師著，王利器校注:《文鏡秘府論校注》，中國社會科學出版社 1983 年版。

《弘一大師全集》編纂委員會:《弘一大師全集》（七），福建人民出版社 1991 年版。

化振紅:《〈洛陽伽藍記〉詞彙研究》，中國文史出版社 2002 年版。

黄金貴:《古代文化詞義集類辨考》，上海教育出版社 1995 年版。

《古代文化詞語考辨》，浙江大學出版社 2001 年版。

《古漢語同義詞辨識論》，上海古籍出版社 2002 年版。

黄靈庚:《訓詁學與語文教學》，浙江大學出版社 2008 年版。

黄征:《敦煌語言文字學研究》，甘肅教育出版社 2002 年版。

《敦煌俗字典》，上海：上海教育出版社 2005 年版。

黄征、張涌泉:《敦煌變文校注》，中華書局 1997 年版。

胡敕瑞:《〈論衡〉與東漢佛典詞語的比較研究》，巴蜀書社 2002 年版。

［日］吉川忠夫，王啟發譯：《六朝精神史研究》，江蘇人民出版社 2010 年版。

紀贇:《慧皎〈高僧傳〉研究》，上海古籍出版社 2009 年版。

賈彦德:《語義學導論》，北京大學出版社 1986 年版。

江藍生:《魏晉南北朝小説詞語匯釋》，語文出版社 1988 年版。

《近代漢語探源》，商務印書館 2000 年版。

江藍生、曹廣順:《唐五代語言詞典》，上海教育出版社 1997 年版。

蔣冀騁:《近代漢語詞彙研究》，湖南教育出版社 1991 年版。

蔣冀騁、吴福祥:《近代漢語綱要》，湖南教育出版社 1997 年版。

蔣禮鴻:《敦煌變文字義通釋》，上海古籍出版社 1997 年版。

蔣禮鴻等:《敦煌文獻語言詞典》，杭州大學出版社 1994 年版。

蔣紹愚:《唐詩語言研究》，中州古籍出版社 1990 年版。

《近代漢語研究概況》，北京大學出版社 1994 年版。

《古漢語詞彙綱要》，商務印書館 2004 年版。

《近代漢語語法史研究綜述》，商務印書館 2005 年版。

L. R 帕默爾:《語言學概論》，商務印書館 1983 年版。

李崇智:《中國歷代年號考》，中華書局 2001 年版。

李際寧:《佛經版本》，江蘇古籍出版社 2002 年版。

李開:《金瓶梅方言俗語匯釋》，北京師範學院出版社 1992 年版。

李維琦:《佛經詞語匯釋》，湖南師範大學出版社 2004 年版。

李宗江:《漢語常用詞演變研究》，漢語大詞典出版社 1999 年版。

梁曉虹:《佛教詞語的構造與漢語詞彙的發展》,北京語言學院出版社 1994 年版。

劉保金:《中國佛典通論》,河北教育出版社 1997 年版。

劉百順:《魏晉南北朝史書詞語劄記》,陝西師範大學出版社 1993 年版。

劉傳鴻:《兩〈唐書〉列傳部分詞彙研究》,巴蜀書社 2009 年版。

劉煥陽:《中國古代詩歌藝術研究》,山東大學出版社 2008 年版。

劉堅:《二十世紀的中國語言學》,北京大學出版社 1998 年版。

劉堅:《近代漢語讀本》,上海教育出版社 2005 年版。

劉堅、江藍生、白維國、曹廣順:《近代漢語虛詞研究》,語文出版社 1992 年版。

劉世儒:《魏晉南北朝量詞研究》,中華書局 1965 年版。

柳士鎮:《魏晉南北朝歷史語法》,南京大學出版社 1992 年版。

《語文叢稿》,南京大學出版社 1998 年版。

魯國堯:《魯國堯語言學論文集》,江蘇教育出版社 2003 年版。

陸澹安:《小說詞語匯釋》,上海古籍出版社 1979 年版。

陸宗達、王寧:《訓詁與訓詁學》,山西教育出版社 2005 年版。

羅常培:《語言與文化》,語文出版社 1989 年版。

羅積勇:《用典研究》,武漢大學出版社 2005 年版。

羅繼明:《中古墓誌詞語研究》,暨南大學出版社 2003 年版。

呂叔湘:《語言常談》,三聯書社 1980 年版。

《中國文法要略》,商務印書館 1982 年版。

《呂叔湘語文論集》,商務印書館 1983 年版。

《近代漢語代詞》,學林出版社 1987 年版。

馬貝加:《近代漢語介詞》,中華書局 2002 年版。

馬清華:《文化語義學》,江西人民出版社 2000 年版。

毛遠明:《〈左傳〉詞彙研究》,西南師范大學出版社 2000 年版。

聶志軍:《唐代景教文獻詞語研究》,湖南人民出版社 2010 年版。

潘允中:《漢語詞彙史概要》,上海古籍出版社 1989 年版。

任繼愈:《中國佛教史》,中國社會科學院出版社 1985 年版。

榮新江、李肖、孟憲實:《新獲吐魯番文獻》,中華書局 2008 年版。

沈澍農:《中醫古籍用字研究》，學苑出版社 2007 年版。

盛若菁:《比喻語義研究》，西南交通大學 2006 年版。

石汝傑、宮田一郎:《明清吳語詞典》，上海辭書出版社 2005 年版。

史有爲:《漢語外來詞》，商務印書館 2000 年版。

蘇寶榮:《詞義研究與辭書釋例》，商務印書館 2000 年版。

孫錫信:《近代漢語語氣詞》，語文出版社 1999 年版。

［日］太田辰夫，江藍生譯:《中國語歷史文法》，北京大學出版社 1987 年版。

江藍生、白維國譯:《漢語史通考》，重慶出版社 1991 年版。

譚蟬雪:《敦煌民俗——絲路明珠傳風情》，甘肅教育出版社 2006 年版。

譚偉:《〈祖堂集〉文獻語言研究》，巴蜀書社 2005 年版。

唐賢清:《〈朱子語類〉副詞研究》，湖南人民出版社 2004 年版。

唐子恆:《漢語典故詞語散論》，齊魯書社 2008 年版。

湯用彤:《漢魏兩晉南北朝佛教史》，北京大學出版社 1997 年版。

《隋唐佛教史稿》，武漢大學出版社 2008 年版。

［日］藤善真澄:《道宣伝の研究》，京都大學出版協會 2002 年版。

萬久富:《〈宋書〉複音詞研究》，鳳凰出版社 2006 年版。

汪維輝:《東漢—隋常用詞演變研究》，南京大學出版社 2000 年版。

《〈齊民要術〉詞彙語法研究》，上海教育出版社 2007 年版。

《漢語詞彙史新探》，上海人民出版社 2007 年版。

王艾錄:《複合詞內部形式探索:漢語語詞遊戲規則》，中國言實出版社 2009 年版。

王繼如:《訓詁問學叢稿》，江蘇古籍出版社 2001 年版。

王力:《同源字典》，商務印書館 1982 年版。

《漢語史稿》，中華書局 2004 年版。

王寧:《訓詁學原理》，中國國際廣播出版社 1996 年版。

王啓濤:《中古及近代法制文書語言研究:以敦煌文書爲中心》，巴蜀書社 2003 年版。

王慶:《佛經翻譯對中古漢語詞彙和語法的影響》，中國戲劇出版社 2008 年版。

王紹峰：《初唐佛典詞彙研究》，安徽教育出版社 2004 年版。

王鍈：《詩詞曲語辭例釋》，中華書局 1986 年版。

《唐宋筆記語辭匯釋》，中華書局 2001 年版。

《語文叢稿》，中華書局 2006 年版。

王彥坤：《歷代避諱字匯典》，中州古籍出版社 1997 年版。

王雲路：《漢魏六朝詩歌語言論稿》，陝西人民教育出版社 1997 年版。

《六朝詩歌詞語研究》，黑龍江教育出版社 1999 年版。

《詞彙訓詁論稿》，北京語言文化大學出版社 2002 年版。

《中古漢語詞彙史》，商務印書館 2010 年版。

王雲路、方一新：《中古漢語語詞例釋》，吉林教育出版社 1992 年版。

《中古漢語讀本》，上海教育出版社 2006 年版。

《中古漢語研究》，商務印書館 2004 年版。

溫廣義：《唐宋詞常用詞辭典》，內蒙古人民出版社 1985 年版。

吳金華：《世說新語考釋》，安徽教育出版社 1994 年版。

《古文獻整理與古漢語研究》，江蘇古籍出版社 2001 年版。

《古文獻整理與古漢語研究續集》，鳳凰出版社 2007 年版。

吳福祥：《敦煌變文 12 種語法研究》，河南大學出版社 2004 年版。

徐朝華：《上古漢語詞彙史》，商務印書館 2003 年版。

徐時儀：《古白話詞彙研究論稿》，上海教育出版社 2000 年版。

《玄應〈眾經音義〉研究》，中華書局 2005 年版。

《漢語白話發展史》，北京大學出版社 2007 年版。

《〈一切經音義〉三種校本合刊》，上海古籍出版社 2008 年版。

《玄應與慧琳〈一切經音義〉研究》，上海人民出版社 2009 年版。

徐時儀、梁曉虹、陳五雲：《佛經音義研究通論》，鳳凰出版社 2009 年版。

徐通鏘：《歷史語言學》，商務印書館 1991 年版。

許寶華、宮田一郎：《漢語方言大詞典》，中華書局 1999 年版。

許衛東：《〈高僧傳〉時間副詞研究》，巴蜀書社 2008 年版。

［日］香坂順一，江藍生、白維國譯：《白话語彙研究》，中華書局

1997 年版。

向熹:《簡明漢語史》(修訂本),商務印書館 2010 年版。

項楚:《王梵志詩校注》,上海古籍出版社 1991 年版。

《寒山詩注》,中華書局 2000 年版。

《敦煌變文選注》(增訂本),中華書局 2006 年版。

許少峰:《近代漢語詞典》,團結出版社 1997 年版。

顏洽茂:《佛教語言闡釋——中古佛經詞彙研究》,杭州大學出版社 1997 年版。

《魏晉南北朝佛經詞彙研究》,臺灣:佛光山文教基金會 2002 年版。

楊愛嬌:《近代漢語三音詞研究》,武漢大學出版社 2005 年版。

楊琳:《漢語詞彙與華夏文化》,語文出版社 1996 年版。

楊榮祥:《近代漢語副詞研究》,商務印書館 2007 年版。

姚美玲:《唐代墓誌詞彙研究》,華東師範大學出版社 2008 年版。

袁賓:《禪宗著作詞語匯釋》,江蘇古籍出版社 1990 年版。

《二十世紀的近代漢語研究》,書海出版社 2001 年版。

袁賓等:《宋語言詞典》,上海教育出版社 1997 年版。

袁傑英:《中國歷代服飾史》,高等教育出版社 1994 年版。

余嘉錫:《〈世說新語〉箋注》,中華書局 2007 年版。

俞理明:《佛經文獻語言》,巴蜀書社 1993 年版。

《漢語縮略研究》,巴蜀書社 2005 年版。

喻遂生:《甲骨文語言文字研究論集》,巴蜀書社 2002 年版。

俞平伯:《論詩詞曲雜著》,上海古籍出版社 1983 年版。

曾良:《敦煌文獻字義通釋》,廈門大學出版社 2001 年版。

《俗字及古籍文字通例研究》,百花州文藝出版社 2006 年版。

《敦煌文獻叢札》,浙江古籍出版社 2010 年版。

張美蘭:《近代漢語語言研究》,天津教育出版社 2001 年版。

張能甫:《鄭玄註釋語言詞彙研究》,巴蜀書社 2000 年版。

張雙棣、陳濤:《古代漢語字典》,北大出版社 1998 年版。

張萬起:《世說新語詞典》,商務印書館,1993 年版。

張萬起、劉尚慈:《世說新語譯注》,中華書局 2008 年版。

張相:《詩詞曲語辭匯釋》,中華書局 1977 年版。

張小艷:《敦煌書儀語言研究》，商務印書館 2007 年版。

張涌泉:《漢語俗字叢考》，中華書局 2000 年版。

張永言:《詞彙學簡論》，華中工學院出版社 1982 年版。

《〈世說新語〉詞典》，四川人民出版社 1992 年版。

鄭鬱卿:《〈高僧傳〉研究》，臺北：文津出版社 1987 年版。

中國佛教協會:《中國佛教》（五），中國社會科學出版社 2004 年版。

周俊勛:《中古漢語詞彙研究綱要》，巴蜀書社 2009 年版。

周生亞:《〈搜神記〉語言研究》，中國人民大學出版社 2007 年版。

周一良:《魏晉南北朝史劄記》，遼寧教育出版社 1998 年版。

周一良、趙和平:《唐五代書儀研究》，中國社會科學出版社 1995 年版。

周振甫:《〈文心雕龍〉今譯》，中華書局 1986 年版。

朱慶之:《佛典與中古漢語詞彙研究》，臺北：文津出版社 1992 年版。

《佛教漢語研究》，商務印書館 2009 年版。

引用書目

（漢）劉向集錄:《戰國策》，上海古籍出版社 1998 年第 2 版。

（漢）司馬遷:《史記》（全十冊），中華書局 1982 年第 2 版。

（漢）班固:《漢書》（全十二冊），中華書局 1962 年版。

（晉）陳壽，［劉宋］裴松之注：《三國志》（全五冊），中華書局 1959 年版。

（晉）干寶撰，汪紹楹校注:《搜神記》，中華書局 1979 年版。

（北齊）魏收:《魏書》（全八冊），中華書局 1974 年版。

（劉宋）范曄撰，［唐］李賢等注:《後漢書》，（全十二冊），中華書局 1965 年版。

（梁）慧皎，湯用彤校注:《高僧傳》，中華書局 1992 年版。

（梁）沈約:《宋書》（全八冊），中華書局 1974 年版。

（梁）蕭子顯:《南齊書》（全三冊），中華書局 1972 年版。

（唐）房玄齡等:《晉書》（全十冊），中華書局 1974 年版。

（唐）李百藥:《北齊書））（全二冊），中華書局 1972 年版。

（唐）李延壽:《北史》（全十冊），中華書局 1974 年版。

（唐）李延壽:《南史》（全六冊），中華書局 1975 年版。

（唐）令狐德棻:《周書》（全三冊），中華書局 1971 年版。

（唐）魏徵、令狐德棻:《隋書》（全六冊），中華書局 1973 年版。

（唐）姚思廉:《陳書》（全二冊），中華書局 1972 年版。

（唐）姚思廉:《梁書》（全三冊），中華書局 1973 年版。

（唐）道世撰，周叔迦、蘇晉仁校注:《法苑珠琳》（全六冊），中華書局 2006 年版。

（後晉）劉昫等:《舊唐書》（全十六冊），中華書局 1975 年版。

（宋）李昉等：《太平廣記》（全十冊），大众文艺出版社 1961 年版。

（宋）歐陽修、宋祁：《新唐書》（全二十冊），中華書局 1975 年版。

（宋）司馬光：《資治通鑒》（全二十冊），中華書局 1956 年版。

（宋）王溥：《唐會要》，上海古籍出版社 1991 年版。

（清）董誥：《全唐文》，中華書局 1983 年版。

（清）彭定求：《全唐詩》（全二十五冊），中華書局 2003 年版。

（清）陳夢雷：《古今圖書集成》，中華書局 1985 年版。

（清）嚴可均：《全上古三代秦漢三國六朝文》，中華書局 1958 年版。

逯欽立：《先秦漢魏晉南北朝詩》（全三冊），中華書局 1983 年版。

趙超：《漢魏南北朝墓誌彙編》（全三冊），天津古籍出版社 2008 年版。

《大正新修大藏經》，新文豐出版公司，1983 年版。

《諸子集成》（全八冊），上海書店出版社 1986 年版。

《中華大藏經》，中華大藏經編輯局 1984 年版。

北魏楊衒之著，楊勇校箋：《洛阳伽蓝记校笺》中华书局，2006 年版。

缪启愉等译注：《齐民要术译注》、《世说新语》、《敦煌变文校注》、《敦煌社邑文书辑校》。

致　謝

在寒風冽冽的正月十二傍晚，我從四千里外的西蜀懷著惴惴不安的心情趕到老師的家門，又異常激動的從中出來的時候，隨園的梅花在殘雪中發出令人陶醉的幽微的清香。此時的我心裡終於變得踏實，也明白離寫這篇致謝的日子已經不遠。又將近三個月，我一直在捉摸這致謝怎麼寫，但到如今仍然不知所措，於是只好信手一通。

三年的時光，要說慢也慢，因為大家都盼著早點拿到那張紙，以便對家人、師長、朋友甚至敵人一個交待。要說快，只有在此時，坐在這陪伴我三年的十一舍的桌前，敲著日益老邁的計算機時，才有一種往事如在目前的感觸。三年的時間裡，很多時候睜開眼睛，一天開始了，閉上眼睛，已經是第二天了。我就在這陰暗的 109 中，十幾個小時一動不動的望著前面的屏幕，只有發燙的鍵盤不斷地提醒我該歇一歇了。然而當這種近乎苦難的日子快要過去的時候，我反而對它感到滿足而又眷戀了。

當美好的時光將變成回憶的時候，沒有人不會產生一絲感傷。三年前，我在廖強師兄的鼓勵下才大著膽子來報考董志翹先生的博士，沒想到先生竟然召我入門。先生的學識人品不需再由我輩多言。在這三年中，先生對我們師兄弟看得很緊，在其他同學眼中，我們簡直是異類。但三年過後，我從對中近古一無所知，到小有研究，如果沒有先生嚴格的管理與教育，是完全不可能的。桃李不言，下自成蹊。只有經歷過這種生活才能體會到先生的仁愛。此時，我也不能不感謝一直關愛著我們的師母，有許多時候，因為畏懼先生的威嚴，遇到投機的事情，我們一般都向師母訴說，這樣老師也就不好再追究了。也許這就是母愛的力量吧。當然，師母的廚藝也足夠博導的水準，可惜從此以後，我們將很難再品到嘗師母所做的美味了。

能夠完成這篇論文，要感謝南師大的何亞南先生、黃征先生、化振紅先生和徐朝東師兄，他們在論文的開題、寫作和答辯過程中均為本文提供了創造性的建議。同時要感謝我的碩士階段的導師毛遠明、喻遂生、張顯成諸師，以及我大學時的老師張能甫先生。是他們一直鼓勵我在這條路上走下去，無論是學習還是工作諸位先生都勞心不少。同要感謝四川理工學院中文系的范崇高、王余教授，及陳家春師妹、沈窮竹師弟，他們幫助我處理了許多教學過程中的工作，使我能安心地在南師學習。

能完成這篇文章，還要感謝吳松、朱樂川、丁敏、劉飛、蔡坤強、王萬秋、黃敏、何麗敏、張俊之、周超等師弟師妹，他們幫助我完成了整部書的切詞工作，錢慧真師姐和吳松和俊之師弟還多次通讀全文，幫我校定文中錯誤。

能完成這篇論文，要感謝家棟和春雷。三年時間不算太長，但其中的酸甜苦辣我們都共同經歷，無論是學習，還是生活、工作，我們都盡心盡力的幫助對方，不是兄弟勝似兄弟。感謝古墓派的同學們，我們共同生活在十一舍的最底層，共同做著最吃力不討好的學問，但我們如此團結，如此認真，生活也因而如此快樂。

也謹以此文獻給我剛剛因故離去的陳志剛師弟，十九年來我們風雨同舟，在我困難的時刻總會有他的身影。

最後要感謝我的妻子，八年來你一直默默的承擔著我應該承擔的責任，無數次當我準備放棄時，是你極力讓我選擇堅持。天若有情天亦老，今天的論文是我對你唯一的回報。